"十二五"普通高等教育本科国家级规划教材

21世纪统计学系列教材

统计分析与SPSS的应用

（第6版）

薛 薇 编著

Statistical Analysis and SPSS Application

(Sixth Edition)

中国人民大学出版社

· 北京 ·

总 序

改革开放以来，高等统计教育有了很大的发展。随着课程设置的不断调整，有不少教材出版，同时也翻译引进了一些国外优秀教材。作为培养我国统计专门人才的摇篮，中国人民大学统计学系自1952年创建以来，走过了风风雨雨，一直坚持着理论与应用相结合的办学方向，培养能够理论联系实际、解决实际问题的高层次人才。随着新知识经济和网络时代的到来，我们在教学科研的实践中，深切地感受到，无论是自然科学领域、社会科学领域的研究，还是国家宏观管理和企业生产经营管理，甚至在人们的日常生活中，信息需求量日益增多，信息处理技术更加复杂，作为信息技术支柱的统计方法，越来越广泛地应用于各个领域。

面对新的形势，我们一直在思索，课程设置、教材选择、教学方式等怎样才能使学生适应社会经济发展的客观需要。在反复酝酿、不断尝试的基础上，我们决定与统计学界的同仁，共同编写、出版一套面向21世纪的统计学系列教材。

这套系列教材聘请了中国科学院院士、中国科学技术大学陈希孺教授，上海财经大学数量经济研究院张尧庭教授，中国科学院数学与系统科学研究所冯士雍研究员等作为编委。他们长期任中国人民大学的兼职教授，一直关心、支持着统计学的学科建设和应用统计的发展。中国人民大学应用统计科学研究中心2000年已成为国家级研究基地，这些专家是首批专职或兼职研究人员。这一开放性研究基地的运作，将有利于提升我国应用统计科学研究的水平，也必将进一步促进高等统计教育的发展。

这套教材是我们奉献给新世纪的，希望它能够为促进应用统计教育水平的提高增添一份力量。这套教材力求体现以下特点：

第一，在教材选择上，主要面向经济类统计学专业。选材既包括统计教材也包括风险管理与精算方面的教材。尽管名为统计学系列教材，但并不求大、求全，而是力求精选。对于目前已有的内容较为成熟、适合教学需要、公认的较好的教材，并未列入本次出版计划。

第二，每部教材的内容和写作，注意广泛吸收国内外优秀教材的成果。教材力求简明易懂、内容系统和实用，注重对统计方法思想的阐述，并结合大量实际数据和实例说明统计方法的特点及应用条件。

第三，强调与计算机的结合。为着力提高学生运用统计方法分析解决问题的能力，教材所涉及的统计计算，要求运用目前已有的统计软件。根据教材内容，选择使用SAS，SPSS，TSP，STATISTICA，EViews，MINITAB，Excel等。

感谢中国人民大学出版社的同志们，他们怀着发展我国应用统计科学的热情和提高统计教育水平的愿望，经过反复论证，使这套教材得以出版。感谢参与教材编写的同行专家、统计学系的教师。愿大家的辛勤劳动能够结出丰硕的果实。我们期待着与统计学界的同仁，共同创造应用统计辉煌的明天。

易丹辉

前　言

《统计分析与SPSS的应用》自2001年第1版出版，至今已有20年，它是编者在长期从事统计教学、科研以及企事业统计分析项目实践的基础上形成并不断完善的心血之作。本书自出版以来深受统计、经济、管理、生物医学、心理学等众多领域从事数据工作的教师、学者、学生以及实际工作者的广泛关注和好评，被许多高校选作统计和经济管理类相关专业统计分析软件课程的指定教材，也成为国内统计分析软件书籍的标杆之作。

对统计分析方法深入浅出的讲解，以实际数据为纽带说明SPSS的操作，以应用案例为背景阐述数据分析的思路，是本书一直坚持的风格。其特点在于：

第一，体系完整，内容规范，结构安排面向实践。本教材吸收了国外统计软件和统计学教材的共同特点，确保教材的体系完整性及内容规范性。同时，面向实践，以统计分析的实际过程为主线，从软件基础和数据管理入手，按照数据分析需求由浅入深、分析方法从易到难的实战思路组织全书内容。全书涵盖了统计分析和软件的各个重要模块，囊括了描述统计、参数检验、方差分析、非参数检验、一般线性回归、聚类分析、因子分析、判别分析等基本统计分析方法、经典多元统计方法和软件操作，能够提纲挈领地有效帮助读者全面快速掌握数据分析和软件应用。

第二，通俗性和严谨性相得益彰，使读者不仅知其然，而且知其所以然。本教材立足于统计方法的正确应用，注重以通俗易懂的语言论述统计方法的核心原理，注重对软件参数选项和分析结果统计含义的解释，注重对软件参数选项设置目的和应用必要性的讲解。在提升可读性、弱化数学证明枯燥性的同时，兼顾严谨性，强化关键数学公式的论证，使读者加深对分析原理的理解。

第三，以应用为目标，精心选取典型的实际统计分析案例和数据，循序渐进地引导读者选择恰当的统计分析方法，一步步指导读者利用统计软件进行数据的组织、整理、描述和建模分析等。

编写者根据广大教师、学生和行业读者的反馈意见，在第6版中重点进行了如下修订：第一，迎合国内读者的语言习惯以及软件版本升级，教材软件采用了SPSS 25中文版本。第二，调整和更新部分案例和数据，提升教材的时效性和现实性，确保案例在具有普遍参照性的同时更具方法应用的典型性。此外，增加了更为详尽的结果解释，使教材的可读性更强。第三，强化了术语和用词的严谨性，使整本教材更加精练和通顺。第四，数据的分类预测愈发备受关注，判别分析是解决该问题的经典统计方法。为此特新增一章，对判别分析的理论、SPSS的操作以及实例进行详解。

随着对数据分析应用需求的不断增加，掌握SPSS这样的权威统计分析软件是十分必要的。真诚希望读者能够通过阅读本书，逐步领会统计分析方法的精髓，掌握SPSS软件的操作，并能够利用SPSS解决实际数据分析问题。

本书的不妥和错误之处，敬请各位读者不吝指正。

薛　薇

中国人民大学应用统计科学研究中心

中国人民大学统计学院

目　录

第1章 Chapter 1 SPSS 统计分析软件概述

学习目标

1. 明确 SPSS 软件是一种专业的统计分析软件，了解 SPSS 的主要应用领域。
2. 熟练掌握 SPSS 进入和退出等基本操作，了解 SPSS 的基本窗口和菜单安排。
3. 掌握 SPSS 的三种使用方式以及它们的特点和应用场合。
4. 掌握利用 SPSS 进行数据分析的基本步骤。

SPSS 是 Statistical Package for the Social Science 的英文缩写，意思是社会科学统计软件包。

SPSS 也是 Statistical Product and Service Solutions 的英文缩写，意思是统计产品与服务解决方案。

社会科学统计软件包（SPSS）是世界著名的统计分析软件之一。20 世纪 60 年代末，美国斯坦福大学的三位研究生研究开发了最早的统计分析软件 SPSS，并于 1975 年在芝加哥成立了专门研发和经营 SPSS 软件的 SPSS 公司。此时的 SPSS 软件主要在中小型计算机上运行，统称为 SPSSx 版，面向企事业单位用户。20 世纪 80 年代初微型计算机出现，SPSS 公司以其敏锐的市场洞察力和雄厚的技术实力于 1984 年推出了运行在 DOS 操作系统上的 SPSS 微机版第 1 版，随后相继推出了第 2 版、第 3 版等，统称为 SPSS/PC+版，确立了个人用户市场第一的地位。90 年代，随着 Windows 操作系统的出现和盛行，SPSS 公司又研发出以 Windows 为运行平台的 SPSS 第 5 版、第 6 版。90 年代中后期，为适应用户在 Windows 95 操作系统环境下工作的习惯，并迎合互联网（Internet）的广泛使用，SPSS 第 7 版至第 17 版相继诞生，统称为 SPSS for Windows 版。

1994—1998 年 SPSS 公司陆续并购了 SYSTAT，BMDP，Quantime，ISL，ShowCase 等公司，将它们的主打产品收入麾下，从而使 SPSS 由原来单一的统计分析软件向为企业、教育科研、政府等机构统计决策服务的综合性产品发展。SPSS 公司将原英文名称更改为 Statistical Product and Service Solutions，即统计产品与服务解决方案。目前，SPSS 在全球有几十万个产品用户，分布于通信、医疗、银行、证券、保险、制造、商业、市场研究、科研教育等多个行业和领域，已成为世界上最流行、应用最广泛的专业统计分析软件。

2009 年 7 月，IBM 斥资 12 亿美元收购了 SPSS 软件公司。SPSS 第 18 版和第 19 版重新命名为 PASW（Predictive Analytics SoftWare）Statistics。第 20 版至目前的第 25 版命名为 IBM SPSS Statistics。

从 SPSS/PC+版本到目前的最新版本，SPSS 在用户操作和分析结果的展现方面做了非常大的改进。SPSS/PC+版本是通过命令行方式（用户输入 SPSS 命令和参数）完成数据的管理和统计分析工作的，统计分析文字结果和图形结果均以文本字符方式展现。SPSS for Windows 的第 5 版、第 6 版在保留以前版本的手工输入命令、参数操作方式的同时，还为用户提供了直观的图形化菜单界面。用户的数据管理和统计分析工作可以非常方便地通过鼠标点选菜单或按钮并配合简单的对话框输入来实现，免去了记忆命令和参数的负担，也不需要任何计算机编程。图形分析结果能够以图形点阵的方式显示，并允许用户进行编辑。SPSS for Windows 第 7 版以后的版本进一步完善了用户的操作界面，增加了用户熟悉的与操作系统风格一致的工具栏按钮。在分析结果的输出处理方面，改变了原来版本的输出方式，以崭新的树形结构方式管理分析结果，以文字、表格、图形混排的形式展现分析结果，以强大、灵活的编辑功能编辑分析结果，以内容丰富的“统计辅导”联机帮助方式帮助用户理解分析结果。此外，还实现了对互联网的全面适应，支持数据的动态收集、分析和 HTML 格式报告等。第 18 版以后增加了多语言版，支持中文窗口显示和中文结果输出，更便于中国用户使用。

目前，SPSS 可在 Windows，Linux，Mac OS 操作系统上运行，支持英语、法语、意大利语、简（繁）体中文、西班牙语、德语、韩语、俄语、巴西葡萄牙语等多种语言环境。此外，值得提出的是，SPSS 提供了与 R 语言和 Python 语言的集成插件（Integration Plug-in）。借助 R 和 Python（Python 2.7 版本和 Python 3.4 版本）的集成包（R Integration Package for IBM SPSS Statistics，Python Integration Package），用户可在 SPSS 中进行 R 和 Python 的编程，不仅有效提升了 SPSS 灵活处理数据的能力，而且大大拓展了 SPSS 数据可视化和数据建模的功能。

> 易学、易用、易普及已成为 SPSS 软件最大的竞争优势之一，也是广大数据分析人员对其偏爱有加的主要原因。大量成熟的统计分析方法、完善的数据定义操作管理、开放的数据接口以及灵活的统计表格和统计图形，更是 SPSS 长盛不衰的法宝。

1.1　SPSS 使用基础

快速掌握 SPSS 需要先熟悉 SPSS 的基本操作环境，掌握启动和退出 SPSS 的方法。

1.1.1　SPSS 的基本窗口

了解 SPSS 的基本窗口是学习使用 SPSS 的入门点。应了解 SPSS 有哪些基本操作窗口，各个窗口的功能和特点是什么，各窗口之间的关系怎样。掌握了这些，用户就能够很快理清软件使用的总体框架和脉络，进而快速进入 SPSS 的核心。

> SPSS 软件运行时有多个窗口，各窗口有各自的作用。要快速入门，只需熟悉两个基本窗口即可，这两个基本窗口是数据编辑器窗口和查看器窗口。

1.1.1.1　SPSS 数据编辑器窗口

SPSS 启动后，屏幕会显示如图 1-1 所示的窗口，这就是数据编辑器窗口。

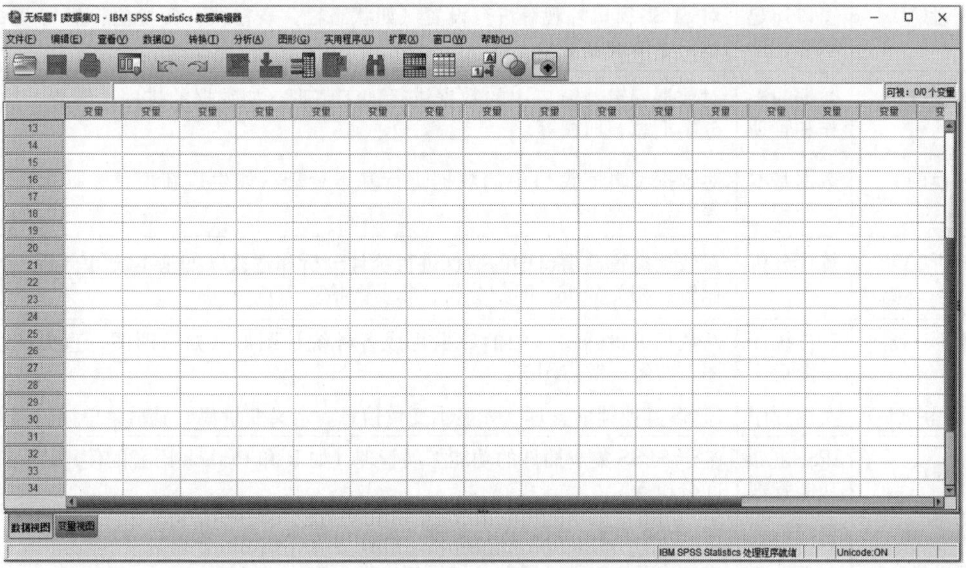

图 1-1　SPSS 数据编辑器窗口

> SPSS 数据编辑器窗口是 SPSS 的主程序窗口，该窗口的主要功能是定义 SPSS 数据的结构、录入编辑和管理待分析的数据。其中，【数据视图】选项卡用于显示 SPSS 数据的内容，【变量视图】选项卡用于显示 SPSS 数据的结构。

SPSS 运行时可同时打开多个数据编辑器窗口。各数据编辑器窗口分别显示不同的数据集合（简称数据集）。按打开的先后顺序，各数据集所在窗口依次自动命名为：数据集 0，数据集 1，数据集 2，等等。其中，只有一个数据集为当前数据集，称为活动数据集。用户只能对某一时刻活动数据集中的数据进行分析。此外，数据集通常以 SPSS 数据文件的特有格式保存在磁盘上，其文件扩展名为 .sav。

sav 文件格式是 SPSS 独有的，一般无法通过 Word，Excel 等其他软件打开。

数据编辑器窗口由窗口主菜单、工具栏、数据编辑区、系统状态显示区组成。

1. 窗口主菜单

窗口主菜单列出了 SPSS 常用的数据编辑、加工和分析的功能。用户可以通过点击菜单完成相应的操作。菜单项对应的功能如表 1-1 所示。

表 1-1　窗口主菜单及其功能

菜单名	功能	解释
文件(F)	文件操作	对 SPSS 相关文件进行基本管理（如新建、打开、保存、打印等）
编辑(E)	数据编辑	对数据编辑器窗口中的数据进行基本编辑（如撤销/恢复、剪切、复制、粘贴），并实现数据查找、软件参数设置等功能
查看(V)	窗口外观状态管理	对 SPSS 窗口外观等进行设置（如状态栏、表格线、变量值标签等是否显示，字体设置等）
数据(D)	数据的操作和管理	对数据编辑器窗口中的数据进行加工整理（如数据的排序、转置、抽样、分类汇总、加权等）
转换(T)	数据基本处理	对数据编辑器窗口中的数据进行基本处理（如生成新变量、计数、分组等）
分析(A)	统计分析	对数据编辑器窗口中的数据进行统计分析和建模（如基本统计分析、均值比较、相关分析、回归分析、非参数检验等）
图形(G)	制作统计图形	对数据编辑器窗口中的数据生成各种统计图形（如条形图、直方图、饼图、线图、散点图等）
实用程序(U)	实用程序	SPSS 其他辅助管理（如显示变量信息、定义变量集、显示菜单编辑器等）
拓展(X)	SPSS 扩展功能管理	基于 SPSS 集成插件的功能拓展管理（如 R 和 Python 语言的使用，地理空间分析等）
窗口(W)	窗口管理	对 SPSS 的多个窗口进行管理（如窗口切换、最小化窗口等）
帮助(H)	帮助	实现 SPSS 的联机帮助（如语句检索、统计辅导等）

初学 SPSS 不必掌握菜单中的所有功能，通过浏览菜单了解 SPSS 的大致功能即可。

2. 工具栏

同其他常用软件一样，SPSS 将一些常用功能以图形按钮的形式组织在工具栏中。图形按钮的功能都能在窗口主菜单中找到。用户可以直接点击工具栏上的某个按钮完成其相应的功能，操作更加快捷和方便。当鼠标停留在工具栏按钮上时，计算机会自动提示相应按钮的功能说明。

3. 数据编辑区

数据编辑区是显示和管理 SPSS 数据结构和数据内容的区域。在数据编辑区中有两个视图，分别是数据视图和变量视图，用来以电子表格的形式录入和编辑管理 SPSS 的数据，以及定义和修改 SPSS 数据的结构。每条数据都有一个顺序编号显示在编辑区的最左列。数据编辑区中的表格线可以通过【查看(V)】菜单下的【网格线】选项设置成显示或不显示两种状态。

4. 系统状态显示区

系统状态显示区用来显示系统的当前运行状态。当系统等待用户操作时，会出现"IBM SPSS Statistics 处理程序就绪"的提示信息，该信息可以作为检查 SPSS 是否成功安装的手段。通过【查看(V)】菜单下的【状态栏(S)】选项可以将系统状态显示区设置成显示或不显示两种状态。

1.1.1.2　SPSS 查看器窗口

SPSS 查看器窗口是 SPSS 的另一个主要窗口，该窗口的主要功能是显示和管理 SPSS 统计分析结果、报表及图形。

SPSS 查看器窗口如图 1-2 所示。查看器窗口是显示和管理 SPSS 统计分析结果、报表及图形的窗口。

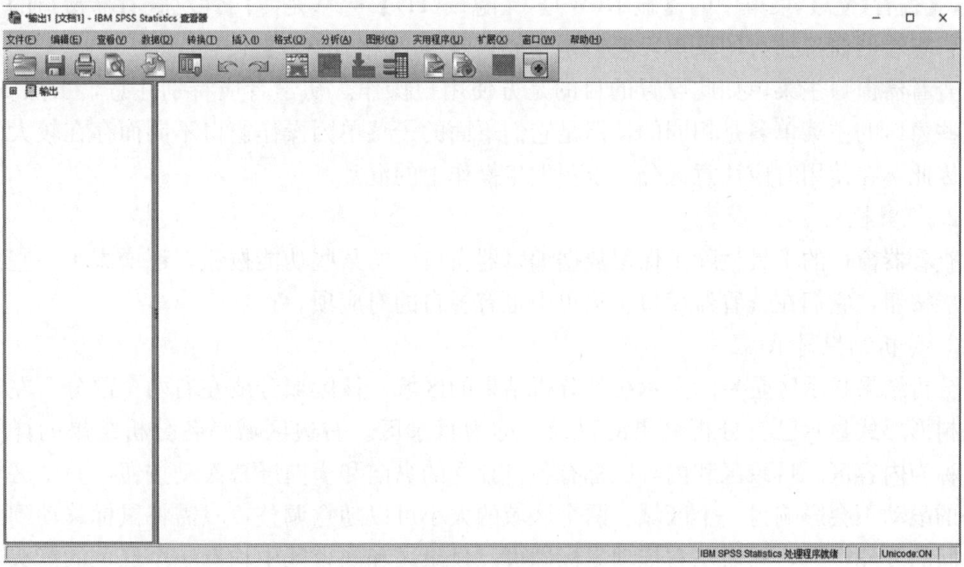

图 1-2　SPSS 查看器窗口

SPSS 统计分析的所有输出结果都显示在该窗口中。输出结果通常以 SPSS 输出文件的形式保存在计算机磁盘上，其文件扩展名为 .spv。

spv 文件格式是 SPSS 独有的，一般无法通过 Word，Excel 等其他软件打开。

查看器窗口有如下特点：

(1) 创建或打开窗口的时机。查看器窗口通常在以下两种时机打开：第一，启动SPSS或第一次打开SPSS数据文件时，由SPSS自动创建并打开；第二，在SPSS运行过程中由用户手工创建或打开，在任意窗口中依次选择的菜单为：

【文件(F)】→【新建(N)】/【打开(O)】→【输出(O)】

(2) 允许同时创建或打开多个查看器窗口。可以同时创建或打开多个查看器窗口，并且可以利用主菜单中的【窗口(W)】菜单实现各个窗口间的相互切换。多个查看器窗口中只有一个是目标查看器窗口或称当前查看器窗口，意味着以后的统计分析结果将输出到该窗口中。设置多个查看器窗口的目的是允许用户将同一批数据的不同分析结果指定输出到不同的窗口中，这样就可以将它们以不同的文件名分别保存到磁盘上。

查看器窗口由窗口主菜单、工具栏、分析结果显示区组成。

1. 窗口主菜单

查看器窗口主菜单中的菜单选项大致可以分成三大类。第一类：菜单名（包括子菜单)、功能、操作对象与数据编辑器窗口完全相同，它们是【分析(A)】,【图形(G)】,【实用程序(U)】,【窗口(W)】,【扩展(X)】,【帮助(H)】。第二类：一部分菜单名（包括子菜单)、功能、操作对象与数据编辑器窗口相同，另一部分子菜单是附加的且针对查看器窗口，它们是【文件(F)】,【编辑(E)】,【查看(V)】。其中，如【编辑(E)】菜单中的【大纲(I)】,【查看(V)】菜单中的【显示(W)】,【隐藏(H)】等都是专门针对查看器窗口的。第三类：查看器窗口独有的菜单，它们是【插入(I)】,【格式(O)】。

查看器窗口主菜单如此设置的目的是方便用户操作。初学者应特别注意，虽然SPSS中有些窗口的主菜单名是相同的，但是它们下面的子菜单因操作窗口不同而存在较大的差异。因此，在使用时应注意区分，以免发生操作上的混乱。

2. 工具栏

查看器窗口的工具栏除了保留数据编辑器窗口中的某些功能按钮，还增添了一些特有的功能按钮，它们在查看器窗口主菜单中也有各自的对应项。

3. 分析结果显示区

分析结果显示区是专门显示统计分析结果的区域。该区域分成左右两个部分。左边区域以树形形式显示已有分析结果的目录，称为目录区。右边区域是各分析结果的详细报告，称为内容区。目录区和内容区都有各自独立的纵向和横向屏幕滚动按钮，一个区域中屏幕的滚动不会影响另一个区域。两个区域的大小可以随意调整，只需将鼠标移动到两区域中间的分隔栏上，然后左右拖动鼠标即可。目录区和内容区中均有一个红色的箭头，它们所指示的内容一一对应。用户可以分别对两个区域中的内容进行增、删、改等编辑管理操作。

> 总之，SPSS的数据编辑器窗口专门负责输入和管理待分析数据，查看器窗口负责接收和管理统计分析的结果。数据的输入和结果的输出是在不同窗口中进行的，这点与Excel等其他有统计分析功能的软件有较大差异。

1.1.2　SPSS 软件的退出

退出 SPSS 的方法与退出一般常用软件的方法基本相同，只需依次选择 SPSS 中的菜单即可，即

【文件(F)】→【退出(X)】

在退出 SPSS 之前，一般会提示用户以下两个问题：

- 是否将数据编辑器窗口中的数据存到磁盘上，文件扩展名为 .sav。
- 是否将查看器窗口中的分析结果存到磁盘上，文件扩展名为 .spv。

用户应根据实际情况，指定将 SPSS 数据文件或结果文件存放到哪个磁盘上并输入文件名。

1.2　SPSS 的基本运行方式

SPSS 为用户提供了三种基本运行方式：完全窗口菜单方式、程序运行方式、混合运行方式。这三种运行方式适合不同的用户和不同的统计分析要求。

1.2.1　完全窗口菜单方式

完全窗口菜单方式是指在使用 SPSS 的过程中，所有的分析操作都通过选择菜单、按钮，输入对话框等方式来完成。

完全窗口菜单方式是一种最常见和普遍的运行方式，其最大的优点是简洁和直观。用户不需要了解任何计算机编程的概念，只要熟悉操作系统的基本操作（如复选框、单选框、下拉框、对话框）并懂得相应的统计知识就可以非常方便地完成统计分析工作。图 1-3 显示的就是 SPSS 中符合 Windows 系统使用习惯的几种基本操作方式。

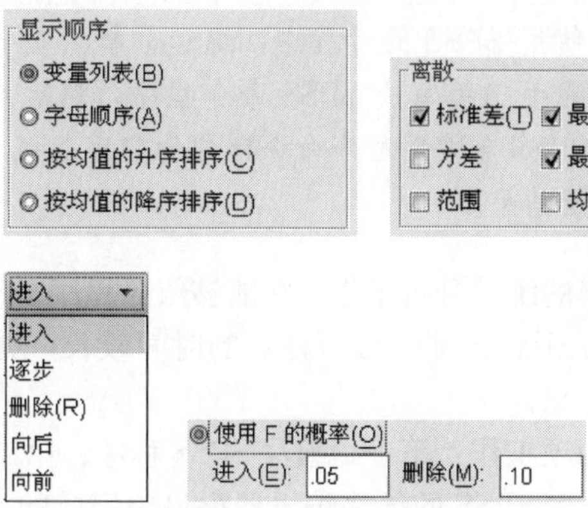

图 1-3　SPSS 常见操作方式

另外，SPSS还有一种较常见但又很有特点的操作方式，如图1-4所示。

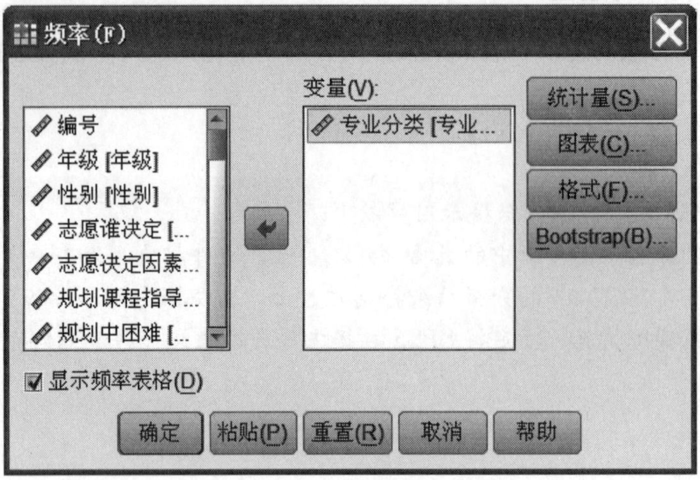

图1-4 SPSS变量选择操作方式

图1-4所示的操作方式在选择分析变量时使用。通常数据编辑器窗口中所有待分析的变量显示在窗口左边的列表框中，用户通过鼠标和窗口中间的按钮将本次需要分析的变量选到右边的列表框中。

> 变量是统计学中的基本概念。它指代的是现象的某种特征，如商品销售额、受教育程度、产品的质量等级等都可以看做变量。变量的具体取值称为变量值，即数据。变量一般以列的形式展现，是数据分析的基本单元。

完全窗口菜单方式适合一般的统计分析人员和SPSS的初学者。在以后章节的讲解中将以该方式为主。

1.2.2 程序运行方式

> 程序运行方式是指在使用SPSS的过程中，统计分析人员首先根据自己的分析需要，将数据分析的步骤手工编写成SPSS命令程序，然后将编写好的程序一次性提交给计算机执行。SPSS会按照程序命令语句的前后顺序自动逐句执行相应的命令，最终给出统计分析结果。

程序运行方式适用于大规模的统计分析工作，它能够依照程序自动进行多步骤的复杂数据分析，分析过程中无须人工干预。即使分析计算的时间较长，分析步骤较多，SPSS也能够自动完成，并输出分析结果。

采用程序运行方式需要做两项工作：第一，编写SPSS程序；第二，提交并运行SPSS程序。编写和提交SPSS程序是在SPSS的语法编辑器窗口中完成的，它是除数据编辑器窗口、查看器窗口外的另一个主要窗口，如图1-5所示。

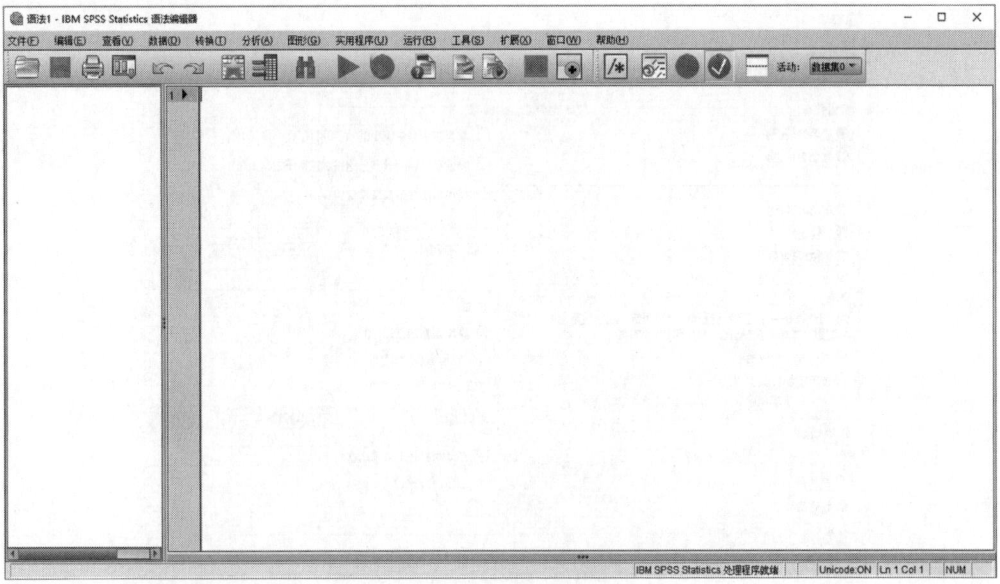

图 1-5　SPSS 语法编辑器窗口

语法编辑器窗口也分为左、右两个区域，左边区域显示 SPSS 程序目录，右边区域显示完整的程序代码。一条完整的程序语句以英文句号结束。

语法编辑器窗口是专门供 SPSS 程序员编写和运行 SPSS 程序的窗口，是除数据编辑器窗口和查看器窗口外使用较为频繁的窗口。

语法编辑器窗口中的程序所要处理和分析的数据应事先存放在数据编辑器窗口中。语法编辑器窗口中的 SPSS 程序以 .sps 为文件扩展名存储在磁盘上。sps 文件一般不能被其他软件如 Word、写字板等打开或编辑。

语法编辑器窗口有与查看器窗口相类似的以下特点：

1. 手工（或自动）创建（或打开）语法编辑器窗口

手工创建（或打开）语法编辑器窗口的菜单顺序是：

【文件(F)】→【新建(N)】/【打开(O)】→【语法(S)】

自动创建语法编辑器窗口是指在 SPSS 启动时自动创建窗口。通常 SPSS 不会在启动时自动完成该项工作，应按照以下菜单在相应的窗口中做必要的参数设置：

【编辑(E)】→【选项(N)】

出现如图 1-6 所示的参数设置窗口。

在【在启动时打开语法窗口(Y)】选项前打钩即可。

2. 允许同时创建或打开多个语法编辑器窗口

可以同时创建或打开多个语法编辑器窗口，并且可以利用主菜单中的【窗口(W)】菜单实现多个窗口间的相互切换。多个语法编辑器窗口中只有一个是目标语法编辑器窗口或称当前语法编辑器窗口，即某一时刻只能执行当前语法编辑器窗口中的 SPSS 程序。设置多个语法编辑器窗口的目的是允许用户同时编辑多个 SPSS 程序，它允许将同一批数据的

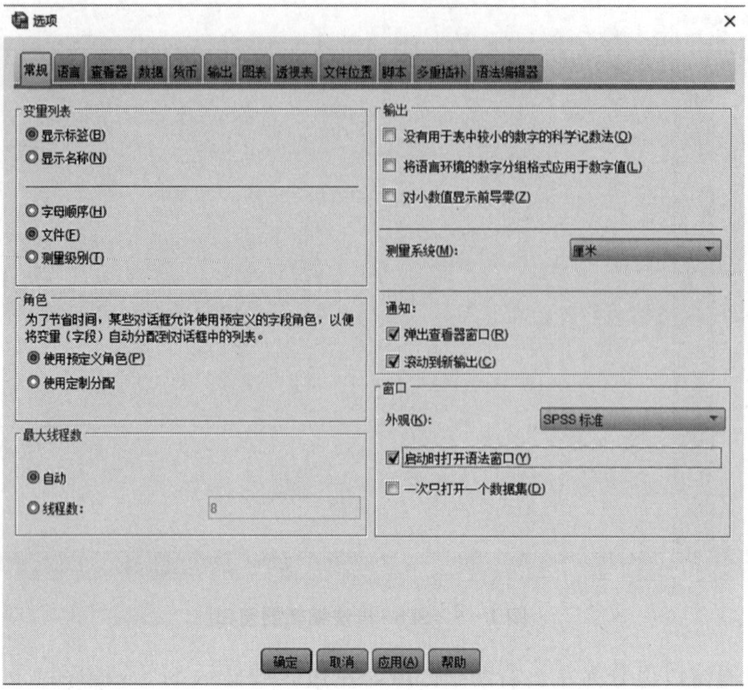

图 1-6　SPSS 参数设置窗口

不同分析步骤（程序）分别写在不同的窗口中，进而将它们以不同的文件名分别保存到磁盘上。应在工具栏的【活动:】框后或【运行(R)】菜单下【活动数据集(D)】指定将要分析的数据集。

语法编辑器窗口由窗口主菜单、工具栏、SPSS 程序编辑区组成。其中的大部分含义和功能与数据编辑器窗口和查看器窗口类似。除此之外，增添了【运行(R)】菜单和相应的图形按钮，用来执行 SPSS 程序。

SPSS 在【运行(R)】菜单中提供了四种程序执行的方式，它们是：

- 全部执行方式（【全部(A)】）。即依次执行当前语法编辑器窗口中的所有 SPSS 命令程序。
- 选择执行方式（【选定项(S)】）。即仅执行当前语法编辑器窗口中当前已被选中的 SPSS 命令程序。选择可以通过鼠标在相应语句行上拖动来完成。
- 单步行执行方式（【单步调试(P)】）。即仅执行当前语法编辑器窗口中从头或从当前光标所在行的一行 SPSS 命令程序。之后选择【继续(U)】菜单可执行下一行 SPSS 命令程序。
- 至末尾行执行方式（【结尾(T)】）。即仅执行当前语法编辑器窗口中当前光标所在行以后的所有 SPSS 命令程序。

以上四种程序执行方式能够帮助程序员方便地调试和运行程序。

在语法编辑器窗口中编写 SPSS 程序必须按照一定的语法规则进行，掌握 SPSS 语法规则、熟悉 SPSS 命令语句是编写 SPSS 程序的前提。因此，程序运行方式一般适合 SPSS 的高级用户，或需在 SPSS 程序员的帮助下进行。

SPSS支持程序编写。掌握SPSS语法规则、熟悉SPSS命令语句是编写SPSS程序的前提。

1.2.3 混合运行方式

混合运行方式是指在使用菜单的同时编辑SPSS程序，是完全窗口菜单方式和程序运行方式的结合。

为实现混合运行方式，用户应首先按照菜单运行方式选择统计分析的菜单和选项，但并不马上点击 确定 按钮提交执行，而是点击 粘贴(P) 按钮。于是，SPSS将自动把用户所选择的菜单和选项转换成SPSS的命令程序，并粘贴到当前语法编辑器窗口中。然后，用户可以按照程序运行方式对在语法编辑器窗口中生成的SPSS命令进行必要的编辑修改，再一次性提交给计算机执行。

可见，混合运行方式弥补了完全窗口菜单方式中每步分析操作都要人工干预的不足，同时摆脱了程序运行方式中必须熟记SPSS命令和参数的制约，因此是一种较为灵活实用的操作方式。另外，对于熟练的SPSS程序员来说，可以借助该方式在程序中添加窗口菜单和选项中没有提供的参数。

总之，SPSS的三种基本运行方式各有千秋，实际中应根据应用分析的需要和熟练掌握SPSS的程度进行合理的选择。

1.3 利用SPSS进行数据分析的基本步骤

学习和应用SPSS软件并不是简单地学习和应用一款计算机软件的过程。由于SPSS是一种专业性较强的统计软件，因此，学习和应用它时必须了解和掌握必要的统计学专业知识以及数据分析的一般步骤和原则，这样才能避免滥用和误用，不致因引用有偏差甚至错误的数据分析结论而做出错误的决策。

1.3.1 数据分析的一般步骤

数据分析一般经过收集数据、加工和整理数据、分析数据三个主要阶段，统计学对此有非常完整和严谨的论述。在数据分析的实践中，用统计学的理论指导应用是必不可少的，也是极为重要的。

数据分析的一般步骤包括：明确数据分析目标，正确收集数据，加工和整理数据，选择恰当的统计分析方法进行探索分析，读懂统计分析结果。

1.3.1.1 明确数据分析目标

明确数据分析目标是数据分析的出发点。明确数据分析目标就是要明确本次数据分析所要研究的主要问题和预期的分析目标等。例如，分析不同消费群体的消费行为是否存在显著差异及成因，分析企业的客户群特征，分析不同学历和专业的大学毕业生的就业倾向性和差异，等等。只有明确了数据分析的目标，才能正确地制定数据采集方案，即应收集哪些数据，应采用怎样的方式收集等，为数据分析做好准备。

1.3.1.2 正确收集数据

正确收集数据是指应从分析目标出发，排除干扰因素，正确收集服务于既定分析目标的数据。准确的数据对于实现数据分析目标起到关键作用。

例如，为研究某种降压药是否具有显著的降压效果，可通过以下方式获得实验数据。首先，测得一批高血压患者服用降压药之前的舒张压和收缩压数据；然后，在患者根据要求每天定时服用该降压药一段时间后，再次测得他们的舒张压和收缩压数据。对于两组数据，分析其均值是否存在显著差异。若第二组数据的均值明显低于第一组数据的均值，则可认为降压药有明显的降压效果，反之，没有。显然，虽然获得的数据是准确的，但分析结论无法令人信服，原因是数据里包括影响分析结论的因素。极端的情况是，如果这批高血压患者均为病情不甚严重、身体状况良好且工作压力不大、较注意锻炼的人，则稍加服药就能有效控制和降低血压，对于这样的人群，极易得到降压药有效的结论。相反，如果这批高血压患者均为病情较为严重、身体状况不好且工作压力较大、没有时间锻炼的人，那么很可能得到降压药无明显疗效的结论。这里，分析结论不同的主要原因在于：尽管数据是准确的，但由于数据中掺杂了病情、职业、生活习惯等因素，必然会影响分析结论。因此，应选择其他数据采集方式，如随机双盲式实验等。其主要目的是通过合理的随机分组，尽量对影响分析结论的诸多因素加以控制。

因此，排除数据中那些与目标无关联的干扰因素是数据收集中的重要环节。数据分析并不仅仅是对数据进行数学建模，收集的数据是否真正符合数据分析的目标，其中是否包含其他影响因素，影响程度怎样，应如何剔除这些影响因素等，都是数据分析过程中必须注意的重要问题。

此外，采用恰当的抽样调查方式是保证正确收集数据的重要手段。通常在无法获得总体数据或者获得总体数据需要较大投入时，可利用抽样方式获得来自总体的部分样本数据，对问题进行分析和研究。抽样调查方式分为概率抽样方式和非概率抽样方式两大类。当利用样本数据对总体的特征参数进行估计和推断时，应采用概率抽样方式。当仅对问题本身进行刻画而不涉及对总体的推断时，可采用非概率抽样方式。概率抽样（也称随机抽样）是指按一定的概率以随机原则抽取样本，总体包含的每个元素都有一定的机会被抽中进入样本。概率抽样具体包括简单随机抽样、分层抽样、整群抽样、系统抽样、多阶段抽样等。完整的抽样框是概率抽样的基础。相对于概率抽样而言，非概率抽样抽取样本时并不遵循随机原则，而是根据研究目的对数据的要求实施调查。非概率抽样主要包括方便抽样、判断抽样、自愿样本、滚雪球抽样以及配额抽样等。

1.3.1.3 加工和整理数据

在明确数据分析目标的基础上收集到的数据，往往要进行必要的加工整理才能真正用于分析建模。数据的加工整理通常包括数据的缺失值处理、数据的分组、基本描述统计量的计算、基本统计图形的绘制、数据的变换处理等。通过数据的加工整理，能够大致掌握数据的整体分布特征，这是进一步分析和建模的基础。

1.3.1.4　选择恰当的统计分析方法进行探索分析

数据加工整理完成后一般就可进行数据分析了。分析时切忌滥用和误用统计分析方法。滥用和误用统计分析方法主要是由于对方法能解决哪类问题、方法适用的前提、方法对数据的要求不清楚等造成的。另外，统计软件的不断普及和应用中的不求甚解也会加重这种现象。因此，在数据分析中应避免盲目的"拿来主义"，否则，得到的分析结论可能会偏差较大甚至是错误的。

明确统计方法的含义和适用范围是非常关键的。

另外，选择几种统计分析方法对数据进行探索性的反复分析也是极为重要的。每一种统计分析方法都有自己的特点和局限性，因此一般需要选择几种方法反复进行分析，仅依据一种分析方法的结果就断然下结论是不科学的。

1.3.1.5　读懂统计分析结果

数据分析的直接结果是统计量等。正确理解统计量的统计含义是理解一切分析结论的基础。这不仅能够帮助人们有效避免毫无根据地随意引用分析结果的错误，而且是证实分析结论正确性和可信性的依据。这一切都取决于人们能否正确地把握统计分析方法的核心思想。

另外，将统计分析结果与实际问题相结合也是非常重要的。客观地说，统计方法仅仅是一种有用的数量分析工具，它不是万能的。统计方法能否正确地解决各学科的具体问题，不仅取决于应用统计方法或工具的人能否正确地选择统计方法，而且取决于他们是否具有深厚的应用背景知识。只有将各学科的专业知识与统计分析结果相结合，才能得出令人满意的分析结论。

1.3.2　利用 SPSS 进行数据分析的一般步骤

利用 SPSS 进行数据分析也应遵循数据分析的一般步骤，但涉及的方面主要集中在以下几个阶段。

1. SPSS 数据的准备

在该阶段应按照 SPSS 的要求，利用 SPSS 提供的功能准备 SPSS 数据文件。其中包括在数据编辑器窗口中定义 SPSS 数据的结构，录入和修改 SPSS 数据等。

2. SPSS 数据的加工整理

该阶段主要对数据编辑器窗口中的数据进行必要的预处理。

3. SPSS 数据的分析

该阶段应选择正确的统计分析方法，对数据编辑器窗口中的数据分析建模。由于 SPSS 能够自动完成数据建模中的数学计算并给出计算结果，它有效屏蔽了许多对一般应用者来说非常晦涩的数学公式，分析人员不必记忆数学公式，这无疑为统计分析方法的广泛应用铺平了道路。

4. SPSS 分析结果的阅读和解释

该阶段的主要任务是读懂 SPSS 查看器窗口中的分析结果，明确其统计含义，并结合应用背景知识做出切合实际的合理解释。在以后的章节中我们将重点讲解分析结果的统计含义。

利用 SPSS 进行数据分析的一般步骤的简单概括如图 1-7 所示。

建立数据文件 ⇨ 加工整理数据 ⇨ 数据分析 ⇨ 解释分析结果

图 1-7　利用 SPSS 进行数据分析的一般步骤

□ 练习题

1. SPSS 的中文全名和英文全名是什么？
2. SPSS 有哪两个主要窗口？它们的作用和特点各是什么？
3. 什么是 SPSS 的数据集？什么是 SPSS 的活动数据集？
4. SPSS 有哪三种主要使用方式？各自的特点是什么？
5. .sav，.spv，.sps 分别是 SPSS 哪类文件的扩展名？
6. SPSS 的数据加工和管理功能主要集中在哪些菜单中？统计绘图和分析功能主要集中在哪些菜单中？
7. 请查阅相关资料，解释概率抽样和非概率抽样中各具体抽样方法的特点和适用场合。
8. 说明利用 SPSS 进行数据分析的一般步骤。

第2章 Chapter 2 SPSS 数据文件的建立和管理

学习目标

1. 明确 SPSS 数据的基本组织方式和数据行列的含义。
2. 掌握应从哪些方面描述 SPSS 数据文件的结构特征。
3. 熟练掌握建立 SPSS 数据文件以及管理 SPSS 数据的基本操作。
4. 熟练掌握在 SPSS 中读取 Excel 工作表数据的基本操作，了解读取文本和数据库数据的基本方法。

建立 SPSS 数据文件是利用 SPSS 软件进行数据分析的首要工作。没有完整且高质量的数据，也就没有值得信赖的数据分析结论。

2.1 SPSS 数据文件

建立 SPSS 数据文件，应首先了解 SPSS 数据文件的特点、数据的基本组织方式和相关概念等。只有这样才能建立一个完整全面的数据环境，服务于数据分析工作。

2.1.1 SPSS 数据文件的特点

SPSS 数据文件是一种有别于其他文件（如 Word 文档、文本文件）的具有特殊性的文件，也称数据集（dataset）。从应用角度理解，这种特殊性表现在两方面：

第一，SPSS 数据文件的扩展名是 .sav；第二，SPSS 数据文件是一种有结构的数据文件。它由数据的结构和内容两部分组成，其中，数据的结构记录了变量类型、变量值说明、数据缺失情况等必要信息，数据的内容是那些待分析的具体数据。

SPSS 数据文件与一般文本文件的不同在于：一般文本文件仅有纯数据部分而没有关于结构的描述。正因如此，SPSS 数据文件不能像一般文本文件那样直接被大多数编辑软件读取，只能在 SPSS 软件中打开。

基于上述特点，建立 SPSS 数据文件时应完成两项任务：第一，描述 SPSS 数据的结构；第二，录入编辑 SPSS 的数据内容。这两部分工作分别在 SPSS 数据编辑器窗口的变量视图和数据视图中完成。

2.1.2 SPSS 数据的基本组织方式

SPSS 的数据将直观地显示在数据编辑器窗口中，形成一张平面二维表格。待分析的数据将按原始数据方式和计数数据方式组织。

2.1.2.1 原始数据的组织方式

如果待分析的数据是一些原始的调查问卷数据，或是一些对事物个体的客观描述数据，这些数据就可按原始数据的方式组织。

在原始数据的组织方式中，数据编辑器窗口中的一行称为一个个案（case）或观测，所有个案组成完整的 SPSS 数据。数据编辑器窗口中的一列称为一个变量。每个变量都有一个名字，称为变量名，是访问和分析 SPSS 变量的唯一标识。

案例 2-1

为了解当代大学生的职业生涯规划现状和愿望，进行问卷调查。[①] 调查内容包括被调查者的个人基本信息、高考志愿填报的出发点、职业规划的困惑、毕业后的打算以及职业生涯相关问题的打分等。其中，对职业生涯相关问题依据量表打分。问卷内容如下。

第一部分：个人基本信息

您的专业（方向）：____________________

您的专业分类：1. 理科　2. 人文学科　3. 工科　4. 社会科学　5. 艺术体育　6. 其他

您的年级：1. 大一　2. 大二　3. 大三　4. 大四　5. 硕研　6. 博研

您的性别：1. 男　2. 女

① 问卷部分内容引自中国人民大学劳动人事学院学生的设计。

第二部分：

1. 您当年的高考志愿是由谁确定的？（主要遵循了谁的意见或意愿？）

　1. 自己　　2. 父母　　3. 老师　　4. 其他人________

2. 您当年的高考专业志愿主要是按哪些因素确定的？

　1. 按您的兴趣爱好　　2. 按市场就业前景　　3. 按您的职业目标

　4. 按您的能力和学习优势　　5. 按您的性格特点　　6. 其他________

3. 您是否听过职业规划专门课程或就业指导课程？

　1. 没有　　2. 听过一些　　3. 听过很多

4. 您认为职业规划过程中最大的困难在于________

　1. 了解自己的兴趣、个性、能力　　2. 确定自己的职业方向

　3. 了解本专业可能的职业通道　　4. 其他________

5. 您毕业后的意向：________

　1. 出国留学　　2. 考研/博　　3. 求职工作　　4. 自主创业

　5. 还未确定

6. 下表是有关职业生涯问题的各种表述，请依据您的实际情况或想法作答。请在1～5中选择一个数字表明您同意的程度，难以回答的可选“0”：

	状态或意愿表述	非常反对				完全赞成	不好答
1	我对所学专业非常感兴趣	1	2	3	4	5	0
2	我很清楚所学专业的未来职业前景	1	2	3	4	5	0
3	我有明确的职业目标	1	2	3	4	5	0
4	我对自己未来的职业很期待	1	2	3	4	5	0
5	我很了解职业生涯规划是什么	1	2	3	4	5	0
6	我认真阅读过一些职业生涯规划和就业指导方面的书籍（没有读过选 1，读 5 本以上选 5）	1	2	3	4	5	0
7	我有自己明确的职业生涯发展规划和安排	1	2	3	4	5	0
8	我参加过许多次校外社会实践活动或工作实习（没有参加过选 1，5 次以上选 5）	1	2	3	4	5	0
9	我对现在大学生就业市场状况很了解	1	2	3	4	5	0
10	我对现在毕业生求职过程很了解	1	2	3	4	5	0
11	选择职业，与个人兴趣和个性相符最重要	1	2	3	4	5	0
12	选择职业，专业对口最重要	1	2	3	4	5	0
13	选择职业，社会声望最重要	1	2	3	4	5	0
14	选择职业，挣钱多最重要	1	2	3	4	5	0
15	选择职业，有个人发展空间最重要	1	2	3	4	5	0
16	在校学习成绩与未来工作关系密切	1	2	3	4	5	0

收回有效问卷 919 份。具体数据在可下载的压缩包中，文件名为“大学生职业生涯规划.sav”。

案例 2－1 的数据就是一份原始数据。在 SPSS 数据编辑器窗口中，一行存储一份问卷数据，是一个个案。对于案例 2－1，919 份问卷在 SPSS 中就有 919 行数据，即有 919 个个案。

SPSS中的一列通常对应一个问卷问题，是一个变量，每个变量都有变量名。变量名可以与问卷题目相对应。图2-1是该份调查数据在SPSS数据编辑器窗口的数据视图中的组织方式。

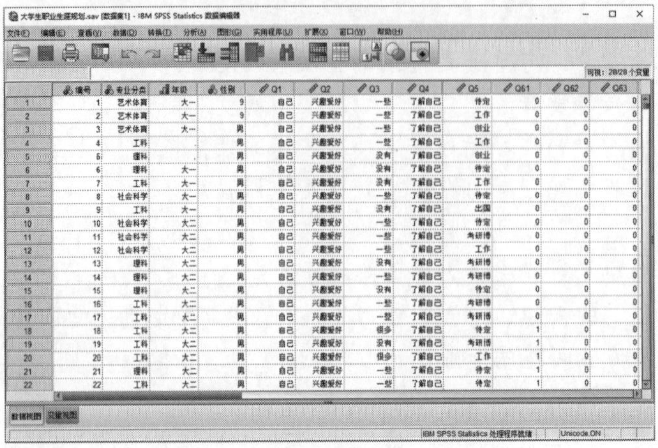

图2-1 原始数据组织方式示例

2.1.2.2 计数数据的组织方式

有时所采集的数据不是原始的调查问卷数据，而是经过分组汇总后的计数数据。

案例2-2

在研究血压和年龄的关系时汇总得到如表2-1所示的数据。其中，年龄的分组值分别为1～3，依次代表30岁以下、30～49岁、50岁以上。血压用1～3依次表示低血压、正常、高血压。数据文件在可供下载的压缩包中，文件名为“血压和年龄.sav”。

表2-1 计数数据举例

		血压		
		低血压（1）	正常（2）	高血压（3）
年龄	30岁以下（1）	27	48	23
	30～49岁（2）	37	91	51
	50岁以上（3）	31	93	73

案例2-2的数据就是一份汇总后的计数数据而非原始数据。在SPSS中该类数据应按计数数据的方式组织，如图2-2所示。

在计数数据的组织方式中，数据编辑器窗口中的一行为变量的一个分组（或多变量交叉分组下的一个分组）。所有行囊括了该变量的所有分组情况（或多变量交叉下的所有分组情况）。数据编辑器窗口中的一列仍为一个变量，代表某个问题（或某个方面的特征）以及相应的计数结果。

选择什么样的数据组织方式主要取决于收集到的数据以及所要进行的分析。

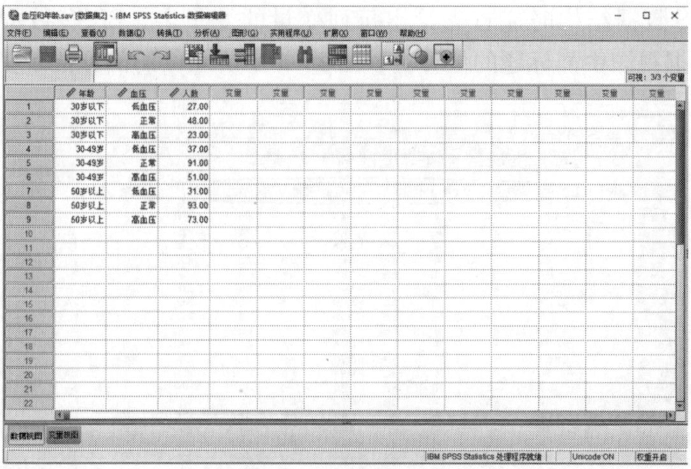

图 2-2　计数数据组织方式示例

2.2　SPSS 数据的结构和定义方法

SPSS 数据的结构是对 SPSS 每列变量及其相关属性的描述。在数据编辑器窗口的变量视图中进行定义。

对于案例 2-1 的调查数据，已定义好的 SPSS 数据结构如图 2-3 所示。其中，各项内容依次为名称、类型、宽度、小数位数、标签、值、缺失、列、对齐、测量和角色。其中有些内容是用户必须定义的，有些可为默认值。

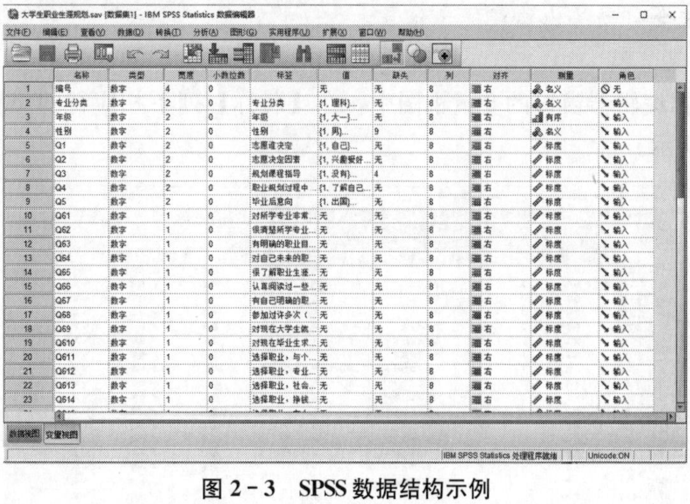

图 2-3　SPSS 数据结构示例

2.2.1　变量名

变量名是变量访问和分析的唯一标识。

在定义 SPSS 数据结构时应首先给出每列变量的变量名。SPSS 数据编辑器窗口中，变量名显示在数据视图中列标题的位置上，图 2-4 中所圈住的部分便是变量名。

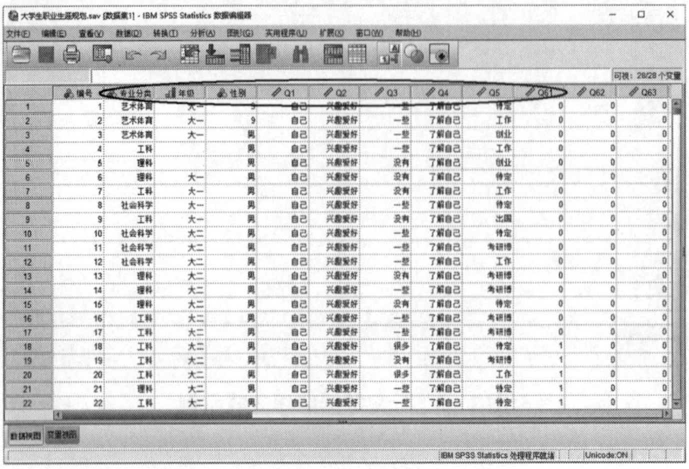

图 2-4 数据编辑器窗口中的变量名

变量起名的一般规则是：变量名由英文字母、数字等组成。首字符应以英文字母开头，后面可以跟除了！，？，* 之外的字母或数字；下划线、圆点不能作为变量名的最后一个字符；变量名不区分大小写字母；变量名不能与 SPSS 内部特有的具有特定含义的保留字相同，如 ALL，BY，AND，NOT，OR 等；SPSS 有默认的变量名，它以字母“VAR”开头，后面补足 5 位数字，如 VAR00001，VAR00012 等。此外，允许汉字作为变量名。

为方便记忆，变量名最好与其代表的数据含义相对应。如果变量名不符合 SPSS 的起名规则，系统会自动给出错误提示信息。

在 SPSS 数据编辑器窗口的变量视图中，在【名称】列下相应行的位置输入变量名即可，如图 2-5 所示。

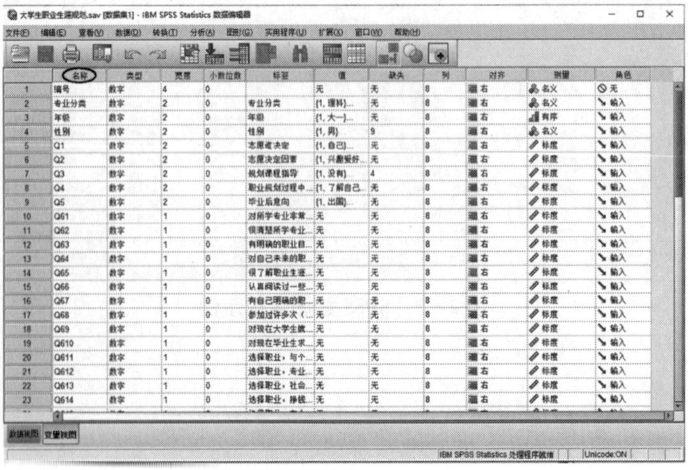

图 2-5 定义变量名

2.2.2　变量类型、列宽、小数位宽

变量类型是指每个变量的取值类型。SPSS 中有三种基本变量类型，分别为数值型、字符串型和日期型。相应的类型在数据编辑窗口中有默认的显示列宽和数据存贮位宽等。通常显示列宽默认等于存贮位宽。

2.2.2.1　数值型

数值型是 SPSS 最常用的数据类型，通常由阿拉伯数字（0～9）和其他特殊符号（如美元符号、逗号、圆点）等组成。例如，工资、年龄、成绩等变量都可定义为数值型数据。SPSS 中数值型数据有以下五种不同的表示方法。

1. 数字（N）

也称数值，是 SPSS 默认的数据类型，默认的存贮位宽为 8 位，包括正负符号位、小数点和小数位在内，小数位宽默认为 2 位。如果数据的实际宽度大于 8 位，SPSS 将自动按科学计数法显示。

2. 科学计数法（S）

科学计数法（S）也是一种常见的数值型数据的表示方式。例如，120 用科学计数法表示为 1.2E+02，其中 E 表示以 10 为底，+02 表示正的 2 次方。又如，0.005 用科学计数法记为 5.0E−03，这里−03 表示负的 3 次方。科学计数法的默认存贮位宽为 8 位，包括正负符号位、字母 E 和跟在其后的正负符号及两位幂次数字。科学计数法一般用来表示很大或很小的数据。用户在输入科学计数法数据时，可以按数值方式输入数据，SPSS 会自动进行转换。

3. 逗号（C）

逗号型数据的整数部分从个位开始每 3 位以一个逗号分隔，默认的存贮位宽为 8 位，小数位宽为 2 位，逗号所占的位数包括在总列宽之内，如 1,234.56。用户在输入逗号型数据时，可以不输入逗号，SPSS 将自动在相应位置上添加逗号。

4. 点（D）

点型数据的整数部分从个位开始每 3 位以一个圆点分隔，以逗号作为整数和小数部分的分隔符。它默认的存贮位宽为 8 位，小数位宽为 2 位，如 1.234,56。用户在输入点型数据时，可以不输入圆点，SPSS 将自动在相应位置上添加圆点。

5. 美元（L）

美元型数据主要用来表示货币数据，它在数据前附加美元符号 $。美元型数据的显示格式有很多，如 $### 、 $###,### 、 $#,###.## 等，SPSS 会以菜单方式将其显示出来供用户选择。用户在输入美元型数据时，可以不输入美元符号，SPSS 将自动在相应位置上添加美元符号。

2.2.2.2　字符串型

字符串型简称字符串（R），是 SPSS 较常用的数据类型，它由一串字符组成。如职工号码、姓名、地址等变量都可定义为字符串型数据。

字符串型数据的默认存贮位宽为 8 个字符位，它不能进行算术运算，并且区分大小写

字母。字符串型数据在SPSS命令处理过程中应用一对双引号引起来，但在输入数据时不应输入双引号，否则，双引号将会作为字符串型数据的一部分。

2.2.2.3 日期型

日期型简称日期（A），用来表示日期或者时间数据，如生日、成立日期等变量可以定义为日期型。日期型的显示格式有很多种，例如，dd-mmm-yyyy，dd表示两个字符位的日期，-为数据分隔符，mmm表示英文月的缩写，yyyy表示四个字符位的年份。如25-AUG-2006表示2006年8月25日。又如，mm/dd/yyyy，mm表示两个字符位的月份，/为数据分隔符，dd表示两个字符位的日期，yyyy表示四个字符位的年份，如2006年8月25日可以表示为08/25/2006。SPSS以菜单的方式将所有的日期显示格式列出来供用户选择。

在SPSS数据编辑器窗口的变量视图中，在【类型】列下相应行的位置单击鼠标，并根据实际数据在弹出窗口中选择相应的数据类型，如图2-6所示。

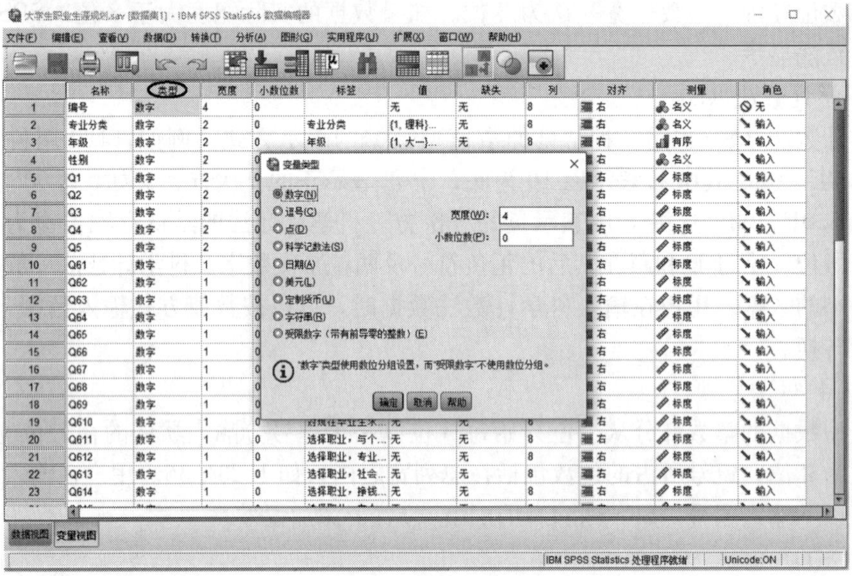

图2-6 定义变量类型

2.2.3 变量名标签

变量名标签是对变量名含义的进一步解释说明，它可增强变量名的可视性和统计分析结果的可读性。

变量名标签可用中文，总长度可达120个字符，但在统计分析结果的显示中，一般不能显示如此长的变量名标签信息。尽管变量名标签是可以省略定义的，但建议最好给出。如果变量名是中文汉字，变量名标签通常可以省略。

在SPSS数据编辑器窗口的变量视图中，在【标签】列下相应行的位置输入变量名标签即可。

2.2.4　变量值标签

> 变量值标签（Values）是对变量取值含义的解释说明信息，对于定类型变量和定序型变量尤为重要。

例如，对于性别变量，假设用数值 1 表示男，用数值 2 表示女，那么人们看到的数据就仅仅是 1 和 2 这样的符号，通常很难弄清楚 1 代表的是男还是女，但如果为性别变量附加变量值标签，并给出 1 和 2 的实际指代，则会使数据含义非常清楚。

可见，变量值标签对于定序型变量（如收入的高、中、低）和定类型变量（如民族、性别）来说是必不可少的，相关概念见 2.2.6 节。变量值标签不但明确了数据的含义，而且增强了最后统计分析结果的可读性。变量值标签可以用中文。变量值标签是可以省略定义的，但最好给出定序型变量或定类型变量的变量值标签。

在 SPSS 数据编辑器窗口的变量视图中，在【值】列下相应行的位置单击鼠标，根据实际数据在弹出窗口中指定变量值标签，如图 2－7 所示。需要在弹出窗口的【值(U)】后输入变量值，在【标签(L)】后输入变量值标签，并点击 添加(A) 或 更改(C) 或 除去(M) 按钮进行变量值标签管理。

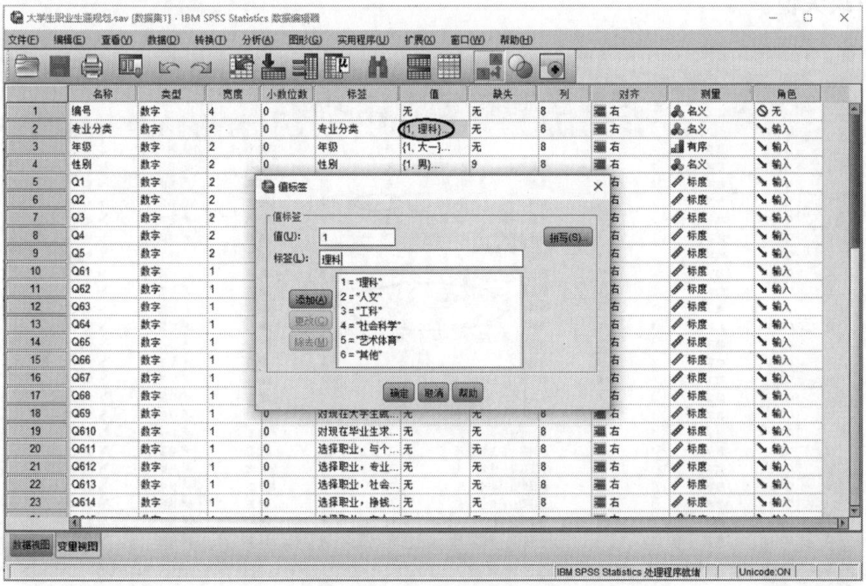

图 2－7　定义变量值标签

2.2.5　缺失数据

缺失数据的处理是数据分析准备过程中一个非常重要的环节。

> 数据中明显错误或明显不合理的数据以及漏填的数据都可看做缺失数据。

例如，在某项客户满意度问卷调查数据中，某个被调查者的年龄是 213 岁，这个数据显然是一个不符合实际情况的失真数据。再如，在某项客户满意度问卷调查数据中，某个被调查者的年收入没有填，是空缺的。

通常上述数据称为缺失数据或不完全数据。在利用 SPSS 进行分析时，如果不特意说明，SPSS 将把上述 213 岁这样明显错误的数据或空缺数据当作正常且合理的数据进行分析，但实际上这是不对的。因此，如果数据中存在缺失数据，分析时通常不能直接采纳，要进行说明。

SPSS 中说明缺失数据的基本方法是指定用户缺失值。步骤是：首先，在空缺数据处填入某个特定的标记数据。例如，将空缺的年收入数据用特定的标记数据（如 99999999）来替代；然后，指明这个特定的标记数据（如 99999999）以及那些明显的失真数据（如 213）等为用户缺失值。这样在分析时，SPSS 就能够将这些用户缺失值与正常的数据区分开来，并依据用户选择的处理策略对其进行处理或分析。

SPSS 用户缺失值可以是：

- 对于字符串型或数值型变量，用户缺失值可以是 1～3 个特定的离散值。
- 对于数值型变量，用户缺失值可以在一个连续的闭区间内，同时附加一个区间以外的离散值。

在 SPSS 数据编辑器窗口的变量视图中，在【缺失】列下相应行的位置单击鼠标，根据实际数据在弹出窗口中指定用户缺失值，如图 2-8 所示。其中，将性别取值为 9 的定义为用户缺失值。

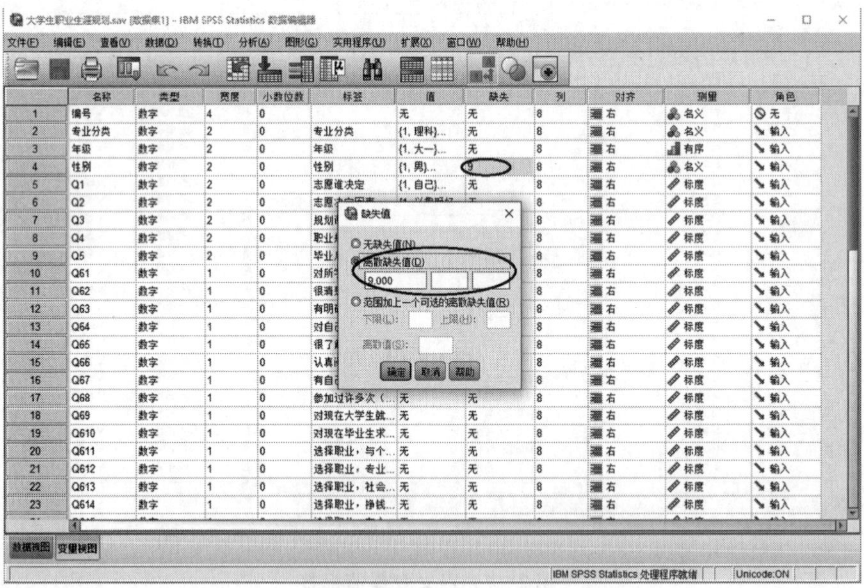

图 2-8　定义用户缺失值

除用户缺失值外，SPSS 还有一类默认的缺失值，称为系统缺失值。系统缺失值用一个圆点表示，它不等于 0 或 .00，通常出现在数值型变量数据中。如图 2-4 中第 4，5 行的年级列所示。需要注意的是，字符串型变量中的空格不是系统缺失值。

待分析的数据中存在大量的缺失值，会对分析产生重大影响。例如，大量的缺失数据会使分析结果出现系统性偏差，会因缺少充分可利用的数据而造成统计计算精度的大幅下降，会由于某些模型无法处理缺失数据而限制该模型的应用等。因此，在数据分析之前通常需要对缺失数据进行必要的处理。统计学对缺失数据的处理方法有许多种，如常见的利用 EM 法（Expectation Maximization）或回归法进行插值估计等。SPSS 中也提供了分析缺失数据的专门模块。

2.2.6　计量尺度

统计学依据变量的计量尺度将变量分为三大类，即数值型变量、定序型变量和定类型变量。其中定序型变量和定类型变量统称为分类型变量。

数值型变量通常是指诸如身高、体重、血压等连续数值型变量，也包括诸如人数、商品件数等离散数值型变量。定序型变量具有内在固有大小或高低顺序，但它又不同于数值型变量，一般可以用数值或字符表示。如职称变量可以有低级、中级和高级三个取值，分别用 1，2，3 表示；年龄段变量可以有老、中、青三个取值，分别用 A，B，C 表示。这里，无论是数值的 1，2，3，还是字符的 A，B，C，都有固有大小或高低顺序，但数值之间是不等距的，因为低级和中级职称之间的差距与中级和高级职称之间的差距是不相等的。定类型变量是指没有内在固有大小或高低顺序，一般以数值或字符表示的变量。如性别变量中的男、女取值，可以分别用 1，2 表示；民族变量中的各个民族，可以分别用“汉”“回”“满”等字符表示。这里，无论是数值的 1，2，还是字符的“汉”“回”“满”，都不存在内在固有大小或高低顺序，只是一种分类名义上的指代。在 SPSS 中可根据变量的具体含义指定其计量尺度属于上述哪种类型。

在 SPSS 数据编辑器窗口的变量视图中，在【测量】列下相应行的位置单击鼠标，根据实际数据指定变量的计量尺度，如图 2－9 所示，其中，【标度】表示数值型，【有序】表示定序型，【名义】表示定类型。

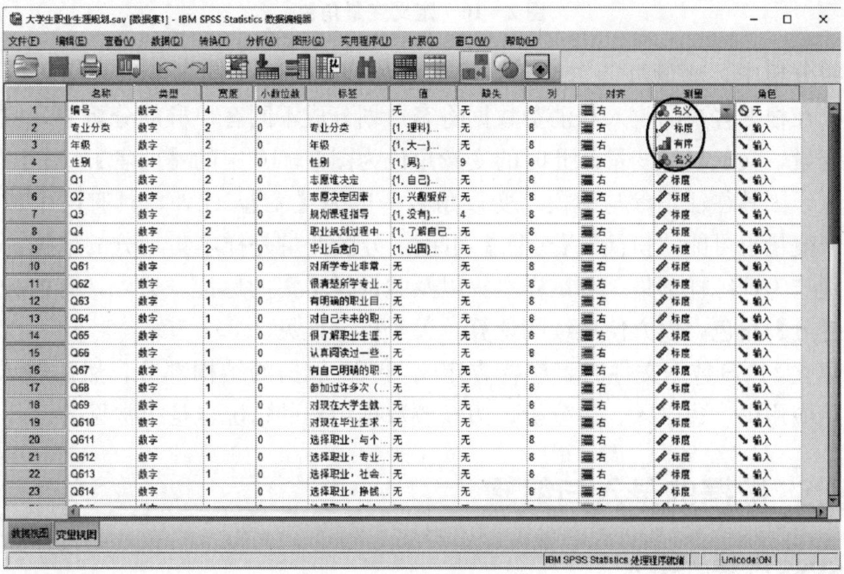

图 2－9　定义计量尺度

2.2.7 变量角色

变量角色是指变量在模型建立时所“扮演”的角色。变量的角色不同，其作用也不同。模型建立时，有些变量用于解释其他变量，称为解释变量或自变量，SPSS 称之为输入变量，承担【输入】角色。有的变量是被其他变量解释的，称为被解释变量或因变量，SPSS 称之为目标变量，扮演【目标】角色。例如，在分析顾客的收入对其消费的影响时，收入就是输入变量，消费就是目标变量。

在 SPSS 数据编辑器窗口的变量视图中，在【角色】列下相应行的位置单击鼠标，根据实际建模需要指定变量角色，如图 2－10 所示。

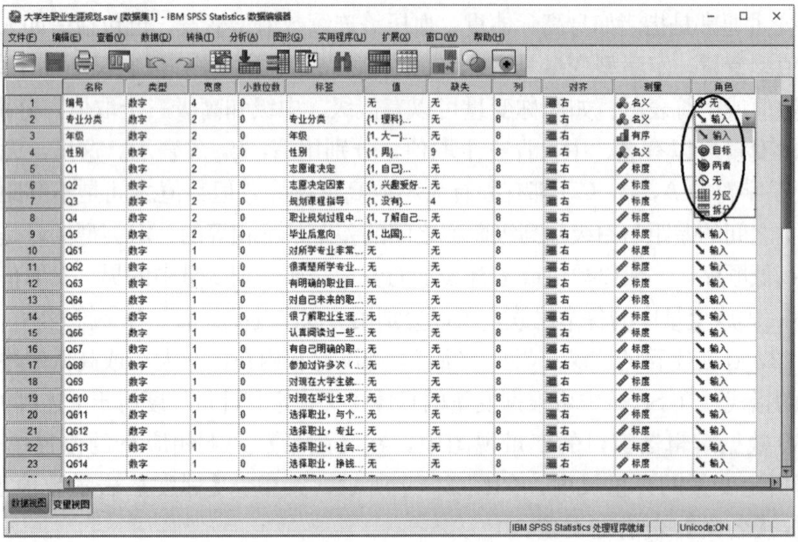

图 2－10 定义变量角色

在某些分析中，变量可能“扮演”双重角色，既可以是输入变量，又可以是目标变量。例如，在根据客户的收入和消费数据将客户划分成不同客户群的分析中，收入和消费既是输入变量，又是目标变量。此时的变量角色为图 2－10 中的【两者】。对于职工编号、学号等变量，因其往往不参与建模，变量角色一般为【无】。此外，具有两个或三个类别值的分类型变量也可能“扮演”【分区】角色。分区变量是样本集划分的依据。它的三个类别值分别作为训练样本集、测试样本集以及验证样本集的标记。另外，有的分类型变量可作为【拆分】角色，以方便后续的计算。关于拆分详见 3.8.3 节。

通常建立 SPSS 数据文件时，应首先定义 SPSS 数据的结构部分，然后输入 SPSS 数据。在实际应用中，边录入、边分析、边修改数据结构的情况也是很常见的。

2.3 SPSS 数据的录入与编辑

2.3.1 SPSS 数据的录入

SPSS 数据的结构定义好后就可将具体的数据输入到 SPSS 中，以最终形成 SPSS 数据文件。

SPSS 数据的录入操作在数据编辑器窗口的数据视图中实现。其操作方法与 Excel 基本类似，也是以电子表格的方式录入，如图 2-11 所示，具体操作不再赘述，但操作时应注意以下几点。

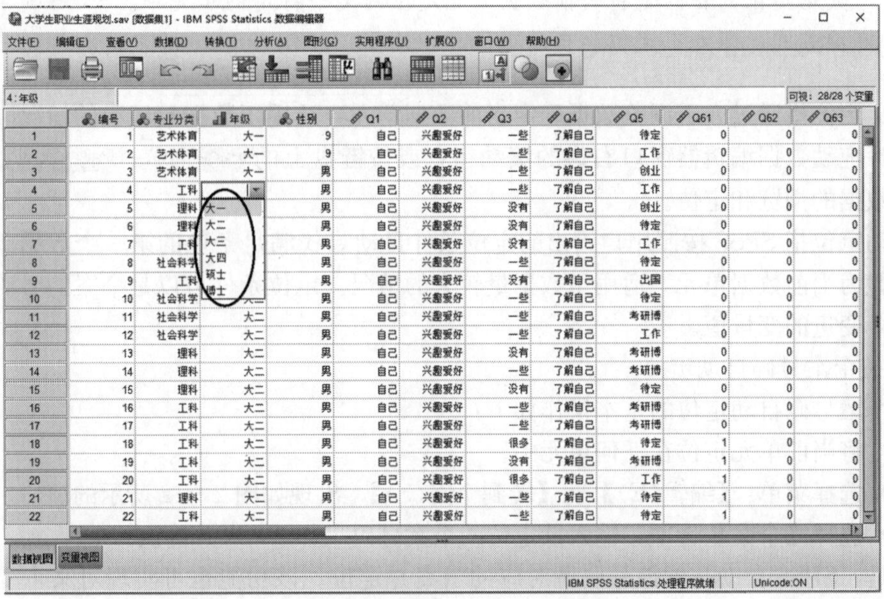

图 2-11 带变量值标签的数据录入

- 数据编辑器窗口中的黄色[①]框框住的单元为当前数据单元，它是当前正在录入或修改数据的单元。录入数据时应首先确定当前数据单元，即将鼠标指到某个数据单元上，然后单击鼠标左键。
- 数据录入可以逐行进行，即录完一个数据后按 Tab 键，当前单元的右边一个单元便自动成为当前单元。数据录入也可以逐列进行，即录完一个数据后按回车键，当前单元下方的单元便自动成为当前单元。
- 录入带有变量值标签的数据可以通过下拉框完成，如图 2-11 所示。在此之前应首先打开变量值标签的显示开关，选择的菜单是：【查看(V)】→【值标签(V)】。【值标签(V)】是一个重复开关选项。开关打开时，变量值标签将显示在数据编辑器窗口中；反之，不显示变量值标签，只显示变量值。需要说明的是：在变量值标签显示开关打开的状态下，虽然屏幕显示的是变量值标签，但实际存储的数据仍是变量值。

2.3.2 SPSS 数据的编辑

SPSS 数据的编辑主要包括对数据的定位、增加、删除、修改、复制等操作。编辑操

① 本书黑白印刷，颜色不显示，全书同。

作也在数据编辑器窗口的数据视图中进行。

2.3.2.1 SPSS数据的定位

数据定位的目的是将当前数据单元定位到某个特定的单元中。SPSS提供了两种定位方式，即人工定位和自动定位。

人工定位指通过人工浏览数据确定当前数据单元，适用于数据量较小的情况。用户只需用鼠标拖动数据编辑器窗口右边的滚动钮，或按键盘上的Page Up，Page Down键就可以完成数据的浏览和定位。

自动定位指SPSS按照用户给出的定位条件自动寻找满足条件的第一个数据单元，并把它设置为当前数据单元，适用于数据量较大的情况。定位条件可以是个案的号码，也可以是某个变量的变量值。

1. 按个案号码自动定位

按个案号码自动定位的基本操作如下：

(1) 将当前单元定位在任何单元中。

(2) 选择菜单：【编辑(E)】→【转到个案(S)】，出现如图2-12所示的窗口。

(3) 选择【个案】选项，输入欲定位的个案号码（如200）并确认。

于是，SPSS自动搜索该号码所对应的个案并定位。该功能也可实现对某个变量列的定位。

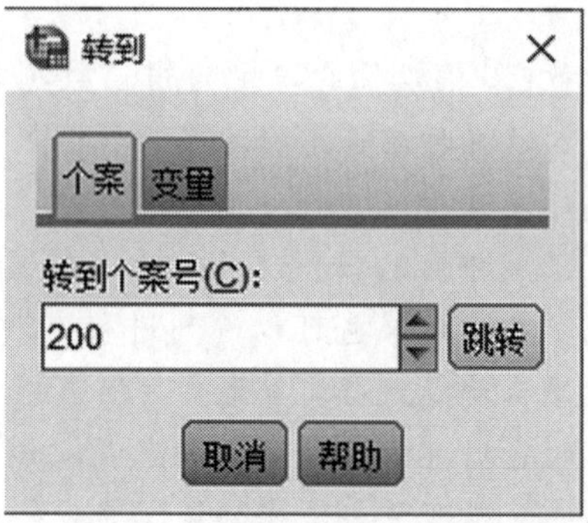

图2-12　按个案号码自动定位窗口

2. 按变量值自动定位

按变量值自动定位的基本操作如下：

(1) 将当前单元定位在某变量列的任何一个个案上（如专业分类）。

(2) 选择菜单：【编辑(E)】→【查找(F)】，出现如图2-13所示的窗口。

(3) 输入定位变量值（如工科）并确认。

于是，SPSS自动对第（1）步指定的变量进行变量值搜索，并将当前单元定位到与定位变量值相等的第一个个案（如专业分类等于工科的个案）上。该功能还可实现变量值的自动替换。

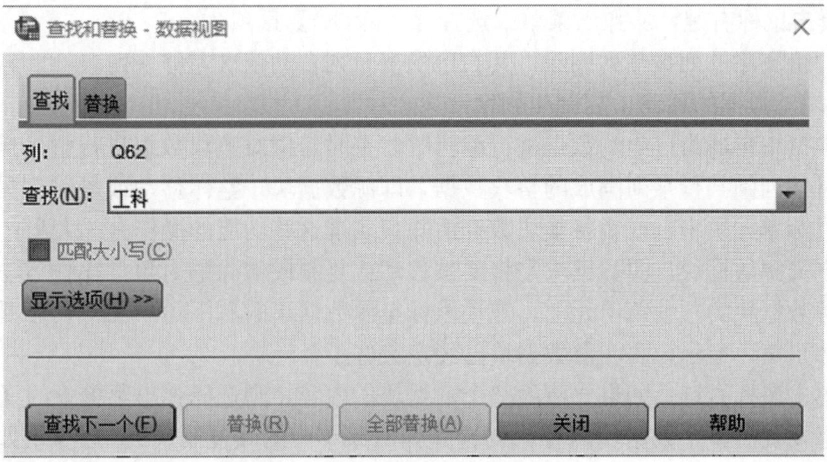

图 2-13 按变量值自动定位窗口

2.3.2.2 插入和删除一个个案

1. 插入一个个案

插入一个个案，即在数据编辑器窗口的某个个案前插入一个新个案。基本操作步骤如下：

(1) 将当前数据单元定位在一个个案上。

(2) 选择菜单：【编辑(E)】→【插入个案(I)】。

于是，SPSS 自动在当前数据单元所在行之前插入一空行，其中，数值型变量的变量值自动为系统缺失值，用户可以再修改。

2. 删除一个个案

删除一个个案，即删除数据编辑器窗口中的某个个案。基本操作步骤如下：

(1) 在欲删除的个案号码上单击鼠标左键，于是待删除的个案数据全部呈黄色显示。

(2) 单击鼠标右键，从弹出菜单中选择【清除(E)】选项。

于是，欲删除的个案数据被整条删除，以下行的个案自动依次上移一行。

2.3.2.3 插入和删除一个变量

1. 插入一个新变量

插入一个新变量，即在数据编辑器窗口的某个变量前插入一个新变量。基本操作步骤如下：

(1) 将当前数据单元定位在某变量上。

(2) 选择菜单：【编辑(E)】→【插入变量(A)】。

于是，SPSS 自动在当前数据单元所在列之前插入一空列。该列的变量名默认为 VAR00001，数据类型为数值型，变量值均是系统缺失值，用户可以再修改。

2. 删除一个变量

删除一个变量，即删除数据编辑器窗口中的某列变量。基本操作步骤如下：

(1) 在欲删除列的变量名上单击鼠标左键，于是待删除列的数据全部呈黄色显示。

（2）单击鼠标右键，从弹出菜单中选择【清除(E)】选项。

于是，待删除的列被整列删除，其右边的变量列自动依次左移一列。

2.3.2.4 数据的移动、复制和删除

在对数据编辑器窗口中的数据进行编辑时，有时希望对整块数据进行整体操作，如希望把从某行某列到某行某列围成的整块数据，即源数据块，整体移动或复制到另一块数据单元，即目标单元块中，或者将整块数据清除。实现这些功能的操作有三大步：

（1）定义源数据块。源数据块是将要被移动或复制或清除的对象。操作方法是：将鼠标移动到源数据块的左上角单元上，拖动鼠标至源数据块的右下角单元上。于是被拖动过的单元全部呈黄色显示，表明源数据块已经定义好了。

（2）单击鼠标右键。如果要清除整个数据块的内容，则选择弹出菜单中的【清除(E)】选项；如果要复制整个数据块内容，则选择弹出菜单中的【复制(C)】选项；如果要移动整个数据块内容，则选择弹出菜单中的【剪切(T)】选项。

（3）指定目标单元块。将鼠标移动到目标单元块的左上角单元处，指定它为当前单元。然后单击鼠标右键，从弹出菜单中选择【粘贴(P)】选项。于是，源数据块数据就被复制或移动到目标单元块中了。

2.4 SPSS数据的保存

SPSS数据整理好以后，需要将数据编辑器窗口中的数据以文件的形式保存到磁盘中。

2.4.1 SPSS支持的数据格式

> SPSS能够将数据编辑器窗口中的数据保存成多种格式的数据文件。常见的格式有SPSS文件格式、Excel文件格式、文本文件格式等。

1. SPSS文件格式

SPSS文件格式是SPSS默认的数据格式。该格式的文件以.sav作为扩展名。SPSS文件格式的优点是：可以被SPSS软件直接读取；能够将SPSS数据的结构和数据两部分内容完整地保存下来。SPSS文件格式的缺点是：无法被其他软件直接读取，该文件的通用性较弱。

2. Excel文件格式

Excel文件格式是应用极为广泛的电子表格文件，其扩展名为.xls或.xlsx。SPSS将数据编辑器窗口中的数据保存成Excel格式文件时，会将各变量的变量名写入Excel工作表的第一行，且一个个案为一行。

3. 文本文件格式

文本文件扩展名为.dat。其中包含两种形式：第一种，固定ASCII格式的文本文件。它依据每个变量的列宽度，将变量值数据以空格左补足对齐，一个个案数据为一行。第二种，以制表符分隔的文本文件，文件的第一行是SPSS变量名，第二行以后是

具体数据，一个个案数据为一行。此外，也可将数据保存为以逗号分隔的扩展名为.csv 的文本文件。

Excel 格式和文本文件格式的数据文件的优点是：数据可以被相应的软件直接读取。缺点是：仅保存 SPSS 数据编辑器窗口中的变量值或变量值标签，不保存缺失值等变量结构信息，那些有利于统计分析的必要信息会丢失。

> 在实际工作中，如果用户希望将 SPSS 数据与其他软件共享，可将 SPSS 数据编辑器窗口中的数据保存成两份：一份为 SPSS 文件格式，保证一些重要的分析信息不丢失；另一份为其他软件可以读取的数据文件格式，方便数据共享。

2.4.2　保存 SPSS 数据的基本操作

SPSS 数据文件保存的操作步骤如下：

(1) 选择菜单：【文件(F)】→【保存】/【另存为(A)】，出现如图 2-14 所示的窗口。

(2) 给出存放 SPSS 数据文件的目录路径和数据文件的用户名，并根据实际需要选择数据文件的格式。

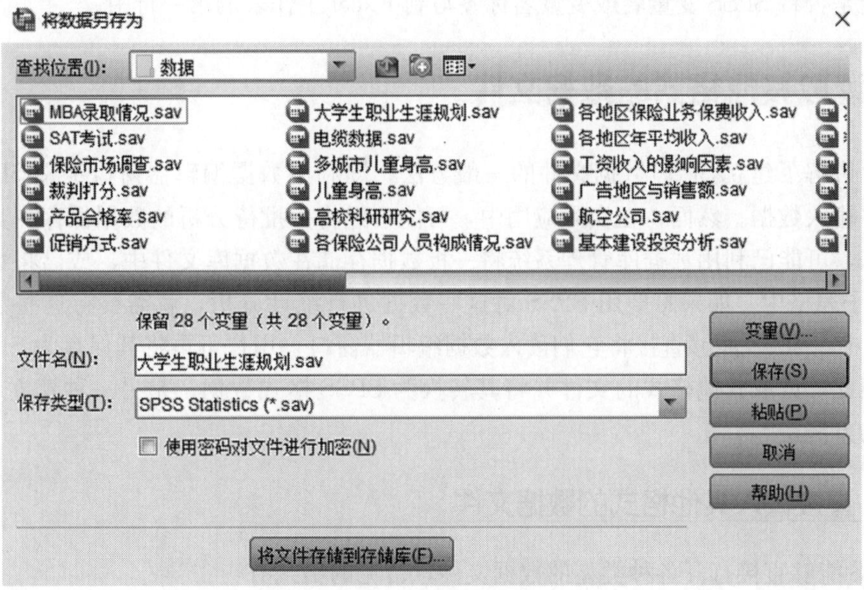

图 2-14　数据保存窗口

在图 2-14 所示的窗口中：

- 数据文件的格式通过【保存类型(T)】后的下拉框选择。变量(V) 按钮的作用是允许用户指定保存哪些变量，不保存哪些变量，窗口如图 2-15 所示。变量名前打钩的变量将被保存到磁盘中。

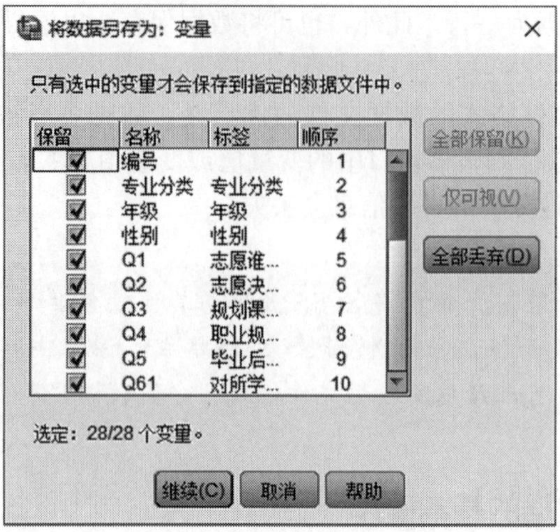

图 2－15　选择保存变量窗口

- 将数据保存为 Excel 文件格式时，将出现【将变量名写入文件(W)】等选项，可指定是否将 SPSS 变量名或变量名标签写到 Excel 工作表的第一行中。

2.5　读取其他格式的数据文件

以上讲解了建立 SPSS 数据文件的一般方法，即利用数据编辑器窗口定义 SPSS 数据的结构并输入数据。然而，在实际应用中，可能已经将一批待分析的数据保存在其他软件中。例如，可能已利用数据库管理系统将一批数据存储在数据库文件中，或已将数据存在 Excel 电子表格中。如果希望用 SPSS 对这些数据进行统计分析，就需要将这些数据转换到 SPSS 中。SPSS 能够直接将它们读入数据编辑器窗口，用户可再将其保存为 SPSS 格式文件。因此，读取其他格式的文件并将其转换为 SPSS 格式数据，是另一种建立 SPSS 数据文件的方法。

2.5.1　直接读入其他格式的数据文件

SPSS 能够直接打开各种类型的数据文件，常见的格式有：

- SPSS 格式文件，扩展名为 . sav。
- Excel 格式文件，扩展名为 . xls，. xlsx 等。
- SAS 格式文件，扩展名为 . sas7bdat 等。

基本操作步骤如下：

(1) 选择菜单：【文件(F)】→【打开(O)】→【数据(D)】。

(2) 选择数据文件的类型，并输入数据文件名。

例如：打开名为“大学生职业生涯规划 . xls”的文件。

如果读入的是 Excel 格式文件（如图 2-16 所示），SPSS 默认将 Excel 工作表中的全部数据读到 SPSS 数据编辑器窗口中，也可以在【范围】后指定仅读取工作表中某个区域内的数据（如 A5:B10，表示仅读取以 A5 单元为左上角，B10 单元为右下角的矩形区域内的数据）。工作表上的一行数据为 SPSS 中的一个个案。如果 Excel 工作表文件第一行或指定读取区域内的第一行为变量名，则应选择【从第一行数据中读取变量名称(V)】项，即以工作表文件第一行或指定读取区域内的第一行的文字信息作为 SPSS 的变量名，否则不选，SPSS 的变量将自动取名为工作表中的单元名（如 A，B，C 等）。

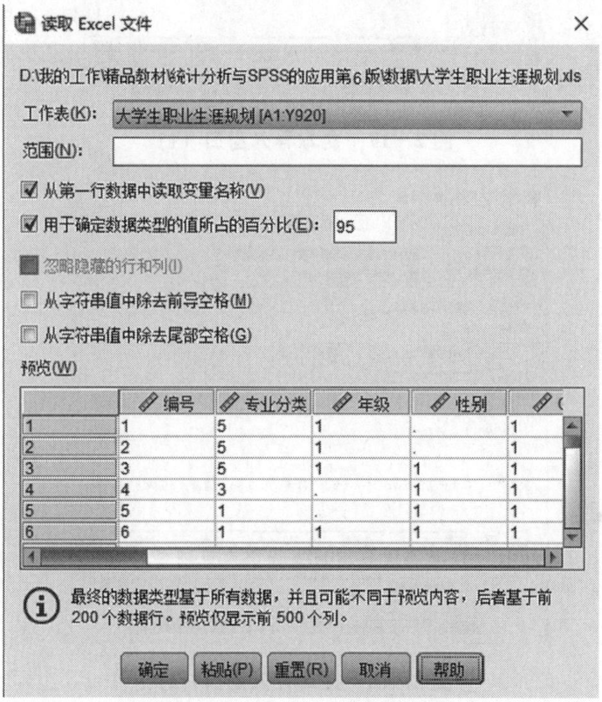

图 2-16　读入 Excel 数据文件

2.5.2　使用导向导入其他格式的数据

前面已经讲过，文本格式的数据文件是一种通用格式的数据文件。SPSS 提供了专门读取文本文件的功能。例如，读入名为“大学生职业生涯规划.dat”的文本文件，基本操作步骤如下：

(1) 选择菜单：【文件(F)】→【导入数据(D)】→【文件数据(T)】。

指定文本文件所在目录和文件名，出现如图 2-17 所示的窗口。应观察该窗口确认 SPSS 是否已经正确地识别和分隔各数据项。

(2) 点击 下一步>(N) 进入图 2-18 所示的窗口。观察该窗口回答两个问题：第一，数据项间是如何分隔的；第二，数据文件的第一行上是否有变量名，这里应回答“是”。随后点击 下一步>(N) 进入图 2-19 所示的窗口。

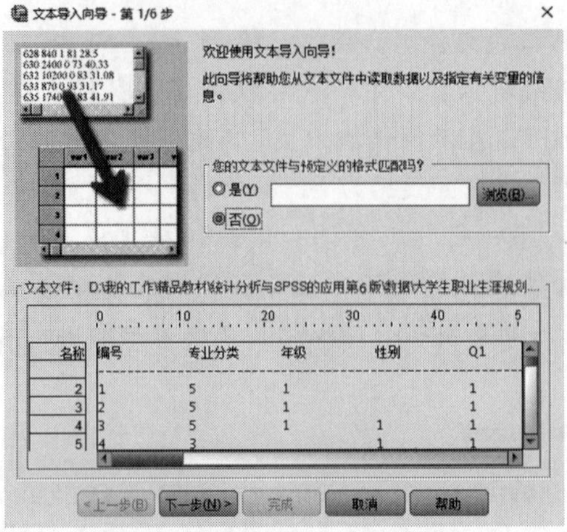

图 2-17　文本导入窗口（1）

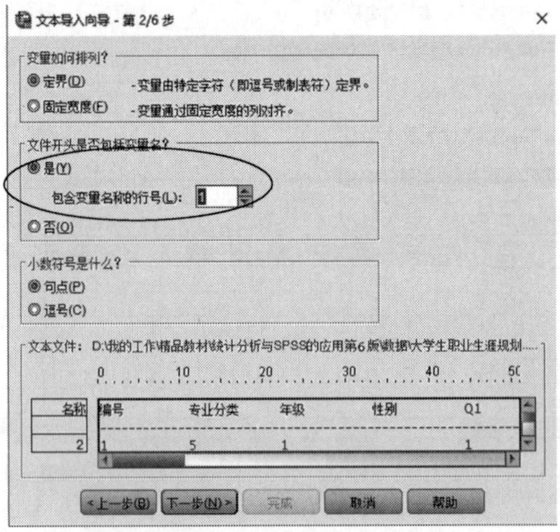

图 2-18　文本导入窗口（2）

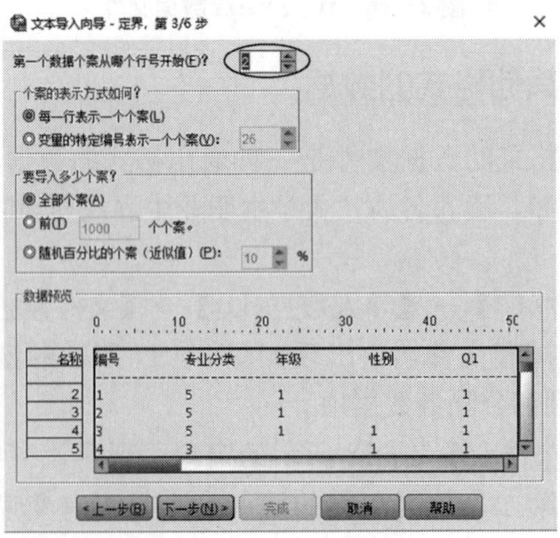

图 2-19　文本导入窗口（3）

(3) 在图 2－19 所示的窗口中应回答的问题是：

第一，数据部分从文本文件的第几行开始。如果文本文件的第一行是变量名，这里应回答“2”。

第二，个案数据在文本文件中是如何安排的，是一行一个个案还是一行多个个案。通常数据以前一种方式安排。

第三，将文本文件中的数据全部读入还是部分读入（读入前几个个案还是随机读入一定比例的个案）。

(4) 指定文本文件中数据项之间的分隔符号，窗口如图 2－20 所示。数据项间的分隔符可以是制表符、逗号、空格、分号或其他符号。字符串型数据可以不用任何符号括起来，也可以用单引号、双引号或其他符号括起来。

(5) 对随后出现的两个窗口中的问题通常按默认值回答，主要用于指定各变量的变量名和类型。

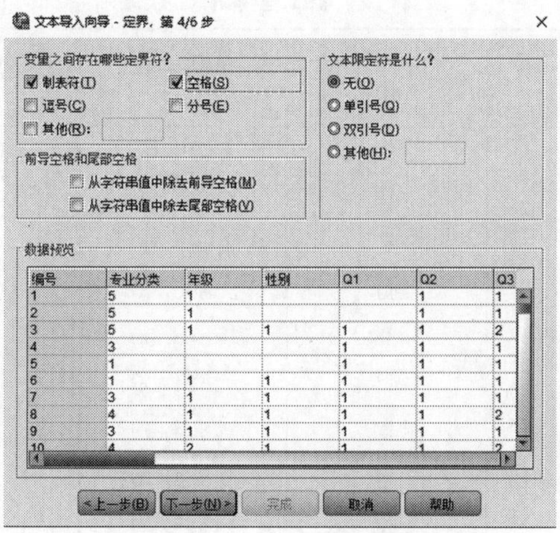

图 2－20 文本导入窗口 (4)

到此为止，我们完成了对文本数据的读入操作。接下来，可以对已经读入的数据进行必要的加工或处理，并将其保存为 SPSS 格式文件或其他格式文件。

2.6 SPSS 数据文件合并

当数据量较少时，一般可以按照上述方式建立 SPSS 数据文件。当数据量较大时，经常会把一份大的数据分成几个小的部分，由几个录入员分别录入，以加快数据录入速度，缩短录入时间。但出现的问题是：一份完整的数据分别存储在几个小的 SPSS 数据文件中。如果要分析这份数据，就必须首先将若干小的数据文件合并起来。

SPSS 中合并数据文件是指将一个（或多个）已存储在磁盘上的 SPSS 数据文件或其他数据集中的数据文件分别依次与 SPSS 当前数据编辑器窗口中的数据合并。

SPSS 提供了两种合并数据文件的方式：纵向合并和横向合并。

2.6.1 纵向合并数据文件

纵向合并数据文件就是将当前数据编辑器窗口中的数据与另一个 SPSS 数据文件中的数据进行首尾对接，即将一个 SPSS 数据文件的内容追加到当前数据编辑器窗口中数据的后面，依据两份数据文件中的变量名进行数据对接。

案例 2-3

有两份关于职工基本情况的 SPSS 数据文件，分别如表 2-2 和表 2-3（a）所示，表中圆括号中的内容为相应变量的变量名。数据文件在可供下载的压缩包中，文件名分别为“职工数据.sav”和“追加职工.sav”。这里，两份数据文件中的数据项不尽相同，同一数据项的变量名也不完全一致。现需要将这两份数据合并到一起。

表 2-2 职工基本情况数据

职工号（zgh）	性别（xb）	年龄（nl）	基本工资（sr）	职称（zc）	学历（xl）
001	1	48	1 014.00	1	1
002	1	49	984.00	2	2
003	1	54	1 044.00	1	3
004	1	41	866.00	3	3
005	1	38	848.00	3	1
006	2	41	824.00	4	3
007	2	42	824.00	4	3
008	2	41	824.00	4	3
009	2	42	859.00	2	2
010	1	35	827.00	3	1
011	1	56	1 014.00	1	2
012	1	59	989.00	2	2
013	1	59	938.00	3	4
014	1	41	889.00	2	1
015	1	55	887.00	3	4
016	1	45	887.00	3	4

表 2-3（a） 其他职工的基本情况

职工号（zgh）	性别（xb）	职称（zcl）	基本工资（income）
017	2	1	570.00
018	1	1	400.34
019	2	2	690.00
020	1	2	1 003.00
015	1	3	520.00

本例的合并实质是一个纵向合并，纵向合并后的结果如表 2-3（b）所示。可以看到，由于两份数据文件中均有 015 号职工的数据，SPSS 将其合并时没有剔除其中的任何一条，而是一并保留下来。由于第二份数据中没有关于年龄、学历和失业保险的数据项，因此合并之后的数据为系统缺失值。

表 2-3（b）　纵向合并后的职工基本情况

职工号（zgh）	性别（xb）	年龄（nl）	基本工资（sr）	职称（zc）	学历（xl）	失业保险（bx）
001	1	48	1 014.00	1	1	12.00
002	1	49	984.00	2	2	9.00
003	1	54	1 044.00	1	3	13.00
004	1	41	866.00	3	3	8.00
005	1	38	848.00	3	1	8.00
006	2	41	824.00	4	3	7.00
007	2	42	824.00	4	3	7.00
008	2	41	824.00	4	3	7.00
009	2	42	859.00	2	2	8.00
010	1	35	827.00	3	1	7.00
011	1	56	1 014.00	1	2	12.00
012	1	59	989.00	2	2	9.00
013	1	59	938.00	3	4	8.00
014	1	41	889.00	2	1	8.00
015	1	55	887.00	3	4	8.00
016	1	45	887.00	3	4	8.00
017	2	.	570.00	1	.	.
018	1	.	400.34	1	.	.
019	2	.	690.00	2	.	.
020	1	.	1 003.00	2	.	.
015	1	.	520.00	3	.	.

纵向合并 SPSS 数据文件时，通常要注意以下两个问题：

第一，两个待合并的 SPSS 数据文件的内容合并起来应是有实际意义的。换句话说，如果两份数据完全不相干，虽然操作上能够实现它们的纵向合并，却是毫无意义的。

第二，为方便 SPSS 数据文件的纵向合并，在不同数据文件中数据含义相同的数据项最好取相同的变量名，数据类型最好也相同，这样将大大简化操作过程，有利于 SPSS 对变量的自动匹配。含义不同的数据项的变量名最好不要相同，否则会给数据合并过程带来许多麻烦。

纵向合并数据文件的基本操作步骤如下：

（1）在数据编辑器窗口中打开需要合并的 SPSS 数据文件。如这里的“职工数据.sav”和“追加职工.sav”。

(2) 以“职工数据”为活动数据集，选择菜单：【数据(D)】→【合并文件(G)】→【添加个案(C)】，随后将显示如图2-21所示的窗口。

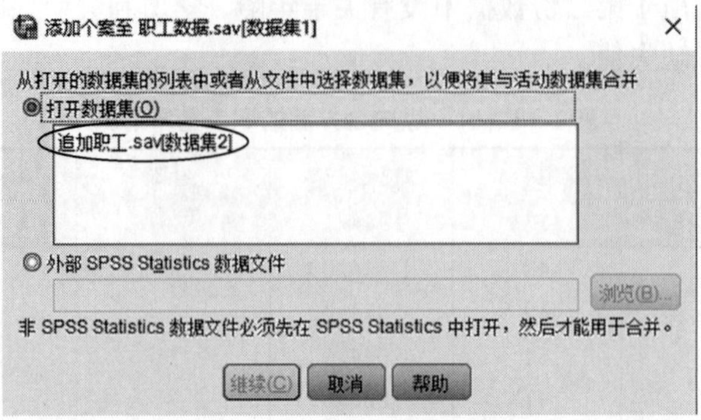

图 2-21　选择合并文件窗口

(3) 若待合并的SPSS数据文件已在其他数据编辑器窗口中打开，则选择【打开数据集(O)】，并指定数据集合，如这里的“追加职工.sav［数据集2］”；若待合并的SPSS数据文件尚未读入SPSS中，则选择【外部SPSS Statistics数据文件】，并指定数据文件名。随后进入如图2-22所示的窗口。

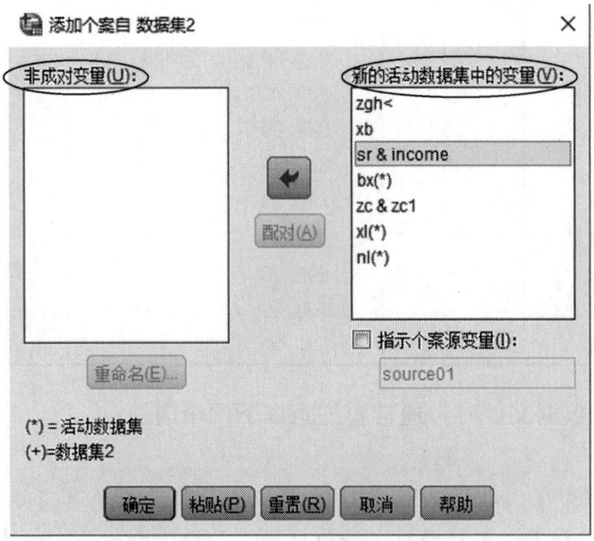

图 2-22　纵向合并数据文件窗口

(4)【新的活动数据集中的变量(V)】框中显示的变量是两个数据文件中的同名变量，SPSS默认它们有相同的数据含义，并将它们作为合并后新数据文件中的变量。如果不接受这种默认，可以点击箭头按钮将它们剔出到【非成对变量(U)】框中。

(5)【非成对变量(U)】框中显示的变量名是两个文件中的不同变量名。其中，变量名后面的（*）表示该变量是当前数据编辑器窗口中的变量，(+) 表示该变量是步骤 (3) 中指定的数据集或磁盘文件中的变量。SPSS默认这些变量的含义不同，且不放入合并后的新文件中。如果不接受这种默认，可在按住Ctrl键的同时用鼠标选择其中的两个变量名并点击配对(A) 按钮指定配对，表示虽然它们的名称不同但数据含义是相同的，可进入合并后的数据文件中。或者，对某变量点击 重命名(E) 按钮改名后再指定配对。也可点击箭头按钮指定某变量不经任何匹配，强行进入合并后的数据文件中。这里，指定配对（如 sr 和 income 配对，zc 和 zc1 配对）并令所有变量进入合并后的数据文件。

(6) 如果希望在合并后的数据文件中看出每个个案来自合并前的哪个 SPSS 数据文件，可以选【指示个案源变量(I)】项，于是合并后的数据文件中将自动生成一个默认名为 “source01”、取值为 0 或 1 的变量。0 表示个案来自当前数据编辑器窗口中的数据文件，1 表示来自其他数据文件。

至此，数据编辑器窗口中会自动显示合并后的数据，用户可根据实际需要将它保存下来。从上述合并步骤可以看出，如果注意了前面提到的合并问题，将会大大简化数据文件合并的操作过程。因此，在大批数据分别录入时应统筹安排，统一各数据文件的结构。

2.6.2　横向合并数据文件

横向合并数据文件就是将数据编辑器窗口中的数据与另一个 SPSS 数据文件中的数据进行左右对接，即将一个 SPSS 数据文件的内容拼到数据编辑器窗口中当前数据的右边，依据两个数据文件中的个案进行数据对接。

案例 2-4

有两份关于职工基本情况的 SPSS 数据文件，分别如表 2-2 和表 2-4 (a) 所示，表中圆括号中的内容为相应变量的变量名。数据文件在可供下载的压缩包中，文件名分别为“职工数据.sav”和“职工奖金.sav”。这里，两份数据文件中职工号的变量名是相同的，第二份数据中只有部分职工的奖金数据。现需要将这两份数据文件合并。

表 2-4 (a)　职工的奖金情况

职工号（zgh）	奖金（bonus）
001	1 000.00
003	2 000.00
004	1 200.00
007	1 400.00
010	2 000.00
016	1 500.00
040	2 000.00

本例的合并实质是一种横向合并，横向合并的结果如表 2-4 (b) 所示。其中，040 号职工的性别、年龄等数据项均为系统缺失值，没有奖金的职工，其奖金也为系统缺失值。

表 2-4（b） 合并奖金数据后的职工基本情况

职工号 (zgh)	性别 (xb)	年龄 (nl)	基本工资 (sr)	职称 (zc)	学历 (xl)	失业保险 (bx)	奖金 (bonus)
001	1	48	1 014.00	1	1	12.00	1 000.00
002	1	49	984.00	2	2	9.00	·
003	1	54	1 044.00	1	3	13.00	2 000.00
004	1	41	866.00	3	3	8.00	1 200.00
005	1	38	848.00	3	1	8.00	·
006	2	41	824.00	4	3	7.00	·
007	2	42	824.00	4	3	7.00	1 400.00
008	2	41	824.00	4	3	7.00	·
009	2	42	859.00	2	2	8.00	·
010	1	35	827.00	3	1	7.00	2 000.00
011	1	56	1 014.00	1	2	12.00	·
012	1	59	989.00	2	2	9.00	·
013	1	59	938.00	3	4	8.00	·
014	1	41	889.00	2	1	8.00	·
015	1	55	887.00	3	4	8.00	·
016	1	45	887.00	3	4	8.00	1 500.00
040	·	·	·	·	·	·	2 000.00

横向合并数据文件时，通常要注意以下三个问题：

第一，两个数据文件必须至少有一个变量名相同的变量，该变量是两个数据文件横向拼接的依据，称为关键变量。例如，职工号、商品代码等。

第二，两个数据文件都必须事先按关键变量值的升序排序。

第三，为方便SPSS数据文件的横向合并，不同数据文件中数据含义不同的数据项，其变量名不应相同。

横向合并SPSS数据文件的基本操作步骤如下：

(1) 在数据编辑器窗口中打开一个需要合并的SPSS数据文件。如这里的"职工数据.sav"和"职工奖金.sav"。

(2) 以"职工数据"为活动数据集，选择菜单：【数据(D)】→【合并文件(G)】→【添加变量(V)】。

类似图2-21所示，指定需要进行横向合并处理的SPSS数据文件名，如这里的"职工奖金.sav"，随后将显示如图2-23（a）和图2-23（b）所示的窗口。分别对应其中的【变量】选项卡和【合并方法】选项卡。

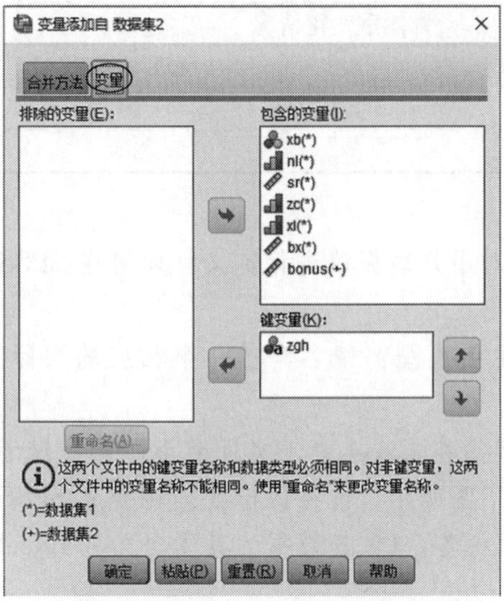

图 2-23（a）　横向合并窗口（1）

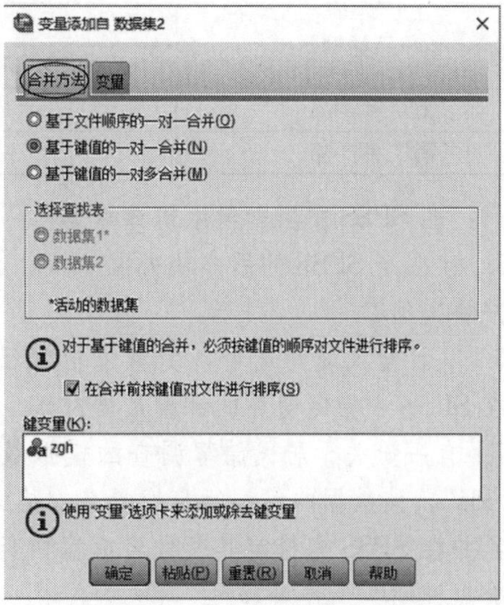

图 2-23（b）　横向合并窗口（2）

（3）在【变量】选项卡中，两个待合并数据文件中的所有变量名均显示在【包含的变量(I)】框中，SPSS默认这些变量均以原有变量名进入合并后的新数据文件中。其中，变量名后的（＊）表示该变量是当前数据编辑器窗口中的变量，（＋）表示该变量是步骤（2）中指定的文件中的变量。用户如果不接受这种默认，可以点击箭头按钮将它们剔出到【排除的变量(E)】框中，或者剔出后点击 重命名(A) 按钮将变量改名，然后点击箭头按钮将它们从【排除的变量(E)】框中重新以新名选回到【包含的变量(I)】框中。

（4）在【合并方法】选项卡中，如果两个待合并的数据文件中的个案数据是按顺序一一对应的，则选择“基于文件顺序的一对一合并(O)”并直接点击 确定 按钮完成合并工作，否则，进入第（5）步。

（5）两个待合并数据文件中共有的变量名会自动显示在【变量】选项卡的【排除的变量(E)】框中，应从中选出关键变量到【键变量(K)】框中。然后指定是“基于键值的一对一合并”还是“基于键值的一对多合并”并按 确定 按钮完成合并工作。

至此，数据编辑器窗口中会自动显示合并后的数据，用户可根据实际需要将它保存下来。从上述合并步骤可以看出，应注意前面提到的合并问题，保证合并后数据的正确性，防止张冠李戴。

□ 练习题

1. SPSS中有哪两种基本的数据组织方式？各自的数据组织特点和应用场合是什么？
2. 什么是SPSS的个案？什么是SPSS的变量？
3. 在定义SPSS数据结构时，默认的变量名和变量类型是什么？如果希望增强SPSS统计分析结果的易读性，需要对数据结构的哪些方面进行必要说明？
4. 收集到关于两种减肥产品试用情况的调查数据如下：

产品类型	体重变化情况	
	明显减轻	无明显变化
第一种产品	27	19
第二种产品	20	33

问：在 SPSS 中应如何组织该数据？

5. 什么是 SPSS 的用户缺失值？为什么要对用户缺失值进行定义？如何在 SPSS 中指定用户缺失值？

6. 从计量尺度角度看，变量包括哪三种主要类型？请各举出一个相应的实际数据。如何在 SPSS 中指定变量的计量尺度？

7. 有一份关于居民储蓄调查的模拟数据存储在 Excel 中，文件名为“居民储蓄调查数据. xls”。该数据的第一行是变量名，格式如下图所示。请将该份数据转换成 SPSS 数据文件，并在 SPSS 中指定其变量名标签和变量值标签。（该份数据的具体含义见 Excel 文件的“数据说明”工作表。）

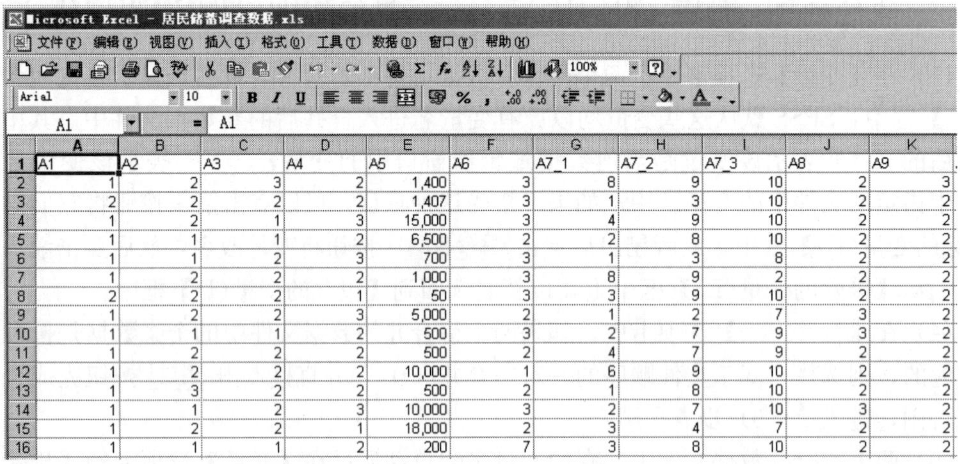

	A	B	C	D	E	F	G	H	I	J	K
1	A1	A2	A3	A4	A5	A6	A7_1	A7_2	A7_3	A8	A9
2	1	2	3	2	1,400	3	8	9	10	2	3
3	2	2	2	2	1,407	3	1	3	10	2	2
4	1	2	1	3	15,000	3	4	9	10	2	2
5	1	1	1	2	6,500	2	2	8	10	2	2
6	1	1	2	3	700	3	1	3	8	2	2
7	1	2	2	2	1,000	3	8	9	2	2	2
8	2	2	2	1	50	3	3	9	10	2	2
9	1	2	2	3	5,000	2	1	2	7	3	2
10	1	1	1	2	500	3	2	7	9	3	2
11	1	2	2	2	500	2	4	7	9	2	2
12	1	2	2	2	10,000	1	6	9	10	2	2
13	1	3	2	2	500	2	1	8	10	2	2
14	1	1	2	3	10,000	3	2	7	10	3	2
15	1	2	2	1	18,000	2	3	4	7	2	2
16	1	1	1	2	200	7	3	8	10	2	2

8. 现有股民投资状况调查的文本数据，文件名为“股民投资数据. txt”。其中各变量的含义和编码见文件“股民投资数据. xls”。请将该文本数据读入 SPSS，并定义变量名标签和变量值标签。其中，各变量取值为 9 的均为用户缺失值，请加以定义说明。（注：本调查问卷中涉及多选项问题以及多选项问题的编码等，可先忽略。）

9. 现有两个 SPSS 数据文件，分别为“学生成绩一. sav”和“学生成绩二. sav”，存放了关于学生学号、性别和若干门课程成绩的数据。请将这两份数据文件以学号为关键变量进行横向合并，以形成一份完整的数据文件。

10. 针对当前学校或社会关心的热点问题，以小组形式设计一份调查问卷并进行调查。试在 SPSS 中录入所获得的调查数据形成一份 SPSS 数据文件。其中，变量的类型应包括字符串型和数值型，变量的计量尺度应包括数值型、定序型和定类型。如果调查资料中存在用户缺失值，应在 SPSS 数据文件建立过程中进行必要的定义说明。

第3章 SPSS数据的预处理

Chapter 3

学习目标

1. 熟练掌握SPSS数据筛选的基本方法和具体操作。
2. 熟练掌握SPSS数据排序、计数的具体操作。
3. 掌握SPSS分类汇总的含义并熟练掌握其具体操作。
4. 掌握各种数据分组的特点和适用场合，并熟练掌握SPSS组距分组的具体操作。
5. 掌握利用加权功能还原SPSS计数数据为原始数据的方法。

在数据文件建立好之后，通常需要对数据进行必要的预加工处理，这是数据分析过程中不可缺少的一个关键环节。随着数据分析的不断深入，对数据的加工处理还会多次反复，实现数据加工和数据分析的螺旋上升。

数据的预加工处理是服务于数据分析和建模的，需要解决的问题有很多。

1. 缺失值和异常数据的处理

在第2章讨论过，大量缺失值会给数据分析带来极大的影响。同样，异常值也会影响最终的分析结果。因此，在数据预处理阶段对缺失值和异常值进行分析和处理是很必要的。

2. 数据的转换处理

数据的转换处理是在原有数据的基础上，计算产生一些含有更丰富信息的新数据，或对数据的原有分布进行变换等。

3. 数据抽样

从实际问题、算法或效率等方面考虑，并非收集到的所有数据（个案）在某项分析中都有用，有必要按照一定的规则从大量数据中选取部分样本参与分析。

SPSS提供了一些专门的功能辅助用户实现数据的预加工处理工作。通过预处理还可以使用户对数据的整体状况有所了解。

3.1 数据的排序

3.1.1 数据排序的目的

通常数据编辑器窗口中个案的前后次序是由数据录入的先后顺序决定的。数据预处理中，有时需要将数据按照一定的顺序重新排列。例如，第2章案例2-3中表2-2的职工基本情况数据，可按基本工资从低到高的顺序，或者按职称从高到低的顺序重新排列。

数据排序在数据分析过程中有很重要的作用。例如：

- 数据排序便于数据的浏览，有助于了解数据的取值状况、缺失值数量的多少等。
- 通过数据排序能够快捷地找到数据的最大值和最小值，进而可以计算出数据的全距，初步把握和比较数据的离散程度。
- 通过数据排序能够快捷地发现数据中可能异常的值，为进一步明确它们是否对分析产生重要影响等提供帮助。

SPSS的数据排序是将数据编辑器窗口中的数据依据某个或多个指定变量的变量值按升序或降序重新排列。这里的变量也称为排序变量。排序变量只有一个，称为单变量排序。排序变量有多个，称为多重排序。多重排序中，第一个指定的排序变量称为主排序变量，其他依次指定的变量分别称为第二排序变量、第三排序变量等。多重排序时，数据首先按主排序变量值的大小次序排序，然后对那些具有相同主排序变量值的数据，再按照第二排序变量值的大小次序依次排序。

案例3-1

对第2章案例2-3中表2-2的职工基本情况数据（数据文件在可供下载的压缩包中，文件名为“职工数据.sav”），以职称为主排序变量（降序），基本工资为第二排序变量（升序）进行多重排序。

本例的排序结果如表3-1所示。

表3-1 数据排序举例

职工号(zgh)	性别(xb)	年龄(nl)	基本工资(sr)	职称(zc)	学历(xl)	失业保险(bx)
006	2	41.00	824.00	4	3.00	7.00
007	2	42.00	824.00	4	3.00	7.00
008	2	41.00	824.00	4	3.00	7.00
010	1	35.00	827.00	3	1.00	7.00
005	1	38.00	848.00	3	1.00	8.00

续表

职工号 (zgh)	性别 (xb)	年龄 (nl)	基本工资 (sr)	职称 (zc)	学历 (xl)	失业保险 (bx)
004	1	41.00	866.00	3	3.00	8.00
015	1	55.00	887.00	3	4.00	8.00
016	1	45.00	887.00	3	4.00	8.00
013	1	59.00	938.00	3	4.00	8.00
009	2	42.00	859.00	2	2.00	8.00
014	1	41.00	889.00	2	1.00	8.00
002	1	49.00	984.00	2	2.00	9.00
012	1	59.00	989.00	2	2.00	9.00
001	1	48.00	1 014.00	1	1.00	12.00
011	1	56.00	1 014.00	1	2.00	12.00
003	1	54.00	1 044.00	1	3.00	13.00

3.1.2　数据排序的应用举例

案例 3-2

利用第 2 章案例 2-1 的大学生职业生涯规划问卷调查数据，按专业分类和毕业后意向进行多重排序。

SPSS 数据排序的基本操作步骤是：

(1) 选择菜单：【数据(D)】→【排序个案(O)】。

(2) 指定主排序变量到【排序依据（S)】框中，并选择【排列顺序】框中的选项指出该变量按升序还是降序排序。

(3) 如果是多重排序，还要依次指定第二、第三排序变量及相应的排序规则，否则，可省略本步骤。本例为多重排序，窗口如图 3-1 所示。

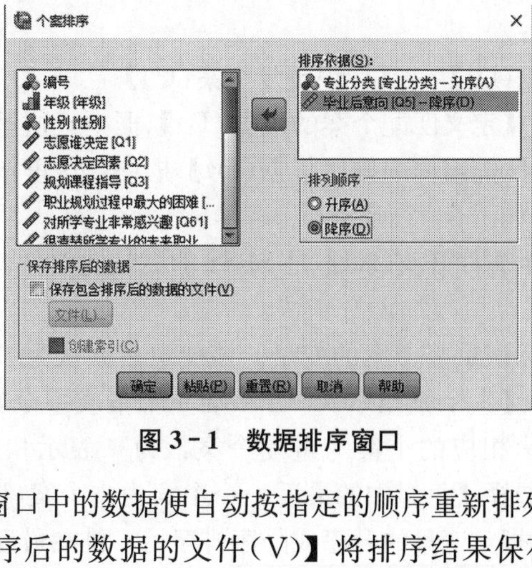

图 3-1　数据排序窗口

至此，数据编辑器窗口中的数据便自动按指定的顺序重新排列并显示出来。我们可以通过勾选【保存包含排序后的数据的文件(V)】将排序结果保存到用户指定的 .sav 文件中。

（1）数据排序是对整行数据排序，而不是只对某列变量排序。

（2）多重排序中指定排序变量的次序很关键。排序时先指定的变量优于后指定的变量。多重排序可以在按某个变量值升序（或降序）排序的同时，再按其他变量值降序（或升序）排序。

（3）数据排序以后，原有数据的排列次序必然被打乱。因此，在时间序列的数据中，如果数据中没有标示时间的变量（如年份、月份、季度等），则应注意保留数据的原始排列顺序，以免发生混乱。

3.2 查找重复个案

3.2.1 查找重复个案的方法

通常分析数据中不应出现关键变量相同的个案。例如，2.6.1节数据纵向合并后，015号职工的数据出现了两次（关键变量是职工号），这显然是不合理的。导致出现重复个案的主要原因可能是数据录入时的疏忽或不合理的数据编码等。当数据量较大时，自动查找其中的重复个案是有必要的。

SPSS自动查找重复个案的主要方法是排序。它首先按照用户指定的关键变量对所有个案排序。于是关键变量值相同的个案，也即重复个案将被排在一起；然后，为便于用户确定具有相同关键变量值的重复个案中哪个个案是正确的、是应保留下来的（SPSS称其为主个案），还需用户指定重复个案的排序变量，并依其进行升序或降序排序，给出有关重复个案的统计结果。

3.2.2 查找重复个案的应用举例

对2.6.1节纵向合并后的数据找到其中的重复个案。SPSS查找重复个案的基本操作步骤是：

（1）选择菜单：【数据(D)】→【标识重复个案(U)】。

（2）指定关键变量到【定义匹配个案的依据(D)】框中，这里指定为职工号。指定对重复个案的排序变量到【匹配组内的排序依据(O)】框中，这里指定为年龄，且默认对重复个案按升序排序，窗口如图3-2所示。

（3）【将匹配个案移至文件开头(A)】是SPSS的默认选项，表示将数据中的重复个案放置在文件开头。

（4）SPSS默认生成标识重复个案的变量。该变量名默认为“最后一个基本个案”或“第一个基本个案”。选择【主个案指示符（1=唯一个案或主个案，0=重复个案）(I)】项后，该变量值为0表示相应的个案为重复个案，为1表示相应的个案为不重复个案(SPSS称其为主个案)；选择【每组中的最后一个个案为主个案(L)】，表示对于具有相同关键变量值的重复个案按指定变量的升序或降序排序后，排在最后的个案为主个案。若希望排在最前面的个案为主个案，应选择【每组中的第一个个案为主个案(H)】。

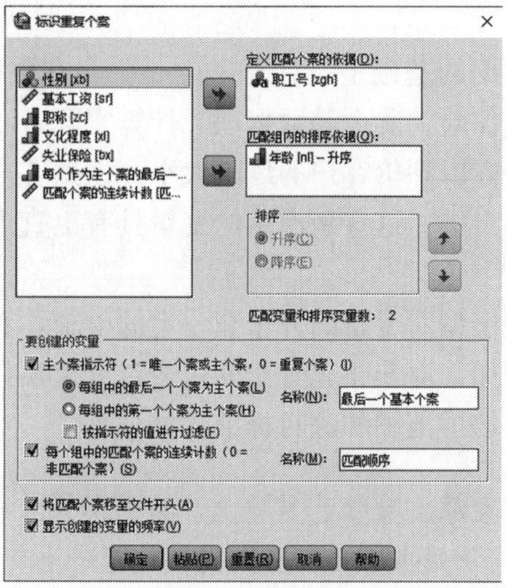

图 3-2 查找重复个案窗口

（5）选择【每个组中的匹配个案的连续计数（0=非匹配个案）(S)】，表示默认生成一个名为“匹配顺序”的变量，变量取 0 表示该个案为非重复个案，取 1，2，3 等表示为第 1、第 2、第 3 个重复个案。

查找重复个案的结果如图 3-3 所示，其中第 1，2 行的个案为重复个案。后续可通过数据选取功能筛掉重复个案。

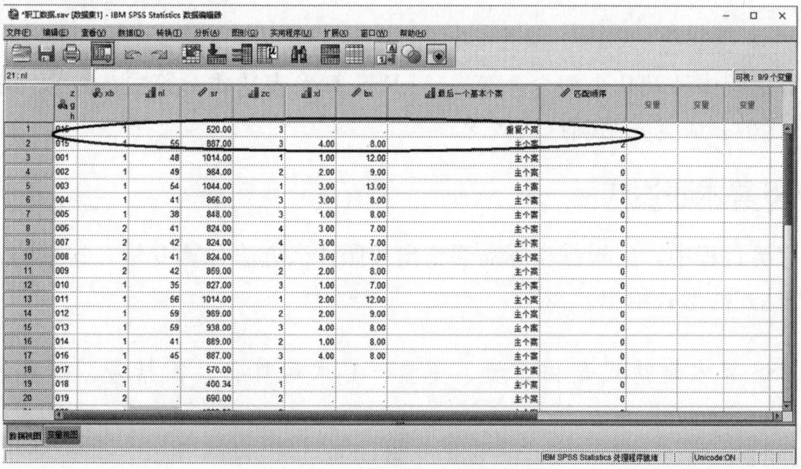

图 3-3 重复个案结果窗口

3.3 变量计算

3.3.1 变量计算的目的

变量计算是数据分析过程中应用最广泛且最重要的一环。通过变量计算可以处理许多问题。

1. 派生新变量

派生新变量是在原有数据的基础上，计算产生一些含有更丰富信息的新数据。例如，根据职工的基本工资、失业保险、奖金等数据项，计算实际月收入；根据购房客户的贷款总额和按揭方案计算比率指标以评价客户的风险大小；根据客户的消费总金额和消费时间计算平均消费以评估理想客户等。这些新产生的变量具有更直观和更有效的特点。

2. 变换数据的原有分布

数据分析和建模中某些模型对变量的分布有一定的要求，我们可以利用变量计算对原有变量的分布进行变换。例如，对非正态分布变量的对数变换，对时间序列进行平稳化处理，利用区间变换压缩变量取值范围和进行标准化处理等。

SPSS变量计算是在原有数据的基础上，根据用户给出的SPSS算术表达式以及函数，对所有个案或满足条件的部分个案，计算产生变量。

应注意的是：

（1）变量计算是针对所有个案（或指定的部分个案），每个个案（或指定的部分个案）都有自己的计算结果。

（2）变量计算的结果应保存到一个指定变量中，该变量的数据类型应与计算结果的数据类型相一致。

变量计算过程中涉及几个概念：第一，SPSS算术表达式；第二，SPSS条件表达式；第三，SPSS函数。应首先明确这些概念。

3.3.2 SPSS算术表达式

在变量计算过程中，应根据实际需要指出按照什么方法计算变量。这里的方法一般以SPSS算术表达式的形式给出。

SPSS算术表达式是由常量、变量、算术运算符、圆括号、函数等组成的式子。

其中：

- 字符串型常量应用英文引号引起来。
- 变量是指那些存在于数据编辑器窗口中的已有变量。
- 算术运算符主要包括：+（加）、-（减）、*（乘）、/（除）、**（乘方）。操作对象的数据类型为数值型。运算的先后次序是：先计算乘方，再计算乘除，最后计算加减。在同级运算中，按从左往右的顺序进行计算。通过圆括号改变原有的计算顺序。
- 在同一算术表达式中的常量及变量，数据类型应该一致，否则无法计算。

SPSS 中算术表达式的计算是针对每个个案进行的，得到的计算结果也是一系列的，每个个案都有相应的计算结果。

3.3.3　SPSS 条件表达式

在变量计算中通常要求对不同组（类）的个案分别按不同的方法进行计算，于是就需要通过一定的方式来指定个案。条件表达式能够帮助实现这一目标。

条件表达式是一个对条件进行判断的式子。其结果有两种取值：如果判断条件成立，则结果为真；如果判断条件不成立，则结果为假。

条件表达式包括简单条件表达式和复合条件表达式。

1. 简单条件表达式

简单条件表达式是由关系运算符、常量、变量以及算术表达式等组成的式子。其中，关系运算符包括：>(大于)、<(小于)、=(等于)、~=(不等于)、>=(大于等于)、<=(小于等于)。

例如，对第 2 章表 2-2 中的职工基本情况数据可以写成这样的简单条件表达式：nl>35，表示年龄大于 35 岁。在数据编辑器窗口中，对于年龄大于 35 岁的个案，该条件判断的结果为真；对于年龄小于等于 35 岁的个案，该条件判断的结果为假。

2. 复合条件表达式

复合条件表达式又称逻辑表达式，是由逻辑运算符、圆括号和简单条件表达式等组成的式子。其中，逻辑运算符包括：& 或 AND（并且）、| 或 OR（或者）、~或 NOT（非）。NOT 的运算最优先，其次是 AND，最后是 OR。可以通过圆括号改变这种运算次序。

例如，对第 2 章表 2-2 中的职工基本情况数据可以写成这样的复合条件表达式：(nl<=35) and not (zc<3)，表示年龄小于等于 35 岁并且职称不低于 3。对于年龄小于等于 35 岁并且职称不低于 3 的个案，该条件判断的结果为真，其余个案的条件判断结果为假。

在变量计算时，如果根据实际需要给出了条件表达式，SPSS 将只对数据编辑器窗口中条件判断结果为真的那些个案进行计算。因此，构造条件表达式是很关键的。

3.3.4　SPSS 函数

函数是事先编写好并存储在 SPSS 软件中，能够实现某些特定计算任务的一段计算机程序。这些程序段都有各自的名字，称为函数名。执行这些程序段得到的计算结果称为函数值。用户在使用这些函数时，只需书写相应的函数名，并给出必要的计算参数，SPSS 便会自动计算函数值。函数书写的具体形式为：

函数名（参数）

其中，函数名是 SPSS 规定好的。圆括号中的参数既可以是常量（字符串型常量应用英文引号引起来），又可以是变量或算术表达式。参数可能是一个，也可能有多个，各参数之间用英文逗号分隔。

根据函数功能和处理的变量类型，SPSS 函数大致可以分成八大类，分别是算术函数、统计函数、与分布相关的函数、查找函数、字符串函数、日期函数、缺失值函数和其他函数。

1. 算术函数

算术函数主要完成一些特定的算术计算任务。函数值和参数通常为数值型。常用的算术函数如表 3-2 所示。

表 3-2 算术函数

函数名	功能	举例
Abs（算术表达式）	求绝对值	Abs（sr—850）：分别计算每个个案 sr 变量与 850 的差的绝对值
Sqrt（正数）	求平方根	Sqrt（4）：函数值=2
Sin（弧度单位的角度数）	求正弦值	Sin（30 * 3.14/180）：函数值=0.50
Cos（弧度单位的角度数）	求余弦值	Cos（60 * 3.14/180）：函数值=0.50
Exp（算术表达式）	求 e 的若干次幂	Exp（5）：函数值=148.41
Ln（算术表达式）	求以 e 为底的自然对数值	Ln（sr）：分别计算每个个案 sr 变量的自然对数值
Lg10（算术表达式）	求以 10 为底的对数值	Lg10（5）：函数值=0.7
Rnd（算术表达式）	求四舍五入后的整数	Rnd（2.66）：函数值=3.0
Trunc（算术表达式）	求截去小数部分后的整数	Trunc（4.7）：函数值=4
Mod（算术表达式，常数）	求除以常数后的余数	Mod（20，3）：函数值=2

2. 统计函数

统计函数一般用来计算基本描述统计量。函数值和参数通常为数值型。常用的统计函数如表 3-3 所示。

表 3-3 统计函数

函数名	功能	举例
Mean（变量名，变量名，…）	求多个变量值的平均值	Mean（Math，English，Chinese）：分别计算每个个案三个成绩变量的平均值
Sd（变量名，变量名，…）	求多个变量值的标准差	Sd（Math，English，Chinese）：分别计算每个个案三个成绩变量的标准差
Variance（变量名，变量名，…）	求多个变量值的方差	Variance（Math，English，Chinese）：分别计算每个个案三个成绩变量的方差

续表

函数名	功能	举例
Sum（变量名，变量名，…）	求多个变量值的总和	Sum（Math，English，Chinese）：分别计算每个个案三个成绩变量的总和
Cfvar（变量名，变量名，…）	求多个变量值的变异系数（变异系数=标准差/均值）	Cfvar（Math，English，Chinese）：分别计算每个个案三个成绩变量的变异系数
Max（变量名，变量名，…）	求多个变量值中的最大值	Max（Math，English，Chinese）：分别计算每个个案三个成绩变量中的最高分
Min（变量名，变量名，…）	求多个变量值中的最小值	Min（Math，English，Chinese）：分别计算每个个案三个成绩变量中的最低分

3. 与分布相关的函数

与分布相关的函数包括随机数函数、累计分布函数（Cumulative Distribution Function，CDF）、概率密度函数（Probability Density Function，PDF）及其反函数等。函数值为数值型。常用的函数如表 3-4 所示。

表 3-4 分布函数

函数名	功能	举例
Rv. Normal（x，y）	产生一组服从均值为 x、标准差为 y 的正态分布的随机数	Rv. Normal（0，1）：产生一组服从标准正态分布的随机数
Rv. Uniform（x，y）	产生一组服从取值在 x～y 间均匀分布的随机数	Rv. Uniform（0，1）：产生一组服从0～1 间均匀分布的随机数
Rv. 分布名(参数，…) 参数名参考 SPSS 函数选项	产生一组服从指定统计分布的随机数	Rv. T（10）：产生一组服从自由度为 10 的 t 分布的随机数
CDF. Normal（x_0，m，s）	计算均值为 m、标准差为 s 的正态分布中 x 小于等于 x_0 的累计概率值	CDF. Normal(1.96，0，1)：计算标准正态分布中 x 小于等于 1.96（x_0）的累计概率值，函数值=0.975
IDF. Normal（p，m，s）	计算均值为 m、标准差为 s 的正态分布中累计概率值等于 p 时的 x_0	IDF. Normal（0.975，0，1）：计算标准正态分布中累计概率为 0.975（p）时的 x_0，函数值=1.96
PDF. Normal（x_0，m，s）	计算均值为 m、标准差为 s 的正态分布中 $x=x_0$ 时的概率密度值 $f(x)$	PDF. Normal(0，0，1)：计算标准正态分布中 x 等于 0（x_0）时的概率密度值 $f(x)$，函数值=0.398 9
PDF. 分布名（x_0，参数，…）	在指定分布中计算 $x=x_0$ 时的概率密度值 $f(x)$	PDF. T(0，10)：计算自由度为 10 的 t 分布中 x 等于 0（x_0）时的概率密度值 $f(x)$，函数值=0.389

续表

函数名	功能	举例
CDF. 分布名（x_0，参数，…） 分布名参考 SPSS 函数选项	在指定分布中计算 x 小于等于 x_0 的累计概率值	CDF. T（1.96，10）：计算自由度为 10 的 t 分布中 x 小于等于 1.96（x_0）的累计概率值，函数值=0.96
IDF. 分布名（p，参数，…） 说明：$0\leqslant p\leqslant 1$	在指定分布中计算累计概率值等于 p 时的 x_0	IDF. T（0.96，10）：计算自由度为 10 的 t 分布中累计概率为 0.96（p）时的 x_0，函数值=1.96

以标准正态分布为例，x 与概率密度值 $f(x)$、累计概率值 p 的关系如图 3－4 所示。

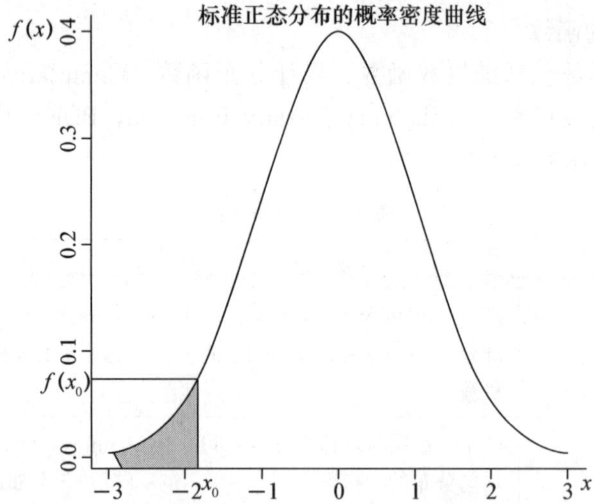

图 3－4　x 与概率密度值 $f(x)$ 和累计概率值 p 的关系

4. 查找函数

查找函数用来进行查找判断。函数值有两种：如果查找判断结果为真，则函数值为 1；如果查找判断结果为假，则函数值为 0。常用的查找函数如表 3－5 所示。

表 3－5　查找函数

函数名	功能	举例
Range（变量名，$x1$，$x2$） 其中：$x1\leqslant x2$	查找判断某变量值是否在 $x1$～$x2$ 之间	Range（Math，80，90）：分别对每个个案判断其 Math 变量（数学成绩）是否在 80～90 分之间
Any（变量名，$x1$，$x2$，…）	查找判断某变量值是否为 $x1$，$x2$，…中的一个	Any（Math，80，90，70）：分别对每个个案判断其 Math 变量（数学成绩）是否为 80 分或 90 分或 70 分

5. 字符串函数

字符串函数用来对字符串型数据进行处理。字符串函数的参数和函数值有时为字符串型，有时也可以是数值型。常用的字符串函数如表3-6所示。

表3-6 字符串函数

函数名	功能	举例
Concat（$s1$，$s2$，…）	将$s1$和$s2$等首尾相接	Concat（"AB"，"CD"）：将字符串AB和CD首尾相接，函数值=ABCD
Index（$s1$，$s2$） 其中：$s1$的长度应大于$s2$	求$s2$在$s1$中第一次出现的字符位置。如果没出现，则结果为0	Index（"ABCDEF"，"CDE"）：找到字符串CDE在字符串ABCDEF中第一次出现的位置，函数值=3
Length（s）	得到s的字符个数	Length（"ABCD"）：函数值=4
Lower（s）	将s中的所有字符都转换成小写	Lower（"ABCD"）：函数值=abcd
Upcase（s）	将s中的所有字符都转换成大写	Upcase（"abcd"）：函数值=ABCD
Char. Lpad（s，x，c） 说明：$1\leqslant x\leqslant 255$	将s左补若干字符c后，使其字符长度等于x	Char. Lpad（"AB"，5，"c"）： 函数值=cccAB
Char. Rpad（s，x，c） 说明：$1\leqslant x\leqslant 255$	将s右补若干字符c后，使其字符长度等于x	Char. Rpad（"AB"，5，"c"）： 函数值=ABccc
Ltrim（s）	将s前部的空格删掉	Ltrim（" ABC"）：函数值=ABC
Rtrim（s）	将s尾部的空格删掉	Rtrim（"ABC "）：函数值=ABC
Char. Substr（s，$x1$，$x2$）	从s的第$x1$位置开始取$x2$个字符	Char. Substr（"ABCDE"，2，3）：函数值=BCD

6. 日期函数

日期函数主要对日期进行处理，包括日期生成（Date Creation）函数和日期提取（Date Extraction）函数。日期函数的函数值为日期型或数值型。常用的日期函数如表3-7所示。

表3-7 日期函数

函数名	功能	举例
Date. Dmy（d，m，y） d，m，y分别表示日、月、年	将日期型变量赋值为y年m月d日	Date. Dmy（31，12，2006）：函数值=31. 12. 2006或其他日期格式
Date. Qyr（q，y） q，y分别表示季度、年份	将q转化成相应月份后，赋值给日期型变量	Date. Qyr（4，2006）：函数值=01. 10. 2006或其他日期格式
Date. Yrday（y，x） y，x分别表示年、天数	将y和x转化成相应的日期后，赋值给日期型变量	Date. Yrday（2006，32）：函数值=01. 02. 2006或其他日期格式
Xdate. Mday（日期型变量）	求出日期型变量值所对应的日期是该月中的第几天	Xdate. Mday（Date. Dmy（31，12，2006））：函数值=31
Xdate. Jday（日期型变量）	求出日期型变量值所对应的日期是该年中的第几天	Xdate. Jday（Date. Dmy（3，2，2006））：函数值=34
Xdate. Week（日期型变量）	求出日期型变量值所对应的日期是该年中的第几周	Xdate. Week（Date. Dmy（3，2，2006））：函数值=5

7. 缺失值函数

缺失值函数用于判断缺失值。常用的缺失值函数如表3-8所示。

表3-8 缺失值函数

函数名	功能	举例
Missing（变量名） 该变量必须是数值型变量	判断指定变量是否取系统缺失值或用户缺失值	Missing（Math）：分别对每个个案判断Math变量（数学成绩）是否取系统缺失值或用户缺失值。1表示是，0表示不是
Sysmis（变量名） 该变量必须是数值型变量	判断指定变量是否取系统缺失值	Sysmis（Math）：分别对每个个案判断Math变量（数学成绩）是否取系统缺失值。1表示是，0表示不是
Nmiss（变量名1，变量名2，…）	计算在指定变量中有几个变量取系统缺失值或用户缺失值	Nmiss（Math，English，Chinese）：分别对每个个案计算三个成绩变量中有几个取系统缺失值或用户缺失值
Value（变量名）	忽略用户缺失值，即将用户缺失值看成普通的数据	Value（Math）：忽略Math变量中定义的用户缺失值

8. 其他函数

除上述函数之外，SPSS还有一些辅助函数，如杂项函数、转换函数等。常用的如表3-9所示。

表3-9 其他函数

函数名	功能	举例
Lag（变量名，n）	产生新变量，该变量的前n个数据为系统缺失值，第$n+1$个以后的数据依次为指定的变量值。即将指定变量后移n期后的结果存入新变量，方便时间序列中数据的差分计算	Lag（cz，1）：对历年的产值变量后移1期
Number（s，格式） s应为数字字符串。格式以字符f开头，见举例	将s按照格式要求转化为数值。如果字符串不能转换，则结果为系统缺失值	Number("12345"，f5.2)：将字符串12345转换成总长度（不含小数位）为5、有2位小数的数值型数据，函数值=123.45
String（x，格式） 格式以字符f开头，见举例	将x转换成字符串型数据	String（123.45，f5.1）：将123.45取1位小数后转换成总长度为5的字符串，函数值=123.5

上面列举出了常用的SPSS函数，这些函数能够与算术表达式混合使用。了解并掌握SPSS函数，能够帮助用户极为方便地完成较为复杂的计算工作。

3.3.5　变量计算的应用举例

案例 3-3

对于第 2 章案例 2-1 的大学生职业生涯规划数据，为直观评价每个学生对专业和未来职业的喜爱及了解程度，计算专业和职业认知得分。计算方法是：计算每个人量表题 1～4 题（变量名为 Q61～Q64）的总得分。认知得分越高，表示对专业和未来职业的了解程度越高。

SPSS 变量计算的基本操作步骤如下：

（1）选择菜单：【转换(T)】→【计算变量(C)】。出现如图 3-5 所示的窗口。

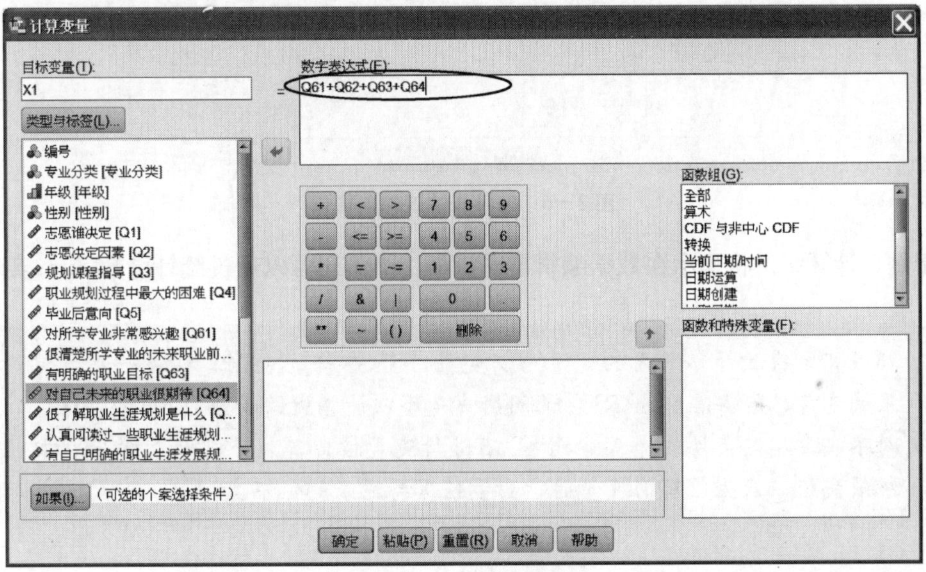

图 3-5　变量计算窗口

（2）在【数字表达式(E)】框中给出 SPSS 算术表达式和函数。可以手工输入，也可以点击窗口的按钮完成算术表达式和函数的输入工作。SPSS 将所有函数划分成若干类别，显示在窗口右侧中间，各类别所包含的函数名列在右侧下方。鼠标选中一个函数后，该函数的说明信息显示在窗口中央位置上。这里，输入算术表达式“Q61＋Q62＋Q63＋Q64”。

（3）在【目标变量(T)】框中输入存放计算结果的变量名。该变量可以是一个新变量，也可以是已经存在的变量。这里，输入存放计算结果的变量名 X1。新变量的变量类型默认为数值型，用户可以根据需要点击 类型与标签(L) 按钮修改，还可给新变量加变量名标签。

（4）如果用户仅希望对符合一定条件的个案计算产生变量，则点击 如果(I) 按钮，出现如图 3-6 所示的窗口。选择【在个案满足条件时包括(F)】选项，然后输入条件表达式，否则，本步略去。

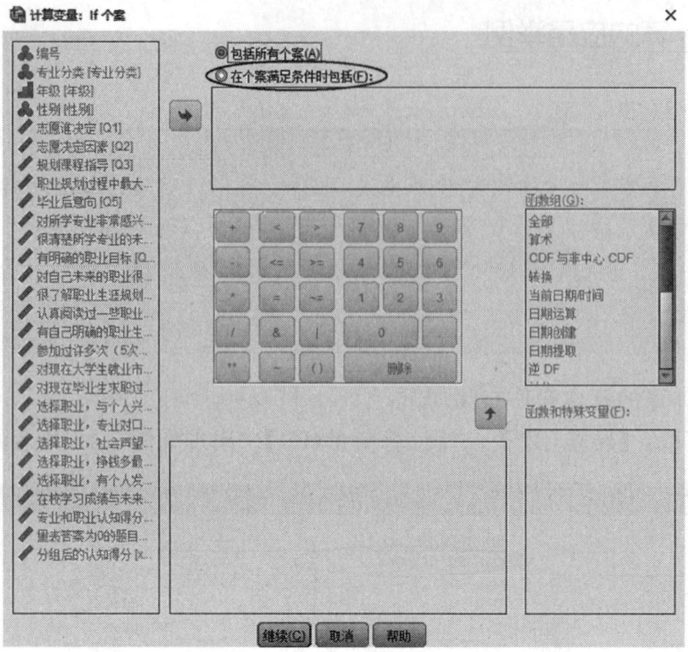

图3-6 条件表达式输入窗口

于是，计算结果将显示在数据编辑器窗口中。本例还可以通过统计函数Sum实现。

- 如果指定存放计算结果的变量为新变量，SPSS会自动创建它；如果指定存放结果的变量已经存在，SPSS会询问用户是否以计算出的新值覆盖原有旧值。
- 对不满足指定条件的个案，SPSS不进行变量值计算。产生新变量时，取值为系统缺失值；产生已有旧变量时，变量值保持原来的值不变。

3.4 数据选取

3.4.1 数据选取的目的

数据选取就是根据分析的需要，从已收集到的大批量数据（完整数据集）中按照一定的规则抽取部分数据（数据子集）参与分析。

数据选取在数据分析过程中很普遍，其目的是服务于以后的数据分析。

1. 提高数据分析效率

如果数据量较大，则会在一定程度上影响计算和建模的效率，因此，通常可以依据一定的抽样方法从完整数据集中抽取少量数据子集，后面的分析只针对数据子集进行，这样会大大提高分析效率。当然，抽取出的数据子集应具有代表性，否则分析的结论可能会有偏差。对于这个问题，统计学做了专门研究，一般可通过抽样方法来解决。

2. 检验模型

在数据分析中，所建模型能否较为完整准确地反映数据的特征，能否用于以后的数据预测，这些问题都是人们极为关心的。为了验证模型，一般可依据一定的抽样方法只选择部分数据子集参与数据建模，剩余的数据用于模型检验。

SPSS 是根据指定的选取方法从数据编辑器窗口中选出部分数据子集实现数据选取的，这样后面的分析操作就只针对这些选出的数据进行，直到用户取消这种选取为止。

3.4.2　数据选取方法

SPSS 提供了以下几种数据选取方法。

1. 按指定条件选取

即选取符合条件的数据。这里，SPSS 要求用户以条件表达式的形式给出数据选取的条件。SPSS 将自动对数据编辑器窗口中的所有个案进行条件判断。那些满足条件的个案，即条件判断为真的个案将被自动选取出来，那些条件判断为假的个案则不被选中。

2. 随机选取

即对数据编辑器窗口中的所有个案进行随机筛选，包括两种方式。

第一，近似选取。

近似选取要求用户给出一个百分比数值。SPSS 将按照这个比例自动从数据编辑器窗口中随机抽取出相应百分比数目的个案。由于 SPSS 在样本选取方面的技术特点，抽取出的个案总数不一定恰好精确等于用户指定的百分比数目，会有小的偏差，因此称为近似选取。这种样本量上的偏差通常不会对数据分析产生重大影响。

这里的随机是根据 SPSS 随机数种子发生器设计和实现的。随机数种子设置的菜单是：【转换(T)】→【随机数生成器(G)】。出现的窗口如图 3－7 所示。

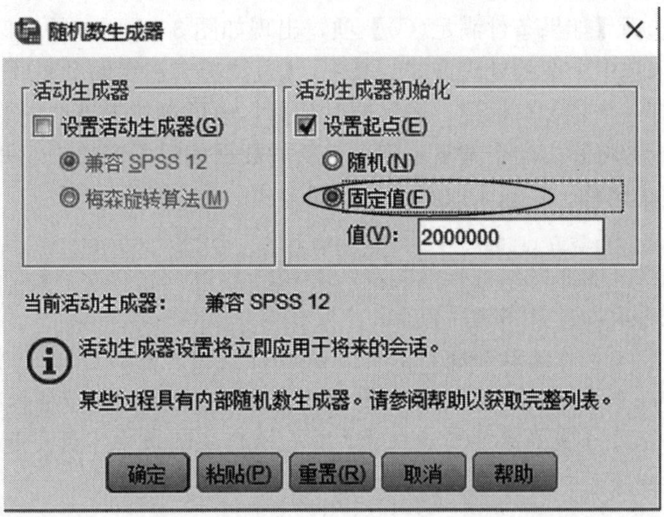

图 3－7　随机数种子设置窗口

图 3 - 7 中，【固定值(F)】表示随机数种子为一个具体的正整数（如图中为 2 000 000），一般用于随机化结果需要重现的情况；【随机(N)】表示随机数种子每次自动取一个新的值，是 SPSS 默认的选项，这样随机化结果将不会重现。

第二，精确选取。

精确选取要求用户给出两个参数：第一个参数是希望选取的个案数；第二个参数是指定在前几个个案中选取。SPSS 会自动在数据编辑器窗口的前若干个案中随机精确地抽出相应个数的个案。

3. 选取某一区域内的个案

即选取数据编辑器窗口中的个案号码范围内的所有个案，要求给出这个范围的上下限个案号码。这种选取方法通常适用于时间序列数据。

4. 通过过滤变量选取

即依据过滤变量的取值进行选取。要求指定一个变量作为过滤变量，变量值为非 0 或非系统缺失值的个案将被选中。这种方法通常用于排除包含系统缺失值的个案。

3.4.3 数据选取的应用举例

案例 3 - 4

对于第 2 章案例 2 - 1 的大学生职业生涯规划数据，若希望仅对听过职业规划专门课程或就业指导课程的学生进行分析，应采用上述第一种数据选取方法。

SPSS 数据选取的基本操作步骤如下：

(1) 选择菜单：【数据(D)】→【选择个案(S)】。

(2) 在【选择】框中指定选取方法。【所有个案(A)】表示全部选中。本例采用第一种选取方案，应选择【如果条件满足(C)】项，出现如图 3 - 8 所示的窗口。

(3) 指定对未选中个案的处理方式。其中，【过滤掉未选定的个案(F)】表示在未被选中的个案号码上打一个“\”标记，表示暂时筛掉，也可以将未被选中的个案从数据编辑器窗口中删除，或者将筛出的个案复制到一个新的数据编辑器窗口中，并在【数据集名称(S)】后输入数据集名称。一般采取第一种处理方式。

(1) 按上述操作步骤完成数据选取后，以后的 SPSS 分析操作仅针对那些被选中的个案，直到用户再次改变数据选取为止。

(2) 采用按指定条件选取和随机选取方法进行数据选取后，SPSS 将在数据编辑器窗口中自动生成一个名为 filter_$的新变量，取值为 1 或 0（变量值标签依次为 Selected 和 Not Selected）。1 表示本个案被选中，0 表示其未被选中。该变量是 SPSS 产生的中间变量，如果删除它，则自动取消样本选取。

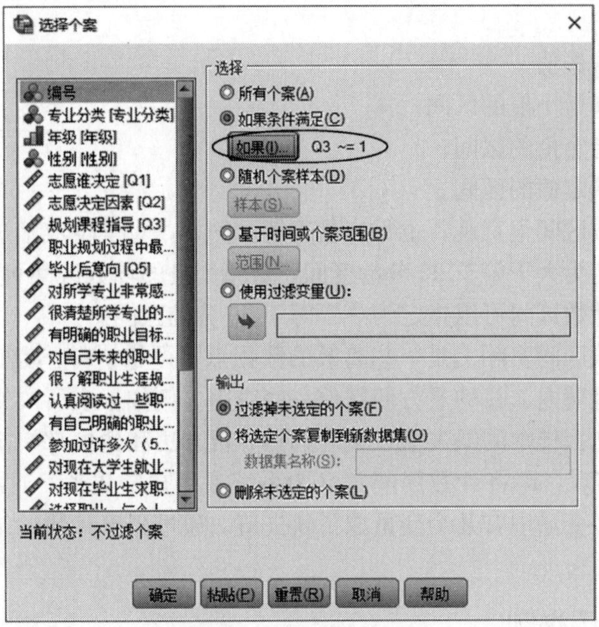

图 3-8　数据选取窗口

3.5　计　数

3.5.1　计数的目的

计数在实际工作中是非常普遍的应用之一，它虽然简单，对把握个案各方面的特征却很有效。

例如，对大学毕业班学生的学习成绩进行综合评价时，可以依次计算每个学生的若干门专业课中有几门课程为优，有几门课程为良，有几门课程为及格，等等，并以门次为基础做进一步分析。这样的计算门次数据的过程就是一个计数过程。

> SPSS 实现的计数是对所有个案或满足某条件的部分个案，计算若干变量中有几个变量的值落在指定的区间内，并将计数结果存入一个新变量的过程。SPSS 实现计数的关键步骤是：
>
> - 指定哪些变量参与计数，计数的结果存入哪个新变量中。
> - 指定计数区间。
>
> 其中，指定计数区间尤为关键。

3.5.2　计数区间

SPSS 中的计数区间是一个广义的概念，它可以有以下几种描述形式：

- 单个变量值；

- 系统缺失值；
- 系统或用户缺失值；
- 给定最大值和最小值的区间；
- 小于等于某指定值的区间；
- 大于等于某指定值的区间。

上述后三个计数区间很直观，也很容易理解。例如，对学生成绩进行评价，成绩为优的计数区间可以指定为大于等于 90 分的区间，成绩为良的计数区间可以指定为 80～90 分的区间，不及格的计数区间可以指定为小于等于 59 分的区间。

上述前三个计数区间实际上是一些离散的数据点，严格讲并不是区间，但 SPSS 仍将其归在广义区间的范畴内，目的是方便其他一些应用。例如，众所周知，大量的缺失值会给分析带来影响，把握样本的缺失值数量对选择分析方法和建模都有重要意义。对此可利用 SPSS 计数功能实现，即将计数区间定义为系统或用户缺失值，这样，SPSS 将会对每个个案依次计算诸多变量中有几个变量取了缺失值。通过浏览计数的结果，便可把握缺失值的总体数量。

3.5.3 计数的应用举例

案例 3-5

对于第 2 章案例 2-1 的大学生职业生涯规划数据，分析有多大比例的学生认为问卷中的量表问题不好回答（量表得分为 0）。

从调查数据看，解决该问题的第一步应是计算变量（Q61～Q616）中取值为 0 的变量个数，为此，首先采用计数功能进行简单计数计算。

SPSS 计数的基本操作步骤如下：

(1) 选择菜单：【转换(T)】→【对个案内的值进行计数(O)】。出现如图 3-9 所示的窗口。

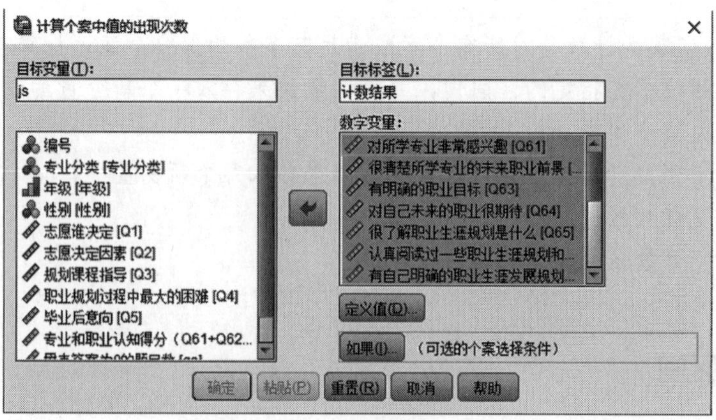

图 3-9 计数窗口

(2) 选择参与计数的变量到【数字变量】框中。这里，选择参与计数的变量为 Q61～Q616。

(3) 在【目标变量(T)】框中输入存放计数结果的变量名，并可在【目标标签(L)】框中输入相应的变量名标签。这里，存放计数结果的变量名为 js，变量名标签为“计数结果”。

(4) 点击 定义值(D) 按钮定义计数区间，出现如图 3-10 所示的窗口。通过 添加(A)，更改(C)，除去(M) 按钮完成计数区间的增加、修改和删除。这里，计数区间定义为【值(V)】并输入 0。

(5) 如果仅希望对满足某条件的个案进行计数，则点击图 3-9 所示窗口中的 如果(I) 按钮并输入相应的 SPSS 条件表达式，否则，可省略本步骤。

至此，SPSS 便可依据用户定义和选择的情况进行计数。本例中，SPSS 将对所有个案计算 Q61～Q616 这 16 个变量中有几个取 0，并将结果放在变量 js 中。

进一步，可以利用【分析(A)】中的【描述统计(E)】下的【频率(F)】子菜单功能计算计数值不等于 0 的学生数占总人数的百分比。结果表明，919 名同学中有 4.1%的学生认为有一道量表题不好回答，有 8.7%的学生认为至少有一道量表题不好回答，91.3%的同学能明确给出所有量表题的结果。有关操作过程详见 4.1 节。

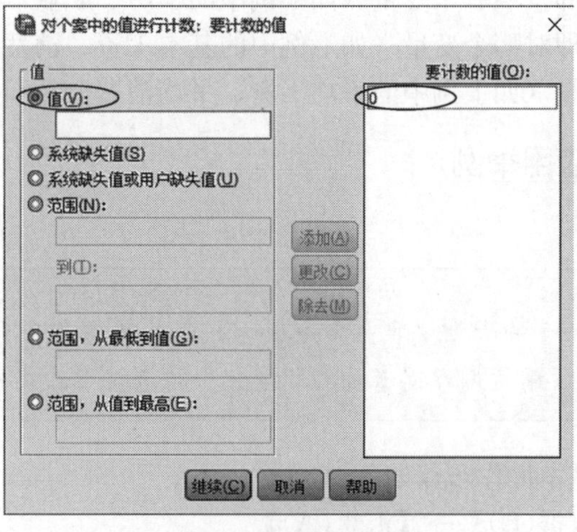

图 3-10 计数区间定义窗口

3.6 分类汇总

3.6.1 分类汇总的目的

> 分类汇总是按照某分类变量进行分类计算。这种数据处理在实际数据分析中是极为常见的。

例如，某企业希望了解本企业不同学历职工的基本工资是否存在较大差距，最简单的做法就是分类汇总，即将职工按学历进行分类，然后分别计算不同学历职工的平均工资，就可对平均工资进行比较。表 3-10 是第 2 章表 2-2 中职工基本工资按学历分类汇总后的结果。

表 3-10　分类汇总举例

学历（xl）	基本工资（sr_1）
1	894.50
2	961.50
3	876.40
4	904.00

由表 3-10 可见，由于学历有四种分类（四个不同的变量值），按学历分类汇总后的结果就有四条。

再如，某商厦希望分析不同职业和不同年龄段的顾客对某商品打折促销的反应是否存在较大差异，进而分析不同消费群体的消费心理。最初步的分析可以是分别计算不同职业中不同年龄段顾客的平均消费金额和平均消费金额差异程度（标准差），并对它们进行比较。这个过程可通过分类汇总过程完成。

SPSS 实现分类汇总涉及两个主要方面：

- 指定分类变量，即按照哪个变量（如上例中的学历、职业）进行分类。
- 指定汇总变量，即对哪个变量（如上例中的基本工资、消费金额）进行汇总，且对其计算哪些统计量（如上例中的平均工资、平均消费金额和标准差）。

3.6.2　分类汇总的应用举例

案例 3-6

对于第 2 章案例 2-1 的大学生职业生涯规划数据，为评价不同专业类别学生对本专业和未来职业的喜爱及了解程度，对专业和职业认知得分按专业类别分类计算平均得分。

SPSS 分类汇总的基本操作步骤如下：

（1）选择菜单：【数据(D)】→【汇总(A)】。

（2）指定分类变量到【分界变量(B)】框中，这里为专业分类。指定汇总变量到【变量摘要(S)】框中，这里为 X1（总得分，详见 3.3.5 节），如图 3-11 所示。

（3）点击 函数(F) 按钮指定对汇总变量计算哪些统计量。SPSS 默认计算均值。

（4）指定将分类汇总结果保存到何处。有三种选择：第一，将汇总结果加到当前数据编辑器窗口中；第二，将汇总结果保存到另一个数据编辑器窗口中；第三，将汇总结果保存到一个 SPSS 数据文件中。一般选择第二种方式。

（5）点击 名称与标签(N) 按钮重新指定汇总结果中的变量名或加变量名标签。SPSS 默认的变量名为原变量名后加 _ 函数名。

（6）如果希望在汇总结果中保存各分类组的个案数，则选择【个案数(C)】选项。于是，SPSS 会在汇总结果中自动生成一个默认名为 N_BREAK 的变量，该变量名可以修改。

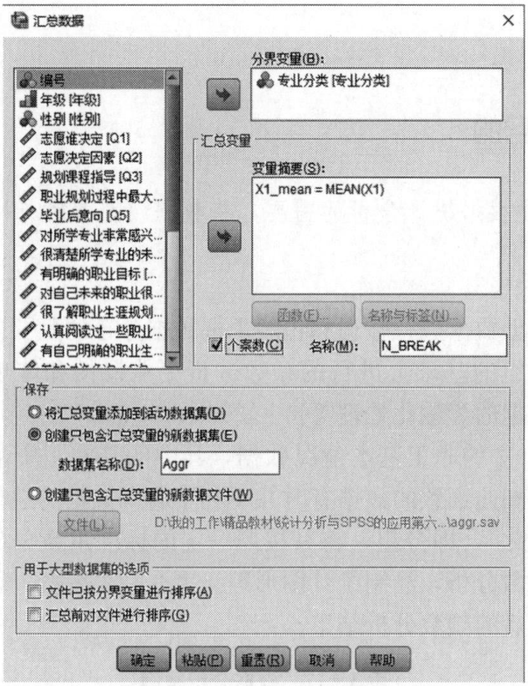

图 3－11　分类汇总窗口

至此，SPSS 将自动进行分类汇总工作。所产生的分类汇总结果如表 3－11 所示。

表 3－11　不同专业类别学生对专业和职业认知得分的分类汇总结果

专业类别	平均得分（X1-mean）	样本量（N-BREAK）
.	15.80	5
理科	12.32	173
人文	14.12	187
工科	11.71	203
社会科学	14.48	310
艺术体育	11.27	30
其他	13.27	11

由表 3－11 可知，不同专业类别学生对专业和职业认知平均得分相差不大，最低得分为艺术体育类，较高的是社会科学类。其中，有 5 个学生的专业类别为系统缺失值，但平均得分最高。

- 分类汇总中的分类变量可以有多个，此时的分类汇总称为多重分类汇总。如不同职业和不同年龄段顾客消费的例子就是多重分类汇总的应用。
- 类似于数据的排序，在多重分类汇总中，指定多个分类变量的前后次序是很关键的。第一个指定的分类变量为主分类变量（如职业），其他依次为第二（如年龄段）、第三分类变量等，它们决定了分类汇总的先后次序。

3.7 数据分组

3.7.1 数据分组的目的

数据分组就是根据统计分析的需要，将数据按照某种标准重新划分为不同的组别。

数据分组是对数值型数据进行整理和粗略把握数据分布的重要工具，在实际数据分析中经常使用。在数据分组的基础上进行的频数分析更能概括和体现数据的分布特征。另外，分组还能够实现数据的离散化处理等。

例如，第 2 章表 2-2 的职工基本情况数据，其中的基本工资数据为数值型数据，表现为具体的工资金额。如此细致的数据有时并不利于展现数据的总体分布特征。因此，可以将工资收入进行“粗化”，即分组，将其按照一定的标准重新分成高收入、中收入、低收入三个组，再进行频数分析，绘制统计图形等。表 3-12 是第 2 章表 2-2 的职工基本情况数据按一定标准分组后的频数分析结果。

表 3-12 数据分组举例

按基本工资分组	频数（人）	频率（%）
850 元及以下	5	31.3
851～900 元	5	31.3
901～950 元	1	6.3
951～1 000 元	2	12.5
1 001 元及以上	3	18.8

以上分组就是统计学上所谓的组距分组，也是一种应用最广泛的数据分组方法。

3.7.2 组距分组

在变量值较多的情况下，数据分组通常采用组距分组。组距分组是将全部变量值依次划分为若干区间，并将同一区间的变量值作为一组。组距分组中有两个关键问题。

1. 分组数目的确定

数据分成多少组比较合适通常与数据本身的特点和数据个数有关。由于分组的目的之一是观察数据分布的特征，组数的确定应以能够清楚地显示数据分布特征和规律为原则。组数太少会使数据的分布过于集中，组数太多又会使数据的分布过于分散，都不便于观察数据分布的特征和规律。在实际分组时，可以按照 Sturges 提出的经验公式来确定组数 K：

$$K=1+\frac{\ln n}{\ln 2} \tag{3.1}$$

式中，n 为数据个数，对结果四舍五入取整后为理论分组数目。

例如，对第 2 章表 2-2 的职工基本情况数据，理论分组数目为：

$$K=1+\frac{\ln 16}{\ln 2}=5$$

可以分成 5 组。实际中，式（3.1）可以作为一种参考。

2. 组距的确定

组距是一个组的上限（组中的最大值）与下限（组中的最小值）之差。组距可根据全部数据的最大值和最小值及组数来确定，即

$$组距=\frac{最大值-最小值}{组数}$$

例如，对第 2 章表 2－2 的职工基本情况数据，基本工资的最大值和最小值分别为 1 044 和 824，即

$$组距=\frac{1\,044-824}{5}=44$$

可以近似取为 50。

上述问题确定以后，便可实施分组操作了。

3.7.3　数据分组的应用举例

案例 3－7

对于第 2 章案例 2－1 的大学生职业生涯规划数据，对专业和职业认知总得分（X1，详见 3.3.5 节），以 5 为组距进行分组，以便把握认知总得分的分布特征。

SPSS 组距分组的基本操作步骤如下：

（1）选择菜单：【转换(T)】→【重新编码为不同变量(R)】。

（2）选择分组变量到【数字变量→输出变量】框中。这里选择 X1。

（3）在【输出变量】框中的【名称(N)】后输入存放分组结果的变量名，并点击 变化量(H) 按钮确认，这里的变量名为 X1 _ new。也可在【标签(L)】后输入相应的变量名标签。

（4）点击 旧→新(D) 按钮定义分组区间。这里，应根据分析要求逐个定义各分组区间，如图 3－12 所示。

（5）如果仅对符合一定条件的个案分组，则点击 如果(I) 按钮并输入 SPSS 条件表达式，否则，可省略本步骤。

至此，SPSS 便自动进行组距分组，并在数据编辑器窗口中创建存放分组结果的名为 X1 _ new 的新变量。

在定义分组区间时应遵循统计学上“不重不漏”的原则。“不重”是指一个变量值只能分在某一个组中，不能在其他组中重复出现；“不漏”是指所有数据都应分配在某个组中，不能遗漏。SPSS 中确保“不重”的方法是：对重复值，将其归到图 3－12 所示窗口中首次出现的组中，并通过指定【所有其他值(O)】为某个组以避免分组的遗漏问题。

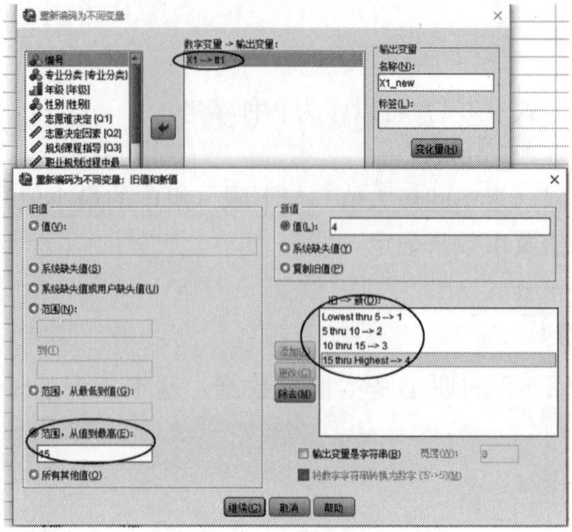

图 3-12　组距分组窗口

此外，利用分组功能还可以指定某个值，或某区间内的值为系统缺失值，或保持原来的值不变。

3.8　数据预处理的其他功能

除上述数据预处理功能外，SPSS 还提供了其他一些辅助处理功能，包括数据转置、加权处理、数据拆分等。

3.8.1　数据转置

SPSS 的数据转置就是将数据编辑器窗口中数据的行列互换。

表 3-13 是第 2 章表 2-2 的职工基本情况数据转置后的结果。

表 3-13　数据转置举例

CASE_LBL	K_001	K_002	K_003	K_004	K_005	K_006	K_007	K_008
xb	1.00	1.00	1.00	1.00	1.00	2.00	2.00	2.00
nl	48.00	49.00	54.00	41.00	38.00	41.00	42.00	41.00
sr	1 014.00	984.00	1 044.00	866.00	848.00	824.00	824.00	824.00
zc	1.00	2.00	1.00	3.00	3.00	4.00	4.00	4.00
xl	1.00	2.00	3.00	3.00	1.00	3.00	3.00	3.00
bx	12.00	9.00	13.00	8.00	8.00	7.00	7.00	7.00
CASE_LBL	K_009	K_0010	K_0011	K_0012	K_0013	K_0014	K_0015	K_0016
xb	2.00	1.00	1.00	1.00	1.00	1.00	1.00	1.00
nl	42.00	35.00	56.00	59.00	59.00	41.00	55.00	45.00
sr	859.00	827.00	1 014.00	989.00	938.00	889.00	887.00	887.00
zc	2.00	3.00	1.00	2.00	3.00	2.00	3.00	3.00
xl	2.00	1.00	2.00	2.00	4.00	1.00	4.00	4.00
bx	8.00	7.00	12.00	9.00	8.00	8.00	8.00	8.00

SPSS 数据转置的基本操作步骤如下：

(1) 选择菜单：【数据(D)】→【转置(N)】。出现如图 3－13 所示的窗口。

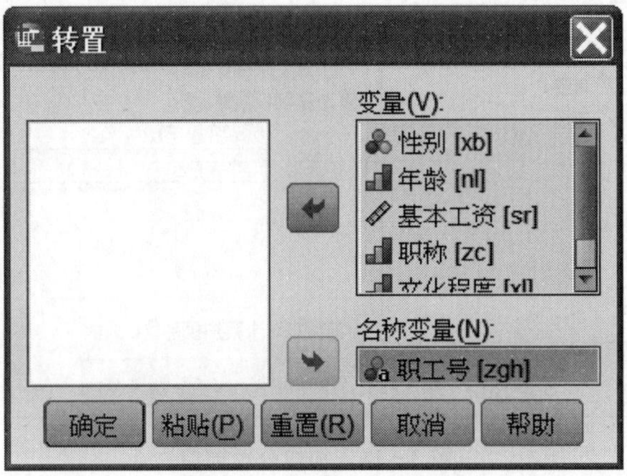

图 3－13　数据转置窗口

(2) 指定数据转置后应保留哪些变量，将它们选入【变量(V)】框中。

(3) 指定转置后数据文件中各变量如何取名。应选择一个取值唯一的变量即关键变量（如职工号）作为标记变量到【名称变量(N)】框中。转置后数据各变量取名为：K _ 标记变量值（如 K_001，K_002，K_003 等）。如果略去本步，则转置后数据各变量名默认为 VAR00001，VAR00002，VAR00003 等。

至此，SPSS 将自动完成数据转置，并将转置结果显示在数据编辑器窗口中。同时，SPSS 还会自动产生一个名为 CASE _ LBL 的新变量，用来存放原数据文件中的各变量名。

3.8.2　加权处理

统计分析中的加权处理极为常见，如计算加权平均数等。

例如，网站为调查观众对春节联欢晚会是否满意，采用在线打分的调查形式。假如 10%的观众打了 5 分，25%的观众打了 4 分，40%的观众打了 3 分，25%的观众打了 2 分，那么该如何利用这些分数进行分析评价呢？显然可以利用加权平均来分析，其中将各百分比作为权数。

案例 3－8

已知第 2 章案例 2－2 表 2－1 中的血压和年龄数据，为分析血压与年龄的相关性，需要将该计数数据还原为原始调查数据。为此可借助加权处理实现。

SPSS 指定加权处理的基本操作步骤如下：

(1) 选择菜单：【数据(D)】→【加权个案(W)】。

(2) 选择【个案加权系数(W)】选项，并选择一个变量作为加权变量到【频率变量

(F)】框中。这里，指定“人数”为加权变量，如图 3-14 所示。

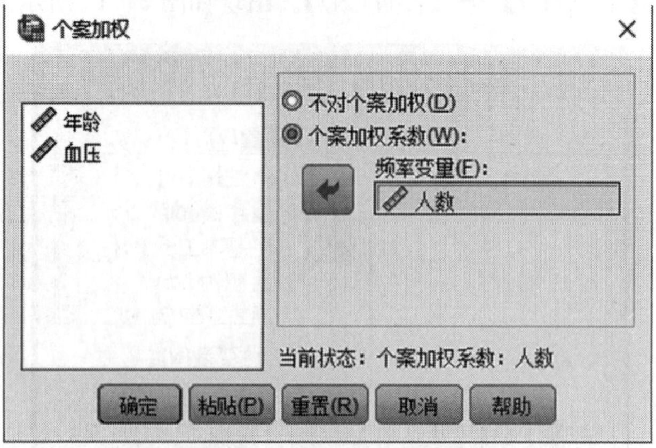

图 3-14 加权处理窗口

SPSS 中指定加权变量的本质是数据复制。对表 2-1 中的数据，如果指定“人数”为加权变量，那么 SPSS 将年龄 30 岁以下、低血压这条数据复制 27 行，将年龄 30 岁以下、正常血压这条数据复制 48 行，等等。加权操作完毕后，数据编辑器窗口中的数据并没有变化，仅在状态栏中显示“加权开启”。

通过加权处理，可以达到将数据编辑器窗口中的计数数据还原为原始数据的目的。

注意：一旦指定了加权变量，在以后的分析处理中加权会一直有效，直到取消加权为止。取消加权应在图 3-14 所示的窗口中选择【不对个案加权(D)】选项。

3.8.3 数据拆分

SPSS 的数据拆分与数据排序很相似，但有一个重要的不同点，即数据拆分不仅是按指定变量对数据进行简单排序，更重要的是根据指定变量对数据进行分组，它将为以后对各分组分别进行统计分析提供便利。

SPSS 数据拆分的基本操作步骤如下：

(1) 选择菜单：【数据(D)】→【拆分文件(F)】。出现如图 3-15 所示的窗口。

(2) 选择拆分变量到【分组依据(G)】框中。

(3) 拆分会使后面的分组统计产生两种不同格式的结果。其中，【比较组(C)】表示将分组统计结果输出在同一张表格中，它便于不同分组之间统计结果的比较；【按组来组织输出(O)】表示将分组统计结果分别输出在不同的表格中。通常选择第一种输出方式。

(4) 如果数据编辑器窗口中的数据已经事先按指定的拆分变量进行了排序，则可以选择【文件已排序(F)】项，它可以加快拆分执行的速度，否则，选择【按分组变量进行文

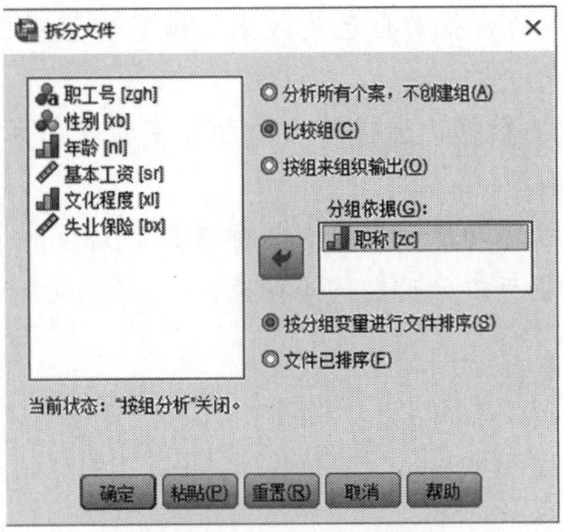

图 3-15　数据拆分窗口

件排序(S)】项。

本例依职称（zc）拆分数据，后续所有处理均将对不同职称组分别进行。同时，在数据编辑器窗口右下角的状态栏将显示“拆分依据 zc”提示信息。

- 数据拆分将对后面的分析一直起作用，即无论进行哪种统计分析，都是按拆分变量的不同组分别进行分析计算。如果希望对所有数据进行整体分析，则需要取消数据拆分，即在图 3-15 所示的窗口中选择【分析所有个案，不创建组(A)】项。
- 对数据可以进行多重拆分，即在图 3-15 所示窗口中依顺序选入多个变量到【分组依据(G)】框。

□ 练习题

1. 利用第 2 章第 7 题数据，采用 SPSS 数据选取功能将数据分成两份文件。其中，第一份数据文件存储常住地在“沿海或中心繁华城市”且本次存款金额在 1 000～5 000 元之间的调查数据；第二份数据文件是采用随机方式选取的 70%的数据子集。

2. 利用第 2 章第 7 题数据，将其按常住地（升序）、收入水平（升序）、存款金额（降序）进行多重排序。

3. 利用第 2 章第 9 题的完整数据，对每个学生计算得优课程数和得良课程数，并按得优课程数的降序排序。

4. 利用第 2 章第 9 题的完整数据，计算每个学生课程的平均分以及标准差，并且计算男生和女生各科成绩的平均分。

5. 利用第 2 章第 7 题数据，大致浏览存款金额的数据分布状况，并选择恰当的组限和组距进行组距分组。

6. 在第 2 章第 7 题的数据中，如果认为调查中“今年的收入比去年增加”且“预计未来一两年收入仍会增加”的人是对自己收入比较满意和乐观的人，请利用 SPSS 的计数和数据选取功能找到这些人。

7. 对于第 2 章第 4 题的数据，选择恰当的加权变量进行加权处理进而将其还原为原始数据，为后续分析做准备。

8. 利用 SPSS 的变量计算功能，生成服从标准正态分布的 100 个随机数。

9. 简述 SPSS 排序功能与拆分功能的不同点。

第 4 章

SPSS 基本统计分析

Chapter 4

学习目标

1. 掌握 SPSS 频数分析的基本方法并熟练掌握其具体操作。

2. 明确基本描述统计量的含义，并熟练掌握其计算的具体操作。

3. 掌握交叉列联分析的基本方法，了解卡方检验的基本思想，能够熟练掌握其具体操作。

4. 掌握对多选项问题的不同拆分方法和应用场合，并能够利用多选项分析进行数据分析。

对数据的分析通常是从基本统计分析入手的。通过基本统计分析，分析者能够掌握数据的基本统计特征，把握数据的整体分布形态。基本统计分析的结论对今后进一步的数据建模将起到重要的指导和参考作用。

对数据的基本统计分析通常包括以下方面：

- 编制单个变量的频数分布表；
- 计算单个变量的描述统计量以及不同分组下的描述统计量；
- 编制多变量的交叉频数分布表，并以此分析变量之间的关系；
- 其他探索性分析；
- 数据的多选项分析。

为实现上述分析，往往采用两种方式：第一，数值计算，即计算常见的基本统计量，通过数值准确反映数据的基本统计特征，反映变量统计特征上的差异；第二，图形绘制，即绘制常见的基本统计图形，通过图形直观展现数据的分布特点，比较数据分布的特点。通常数值计算和图形绘制是结合使用的，它们将起到相辅相成的作用。

4.1 频数分析

4.1.1 频数分析的目的和基本任务

基本统计分析往往从频数分析开始。通过频数分析能够了解变量的取值状况，对把握数据的分布特征是非常有用的。

例如，在问卷数据分析中，通常应首先对本次调查的被调查者的状况，如被访者的年龄特点、职业特点、性别特征等进行分析和总结。通过这些分析，能够在一定程度上把握样本是否具有总体代表性，抽样是否存在系统偏差等，并以此证明以后相关问题分析的代表性和可信性。这些分析可以通过频数分析来实现。

> 频数分析的第一个基本任务是编制频数分布表。SPSS中的频数分布表包括的内容有频数、百分比、有效百分比、累计百分比。
>
> 频数分析的第二个基本任务是绘制统计图。统计图是一种最为直接的数据刻画方式。

频数分析的第一个基本任务是编制频数分布表。SPSS中的频数分布表包括的内容有：

1. 频数

即变量值落在某个区间（或某个类别）中的次数。

2. 百分比

即各频数占总样本量的百分比。

3. 有效百分比

即各频数占总有效样本量的百分比。这里：

有效样本量＝总样本量－缺失样本量

如果所分析的数据在频数分析变量上有缺失值，那么有效百分比能更加准确地反映变量的取值分布情况。有效百分比计算的是在不包含缺失值个案的所有个案中各变量取值频数的比例。

4. 累计百分比（Cumulative Percent）

即各百分比逐级累加起来的结果。最终取值为100%。

频数分析的第二个基本任务是绘制统计图。统计图是一种最为直接的数据刻画方式，能够清晰直观地展示变量的取值状况。频数分析中常用的统计图包括：

1. 柱形图或条形图（Bar Chart）

即用宽度相同的条形的高度或长短来表示频数分布变化的图形，适用于定序和定类变量的分析。柱形图的纵坐标或条形图的横坐标可以表示频数，也可以表示百分比。它们又分为单式图和复式图等形式。

2. 饼图（Pie Chart）

即用圆形及圆内扇形的面积来表示频数百分比变化的图形，有利于研究事物内在结构组成等问题。饼图中圆内的扇形面积可以表示频数，也可以表示百分比。

3. 直方图（Histograms）

即用矩形的面积来表示频数分布变化的图形，适用于数值型变量的分析。可以在直方图上附加正态分布曲线，便于与正态分布比较。

4.1.2　频数分析的应用举例

案例 4-1

利用第 2 章案例 2-1 的大学生职业生涯规划数据，分析被调查者的专业分布状况，以及学生对职业规划指导相关知识的了解程度。

本例有以下特点：所涉及的两个变量一个为定类型变量，另一个为定序型变量；可通过频数分析实现分析目标；为使频数分布表一目了然，应对频数分布表的输出顺序进行调整。

SPSS 频数分析的基本操作步骤如下：

(1) 选择菜单：【分析(A)】→【描述统计(E)】→【频率(F)】。出现如图 4-1 所示的窗口。

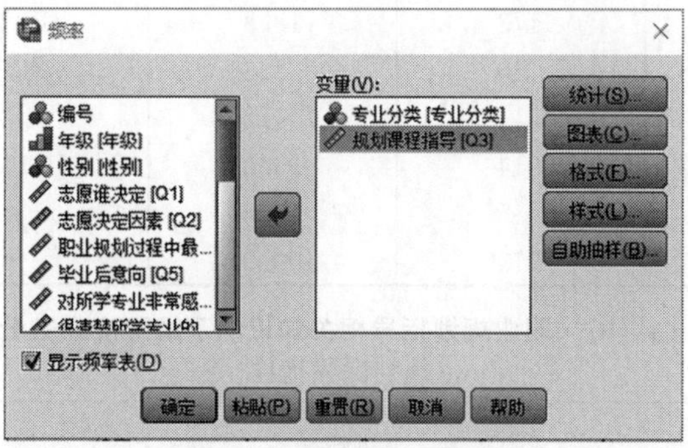

图 4-1　频数分析窗口

(2) 选择若干需要进行频数分析的变量到【变量(V)】框中。这里，选择“专业分类”和“规划课程指导［Q3］”。

(3) 点击 图表(C) 按钮选择绘制统计图形，出现如图 4-2 所示的窗口。这里，选择条形图。在【图表值】框中选择柱形图纵坐标或条形图横坐标（或饼图中扇形面积）的含义，可以为频数（选择【频率(F)】选项），也可以为百分比（选择【百分比(C)】选项）。

(4) 点击 格式(F) 按钮，调整频数分布表中数据的输出顺序。输出顺序可以为：按变量值的升序输出，按变量值的降序输出，按频数的升序输出，按频数的降序输出。这里，选择按频数的降序输出（选择【按计数的降序排序(N)】选项）。

至此，SPSS 将自动编制频数分布表并画图，结果将输出到查看器窗口中。分析结果如表 4-1 和图 4-3 所示。

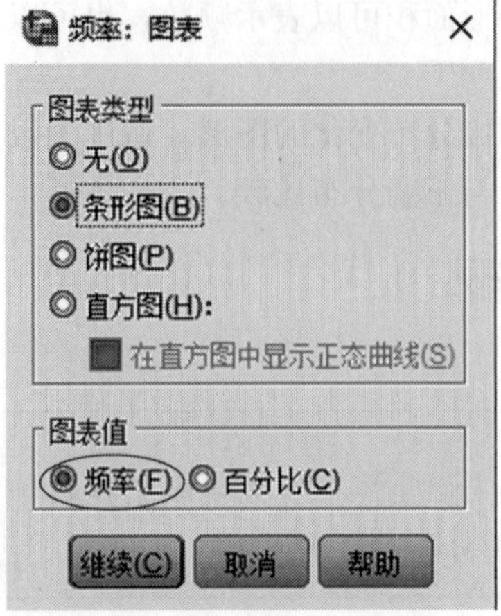

图 4-2　频数分析中的绘图窗口

表 4-1（a）　专业分类频数分布表

专业分类

		频率	百分比（%）	有效百分比（%）	累计百分比（%）
有效	社会科学	310	33.7	33.9	33.9
	工科	203	22.1	22.2	56.1
	人文	187	20.3	20.5	76.6
	理科	173	18.8	18.9	95.5
	艺术体育	30	3.3	3.3	98.8
	其他	11	1.2	1.2	100.0
	合计	914	99.5	100.0	
缺失	系统	5	0.5		
合计		919	100.0		

表 4-1（b）　职业规划指导相关知识的了解程度频数分布表

规划课程指导

		频率	百分比（%）	有效百分比（%）	累计百分比（%）
有效	没有	307	33.4	33.6	33.6
	一些	529	57.6	57.8	91.4
	很多	79	8.6	8.6	100.0
	合计	915	99.6	100.0	
缺失	4	2	0.2		
	系统	2	0.2		
	合计	4	0.4		
合计		919	100.0		

频数分布表的第一列显示变量的各变量值或变量值标签，第二列是相应变量值的频数，第三列是百分比，第四列是有效百分比，第五列是累计百分比。

这里的图形是条形图，其纵坐标表示频数。可以通过条形的高低比较各变量值（各类别）的频数特征。

从表 4-1 得到的分析结论如下：

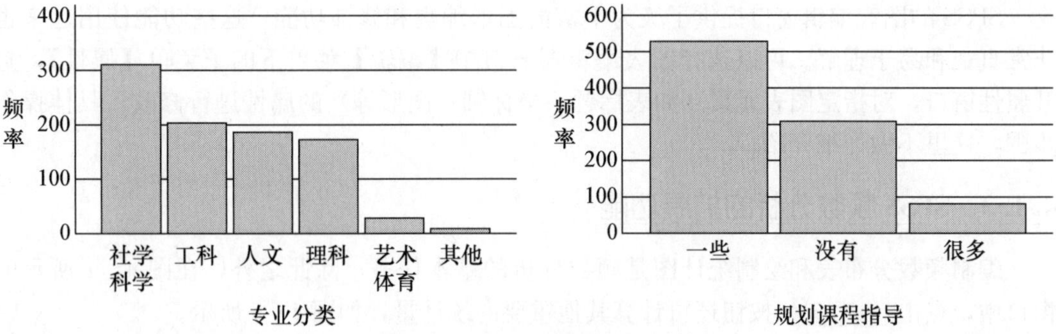

图 4-3　频数分析的条形图

首先，本次调查获得的有效样本为 919 份，有 5 个个案在专业类别上取系统缺失值。专业类别的分布状况是：人数最多的是社会科学类，有 310 人，有效百分比为 33.9%；其次是工科类和人文类等。表 4-1（a）是按照频数降序组织的，当变量类别个数较多时，这种排序输出方式较为清晰。此外，由于专业类别变量是定类型变量，它的累计百分比通常没有意义，因此可删除本表的最后一列。

其次，调查表明：有 57.8%的学生对职业规划相关知识有所了解，但仍有 33.6%的学生没有任何了解，了解很多的学生仅占 8.6%。表 4-1（b）是按变量值升序（默认的）组织的。由于该变量是定序型变量，各类别的累计百分比有意义，因此通常不采用按频数升序或降序方式组织。这里，对职业规划相关知识不了解或仅有一些了解的学生占到 91.4%，比例较高。此外，分别有 2 个个案在该变量上取用户缺失值 4 和系统缺失值。

另外，可以利用 SPSS 提供的图形编辑功能对所生成的统计图形进行必要的编辑。进行图形编辑时应在 SPSS 查看器窗口中用鼠标双击待编辑的图形，这样就会出现一个名为图表编辑器的窗口，如图 4-4 所示。

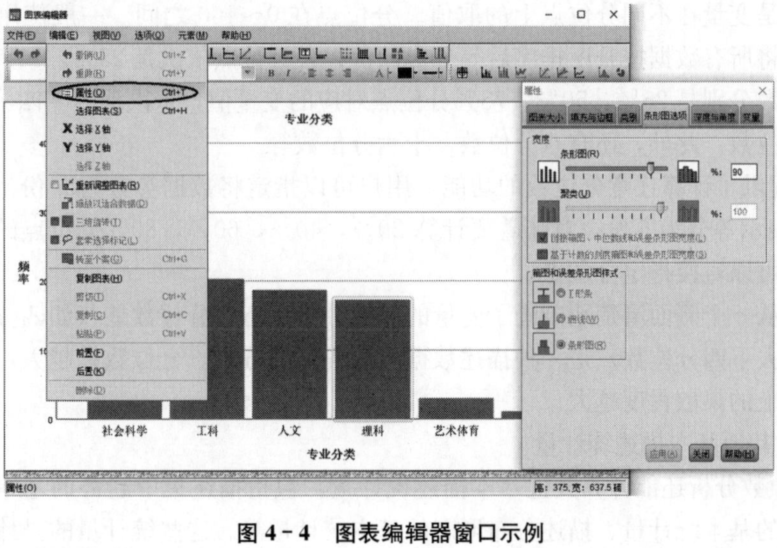

图 4-4　图表编辑器窗口示例

SPSS 的图表编辑窗口提供了极为丰富的图形编辑和修饰功能，这些功能使用起来也非常直观和易于理解。可以选择图表编辑器窗口中【编辑】菜单下的子菜单【属性】，打开属性窗口，对指定图表元素（如表标题、坐标轴、图形等）的属性进行修改。具体操作步骤，这里不做详细介绍。

4.1.3 SPSS 频数分析的扩展功能

编制频数分布表和绘制统计图是频数分析的基本任务，除此之外，在图 4-1 所示的窗口中，点击 统计(S) 按钮还可计算其他重要的统计量，如图 4-5 所示。

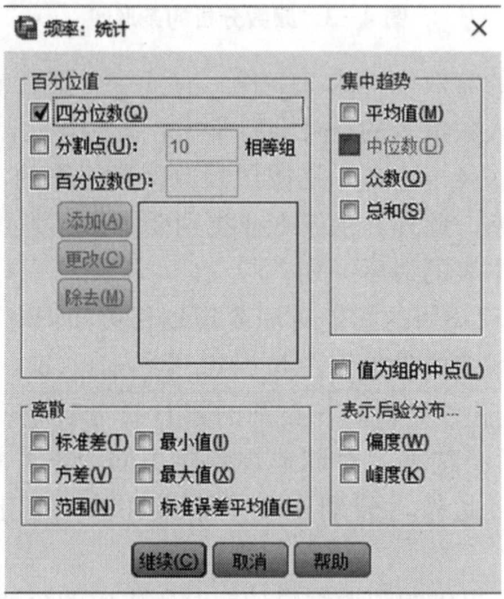

图 4-5　在频数分析中计算其他统计量的窗口

1. 计算分位数

分位数是变量在不同分位点上的取值。分位点在 0～100 之间。一般使用较多的是四分位点，即将所有数据按升序排序后等分成四份，各分位点依次是 25%，50%，75%。于是，四分位数分别是 25%，50%，75%分位点对应的变量值，依次称为下四分位数、中位数和上四分位数。此外，还有八分位数、十六分位数等。

SPSS 提供了计算任意分位数的功能，用户可以指定将数据等分为 n 份。例如，如果 n 为 5，则表示等分为 5 份，意味着要计算 20%，40%，60%，80%分位点的分位数。另外，用户还可以直接指定分位点。

分位数从一个侧面清楚地刻画了变量的取值分布状态。分位数差（如四分位差等于上四分位数减去下四分位数）是一种描述数据离散程度的方式。分位数差越大，表示数据在相应分位段上的离散程度越大。

2. 计算其他基本描述统计量

SPSS 频数分析还能计算其他基本描述统计量，包括描述集中趋势的基本统计量、描述离散程度的基本统计量、描述分布形态的基本统计量等。这些统计量的具体含义将在以后的章节中讲解。

4.1.4　频数分析扩展功能的应用举例

案例 4-2

利用第 2 章案例 2-1 的大学生职业生涯规划数据，分析专业和职业认知得分的分布，并比较男女生的得分差异。

本例有以下特点：专业和职业认知得分是数值型变量；需要比较男生和女生的认知得分差异；可利用 SPSS 频数分析的扩展功能进行研究。

分析思路是：首先，对所有学生计算认知得分的四分位数，可以不显示频数分布表(取消【显示频率表(D)】前的钩)，并绘制带正态分布曲线的直方图；然后分别计算男生和女生的认知得分的四分位数并进行对比。为便于计算，可先利用数据拆分功能，按性别对数据进行拆分，然后计算。结果如表 4-2、表 4-3 和图 4-6 所示。

表 4-2　认知得分的四分位数

统计量

专业和职业认知得分（Q61＋Q62＋Q63＋Q64）

N	有效	916
	缺失	3
百分位数	25	11.000 0
	50	13.000 0
	75	17.000 0

由表 4-2 可知，916 名同学（总共 919 名同学，有 3 名同学的专业和职业认知得分为系统缺失值）专业和职业认知得分的下四分位数、中位数、上四分位数依次为 11，13，17，表明有 25%的同学的认知得分低于 11 分（且高于 0 分），有 25%的同学的得分高于 17 分（且低于满分 20 分），有 50%的同学的得分在 11～17 分之间，四分位差为 6 分（17－11）。

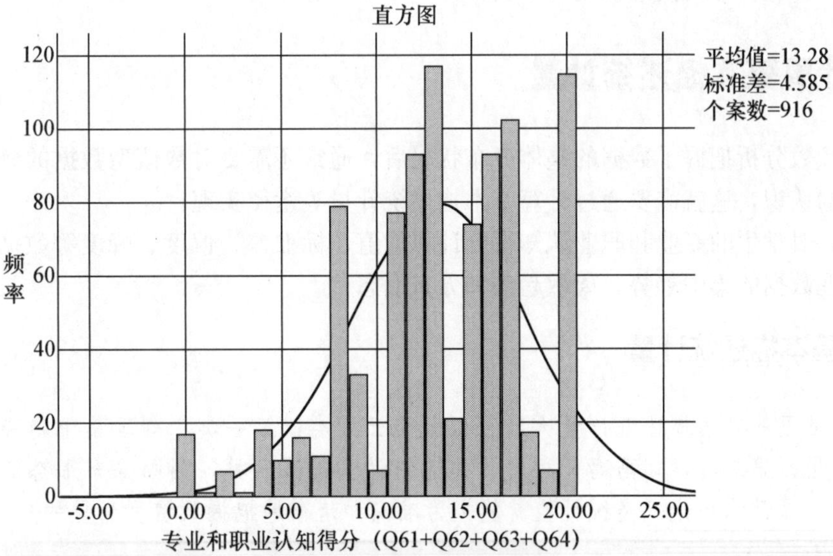

图 4-6　认知得分直方图

图 4-6 是认知得分的直方图。可以看到，认知得分较低的同学不多，有一部分同学得到了满分 20 分，多数同学的得分集中在 11～17 分之间。此外，SPSS 自动计算认知得分的均值和标准差，并将其作为正态分布的两个参数绘制正态分布曲线。通过与正态分布曲线对比，容易发现认知得分的分布是不对称的。

表 4-3　分性别的认知得分四分位数

统计量

专业和职业认知得分（Q61＋Q62＋Q63＋Q64）

男	N	有效	369
		缺失	0
	百分位数	25	8.000 0
		50	9.000 0
		75	12.000 0
女	N	有效	529
		缺失	0
	百分位数	25	14.000 0
		50	16.000 0
		75	17.000 0
9	N	有效	18
		缺失	3
	百分位数	25	20.000 0
		50	20.000 0
		75	20.000 0

由表 4-3 可知，有 21 名同学的性别在调查数据中遗漏了，被设置为用户缺失值 9，且其中 3 个同学的得分为系统缺失值。若不考虑这 21 名同学，男生认知得分整体上低于女生，男生得分的中位数为 9 分，女生为 16 分。此外，男生得分的四分位差为 4 分，女生为 3 分，男生得分的离散程度大于女生。

4.2　计算基本描述统计量

通过频数分析把握了数据的整体分布状况后，通常还需要对数值型数据的分布特征有更为精确的认识，这就需要通过计算基本描述统计量等途径实现。

例如，对学生的专业和职业认知得分计算均值、标准差、偏度、峰度等数据，以进一步准确把握数据的集中趋势、离散趋势和分布形态。

4.2.1　基本描述统计量

常见的基本描述统计量大致可以分为三大类：第一类，刻画集中趋势的描述统计量；第二类，刻画离散程度的描述统计量；第三类，刻画分布形态的描述统计量。通常综合这三类统计量就能极为准确和清晰地把握数值型变量的分布特点。

4.2.1.1　刻画集中趋势的描述统计量

> 集中趋势是指一组数据向某一一般水平靠拢的倾向。计算刻画集中趋势的描述统计量正是要寻找能够反映数据一般水平的“代表值”或“中心值”。
>
> 均值（Mean）是一种最常用的“代表值”或“中心值”，又称“算术平均数”，在统计学中有重要的地位。

例如，某班学生某门课程的平均成绩、某企业职工的平均月收入、假日黄金周某商厦某种商品的日平均营业额等都是均值的具体体现。

均值的数学定义为：

$$\overline{X} = \frac{1}{n}\sum_{i=1}^{n} X_i \tag{4.1}$$

式中，n 为样本量；X_i 为各观测值。它决定了均值的以下特点：均值利用了全体数据，代表数据的一般水平；均值的大小易受数据中极端值的影响。

另外，还有其他一些刻画数据集中趋势的描述统计量，如中位数（一组数据按升序排序后，处于中间位置的数值）、众数（一组数据中出现次数最多的数值）等，它们也有各自的特点。在实际应用中，应根据这些统计量的不同特点和实际问题选择合理的统计量。例如，生产鞋的厂商在制定各种型号鞋的生产计划时应运用众数；在评价社会的老龄化程度时，可以用中位数。

此外，SPSS 还能计算均值标准误。统计中常将数据集视为来自总体的一个随机样本。可用样本的描述统计量反映总体的特征。但由于抽样误差的存在，样本的统计量不可能完全准确地反映总体，它与总体的真实值之间总存在一定的差异。样本均值作为随机样本的平均数，也与总体均值之间存在差异。多次抽样后会得到多个不同的样本均值，当样本量足够大时，这些样本均值将服从正态分布，即

$$\overline{X} \sim N\left(\mu, \frac{\sigma^2}{n}\right)$$

式中，μ 为总体均值；σ 为总体标准差；n 为样本量。这个分布称为样本均值的抽样分布。可见，样本均值与总体均值的平均差异（离散）程度（方差）为 σ^2/n。通常总体标准差 σ 是未知的，可用样本标准差 S 来估计，有 S^2/n。于是，均值标准误的数学定义为：

$$\text{S. E. of Mean} = \frac{S}{\sqrt{n}} \tag{4.2}$$

因此，均值标准误是对样本均值与总体均值之间平均差异程度的估计。

在有些情况下，对于与样本均值类似的其他样本统计量，其抽样分布的方差可能很难通过一个具体的数学形式（如均值标准误）给出并估计出来，此时可采用重抽样自举法。

重抽样自举法的基本出发点是将已有的包含 n 个个案的数据看做一个总体。若从中有

放回地随机抽取 n 个数据形成一个样本（称为自举样本），便可计算得到一个样本统计量（如样本均值），该过程称为一次重抽样自举过程。如果重抽样自举过程反复进行 m 次，便可得到 m 个样本统计量。这些统计量的方差称为自举方差。自举方差是抽样分布方差的较好估计。

SPSS提供的 自助抽样(B) 按钮能够自动完成重抽样自举过程。

4.2.1.2 刻画离散程度的描述统计量

> 离散程度是指一组数据远离其中心值的程度。单纯以均值等中心值刻画数据并非尽善尽美，还应该考察数据分布的疏密程度，即考察所有数据相对于中心值分布的离散程度。如果数据紧密地集中在中心值的周围，即数据的离散程度较小，则说明这个中心值是刻画全部数据的代表，中心值对数据的代表性好；相反，如果数据仅是比较松散地分布在中心值的周围，即数据的离散程度较大，则表明中心值不具有代表性。因此，中心值和关于中心值的离散程度共同作用才能给出对数据比较全面完整的描述。
>
> 常见的刻画离散程度的描述统计量有样本标准差、样本方差等。

常见的刻画离散程度的描述统计量有：

1. 样本标准差

样本标准差是对变量取值距均值的平均离散程度的估计。样本标准差的数学定义为：

$$S=\sqrt{\frac{1}{n-1}\sum_{i=1}^{n}(X_i-\overline{X})^2} \tag{4.3}$$

式（4.3）表明样本标准差在一定程度上刻画了数据关于均值的平均离散程度。样本标准差越大，说明变量值之间的差异越大，距均值这个中心值的离散趋势越明显。样本标准差是有计量单位的。

2. 样本方差

样本方差也是变量取值离散程度的估计量。样本方差的数学定义为：

$$S^2=\frac{1}{n-1}\sum_{i=1}^{n}(X_i-\overline{X})^2 \tag{4.4}$$

式（4.4）表明样本方差是样本标准差的平方。样本方差越大，说明变量值之间的差异越大。样本方差没有计量单位。

3. 全距

全距（Range）也称为极差，是数据的最大值与最小值之间的绝对差。全距是刻画变量所有取值离散程度的另一个统计量。样本量相同的两组数据，全距大的数据比全距小的数据更分散。全距非常小，意味着数据取值基本都集中在一起。

4.2.1.3 刻画分布形态的描述统计量

集中趋势和离散程度是数据分布的两个重要特征。为更全面地理解数据分布的特点，还应把握数据的分布形态。数据的分布形态主要指分布是否对称，偏斜程度如何，陡缓程度如何等。

刻画分布形态的描述统计量主要有偏度系数和峰度系数。

刻画分布形态的描述统计量主要有：

1. 偏度系数

偏度系数（Skewness）是描述变量取值分布形态对称性的统计量。数学定义为：

$$\text{Skewness}=\frac{1}{(n-1)S^3}\sum_{i=1}^{n}(X_i-\overline{X})^3 \tag{4.5}$$

当分布是对称分布时，正负总偏差相等，偏度值等于 0；当分布是不对称分布时，正负总偏差不相等，偏度值大于 0 或小于 0。偏度值大于 0 表示正偏差值较大，为正偏或称右偏，直方图中有一条长尾拖在右边；偏度值小于 0 表示负偏差值较大，为负偏或称左偏，直方图中有一条长尾拖在左边。偏度绝对值越大，表示数据分布形态的偏斜程度越大。另外，SPSS 还计算偏度标准误。

2. 峰度系数

峰度系数（Kurtosis）是描述变量取值分布形态陡缓程度的统计量。数学定义为：

$$\text{Kurtosis}=\frac{1}{(n-1)S^4}\sum_{i=1}^{n}(X_i-\overline{X})^4-3 \tag{4.6}$$

当数据分布与标准正态分布的陡缓程度相同时，峰度值等于 0；峰度值大于 0 表示数据的分布比标准正态分布更陡峭，称为尖峰分布；峰度值小于 0 表示数据的分布比标准正态分布更平缓，称为平峰分布。另外，SPSS 还能计算峰度标准误。

4.2.2 计算基本描述统计量的应用举例

4.2.2.1 案例一

案例 4-3

利用第 2 章案例 2-1 的大学生职业生涯规划数据，计算专业和职业认知得分的基本描述统计量，并比较男女生的得分差异。

为便于男生得分和女生得分的比较，可按照性别对数据进行拆分，然后计算专业和职业认知得分的基本描述统计量。

SPSS 计算基本描述统计量的基本操作步骤如下：

(1) 选择菜单：【分析(A)】→【描述统计(E)】→【描述(D)】。

(2) 选择需要计算的数值型变量到【变量(V)】框中，这里选择“专业和职业认知得分”，如图 4－7 所示。

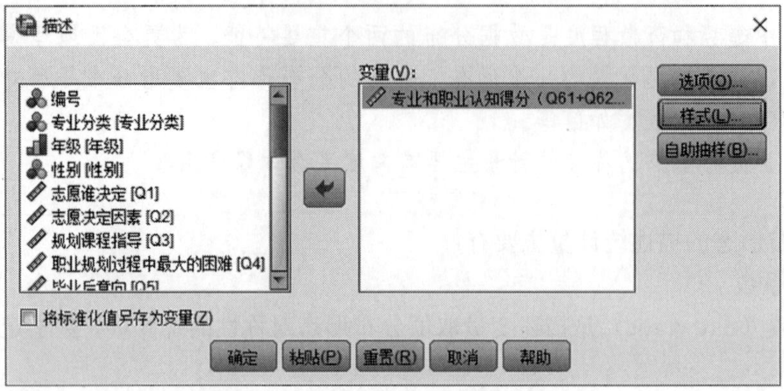

图 4－7　计算基本描述统计量窗口

（3）点击 选项(O) 按钮指定计算哪些基本描述统计量，选择相应的选项，出现如图 4－8 所示的窗口。

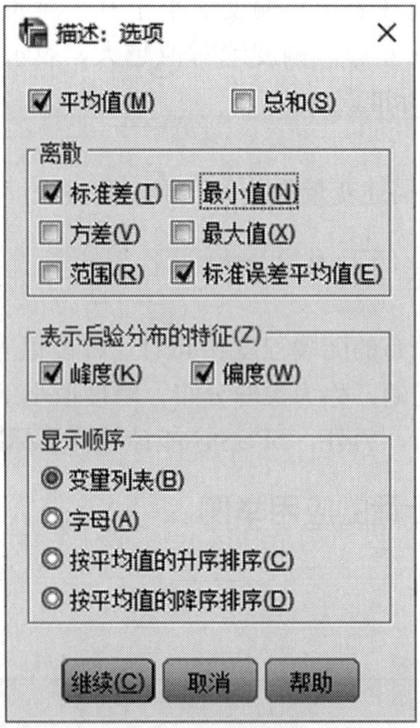

图 4－8　选择计算基本描述统计量窗口

在图 4－8 中，用户还可以在【显示顺序】框中定义分析多变量时计算结果输出的次序。其中，【变量列表(B)】表示按变量在数据编辑器窗口中从左到右的次序输出计算结果，还可以按变量名字母顺序输出、按均值升序输出、按均值降序输出。

（4）如需采用重抽样自举法估计均值抽样分布的方差，点击 自助抽样(B) 按钮，出现如图 4－9 所示的窗口，否则略去本步。

在图 4－9 中，选中【执行自助抽样(P)】选项，在【样本数(N)】框中指定进行多少

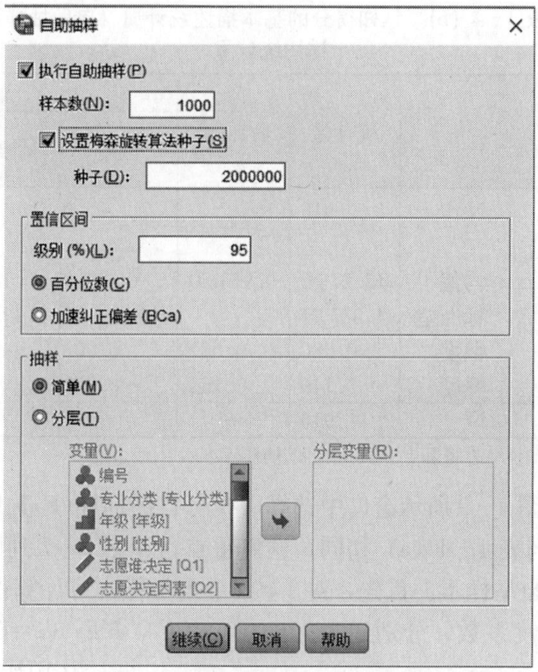

图 4-9　重抽样自举法设置窗口

次重抽样自举过程，默认为 1 000 次。通常重抽样自举过程默认采用有放回的简单随机抽样，如果不指定随机数种子为某个固定值，则随机抽样结果不会再现。通常可选择【设置梅森旋转算法种子(S)】选项并给定一个常数，以使随机抽样结果能够重现。此外，如果希望采用有放回的分层抽样，则选择【抽样】框中的【分层(T)】选项，并指定分层变量到【分层变量(R)】框中。另外，SPSS 会默认输出采用重抽样自举法估计的均值抽样分布的方差，以及基于该估计方差的总体均值的 95%置信区间。

至此，SPSS 便自动计算所选变量的基本描述统计量并显示到查看器窗口中，分析结果如表 4-4 (a)、表 4-4 (b)、表 4-4 (c) 所示。

表 4-4 (a)　认知得分的基本描述统计量

描述统计量

		专业和职业认知得分 (Q61+Q62+Q63+Q64)	有效的 N (列表状态)
N	统计量	916	916
均值	统计量	13.276 2	
	标准误	0.151 50	
标准差	统计量	4.585 21	
偏度	统计量	−0.586	
	标准误	0.081	
峰度	统计量	0.149	
	标准误	0.161	

表4-4（b） 认知得分的基本描述统计量（自助抽样）

描述统计量

		统计量	标准误	自助抽样[a]			
				偏差	标准误	95%置信区间	
						下限	上限
专业和职业认知得分（Q61+Q62+Q63+Q64）	N	916		0	0	916	916
	均值	13.276 2	0.151 50	0.004 9	0.155 0	12.971 8	13.572 0
	标准差	4.585 21		−0.003 77	0.114 93	4.365 14	4.817 32
	偏度	−0.586	0.081	0.002	0.064	−0.706	−0.454
	峰度	0.149	0.161	−0.006	0.143	−0.135	0.438
有效的N（列表状态）	N	916		0	0	916	916

a. 除非另行注明，自助抽样结果将基于1 000个自助抽样样本。

表4-4（b）是在图4-9所示窗口中选择【执行自助抽样(P)】后得到的分析结果。其中，第2、3列的结果与表4-4（a）相同，这里重点讨论第4～7列的含义。其中重抽样自举法默认基于1 000个自举样本。首先，对1 000个自举样本可计算得到1 000个样本均值、标准差、偏度系数和峰度系数，分别记为$\overline{X}_i$，S_i，Sk_i，Ku_i（$i=1$，2，…，1 000）。然后计算1 000个$\overline{X}_i$，S_i，Sk_i，Ku_i（$i=1$，2，…，1 000）的均值，它们与第2列的差，即为第4列的偏差（如0.004 9）。计算$\overline{X}_i$，S_i，Sk_i，Ku_i（$i=1$，2，…，1 000）的标准差，即为第5列的标准误（如0.155 0）。分别计算$\overline{X}_i$，S_i，Sk_i，Ku_i（$i=1$，2，…，1 000）的2.5%和99.75%的分位数（如12.97和13.57），即为第6，7列的下限和上限。

表4-4（c） 认知得分的基本描述统计量（分性别）

描述统计量

		性别					
		男		女		9	
		专业和职业认知得分（Q61+Q62+Q63+Q64）	有效的N（列表状态）	专业和职业认知得分（Q61+Q62+Q63+Q64）	有效的N（列表状态）	专业和职业认知得分（Q61+Q62+Q63+Q64）	有效的N（列表状态）
N	统计量	369	369	529	529	18	18
均值	统计量	8.910 6		16.168 2		17.777 8	
	标准误	0.165 07		0.103 71		1.524 43	
标准差	统计量	3.170 88		2.385 26		6.467 62	
偏度	统计量	−1.145		0.262		−2.706	
	标准误	0.127		0.106		0.536	
峰度	统计量	0.802		−0.986		5.977	
	标准误	0.253		0.212		1.038	

由表4-4（a）可知，专业和职业认知得分的均值为13.3分，标准差为4.6分。认知得分呈左偏尖峰分布。由于分布左偏，均值作为集中趋势的代表是存在低估的，且认知得分的整体离散趋势较强。

由表4-4（c）可知，男生和女生的认知得分存在较大差异。首先，男女生的得分均值分别为 8.9 分和 16.2 分，女生高于男生；其次，男生得分呈左偏尖峰分布，女生呈右偏平峰分布。以均值作为集中趋势，男生得分存在一定程度的低估，而女生得分存在一定程度的高估。另外，标准差表明，男生得分的离散程度大于女生。性别为用户缺失值 9 的 21 名同学中有 18 名同学的认识得分为有效值（非系统缺失值），这里单独计算了描述统计量。

4.2.2.2　案例二

案例 4－4

利用第 2 章案例 2－1 的大学生职业生涯规划数据分析是否存在专业和职业认知得分的异常值。

这里，如果假设认知得分的总体分布为正态分布，那么根据统计学中经典的 3σ 准则，异常值通常为在 3 个标准差之外的变量值。

数据经标准化处理后更利于对异常值的判断。标准化的数学定义为：

$$Z_i = \frac{x_i - \bar{x}}{\sigma} \tag{4.7}$$

通过标准化可得到一系列新变量值，通常称为标准化值或 Z 分数。由式 (4.7) 可见，标准化值反映的是观测值与样本均值的差是几个标准差单位。可证明：Z 分数的均值为 0，标准差为 1。如果标准化值等于 0（分子为 0），则表示该观测值等于样本均值；如果标准化值大于 0（分子为正），则表示该观测值大于样本均值；如果标准化值小于 0（分子为负），则表示该观测值小于样本均值。如果标准化值的绝对值大于 3，则该观测处在 3 个标准差之外，可认为是异常值。

本例中，假定认知得分的总体分布为正态分布，根据分析目标：

首先，计算认知得分的标准化值。SPSS 中计算标准化值可在图 4－7 所示的窗口中选中【将标准化值另存为变量(Z)】选项。SPSS 将自动计算认知得分的标准化值，并将结果保存在一个新变量中。该变量的起名规则是：字母 Z＋原变量名的前 7 个字符。

然后，可对计算出的 Z 分数排序，并浏览取值情况。可以发现，不存在 Z 分数的绝对值大于 3 的样本。

需要说明的是，上述诊断方法是以总体服从正态分布为前提假设的。若假设不成立，则采用该方法是不恰当的。此外，对于本例，有 17 名同学的认知得分为 0，说明无法回答相应的量表题。这里 0 分的标准化值为－2.9，从实际问题看，这部分同学是值得关注的。

4.3　交叉分组下的频数分析

4.3.1　交叉分组下的频数分析的目的和基本任务

通过频数分析能够掌握单个变量的数据分布情况。在实际分析中，不仅要了解单变量的分布特征，而且要分析多个变量不同取值下的分布，掌握多变量的联合分布特征，进而分析变量之间的相互影响和关系。

例如，针对大学生职业生涯规划调查数据，通过单变量的频数分析能够了解被调查者的专业类别分布、性别分布以及影响高考志愿填报的因素等。如果希望进一步分析不同性别的同学在填报高考志愿时所考虑的因素是否存在差异等问题，利用单变量频数分析就无法实现了，因为这里涉及了两个变量。对此，通常利用交叉分组下的频数分析来完成。

> 交叉分组下的频数分析又称列联表分析，它包括两大基本任务：第一，根据收集到的数据编制交叉列联表；第二，在交叉列联表的基础上，对两变量间是否存在一定的相关性进行分析。

4.3.2 交叉列联表的主要内容

编制交叉列联表是交叉分组下的频数分析的第一个任务。交叉列联表是两个或两个以上的变量交叉分组后形成的频数分布表。

例如，表4-5是利用第2章案例2-2血压和年龄数据编制的涉及两个变量的交叉列联表（也称二维交叉列联表），反映了不同年龄段和血压的交叉分布特点。

表4-5 二维交叉列联表示例

年龄＊血压 交叉制表

			血压			合计
			低血压	正常	高血压	
年龄	30岁以下	计数	27	48	23	98
		年龄中的％	27.6％	49.0％	23.5％	100.0％
		血压中的％	28.4％	20.7％	15.6％	20.7％
		总数的％	5.7％	10.1％	4.9％	20.7％
	30～49岁	计数	37	91	51	179
		年龄中的％	20.7％	50.8％	28.5％	100.0％
		血压中的％	38.9％	39.2％	34.7％	37.8％
		总数的％	7.8％	19.2％	10.8％	37.8％
	50岁以上	计数	31	93	73	197
		年龄中的％	15.7％	47.2％	37.1％	100.0％
		血压中的％	32.6％	40.1％	49.7％	41.6％
		总数的％	6.5％	19.6％	15.4％	41.6％
合计		计数	95	232	147	474
		年龄中的％	20.0％	48.9％	31.0％	100.0％
		血压中的％	100.0％	100.0％	100.0％	100.0％
		总数的％	20.0％	48.9％	31.0％	100.0％

在 SPSS 中，表 4－5 中的年龄称为行变量（其各类别值在行向上排列），血压称为列变量（其各类别值在列向上排列）。表格中间的数字为观测频数和各种百分比等。本例中，一共调查了 474 人，其中 30 岁以下组有 98 人，占总人数的 20.7%；30～49 岁组有 179 人，占总人数的 37.8%；50 岁以上组有 197 人，占总人数的 41.6%。数据所代表的分布称为行边缘分布。同时，低血压组有 95 人，占 20%；血压正常组有 232 人，占 48.9%；高血压组有 147 人，占 31%。数据所代表的分布称为列边缘分布。

此外，在 50 岁以上组的 197 人中，低血压的有 31 人，占本组的 15.7%；血压正常的有 93 人，占本组的 47.2%；高血压的有 73 人，占本组的 37.1%。因这些百分比是基于本行计算的，也称行百分比。同时，在高血压组的 147 人中，30 岁以下的有 23 人，占本组的 15.6%；30～49 岁的有 51 人，占本组的 34.7%；50 岁以上的有 73 人，占本组的 49.7%。因这些百分比是基于本列计算的，也称列百分比。这里，数据代表的分布称为条件分布，即在给定行变量（或列变量）取值条件下列变量（或行变量）的分布。

4.3.3　交叉列联表行列变量间关系的分析

对交叉列联表中的行变量和列变量之间的关系进行分析是交叉分组下频数分析的第二个任务。在列联表的基础上做进一步分析，可以得到行变量和列变量之间是否有联系、联系的紧密程度如何等更深层次的信息。

例如，编制了表 4－5 所示的列联表后，可以对年龄和血压状况之间的关系做进一步分析。

要理解行列变量间关系的含义以及分析行列变量之间关系的方法，可以从观察表 4－6（a）和表 4－6（b）所示的极端情况下的交叉列联表入手。

表 4－6（a）　年龄与血压的交叉列联表（一）

		血压		
		低血压	正常	高血压
年龄	30 岁以下	150	0	0
	30～49 岁	0	150	0
	50 岁以上	0	0	174

表 4－6（b）　年龄与血压的交叉列联表（二）

		血压		
		低血压	正常	高血压
年龄	30 岁以下	0	0	174
	30～49 岁	0	150	0
	50 岁以上	150	0	0

表 4－6 是在两种极端情况下的年龄和血压的交叉列联表。直接观察可以发现：表 4－6（a）中，所有观测频数都出现在主对角线上，意味着年龄和血压呈正相关关系。表 4－6（b）中，所有观测频数都出现在负对角线上，意味着年龄和血压呈负相关关系。可见，在如此特殊的列联表中，行列变量之间的关系是较易发现的。

在绝大多数情况下，观测频数分散在列联表的各个单元格中（见表 4－5），此时就不太容易直接发现行列变量之间的关系和它们关系的强弱程度。为此，就需要借助非参数检验方法和度量变量间相关程度的统计量等手段进行分析。通常采用的方法是卡方（χ^2）检验等。

4.3.3.1 交叉列联表的卡方检验

在统计学中，卡方检验属于假设检验的范畴，主要涉及以下四个步骤。

第一步，提出原假设（H_0）。

列联表分析中卡方检验的原假设是：行变量与列变量独立。

第二步，计算检验统计量的观测值。

列联表分析中卡方检验的检验统计量是皮尔逊卡方统计量，其数学定义为：

$$\chi^2=\sum_{i=1}^{r}\sum_{j=1}^{c}\frac{(f_{ij}^{o}-f_{ij}^{e})^2}{f_{ij}^{e}} \tag{4.8}$$

式中，r 为列联表的行数；c 为列联表的列数；f_{ij}^{o} 为观测频数；f_{ij}^{e} 为期望频数。要明确卡方统计量的含义，首先应明确期望频数的含义。

表 4－7 中，各单元格中的第二个数据就是期望频数。例如，30 岁以下且低血压组的期望频数为 19.6。

表 4－7 期望频数示例

年龄＊血压 交叉制表

			血压			合计
			低血压	正常	高血压	
年龄	30 岁以下	计数	27	48	23	98
		期望的计数	19.6	48.0	30.4	98.0
		年龄中的 %	27.6%	49.0%	23.5%	100.0%
		血压中的 %	28.4%	20.7%	15.6%	20.7%
		总数的 %	5.7%	10.1%	4.9%	20.7%
	30～49 岁	计数	37	91	51	179
		期望的计数	35.9	87.6	55.5	179.0
		年龄中的 %	20.7%	50.8%	28.5%	100.0%
		血压中的 %	38.9%	39.2%	34.7%	37.8%
		总数的 %	7.8%	19.2%	10.8%	37.8%
	50 岁以上	计数	31	93	73	197
		期望的计数	39.5	96.4	61.1	197.0
		年龄中的 %	15.7%	47.2%	37.1%	100.0%
		血压中的 %	32.6%	40.1%	49.7%	41.6%
		总数的 %	6.5%	19.6%	15.4%	41.6%
合计		计数	95	232	147	474
		期望的计数	95.0	232.0	147.0	474.0
		年龄中的 %	20.0%	48.9%	31.0%	100.0%
		血压中的 %	100.0%	100.0%	100.0%	100.0%
		总数的 %	20.0%	48.9%	31.0%	100.0%

期望频数的计算方法是：

$$f^e=\frac{RT}{n}\times\frac{CT}{n}\times n=\frac{RT\times CT}{n} \tag{4.9}$$

式中，RT 为指定单元格所在行的观测频数合计；CT 为指定单元格所在列的观测频数合计；n 为观测频数的总计。例如，30 岁以下且低血压组的期望频数 19.6 的计算公式为：

98×95÷474=19.6

这里，期望频数可以理解为：对于总共 474 个被调查者，其年龄分布（行边缘分布）为 20.7%，37.8%，41.6%。如果低血压组也遵从这种年龄分布，即该组（95 人）的年龄分布也为 20.7%，37.8%，41.6%，则低血压组在各年龄组的人数应为：19.6，35.9，39.5，就是期望频数。同理，对于总共 474 个被调查者，其血压状况分布（列边缘分布）为 20.0%，48.9%，31.0%。如果 30 岁以下组也遵从这种血压状况分布，即该组（98 人）的血压状况分布也为 20.0%，48.9%，31.0%，则 30 岁以下组在各血压状况组的人数应为：19.6，48.0，30.4，就是期望频数。

可见，期望频数所表示的分布与总体分布一致，也就是说，期望分布是行列变量独立下的理论分布。

再分析式（4.8），不难看出卡方统计量观测值的大小取决于两个因素：第一，列联表的单元格数目；第二，观测频数与期望频数的总差值。在列联表确定的情况下，卡方统计量观测值的大小仅取决于观测频数与期望频数的总差值。总差值越大，卡方值也就越大，实际分布与期望分布的差距越大，表明行列变量之间越不可能独立；反之，总差值越小，卡方值也就越小，实际分布与期望分布越接近，表明行列变量之间越可能独立。那么，在统计上，卡方统计量观测值究竟大到什么程度才算足够大，才能断定行列变量不独立呢？这就需要依据检验统计量的分布来判断。由于该检验中的皮尔逊卡方统计量在原假设下近似服从卡方分布，可依据卡方分布找到某自由度和显著性水平下的卡方值，即卡方临界值。

第三步，确定显著性水平和临界值。

显著性水平 α 是指原假设为真却将其拒绝的风险，即弃真的概率。通常设为 0.05 或 0.01。在卡方检验中，由于卡方统计量服从“(行数−1)×(列数−1)”个自由度的卡方分布，在行列数目和显著性水平 α 确定时，卡方临界值是唯一确定的。

第四步，得出结论和决策。

对统计推断做决策通常有以下两种方式：

第一，根据检验统计量的观测值和临界值比较的结果进行决策。在卡方检验中，如果卡方的观测值大于卡方临界值，则认为卡方值已经足够大，实际分布与期望分布之间的差距显著，可以拒绝原假设，断定列联表的行列变量间不独立，存在相关关系；反之，如果卡方的观测值不大于卡方临界值，则认为卡方值不够大，实际分布与期望分布之间的差异不显著，不能拒绝原假设，不能拒绝列联表的行列变量独立。

第二，根据检验统计量观测值的概率 P-值和显著性水平 α 比较的结果进行决策。在卡方检验中，如果卡方观测值的概率 P-值小于等于 α，则认为在原假设成立的前提下，卡方观测值及更大值出现的概率（概率 P-值）很小，一个本不应发生的小概率事件发生了，基于小概率事件在一次试验中不会发生的基本信念，不得不拒绝原假设，断定列联表的行列变量间不独立，存在相关关系；反之，如果卡方观测值的概率 P-值大于 α，则认为在原假设成立的前提下，卡方观测值及更大值出现的概率不是小概率，是极可能出现的，因此没有理由拒绝原假设，不能拒绝列联表的行列变量相互独立。

这两种决策方式本质上是完全一致的。

在 SPSS 中，上述列联表卡方检验的过程，除用户要自行确定显著性水平和进行决策外，其余各步都是由 SPSS 自动完成的。SPSS 将自动计算卡方统计量的观测值以及大于等于该值的概率 P-值。因此，在应用中，用户只要明确原假设，便可依据第二种决策方式进行决策。有关假设检验的详尽说明请参见 5.1.2 节。

4.3.3.2 交叉列联表卡方检验的说明

利用统计方法分析数据时，应注意方法自身的特点和前提要求，避免对方法的滥用甚至误用。应用交叉列联表的卡方检验时，应注意以下主要问题。

1. 列联表各单元格中期望频数的大小

列联表中不应有期望频数小于 1 的单元格，或不应有大量的期望频数小于 5 的单元格。如果交叉列联表中有 20%以上单元格中的期望频数小于 5，则一般不宜使用卡方检验。从皮尔逊卡方统计量的数学定义中可见，如果期望频数偏小的单元格大量存在，皮尔逊卡方统计量无疑会存在偏大的趋势，容易导致拒绝原假设。对此 SPSS 将会给出相应的提示。在这种情况下，可以采用似然比卡方检验等方法进行修正。

2. 样本量的大小

从皮尔逊卡方统计量的数学定义中可见，卡方值的大小会受到样本量的影响。例如，在某列联表中，假如各个单元格中的样本量均扩大 10 倍，卡方值也会随之扩大 10 倍。但由于自由度和显著性水平并没有改变，卡方的临界值不变，进而使拒绝原假设的可能性增加。为此，有必要对皮尔逊卡方值进行必要的修正，以剔除样本量的影响。

4.3.4 交叉分组下的频数分析应用举例

案例 4-5

利用第 2 章案例 2-1 的大学生职业生涯规划数据，分析不同性别的学生在填报高考志愿时所考虑的因素是否存在差异，即影响高考志愿填报的因素与性别是否有关。

本例可以利用交叉分组下的频数分析来实现。列联表的行变量为“性别”，列变量为“志愿决定因素”，在列联表中输出各种百分比、期望频数、剩余、标准化剩余。同时，显示各交叉分组下的频数条形图，并利用卡方检验方法，对不同性别的学生所考虑的影响因素是否一致进行检验。

SPSS 交叉分组下频数分析的基本操作步骤如下：

(1) 选择菜单：【分析(A)】→【描述统计(E)】→【交叉表(C)】。

(2) 如果进行二维列联表分析，则选择行变量到【行(O)】框中，选择列变量到【列(C)】框中。如果【行(O)】和【列(C)】框中有多个变量名，SPSS 会将行列变量一一配对后产生多张二维列联表。如果进行三维或多维列联表分析，则应将其他变量作为层变量选到【层】框中。多个层变量间可以是同层次的，也可以是逐层叠加的，可通过 下一个(N) 或 上一个(V) 按钮确定各个层变量间的层次关系，如图 4-10 所示。

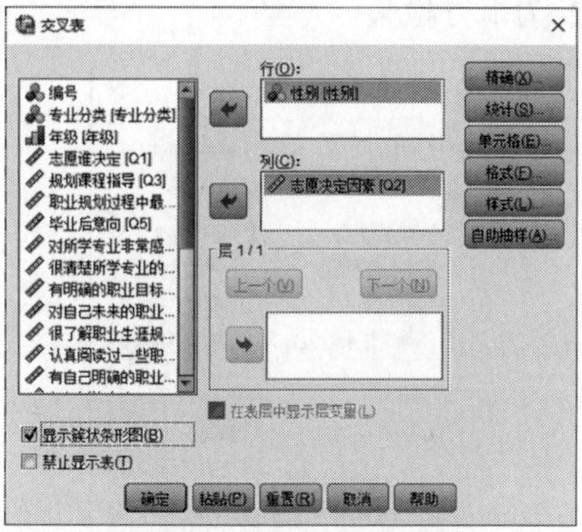

图 4-10　交叉分组下的频数分析窗口

(3) 选择【显示簇状条形图(B)】选项，指定绘制各变量交叉分组下的频数分布条形图。也可以选择【禁止显示表(T)】选项，不输出交叉列联表，在仅分析行列变量间关系时可选择该选项。

(4) 点击 单元格(E) 按钮指定列联表单元格中的输出内容，窗口如图 4-11 所示。SPSS 默认列联表单元格中只输出观测频数（【实测(O)】）。为便于分析，通常还应指定输出各种百分比。【计数(T)】框中的【期望(E)】表示输出期望频数；【残差】框中的各个选项是在各个单元格中输出观测频数与期望频数的差。其中，未标准化的残差定义为“观测频数－期望频数”。标准化的残差又称皮尔逊残差，定义为：

$$\text{Std. Residuals} = \frac{f^o - f^e}{\sqrt{f^e}} \tag{4.10}$$

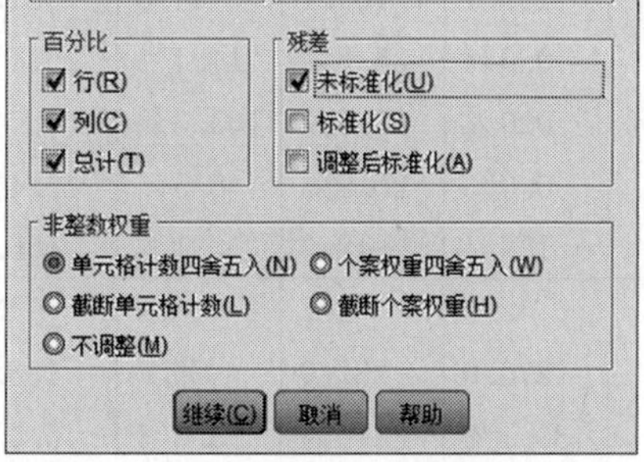

图 4-11　指定列联表单元格输出内容窗口

（5）点击 格式(F) 按钮指定列联表各单元格的输出排列顺序。默认以行变量取值的升序排列输出，也可以按行变量取值的降序排列输出。

（6）点击 统计(S) 按钮指定用哪种方法分析行变量和列变量间的关系，窗口如图 4-12 所示。其中，【卡方(H)】为卡方检验。

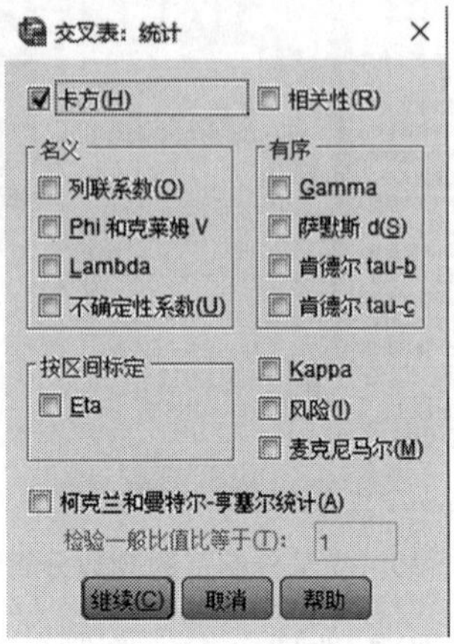

图 4-12　行列变量关系检验窗口

分析结果如表 4-8、表 4-9 以及图 4-13 所示。

表 4-8　性别和高考志愿决定因素的列联表

性别 * 志愿决定因素交叉制表

			志愿决定因素						合计
			兴趣爱好	市场就业	职业目标	能力优势	性格特点	其他	
性别	男	计数	270	99	0	0	0	0	369
		期望的计数	110.9	117.9	31.2	56.7	27.9	24.2	369.0
		性别中的 %	73.2%	26.8%	0.0%	0.0%	0.0%	0.0%	100.0%
		志愿决定因素中的%	100.0%	34.5%	0.0%	0.0%	0.0%	0.0%	41.1%
		总数的 %	30.1%	11.0%	0.0%	0.0%	0.0%	0.0%	41.1%
		残差	159.1	−18.9	−31.2	−56.7	−27.9	−24.2	
	女	计数	0	188	76	138	68	59	529
		期望的计数	159.1	169.1	44.8	81.3	40.1	34.8	529.0
		性别中的 %	0.0%	35.5%	14.4%	26.1%	12.9%	11.2%	100.0%
		志愿决定因素中的 %	0.0%	65.5%	100.0%	100.0%	100.0%	100.0%	58.9%
		总数的 %	0.0%	20.9%	8.5%	15.4%	7.6%	6.6%	58.9%
		残差	−159.1	18.9	31.2	56.7	27.9	24.2	
合计		计数	270	287	76	138	68	59	898
		期望的计数	270.0	287.0	76.0	138.0	68.0	59.0	898.0
		性别中的 %	30.1%	32.0%	8.5%	15.4%	7.6%	6.6%	100.0%
		志愿决定因素中的 %	100.0%	100.0%	100.0%	100.0%	100.0%	100.0%	100.0%
		总数的 %	30.1%	32.0%	8.5%	15.4%	7.6%	6.6%	100.0%

表 4－9　不同性别对高考志愿决定因素的一致性检验结果

卡方检验

	值	df	渐近 Sig.（双侧）
皮尔逊卡方	630.094[a]	5	0.000
似然比	846.425	5	0.000
线性关联	450.418	1	0.000
有效案例中的 N	898		

a. 0 单元格（0.0%）的期望计数少于 5。最小期望计数为 24.24。

表 4－8 表明：

首先，在被调查的 898 名学生（剔除性别取用户缺失值的样本）中，男生有 369 人，女生有 529 人，分别占总人数的 41.1%和 58.9%。以兴趣爱好、市场就业、职业目标、能力优势、性格特点、其他为高考志愿填报决定因素的人数依次为 270，287，76，138，68，59 人。其中，兴趣爱好、市场就业和能力优势的占比较高，分别为 30.1%，32.0%和 15.4%。

其次，对不同性别进行分析。在 369 名男生中，填报高考志愿时只考虑兴趣爱好和市场就业的百分比分别为 73.2%和 26.8%。显然，大多数男生是依据自己的兴趣爱好填报志愿的。在 529 名女生中，填报高考志愿时考虑的主要因素是市场就业、能力优势、职业目标和性格特点等而不考虑兴趣爱好。可见，性别的差异性是比较明显的，这个结论可在图 4－13 中得到直观印证。

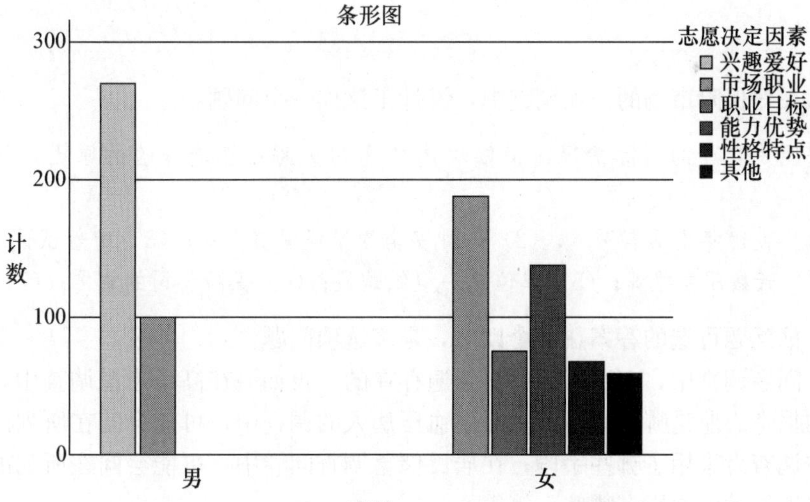

图 4－13　不同性别高考志愿决定因素的条形图

表 4－9 中，第一列是检验统计量名称，第二列是各检验统计量的观测值，第三列是自由度，第四列是大于等于各检验统计量观测值的概率 P-值。其中，第一行是卡方检验的结果。检验统计量的观测值为 630.094，自由度为 $(2-1)\times(6-1)=5$，概率 P-值近似为 0。根据上述卡方检验的基本步骤和决策方式可知，本检验的原假设是：不同性别的学

生填报高考志愿时考虑的因素是一致的。如果显著性水平 α 设为 0.05，由于卡方的概率 P-值小于 α，应拒绝原假设，认为不同性别的学生填报高考志愿时考虑的因素是不一致的。表注 a 说明，该分析中期望频数小于 0 的单元格数为 0，最小的期望频数为 24.24，适合做卡方检验。

另外，表 4-9 中还输出了似然比卡方与线性关联卡方。似然比卡方的数学定义为：

$$T=2\sum_{ij} f^{o}\ln\frac{f^{o}}{f^{e}} \tag{4.11}$$

当样本量较大时，似然比卡方与皮尔逊卡方非常接近，检验结论通常也是一致的。

线性关联卡方又称 Mantel-Haenszel 卡方，用于检验列联表中行列变量的线性相关性，原假设是行列变量零相关，只适用于定序型变量，不能用于定类型变量。本例中，线性相关卡方的概率 P-值小于显著性水平 α，应拒绝原假设，认为行列变量具有线性相关性，但行列变量为定类型变量，不宜采用该检验。

4.4 多选项分析

4.4.1 多选项分析的目的和思路

> SPSS 中的多选项分析是针对问卷调查中的多选项问题的。它是根据实际调查需要，要求被调查者从问卷给出的若干可选答案中选择两个及两个以上的答案。

例如，在对保险市场的一项调查中，设计了这样一个问题：

按照您自己的实际情况，请依次选择您购买商业养老保险的原因，最多不超过三项：

(1) 使晚年生活有保障；(2) 一种安全的投资保值方式；(3) 抱着试试看的态度购买；(4) 亲戚朋友推荐；(5) 单位统一组织购买；(6) 保险公司的宣传；(7) 其他。

显然，该问题可选的答案在一个以上，是多选项问题。

在实际问卷调查中，多选项问题是普遍存在的。再如，在高考志愿调查中，可能会问被调查者的报考志愿是哪些大学；在对高血压病人的调查中，可能会问在所列的辅助治疗手段中，被调查者采用了哪些手段；在居民储蓄调查问卷中，可能会问在所列的储蓄原因中，被调查者储蓄的原因有哪些；等等。

仔细研究多选项问题会发现，多选项问题的回答方式可以大致分为两类：第一类，选择的答案有一定的先后顺序，如以上的保险调查和高考志愿调查等；第二类，选择的答案没有一定的先后顺序，如以上的高血压辅助治疗手段调查和储蓄原因调查等。在对这两类多选项问题进行分析时应注意各自的特点，采取不同的数据编码策略。

对多选项问题分析的一般步骤是：第一，将多选项问题分解；第二，利用前面讲到的频数分析或交叉分组下的频数分析等方法进行分析。

4.4.1.1　多选项问题的分解

为什么要对多选项问题进行分解呢？原因在于利用 SPSS 进行问卷处理时，对于单选问题（一个问题只能选择一个答案）的处理是：将一个问题设为一个 SPSS 变量，变量值为该问题的答案。对于多选项问题，由于答案不止一个，如果仍按单选问题的方式设置 SPSS 变量，那么该变量虽然能够存储多个答案，但无法直接支持对问题的分析。也就是说，对一个多选项问题仅设置一个 SPSS 变量在数据处理和分析中是非常不便的。

通常解决多选项问题的思路是将问卷中的一个多选项问题分解成若干问题，对应设置若干 SPSS 变量，分别存放描述这些问题的几个选择答案。这样，对一个多选项问题的分析就可以转化成对多个问题的分析，也即对多个 SPSS 变量的分析。可见，多选项问题的分解是非常关键的环节。

> 多选项问题的分解通常有两种方法：第一，多选项二分法；第二，多选项分类法。

1. 多选项二分法

多选项二分法是将多选项问题中的每个备选答案设为一个 SPSS 变量，每个变量只有 1 和 0 两个取值，分别表示选择该答案和不选择该答案。

例如，在保险市场的调查中，可将购买商业养老保险的原因这个多选项问题按多选项二分法分解成 7 个问题，分别为：(1) 是使晚年生活有保障吗？(2) 是一种安全的投资保值方式吗？(3) 是抱着试试看的态度购买吗？(4) 是亲戚朋友推荐吗？(5) 是单位统一组织购买吗？(6) 是保险公司的宣传吗？(7) 是其他吗？

同时，对应设置 7 个 SPSS 变量，其取值为 1 或 0。其中，1 表示是，0 表示不是。具体如表 4-10 所示。

表 4-10　多选项二分法举例

SPSS 变量名	变量名标签	变量取值
*V*1	是使晚年生活有保障吗？	0/1
*V*2	是一种安全的投资保值方式吗？	0/1
*V*3	是抱着试试看的态度购买吗？	0/1
*V*4	是亲戚朋友推荐吗？	0/1
*V*5	是单位统一组织购买吗？	0/1
*V*6	是保险公司的宣传吗？	0/1
*V*7	是其他吗？	0/1

这样，如果某个被调查者选择了是使晚年生活有保障，是单位统一组织购买，是一种安全的投资保值方式，则变量 *V*1，*V*5，*V*2 取值为 1，其余变量取值均为 0。

2. 多选项分类法

多选项分类法首先估计多选项问题最多可能出现的答案个数，然后为每个答案设置一个 SPSS 变量，变量取值为多选项问题的备选答案。

例如，在保险市场调查中，由于问卷要求被调查者最多选择三个答案，可设置三个SPSS变量，分别表示第一原因、第二原因、第三原因，变量取值为1～7，依次对应所列出的7个备选答案。具体如表4-11所示。

表4-11 多选项分类法举例

SPSS变量名	变量名标签	变量取值
*V*1	第一原因	1/2/3/4/5/6/7
*V*2	第二原因	1/2/3/4/5/6/7
*V*3	第三原因	1/2/3/4/5/6/7

这样，如果某个被调查者选择了是使晚年生活有保障，是单位统一组织购买，是一种安全的投资保值方式，则其变量*V*1，*V*2，*V*3依次取值为1，5，2。

在应用中选择上述哪种多选项问题的分解方法较合适呢？通常应从是否便于分析和是否丢失信息两个方面考虑。

例如，在保险市场调查中，采用多选项二分法分解问题，对变量*V*1～*V*7作频数分析，能很方便地分析出哪种原因是人们购买商业养老保险的主要原因，但丢失了被调查者购买保险原因的顺序性信息。因此，对该类选择具有顺序性的多选项问题，采用多选项二分法分解有较多的信息丢失，这样的分解方式无法体现答案的顺序性；相反，如果对该问题采用多选项分类法分解，就能够有效地解决信息丢失的问题。对变量*V*1～*V*3作频数分析，能方便地得到购买保险的三个主要原因中各个备选原因所占的比例，但无法方便地分析有多少人是由于某个备选原因而去购买保险的。

可见，在选择多选项问题的分解方法时，应考虑到具体问题和具体分析目标。通常对于所选答案具有一定顺序的多选项问题可采用多选项分类法分解，对于所选答案没有顺序的问题可采用多选项二分法分解。

4.4.1.2 对多选项问题做普通频数分析的困难

将多选项问题分解以后，一般可直接利用前面提到的频数分析或交叉分组下的频数分析等方法对分解后的问题（变量）进行分析。但是，不难发现这些分析方法在处理多选项问题时存在明显不足。

例如，在保险市场调查的案例中，采用多选项分类法分解问题是较为合理的，但如果对*V*1～*V*3做普通频数分析，则只能得到第一原因、第二原因、第三原因中各备选原因所占的比例情况，如表4-12所示。如果希望分析有多少人是由于某个备选原因（如使晚年生活有保障）去购买保险的，则SPSS无法直接给出分析结果，还需手工计算才能得到表4-13的结果，这无疑是极为烦琐的。

表4-12（a） V1频数分析结果

变量值标签	变量值	频数	百分比（%）
使晚年生活有保障	1	45	90.0
单位统一组织购买	5	5	10.0
合计		50	100.0

表 4-12（b）　V2 频数分析结果

变量值标签	变量值	频数	百分比（%）
保险公司的宣传	6	30	60.0
一种安全的投资保值方式	2	20	40.0
合计		50	100.0

表 4-12（c）　V3 频数分析结果

变量值标签	变量值	频数	百分比（%）
一种安全的投资保值方式	2	10	20.0
单位统一组织购买	5	40	80.0
合计		50	100.0

表 4-13　V1，V2，V3 汇总结果

变量值标签	变量值	频数	百分比（%）
使晚年生活有保障	1	45	30.0
保险公司的宣传	6	30	20.0
单位统一组织购买	5	45	30.0
一种安全的投资保值方式	2	30	20.0
合计		150	100.0

显然，表 4-12 中的任何一张表都无法说明有多少人是由于某个特定原因去购买保险的，因为变量 $V1$，$V2$，$V3$ 只分别代表了某一个原因的选择，只有三个变量同时考虑才全面。表 4-13 是由表 4-12 中的三张表综合出来的，它是将 $V1$，$V2$，$V3$ 变量中相同取值（有相同答案）的个案数累加得到的。其中的频数是人次，百分比是人次百分比。可以看到，在所有 150 人次中，分别有 30%，20%，30%，20%的被调查者是由于使晚年生活有保障、保险公司的宣传、单位统一组织购买、一种安全的投资保值方式而购买保险的。

如何从 SPSS 中直接获得表 4-13 所示的数据呢？SPSS 的多选项分析正是为进行这类分析而设置的。

多选项分析是用于处理多选项问题的。多选项分析的基本思路是：

- 第一，按多选项二分法或多选项分类法将多选项问题分解成若干问题，并设置若干 SPSS 变量。
- 第二，采用多选项频数分析或多选项交叉分组下的频数分析。

4.4.2 多选项分析的应用举例

4.4.2.1 案例一

案例 4-6

为研究影响老年人购买养老保险的因素，进行问卷调查。现要求根据所获得的调查数据，分析老年人购买商业养老保险的原因。具体数据在可供下载的压缩包中，文件名为“保险市场调查.sav”。

如前所述，在问卷中调查购买商业养老保险的原因的问题是按照多选项问题形式设计的，因此对该问题应采用多选项分析。首先按照多选项分类法将问题分解，然后进行多选项频数分析。关于问题的分解在前面已经讲解了，这里重点关注如何进行多选项频数分析。

在SPSS中为实现多选项分析，应首先定义多选项变量集，即将多选项问题分解并设置成多个变量后，应指定这些变量为一个集合。定义多选项变量集的主要目的是为今后多选项频数分析和多选项交叉分组下的频数分析做准备。

定义多选项变量集的基本操作步骤如下：

(1) 选择菜单：【分析(A)】→【多重响应(U)】→【定义变量集(D)】。出现如图4-14所示的窗口。

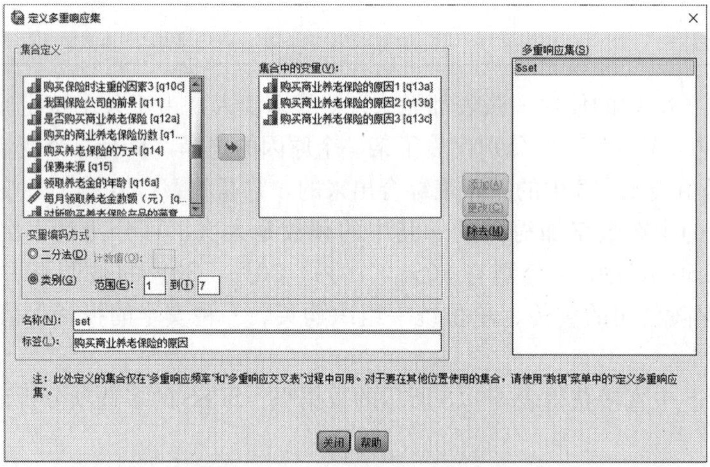

图4-14 多选项变量集定义窗口

(2) 从数值型变量中选择进入多选项变量集的变量到【集合中的变量(V)】框中。这里选择购买商业养老保险的原因1、购买商业养老保险的原因2、购买商业养老保险的原因3。

(3) 在【变量编码方式】框中指定多选项变量集中的变量是按照哪种多选项问题分解方法分解的。【二分法(D)】表示以多选项二分法分解，并在【计数值(O)】中输入后续将对哪组值(1或0)进行分析。【类别(G)】表示以多选项分类法分解，并输入变量取值的最小值和最大值。

(4) 在【名称(N)】框中输入多选项变量集的名称，这里输入“set”，系统会自动在该名字前加字符 $ 。在【标签(L)】框中输入多选项变量集名称的说明文字，这里输入“购买商业养老保险的原因”。

(5) 点击 添加(A) 按钮将定义好的多选项变量集添加到【多重响应集(S)】框中。SPSS 可以定义多个多选项变量集。

多选项变量集定义完成后，便可进行多选项频数分析了。多选项频数分析的基本操作步骤如下：

(1) 选择菜单：【分析(A)】→【多重响应(U)】→【频率(F)】。出现如图 4-15 所示的窗口。

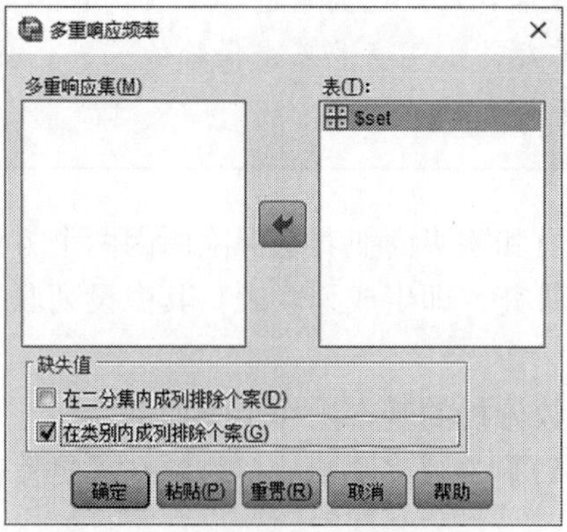

图 4-15 多选项频数分析窗口

(2) 从【多重响应集 (M)】中选择待分析的多选项变量集到【表(T)】框中。

(3) 指定是否处理缺失数据。如果处理缺失数据，SPSS 规定只要某个案在多选项变量集中的任一个变量上取缺失值，就将该个案剔除。【在二分集内成列排除个案(D)】适用于多选项二分法，【在类别内成列排除个案(G)】适用于多选项分类法。

至此，SPSS 将自动产生如表 4-14 所示的综合频数分析结果。

表 4-14 $ set 频率

		响应		个案百分比
		个案数	百分比	
购买商业养老保险的原因[a]	使晚年生活有保障	55	31.1%	93.2%
	一种安全的投资保值方式	45	25.4%	76.3%
	抱着试试看的态度购买	19	10.7%	32.2%
	亲戚朋友推荐	23	13.0%	39.0%
	单位统一组织购买	12	6.8%	20.3%
	保险公司的宣传	15	8.5%	25.4%
	其他	8	4.5%	13.6%
总计		177	100.0%	300.0%

a. 组。

表 4 - 14 中，总计项是人次数也称应答次数，本例剔除缺失数据后为 177 次；第 3 列百分比是应答百分比（如 31.1%＝55÷177×100%）；个案百分比计算中的分母是剔除缺失值后的完整样本的样本量（如 93.2%＝55÷59×100%），通常该列数据只作参考。可见，被调查者中有 31.1%的人次购买商业养老保险的原因是使晚年生活有保障，有 25.4%的人次将其作为一种安全的投资保值方式，而因为保险公司的宣传购买的人次比例较低。

4.4.2.2 案例二

案例 4 - 7

为研究影响老年人购买养老保险的因素进行问卷调查。现要求根据所获得的调查数据，分析不同工作单位性质人员购买商业养老保险的原因。具体数据在可供下载的压缩包中，文件名为“保险市场调查 .sav”。

该案例涉及工作单位性质和购买商业养老保险原因两个方面，因此应采用多选项交叉分组下的频数分析方法进行研究，即生成列联表，其中设列联表的列变量为购买原因，行变量为工作单位性质。

多选项交叉分组下的频数分析的基本操作步骤如下：

（1）选择菜单：【分析(A)】→【多重响应(U)】→【交叉表(C)】。出现如图 4 - 16 所示的窗口。

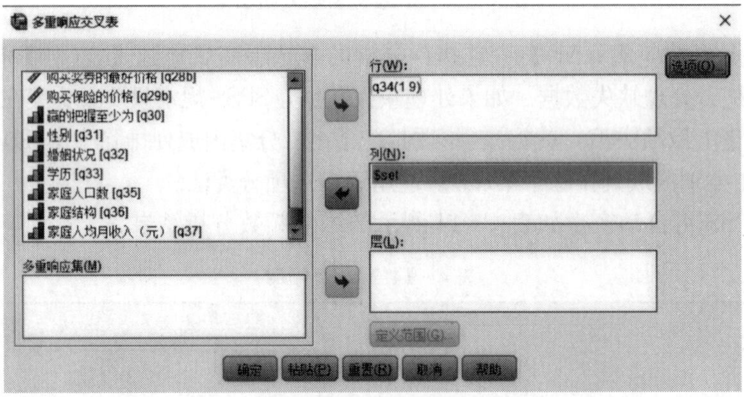

图 4 - 16　多选项交叉分组下的频数分析窗口

（2）选择列联表的行变量并通过 定义范围(G) 按钮指定其取值范围，如工作单位性质[q34]，取值范围 1～9。或选多选项变量集为行变量。

（3）选择列联表的列变量并定义取值范围，或选多选项变量集（如 set）为列变量。

（4）也可进一步选择列联表的层变量并定义取值范围，或选多选项变量集为层变量。

（5）点击 选项(O) 按钮选择列联表的输出内容和计算方法，出现如图 4 - 17 所示的窗口。其中，在【单元格百分比】框中选择在列联表单元格输出哪些百分比；在【百分比基于】框中指定如何计算百分比，【个案(S)】表示百分比的分母为个案数，【响应(R)】表示分母为多选项应答数；【在响应集之间匹配变量(M)】选项表示：如果列联表的行列变量均为多选项变量集，第一个变量集的第一个变量与第二个变量集的第一个变量作交叉分组，第一个变量集的第二个变量与第二个变量集的第二个变量作交叉分组，依此类推。

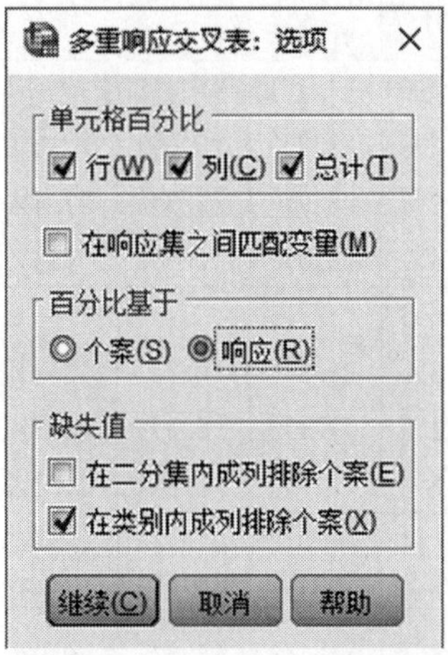

图 4-17 多选项交叉分组下的频数分析选项窗口

至此，SPSS 将自动产生相应的交叉列联表，分析结果如表 4-15 所示。

表 4-15 q34 ＊ $ set 交叉表

		购买商业养老保险的原因[a]							总计
		使晚年生活有保障	一种安全的投资保值方式	抱着试试看的态度购买	亲戚朋友推荐	单位统一组织购买	保险公司的宣传	其他	
党政机关、社会团体或事业单位	计数	19	15	5	10	5	5	4	63
	q34 内的%	30.2%	23.8%	7.9%	15.9%	7.9%	7.9%	6.3%	
	$ set 内的%	34.5%	33.3%	26.3%	43.5%	41.7%	33.3%	50.0%	
	总计的%	10.7%	8.5%	2.8%	5.6%	2.8%	2.8%	2.3%	35.6%
全民所有制企业	计数	16	13	5	4	5	5	3	51
	q34 内的%	31.4%	25.5%	9.8%	7.8%	9.8%	9.8%	5.9%	
	$ set 内的%	29.1%	28.9%	26.3%	17.4%	41.7%	33.3%	37.5%	
	总计的%	9.0%	7.3%	2.8%	2.3%	2.8%	2.8%	1.7%	28.8%
集体所有制企业	计数	3	4	3	2	0	0	0	12
	q34 内的%	25.0%	33.3%	25.0%	16.7%	0.0%	0.0%	0.0%	
	$ set 内的%	5.5%	8.9%	15.8%	8.7%	0.0%	0.0%	0.0%	
	总计的%	1.7%	2.3%	1.7%	1.1%	0.0%	0.0%	0.0%	6.8%
私营企业及个体户	计数	2	2	1	1	0	0	0	6
	q34 内的%	33.3%	33.3%	16.7%	16.7%	0.0%	0.0%	0.0%	
	$ set 内的%	3.6%	4.4%	5.3%	4.3%	0.0%	0.0%	0.0%	
	总计的%	1.1%	1.1%	0.6%	0.6%	0.0%	0.0%	0.0%	3.4%

续表

		购买商业养老保险的原因[a]							总计
		使晚年生活有保障	一种安全的投资保值方式	抱着试试看的态度购买	亲戚朋友推荐	单位统一组织购买	保险公司的宣传	其他	
股份制企业	计数	6	4	1	4	0	2	1	18
	q34内的%	33.3%	22.2%	5.6%	22.2%	0.0%	11.1%	5.6%	
	$set内的%	10.9%	8.9%	5.3%	17.4%	0.0%	13.3%	12.5%	
	总计的%	3.4%	2.3%	0.6%	2.3%	0.0%	1.1%	0.6%	10.2%
外商及港澳台投资企业	计数	5	5	1	2	1	1	0	15
	q34内的%	33.3%	33.3%	6.7%	13.3%	6.7%	6.7%	0.0%	
	$set内的%	9.1%	11.1%	5.3%	8.7%	8.3%	6.7%	0.0%	
	总计的%	2.8%	2.8%	0.6%	1.1%	0.6%	0.6%	0.0%	8.5%
无职业	计数	4	2	3	0	1	2	0	12
	q34内的%	33.3%	16.7%	25.0%	0.0%	8.3%	16.7%	0.0%	
	$set内的%	7.3%	4.4%	15.8%	0.0%	8.3%	13.3%	0.0%	
	总计的%	2.3%	1.1%	1.7%	0.0%	0.6%	1.1%	0.0%	6.8%
总计	计数	55	45	19	23	12	15	8	177
	总计的%	31.1%	25.4%	10.7%	13.0%	6.8%	8.5%	4.5%	100.0%

说明：百分比和总计以响应为基础。
a. 组。

由表4-15可知，被调查者中在党政机关、社会团体或事业单位工作的人次相对较多（占35.6%）。除在集体所有制企业工作的人群以外，使晚年生活有保障仍是各类人群购买养老保险的首要原因。不同人群把养老保险看做一种安全的投资保值方式的比例有所差异，其中，党政机关、社会团体或事业单位与全民所有制企业的比例（分别为33.3%和28.9%）高于其他人群，但由于这两类人群本身的占比较高（分别为35.6%和28.8%），上述分析结论是缺乏说服力的，实际分析中应特别注意这个问题。

4.5 比率分析

4.5.1 比率分析的目的和主要指标

比率分析用于对两变量间变量值比率变化的描述分析，适用于数值型变量。

例如，根据各地区保险业务情况的数据，分析财产保险业务的保费收入占全部业务保费收入的比例情况。对此，通常的分析可以生成各个地区财产保险业务的保费收入占全部业务保费收入的比率变量，然后对该比率变量计算基本描述统计量（如均值、中位数、标准差、全距等），进而刻画比率变量的集中趋势和离散程度。

SPSS的比率分析除能够完成上述分析外，还提供了其他描述指标，大致也属于集中趋势描述指标和离散程度描述指标的范畴。

1. 加权比率均值

加权比率均值（Weighted Mean）属于集中趋势描述指标，是两变量均值的比。

2. 平均绝对离差

平均绝对离差（Average Absolute Deviation，AAD）用于对比率变量离散程度的描述，数学定义为：

$$\mathrm{AAD}=\frac{\sum |R_i-m|}{n} \tag{4.12}$$

式中，R_i 为比率值；m 为比率变量的中位数；n 为样本量。

3. 离散系数

离散系数（Coefficient of Dispersion，COD）用于对比率变量离散程度的描述，数学定义为：

$$\mathrm{COD}=\frac{\frac{\sum |R_i-m|}{n}}{m} \tag{4.13}$$

式中，$\bar{R}$ 为平均比率。

4. 变异系数

变异系数（COV）用于对比率变量离散程度的描述，分为基于均值的变异系数（Mean Centered COV）和基于中位数的变异系数（Median Centered COV）。其中，前者是通常意义上的变异系数，等于标准差除以均值，后者定义为：

$$\mathrm{COV}=\frac{\sqrt{\frac{\sum (R_i-m)^2}{n-1}}}{m} \tag{4.14}$$

上述指标均从不同角度测度了比率变量的集中趋势和离散程度。

4.5.2　比率分析的应用举例

案例 4-8

根据某年各地区保险业务情况的数据，分析各类地区财产保险业务的保费收入占全部业务保费收入的比例情况。具体数据在可供下载的压缩包中，文件名为“各地区保险业务保费收入.sav”。

对该问题可进行比率分析。比率分析的基本操作步骤如下：

(1) 选择菜单：【分析(A)】→【描述统计(E)】→【比率(R)】。出现如图 4-18 所示的窗口。

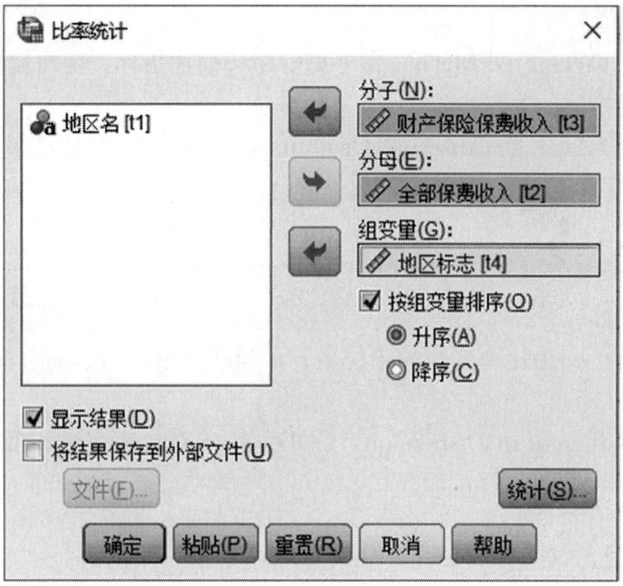

图4-18 比率分析窗口

(2) 选择比率变量的分子到【分子(N)】框中，选择比率变量的分母到【分母(E)】框中。

(3) 如果做不同组间的比率比较，则选择分组变量到【组变量(G)】框中。

(4) 点击 统计(S) 按钮指定输出哪些关于比率的描述统计量，出现如图4-19所示的窗口。

图4-19 比率分析的描述统计量窗口

至此，SPSS 将自动计算比率变量，并将相关指标输出到查看器窗口中。分析结果如表 4－16 所示。

表 4－16（a） 保险业务的分组描述结果

案例处理摘要

		计数	百分比
地区标志	直辖市	4	11.1%
	省	22	61.1%
	自治区	5	13.9%
	城市	5	13.9%
总数		36	100.0%
排除的		0	
总计		36	

表 4－16（b） 保险业务的比率分析结果

财产保险保费收入/全部保费收入的比率统计量					
组	均值	平均绝对离差	离散系数	变异系数	
				平均值	中位数
直辖市	0.349	0.045	0.127	14.9%	14.8%
省	0.406	0.040	0.098	12.7%	12.6%
自治区	0.527	0.129	0.314	50.3%	71.5%
城市	0.445	0.028	0.066	8.6%	10.3%
总数	0.422	0.054	0.131	26.5%	27.1%

表 4－16（a）表明，36 个地区中，有 4 个直辖市、22 个省、5 个自治区和 5 个城市，比例分别为 11.1%，61.1%，13.9%，13.9%。

表 4－16（b）表明：

- 从总体来说，36 个地区的财产保险保费收入占全部保费收入的比率的均值为 0.422，也就是说，全国各地全部保费收入中的 42.2%为财产保险收入，但直辖市的平均比例（34.9%）较低，自治区的平均比例（52.7%）较高。
- 平均绝对离差（AAD）和离散系数（COD）全国总的情况为 0.054 和 0.131，基于均值和中位数的变异系数分别为 26.5%和 27.1%。相比较而言，自治区的 AAD 和 COD 都远高于全国水平，即离散程度高，两个变异系数（50.3%，71.5%）也可以证明这点。直辖市和省的离散程度大致相同。
- 总之，在各自治区中，财产保险保费收入所占的比例较高（高于全国平均水平），但其发展水平差异较大（离散程度高于全国平均水平）。

□ 练习题

1. 利用第 2 章第 7 题数据，采用 SPSS 频数分析方法分析被调查者的常住地、职业和年龄分布特征并绘制条形图。

2. 利用第2章第7题数据，从数据的集中趋势、离散程度以及分布形状等角度，分析被调查者本次存款金额的基本特征，并与标准正态分布曲线进行对比。进一步，对不同常住地储户存款金额的基本特征进行对比分析。

3. 对于第2章第7题数据，假设存款金额服从正态分布，能否利用本章所介绍的功能找到存款金额“与众不同”的样本，并说明理由。

4. 对于第2章第7题数据，结合被调查者的常住地或职业或年龄状况，分析储户的收入分布特征。

5. 说明第2章第7题数据中的多选项问题是按照哪种方式分解的。利用多选项分析方法分析被调查者存款的最主要目的。

6. 三代同堂的家庭中，婆婆与儿媳关系紧张的现象并不少见，为了解住房条件对婆媳关系的影响，对600户家庭进行了调查并做了列联分析，结果如下表所示。

婆媳关系 * 住房条件 交叉制表

			住房条件			合计
			差	一般	好	
婆媳关系	紧张	计数	57	78	60	195
		期望的计数				
		婆媳关系中的%				
		住房条件中的%				
	一般	计数	45	87	63	195
		期望的计数				
		婆媳关系中的%				
		住房条件中的%				
	和睦	计数	48	45	117	210
		期望的计数				
		婆媳关系中的%				
		住房条件中的%				
合计		计数	150	210	240	600
		期望的计数				
		婆媳关系中的%				
		住房条件中的%				

卡方检验

	值	df	渐近 Sig.（双侧）
Pearson 卡方	39.668[a]	4	0.000
似然比	40.070	4	0.000
线性和线性组合	15.980	1	0.000
有效案例中的 N	600		

a. 0单元格（0.0%）的期望计数少于5。最小期望计数为48.75。

(1) 补充表中第一行至第四行空缺的计算结果。

(2) 写出卡方检验的统计量并说明其构造基本原理。

(3) 说明婆媳关系与住房条件有无关系。

7. 利用第2章第4题数据，分析两种减肥产品所产生的减肥效果是否一致。

8. 根据第2章第8题数据，回答以下问题：

(1) 该问卷中的多选项问题是按照哪种方式分解的？

(2) 请给出调查问卷数排在前三位的城市编码。这三个城市的有效问卷共有多少份？

(3) 股民中有多大比例的人赚钱了？有多大比例的人赔钱了？

(4) 股民买卖股票主要依据的是哪种方法？股民买卖股票最少依据的是哪种方法？

(5) 要研究专职投资者与业余投资者在股票投资结果上是否有差异，请给出你的分析思路、计算结果和分析结论。

9. 为分析私家车主倾向接受的汽车销售价格是否与其居住地区有关，一家汽车企业的销售部门对东部地区、中部地区和西部地区的400名消费者作了抽样调查，得到如下结果：

汽车价格	东部地区	中部地区	西部地区
10万元以下	20	40	40
10万～20万元	50	60	50
20万～30万元	30	20	20
30万元以上	40	20	10

(1) 指出表中所涉及的变量，并说明变量的类型。

(2) 可使用哪种分析方法分析上表？请说明分析的基本思路并利用SPSS进行分析。

第5章 SPSS的参数检验

Chapter 5

学习目标

1. 明确SPSS提供了哪几种参数检验方法。

2. 掌握SPSS单样本t检验的基本思想，能够利用概率P-值以及置信区间进行统计决策，并熟练掌握其数据组织方式和具体操作。

3. 掌握SPSS两独立样本t检验的基本思想，理解其中F检验和t检验的关系，能够利用概率P-值进行统计决策，并熟练掌握其数据组织方式和具体操作。

4. 掌握SPSS两配对样本t检验的基本思想，明确独立样本和配对样本的区别，以及两配对样本t检验与单样本t检验的异同，能够解释分析结果的含义，并熟练掌握其数据组织方式和具体操作。

5.1 参数检验概述

5.1.1 推断统计与参数检验

参数检验是推断统计的重要组成部分。推断统计方法是根据样本数据推断总体特征的方法，它在对样本数据描述的基础上，以概率的形式对统计总体的未知数量特征，也称参数（如均值、方差等）进行表述。

通过对样本数据的研究来推断总体特征主要出于以下两大原因：第一，总体数据无法全部收集到。例如，产品质量的检测问题，如评估某种灯泡的使用寿命，或者要检验某种食品某成分的含量等。对这类问题的研究，人们往往无法对所有产品做实验或进行成分提取，只能采用抽样技术，从总体中随机抽取一部分样品（样本）进行检测，进而推断总体特征。第二，在某些情况下虽然总体数据能够收集到，但操作时会耗费大量的人力、物力和财力。例如，研究某小学一年级学生一学期的平均课外作业时间，或者研究“十一黄金周”市民的度假旅游费用等。对这类问题的研究，虽然理论上可以获得总体数据，但如此大规模的调查和数据采集工作必然需要大量的投入。实际研究中为节约开销往往也采用抽样技术，对小部分人群进行随机调查获取数据，并以此推断总体的情况。

利用样本数据对总体特征的推断通常在以下两种情况下进行：

第一，总体分布已知（如总体为正态分布）的情况下，根据样本数据对总体分布的参数（如均值、方差等）进行推断。此时，总体的分布形式是给定的或是假定的，只是一些参数的取值或范围未知，分析的主要目的是估计参数的取值范围，或对其进行某种统计检验。例如，正态总体的均值是否与某个值存在显著差异，两个总体的均值是否有显著差异，等等。这类统计推断问题通常采用参数检验的方法来分析。它不仅能够对总体特征参数进行推断，而且能够对两个或多个总体的总体参数进行比较。

第二，总体分布未知的情况下，根据样本数据对总体的分布形式或特征进行推断。事实上大多数情况下人们事前很难对总体的分布做出较为准确的假设，或者无法保证样本数据来自所假设的总体，或者由于数据类型所限，不符合假定分布的要求，等等。尽管如此，人们仍然希望探索出数据中隐含的规律，此时通常采用非参数检验的方法。

本章重点讨论参数检验方法。

5.1.2　假设检验的基本思想

对总体特征的推断一般采用参数估计（点估计和区间估计）和假设检验两类方式实现。SPSS 兼顾了这两类方式，由于其核心原理基本类似，这里仅对假设检验的基本思路做重点讨论。

> 假设检验的基本思路是首先对总体参数值提出假设，然后利用样本告知的信息去验证先前提出的假设是否成立。如果样本数据不能够充分证明和支持假设，则在一定的概率条件下，应拒绝该假设；相反，如果样本数据不能够充分证明和支持假设是不成立的，则不能推翻假设成立的合理性和真实性。上述假设检验推断过程所依据的是小概率原理，即发生概率很小的随机事件在一次特定的实验中是几乎不可能发生的。

例如，对某地区的家庭人均住房面积的平均值进行假设检验。首先提出一个假设，如某地区的家庭人均住房面积平均值为 20 平方米。为验证该假设是否成立，应充分利用样本数据。如果样本数据中家庭人均住房面积平均值为 25 平方米，显然与 20 平方米存在一定的差距，此时能否立即拒绝先前的假设呢？答案是不能。主要原因是存在抽样误差，即样本（25 平方米）与假设（20 平方米）之间的差距有可能是系统误差造成的，也有可能是抽样误差造成的。抽样误差的存在会导致出现某批样本（被访家庭）的人均住房面积是 25 平方米，另外一批样本（被访家庭）的人均住房面积是 19 平方米或是 22 平方米或是其他值的情况。因此，需要确认样本数据告知的信息与假设之间的差距究竟是哪种原因造成的。依据的便是小概率原理。首先计算在假设成立的条件下，样本值或更极端值发生的概率。例如，如果家庭人均住房面积的平均值确实为20平方米，那么25平方米（或更极端值）发生的概率有多大。如果25平方米（或更极端值）发生的概率极大，则没有理由认为20平方米的假设是不成立的；反之，如果25平方米（或更极端值）发生的概率极小，依据小概率事件在一次实验中几乎不会发生的原理，它应是不该发生的事件。但事实是：这个本不应发生的事件（25平方米或更极端值）恰恰在这一次实验中发生了。由于样本展现给我们的是真实的情况，对此只能认为20平方米的假设是不成立的。

可见，上述假设检验过程中有两个重要问题：第一，如何计算在假设成立的条件下样本值或更极端值发生的概率？第二，如何定义小概率事件？推断统计已经科学地解决了这两个问题。

5.1.3 假设检验的基本步骤

依据假设检验的基本思想，假设检验可以总结成以下四大基本步骤。

第一，提出原假设（记为H_0）和备择假设（记为H_1）。

即根据推断检验的目标，对待推断的总体参数或分布提出一个基本假设，即原假设。与原假设完全对应的假设为备择假设。通常将希望证实和支持的假设放在备择假设上，将希望推翻的假设放在原假设上。

第二，选择检验统计量。

在假设检验中，在原假设成立的条件下，样本值（或更极端值）发生的概率是通过计算检验统计量观测值发生的概率间接得到的。这些检验统计量服从或近似服从某种已知的理论分布。对于不同的假设检验问题以及不同的总体条件，会有不同的选择检验统计量的理论、方法和策略，这是统计学家研究的课题。应用中只需依据实际，明确问题，遵循理论套用即可。

第三，计算检验统计量的观测值和对应的概率。

选定检验统计量之后，在认为原假设成立的条件下，利用样本数据便可计算出检验统计量的观测值和对应的概率，即概率P-值或称为相伴概率（在H_0成立时该检验统计量在某个特定的极端区域取值的概率），该概率值间接地给出了样本值（或更极端值）在原假设成立条件下出现的概率。对此，可以依据一定的标准来判定其发生的概率是否为小概率，其是否为一个小概率事件。

第四，给定显著性水平α，并作出统计决策。

显著性水平α是指原假设正确但被错误地拒绝的概率或风险，一般人为确定为0.05或0.01等，意味着拒绝原假设不犯错误的把握程度（概率）为95%或99%。事实上，虽然小概率原理告诉我们，小概率事件在一次实验中是几乎不会发生的，但这并不意味着小概率事件就一定不发生。由于抽样的随机性，在一次实验中观察到小概率事件的可能性是存在的，如果遵循小概率原理而拒绝了原本正确的原假设，该错误发生的概率便是α。

得到检验统计量观测值对应的概率P-值后的决策就是要判定应拒绝原假设还是不应拒绝原假设。如果检验统计量观测值对应的概率P-值小于显著性水平α，则认为此时拒绝原假设犯错误的可能性小于显著性水平α，其概率低于预先控制的水平，不太可能犯错误，可以拒绝原假设；反之，如果检验统计量观测值对应的概率 P-值大于显著性水平 α，则认为此时拒绝原假设犯错误的可能性大于显著性水平 α，其概率比预先控制的水平高，很有可能犯错误，不应拒绝原假设。

从另一个角度讲，得到检验统计量观测值对应的概率 P-值后的决策就是要判定：这个事件是一个小概率事件，还是一个非小概率事件。由于显著性水平 α 是在原假设成立时检验统计量值落在某个极端区域的概率值，当 α 等于 0.05（或 0.01）时认为：如果原假设是成立的，那么检验统计量值落到某个极端区域的概率是 0.05（或 0.01），它是我们预期中的小概率。当检验统计量观测值对应的概率 P-值小于显著性水平 α 时，则认为如果原假设是成立的，检验统计量观测值（或更极端值）的出现是一个概率比预期的小概率更小的事件，由小概率原理推断它原本是不可能发生的，它的发生是原假设不成立导致的，应拒绝原假设；反之，当检验统计量观测值对应的概率 P-值大于 α 时，则认为如果原假设是成立的，检验统计量观测值（或更极端值）的出现相对于预期的小概率事件来说是一个非小概率事件，它的发生是极有可能的，没有充足的理由说明原假设不成立，不应拒绝原假设。

总之，通过上述四步便可完成假设检验。在利用 SPSS 进行假设检验时，应明确第一步中假设检验的原假设，第二步和第三步是 SPSS 自动完成的，第四步的决策需要人工判定，即人为确定显著性水平 α，并与检验统计量观测值对应的概率 P-值相比较进而作出决策。

参数检验作为假设检验的重要组成内容，也需要经过上述四大基本步骤。

5.2　单样本 t 检验

5.2.1　单样本 t 检验的目的

单样本 t 检验的目的是利用来自某总体的样本数据，推断该总体的均值是否与指定的检验值存在显著差异。它是对总体均值的假设检验。

案例 5-1

为研究信用卡消费现状，对某地区 500 名信用卡持有者进行了随机调查，得到其月平均刷卡金额数据。据估计，该地区信用卡月刷卡金额的平均值不低于 3 000 元。现依据所获得的调查数据（其中样本均值为 4 781.9 元）判断是否支持平均刷卡金额不低于 3 000 元的假设。具体数据在可下载的压缩包中，文件名为“信用卡消费.sav”。

对于案例 5-1，可通过单样本 t 检验的方法进行研究。

单样本 t 检验是指研究问题中仅涉及一个总体，且将采用 t 检验的方法进行分析。单样本 t 检验的前提是样本来自的总体应服从或近似服从正态分布。

5.2.2 单样本 t 检验的基本步骤

单样本 t 检验作为假设检验的一种方法，其基本步骤与假设检验是完全相同的。

5.2.2.1 提出原假设

单样本 t 检验的原假设 H_0 为总体均值与检验值之间不存在显著差异，备择假设为它们之间存在差异，表述为：

$$H_0: \mu=\mu_0,\ H_1: \mu\neq\mu_0$$

式中，μ 为总体均值；μ_0 为检验值。

例如，假设人均住房面积的平均值与 20 平方米无显著差异，原假设与备择假设为：

$$H_0: \mu=\mu_0=20,\ H_1: \mu\neq\mu_0$$

以上是一个双侧检验，也称双尾检验。所谓双侧检验，简而言之，就是在两个方向上都可能拒绝原假设。例如，实际人均住房面积远远大于或者远远小于 20 平方米，都能够拒绝等于 20 平方米的原假设，从而接受其不是 20 平方米的备择假设。

对于案例 5－1，调查数据能否支持平均刷卡金额不低于 3 000 元，其假设可表述为：

$$H_0: \mu\leqslant 3\,000,\ H_1: \mu>3\,000$$

该问题是一个单侧检验问题，原因是仅在实际平均刷卡金额远远高于 3 000 元时才有理由拒绝原假设而接受备择假设，而当实际平均刷卡金额低于或远远低于 3 000 元时是不能拒绝原假设的，也即只能在一个方向上拒绝原假设。

5.2.2.2 选择检验统计量

对单个总体均值的推断是建立在单个样本均值的基础之上的，也就是希望利用样本均值去估计总体均值。由于抽样误差的存在，虽然样本均值呈现出了差异性，但样本均值的抽样分布是可以确定的。统计学理论证明，当总体分布为正态分布 $N(\mu,\sigma^2)$ 时，样本均值($\overline{X}$) 的抽样分布仍为正态分布，该正态分布的均值为 μ，方差为 σ^2/n，即

$$\overline{X}\sim N\left(\mu,\frac{\sigma^2}{n}\right) \tag{5.1}$$

式中，μ 为总体均值，当原假设成立时，$\mu=\mu_0$；σ^2 为总体方差；n 为样本量。若总体近似服从正态分布，当样本量 n 较大时，由中心极限定理得知样本均值也近似服从式（5.1）中的正态分布。进一步，对 $\overline{X}$ 进行标准化处理，得到 Z 统计量：

$$Z=\frac{\overline{X}-\mu}{\sqrt{\frac{\sigma^2}{n}}} \tag{5.2}$$

由式（5.2）可知，Z 统计量服从标准正态分布。

通常总体方差 σ^2 是未知的，此时可以用样本方差 S^2 替代，由于得到的统计量为 t 统计量，数学定义为：

$$t=\frac{\overline{X}-\mu}{\sqrt{\frac{S^2}{n}}} \tag{5.3}$$

式中，t 统计量服从 $n-1$ 个自由度的 t 分布。单样本 t 检验的检验统计量即为 t 统计量。当认为原假设成立时，μ 用 μ_0 代入。

5.2.2.3 计算检验统计量的观测值和概率 *P*-值

该步骤的目的是计算检验统计量的观测值和对应的概率 P-值。SPSS 自动将样本均值、μ_0、样本方差、样本量代入式（5.3），计算所得称为 t 统计量的观测值。同时，依据 t 统计量所服从的分布计算其对应的双侧概率 P-值。

5.2.2.4 给定显著性水平 *α*，并作出决策

给定显著性水平 α，与检验统计量观测值对应概率 P-值作比较。双侧检验中，如果概率 P-值小于显著性水平 α，则应拒绝原假设，认为总体均值与检验值之间存在显著差异；反之，如果概率 P-值大于显著性水平 α，则不应拒绝原假设，认为总体均值与检验值之间无显著差异。单侧检验中，因 SPSS 给出的仍是双侧概率 P-值，所以应将 $p/2$ 与 α 进行比较，如图 5－1 所示。

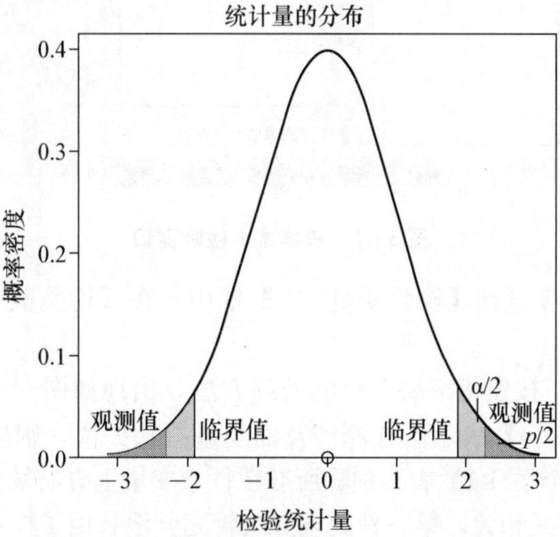

图 5－1 单样本 t 检验的拒绝域（双侧检验）

图 5－1 为检验统计量的分布，圆圈位置为 $\overline{X}=\mu_0$ 时检验统计量的值。若原假设为真，样本均值($\overline{X}$) 与原假设(μ_0) 间的差异不会很大，即检验统计量观测值的绝对值不会很大，观测值一般会位于圆圈附近。若落在两个临界值所夹的坐标区域内，则不能拒绝原假设。当检验统计量的观测值远离圆圈，即观测值落入两个临界值之外的坐标区域，表明样本均值($\overline{X}$) 与原假设(μ_0) 相距较远，样本无法支持假设，原假设为假，应予以拒绝。因此，当检验统计量的观测值小于右侧临界值且大于左侧临界值时，不能拒绝原假设；当检验统计量观测值大于右侧临界值或小于左侧临界值时，应拒绝原假设。当然，如果此时的原假设确实为真，拒绝它即弃真的概率就是两阴影的面积之和，即显著性水平 α。

进一步，检验统计量观测值对应概率 P-值为原假设成立条件下检验统计量取当前观测

值及更极端值的概率，即 SPSS 给出的是观测值外侧两深色阴影面积之和（双侧）。若原假设为假，检验统计量的观测值落入两个临界值之外的坐标区域内，应拒绝原假设，此时的概率 P-值小于 α。因此，在双侧检验中，当检验统计量的概率 P-值小于 α 时，应拒绝原假设。在单侧检验中，当检验统计量的双侧概率 P-值的 1/2 小于 α 时，应拒绝原假设。

5.2.3 单样本 t 检验的应用举例

对于案例 5-1，推断信用卡月刷卡金额的平均值是否不低于 3 000 元。由于该问题涉及的是单个总体，且进行总体均值检验，同时月刷卡金额的总体可近似认为服从正态分布，因此，可采用单样本 t 检验来进行分析。

SPSS 单样本 t 检验的基本操作步骤是：

(1) 选择菜单：【分析(A)】→【比较平均值(M)】→【单样本 T 检验(S)】。出现如图 5-2 所示的窗口。

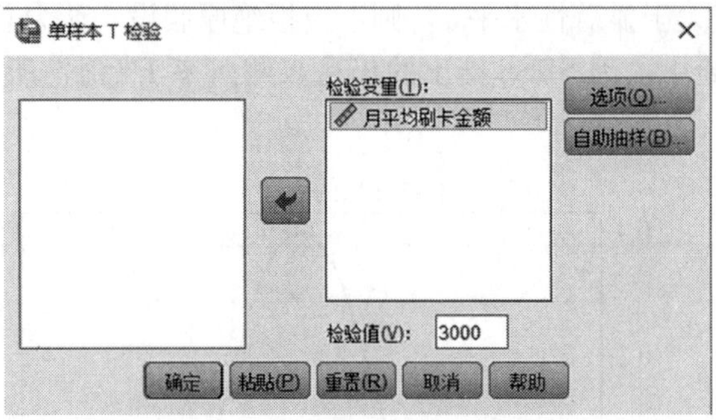

图 5-2 单样本 t 检验窗口

(2) 选择待检验的变量到【检验变量(T)】框中，在【检验值(V)】框中输入原假设中的检验值。

(3) 点击 选项(O) 按钮指定缺失值的处理方法，出现如图 5-3 所示的窗口。其中，【按具体分析排除个案(A)】表示若计算涉及的变量有缺失值，则剔除在该变量上为缺失值的个案；【成列排除个案(L)】表示剔除所有在任意变量上含有缺失值的个案后再进行分析。可见，与第二种方式相比，第一种处理方式较充分地利用了样本数据。在后面的分析方法中，SPSS 对缺失值的处理办法与此相同，不再赘述。另外，还可以在【置信区间百分比(C)】框中输入默认的 95%置信区间，即显著性水平 α 为 0.05。

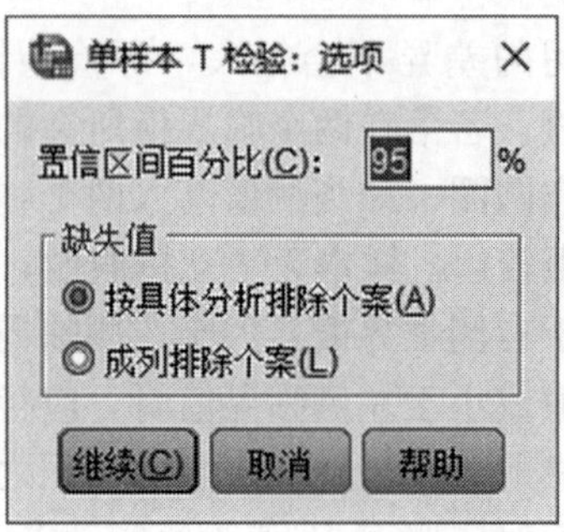

图 5-3 单样本 t 检验的选项窗口

至此，SPSS 将自动计算 t 统计量的观测值和对应的双侧概率 P-值。分析结果如表 5－1 所示。

表 5－1（a）　信用卡月刷卡金额的基本描述统计量

单个样本统计量

	N	均值	标准差	标准误差平均值
月平均刷卡金额	500	4 781.878 6	7 418.717 85	331.775 15

表 5－1（b）　信用卡月刷卡金额的单样本 t 检验结果

单个样本检验

	检验值＝3 000					
	t	自由度	Sig.（双尾）	平均值差值	差值的 95％ 置信区间	
					下限	上限
月平均刷卡金额	5.371	499	0.000	1 781.878 60	1 130.030 2	2 433.727 0

由表 5－1（a）可知，500 个被调查者月刷卡金额的平均值为 4 781.9 元，标准差为 7 418.7 元，均值标准误$\left(\frac{S}{\sqrt{n}}\right)$为 331.8（表中文字为翻译，建议采用常规术语）。表 5－1（b）中，第二列 t 统计量的观测值为 5.37，第三列自由度为 499（$n-1=500-1$），第四列是 t 统计量观测值的双侧概率 P-值，第五列是样本均值与原假设检验值的差，即 t 统计量的分子部分，它除以表 5－1（a）中的均值标准误后得到 t 统计量的观测值，第六列和第七列是总体均值 μ 与原假设值 μ_0 差的 95％的置信区间，为（1 130.0，2 433.7），分别加上检验值 μ_0 即可得到总体均值的 95％的置信区间为（4 130.0，5 433.7）元。

对该问题应采用单侧检验方法，因此比较 α 和 $p/2$。如果 α 取 0.05，由于 $p/2$ 小于 α，应拒绝原假设，接受备择假设，认为该地区信用卡月刷卡金额的平均值与 3 000 元有显著差异，且显著高于 3 000 元。95％的置信区间告诉我们有 95％的把握认为月刷卡金额均值在 4 130.0～5 433.7 元之间，3 000 元没有包含在置信区间内，也证实了上述应拒绝原假设的推断。

5.3　两独立样本 t 检验

5.3.1　两独立样本 t 检验的目的

两独立样本 t 检验的目的是利用来自两个总体的独立样本，推断两个总体的均值是否存在显著差异。

案例 5－2

利用第 2 章案例 2－1 的大学生职业生涯规划数据，研究男生与女生的专业和职业认知得分的总体平均值是否存在显著差异。

案例 5-3

为研究长期吸烟是否为导致胆固醇升高的直接原因，对烟龄 25 年以上（过度吸烟）和 5 年以下（短期吸烟）的吸烟者分别进行随机抽样，获得两组人群的烟龄和胆固醇数据。具体数据在可供下载的压缩包中，文件名为“吸烟与胆固醇 .sav”。

对于案例 5-2 和案例 5-3，都可以利用两独立样本 t 检验进行分析。

5.3.2 两独立样本 t 检验的基本步骤

两独立样本 t 检验的前提是：
- 样本来自的总体应服从或近似服从正态分布。
- 两样本相互独立，即从一总体中抽取一个样本对从另一总体中抽取一个样本没有任何影响，两个样本的样本量可以不等。

两独立样本 t 检验作为假设检验的一种方法，其基本步骤与假设检验完全相同。

5.3.2.1 提出原假设

两独立样本 t 检验的原假设 H_0 为两总体均值无显著差异，备择假设相反，表述为：

$$H_0: \mu_1-\mu_2=0, \quad H_1: \mu_1-\mu_2\neq 0$$

式中，μ_1，μ_2 分别为第一个和第二个总体的均值。

例如，对于案例 5-2，原假设为男生认知得分的总体均值与女生无显著差异，备择假设为男生认知得分的总体均值显著不小于女生，为双侧检验问题，即

$$H_0: \mu_1-\mu_2=0, \quad H_1: \mu_1-\mu_2\neq 0$$

再如，对于案例 5-3，原假设为过度吸烟者体内胆固醇水平的总体均值高于等于短期吸烟者，备择假设相反，为单侧检验问题，即

$$H_0: \mu_1-\mu_2\geqslant 0, \quad H_1: \mu_1-\mu_2<0$$

5.3.2.2 选择检验统计量

对两总体均值差的推断是建立在两个样本均值差的基础之上的，也就是希望利用两组样本均值的差去估计两总体均值的差。因此，应关注两样本均值差的抽样分布。统计学理论证明，当两总体分布分别为 $N(\mu_1, \sigma_1^2)$ 和 $N(\mu_2, \sigma_2^2)$ 时，两样本均值差的抽样分布仍为正态分布，该正态分布的均值为 $\mu_1-\mu_2$，方差为 σ_{12}^2。在不同的情况下，σ_{12}^2 有不同的估计方式。

第一种情况：当两总体方差未知且相等，即 $\sigma_1^2=\sigma_2^2$ 时，采用合并的方差作为两个总体方差的估计，数学定义为：

$$S_p^2=\frac{(n_1-1)S_1^2+(n_2-1)S_2^2}{n_1+n_2-2} \tag{5.4}$$

式中，S_1^2，S_2^2 分别为第一个和第二个样本的方差；n_1，n_2 分别为第一个和第二个样本的样本量。此时两样本均值差的抽样分布的方差 σ_{12}^2 的估计为：

$$\sigma_{12}^2=\frac{S_p^2}{n_1}+\frac{S_p^2}{n_2} \tag{5.5}$$

第二种情况：当两总体方差未知且不相等，即 $\sigma_1^2 \neq \sigma_2^2$ 时，分别采用各自的样本方差，此时两样本均值差的抽样分布的方差 σ_{12}^2 的估计为：

$$\sigma_{12}^2=\frac{S_1^2}{n_1}+\frac{S_2^2}{n_2} \tag{5.6}$$

于是，两总体均值差检验的检验统计量为 t 统计量，数学定义为：

$$t=\frac{\overline{X}_1-\overline{X}_2-(\mu_1-\mu_2)}{\sqrt{\sigma_{12}^2}} \tag{5.7}$$

式中，由于 $\mu_1-\mu_2=0$（原假设），可略去。在上述第一种情况下，t 统计量服从 n_1+n_2-2 个自由度的 t 分布；在第二种情况下，服从修正自由度的 t 分布，修正自由度定义为：

$$f=\frac{\left(\frac{S_1^2}{n_1}+\frac{S_2^2}{n_2}\right)^2}{\frac{\left(\frac{S_1^2}{n_1}\right)^2}{n_1}+\frac{\left(\frac{S_2^2}{n_2}\right)^2}{n_2}} \tag{5.8}$$

至此可见，两总体方差是否相等是决定如何估计抽样分布方差的关键。因此，有必要通过有效的方式对其进行统计检验。两总体方差是否相等检验的原假设是两总体方差无显著差异，备择假设相反，表述为：

H_0：$\sigma_1^2=\sigma_2^2$，H_1：$\sigma_1^2 \neq \sigma_2^2$

SPSS 中通过莱文（Levene）F 方法采用 F 统计量进行方差同值性（也称方差齐性）检验。莱文 F 方法主要借助单因素方差分析方法来实现，其主要思路是：

- 对来自两个总体的两个样本分别计算样本均值。
- 计算各个观测值与本组样本均值差的绝对值，得到两组绝对差值数据。
- 利用单因素方差分析判断这两组绝对差值的总体均值是否存在显著差异，即判断两组的平均绝对离差是否存在显著差异。

可见，莱文 F 方法通过判断两个样本绝对离差的平均值是否相等间接推断两总体方差是否有显著差异。

5.3.2.3　计算检验统计量的观测值和概率 *P*-值

该步骤的目的是计算 F 统计量和 t 统计量的观测值以及对应的概率 P-值。SPSS 将自动依据单因素方差分析的方法计算 F 统计量和概率 P-值，并自动将两个样本的均值、样本量、抽样分布方差等代入式（5.7），计算出 t 统计量的观测值和对应的概率 P-值。

5.3.2.4 给定显著性水平 α，并作出决策

给定显著性水平 α 后，SPSS 中的统计决策应通过以下两步完成：

第一步，利用 F 检验判断两总体的方差是否相等，并据此决定抽样分布方差和自由度的估计方法和计算结果。如果 F 检验统计量观测值对应的概率 P-值小于显著性水平 α，则应拒绝原假设，认为两总体方差有显著差异，应选择由式（5.6）和式（5.7）计算出的结果；反之，如果概率 P-值大于显著性水平 α，则不应拒绝原假设，认为两总体方差无显著差异，应选择由式（5.4）、式（5.5）和式（5.7）计算出的结果。

第二步，利用 t 检验判断两总体均值是否存在显著差异。如果 t 检验统计量观测值对应的概率 P-值小于显著性水平 α，则应拒绝原假设，认为两总体均值有显著差异；反之，如果概率 P-值大于显著性水平 α，则不应拒绝原假设，认为两总体均值无显著差异。

5.3.3 两独立样本 t 检验的应用举例

> 在进行两独立样本 t 检验之前，正确组织数据是一项非常关键的任务。SPSS 要求将两个样本数据存放在一个 SPSS 变量中，即存放在一个 SPSS 变量列上。同时，为区分哪个样本来自哪个总体，还应定义一个存放总体标识的标识变量。

5.3.3.1 对案例 5-2 的分析

案例 5-2 研究男生与女生的专业和职业认知得分的平均值是否存在显著差异，可将男生和女生的认知得分数据看做来自两个近似服从正态分布的总体的随机独立样本。可采用两独立样本 t 检验的方法进行分析。原假设是男女生认知得分的总体均值无显著差异，备择假设为有显著差异。即

$$H_0: \mu_1-\mu_2=0, \quad H_1: \mu_1-\mu_2\neq 0$$

SPSS 两独立样本 t 检验的基本操作步骤如下：

(1) 选择菜单：【分析(A)】→【比较平均值(M)】→【独立样本 T 检验】。出现如图 5-4 所示的窗口。

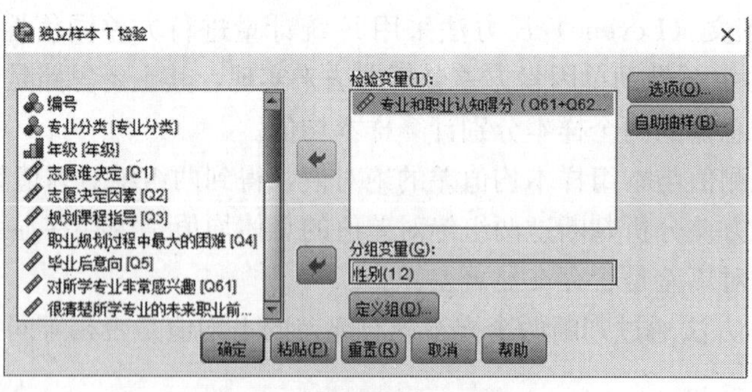

图 5-4 两独立样本 t 检验窗口

(2) 选择检验变量到【检验变量(T)】框中。

(3) 选择总体标识变量到【分组变量(G)】框中。

(4) 点击 定义组(D) 按钮定义两总体的标识值，显示如图 5－5 所示的窗口。其中，【使用指定的值(U)】表示分别输入对应两个不同总体的标记值；【分割点(C)】框中应输入一个数字，大于等于该值的对应一个总体，小于该值的对应另一个总体。

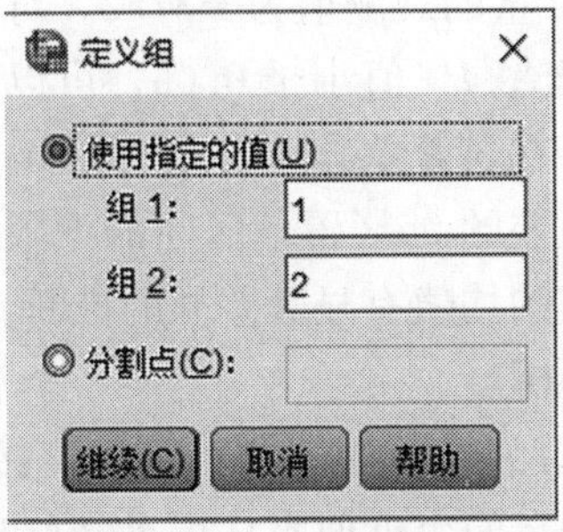

图 5－5　两独立样本 t 检验的定义组窗口

(5) 两独立样本 t 检验中【选项(O)】的含义与单样本 t 检验的相同。

至此，SPSS 会首先自动计算 F 统计量，并计算在两总体方差相等与不相等情况下的 σ_{12}^2 和 t 统计量的观测值以及各自对应的双侧概率 P-值。分析结果如表 5－2 所示。

表 5－2 (a)　男女生认知得分的基本描述统计量

组统计

	性别	N	均值	标准差	标准误差平均值
专业和职业认知得分	男	369	8.910 6	3.170 88	0.165 07
(Q61＋Q62＋Q63＋Q64)	女	529	16.168 2	2.385 26	0.103 71

表 5－2 (b)　男女生认知得分的两独立样本 t 检验结果

独立样本检验

			专业和职业认知得分 (Q61＋Q62＋Q63＋Q64)	
			假设等方差	不假设等方差
莱文方差等同性检验	F		25.824	
	显著性		0.000	
均值方程的 t 检验	t		－39.119	－37.230
	自由度		896	645.725
	Sig. (双尾)		0.000	0.000
	平均值差值		－7.257 67	－7.257 67
	标准误差差值		0.185 53	0.194 94
	差值 95%置信区间	下限	－7.621 80	－7.640 47
		上限	－6.893 55	－6.874 87

由表 5－2 (a) 可以看出，男生与女生的认知得分的样本平均值（分别为 8.9 和 16.2）有一定差距。通过检验应推断这种差异是由抽样误差造成的还是系统性的。表中最后一列为均值标准误（表中文字为翻译，建议采用常规术语）。后续不再赘述。

对表 5－2 (b) 的分析应通过两步完成：第一步，两总体方差是否相等的莱文 F 检验。这里，该检验的 F 统计量的观测值为 25.8，对应的概率 P-值为 0.00。如果显著性水平 α 为 0.05，由于概率 P-值小于 0.05，可以认为两总体的方差有显著差异。第二步，两总体均值差的检验。在第一步中，由于两总体方差有显著差异，应看第二列（不假设等方差）t 检验的结果。其中，t 统计量的观测值为−37.2，对应的双侧概率 P-值为 0.00。如果显著性水平 α 为 0.05，由于概率 P-值小于 0.05，可以认为两总体的均值有显著差异，即男女生认知得分的总体均值存在显著差异。表 5-2（b）中的最后四行数据分别为 t 统计量的分子和分母、两总体均值差的 95%置信区间的下限和上限。因该置信区间不跨零，从另一个角度证实了上述两总体的均值有显著差异的推断。

5.3.3.2 对案例 5-3 的分析

案例 5-3 研究长期吸烟是否为导致胆固醇升高的直接原因，将过度吸烟组与短期吸烟组的烟龄和胆固醇数据看做来自两个近似服从正态分布的总体的随机独立样本。可采用两独立样本 t 检验的方法进行分析。原假设是过度吸烟者的胆固醇水平的总体均值高于或等于短期吸烟者，备择假设相反。即

$$H_0: \mu_1-\mu_2 \geqslant 0, \ H_1: \mu_1-\mu_2<0$$

本例中，应将烟龄视为总体标识变量，在图 5-5 的【分割点(C)】框中输入 25，表示大于等于 25 的为一组，小于 25 的为另一组，分别对应过度吸烟和短期吸烟总体。分析结果如表 5-3 所示。

表 5-3（a） 两组吸烟者胆固醇水平的基本描述统计量

组统计量

	烟龄	N	均值	标准差	标准误差平均值
胆固醇	>= 25.00	33	233.06	47.683	8.300
	< 25.00	43	237.98	38.538	5.877

表 5-3（b） 两组吸烟者胆固醇水平的两独立样本 t 检验结果

独立样本检验

			胆固醇	
			假设等方差	不假设等方差
莱文方差等同性检验	F		1.561	
	显著性		0.215	
均值方程的 t 检验	t		−0.497	−0.483
	自由度		74	60.535
	Sig.（双尾）		0.621	0.631
	平均值差值		−4.916	−4.916
	标准误差差值		9.890	10.170
	差值 95% 置信区间	下限	−24.622	−25.256
		上限	14.789	15.424

由表 5-3（a）可知，过度吸烟者胆固醇水平的样本均值略低于短期吸烟者，但还需检验其是否具有统计上的显著性。

由表 5-3（b）可知，过度吸烟者和短期吸烟者的胆固醇水平的总体方差不存在显著差异（F 检验的概率 P-值大于 0.05），应看第一列的 t 检验结果。t 统计量的观测值为−0.497，对应的双侧概率 P-值为 0.621。若显著性水平 α 为 0.05，则 $p/2$ 不小于 0.05，不能拒绝原假设，即没有充分的证据和理由推翻过度吸烟者的胆固醇水平的总体均值高于或等于短期吸烟者的论断。但就本例看，0 落在两总体均值差的 95%的置信区间内，这表明无法拒绝原假设的原因是过度吸烟者的胆固醇水平的总体均值与短期吸烟者无显著差异，无充分证据证明长期吸烟会直接导致胆固醇水平显著升高。

5.4 两配对样本 t 检验

5.4.1 两配对样本 t 检验的目的

两配对样本 t 检验的目的是利用来自两个总体的配对样本，推断两个总体的均值是否存在显著差异。

两配对样本 t 检验与独立样本 t 检验的差别之一是要求样本是配对的。所谓配对样本，可以是个案在“前”“后”两种状态下某属性的两个不同的状态值，也可以是对某事物两个不同侧面的描述。其差别在于抽样不是相互独立而是相互关联的。

例如，为研究某种减肥茶是否有显著的减肥效果，需要对肥胖人群喝茶前与喝茶后的体重进行分析。收集数据时可以采用独立抽样方式，但这种抽样由于没有将肥胖者自身或其环境等其他因素排除出去，分析结果很有可能是不准确的。因此，通常要采用配对的抽样方式，即首先从肥胖人群中随机抽取部分志愿者并记录他们喝茶前的体重，一段时间以后，重新测量这部分志愿者喝茶后的体重，这样获得的两组样本就是配对样本。

再如，为分析两种不同促销形式对商品销售额是否产生显著影响，需要分别收集任意几种商品在不同促销形式下的销售额数据。为保证研究结果的准确性，也应采用配对的抽样方式，即随机选取几种商品，分别记录它们在两种不同促销方式下的销售额，这样的两个样本是配对的。

配对样本通常具有两个特征：第一，两个样本的样本量相同；第二，两组样本观测值的排列顺序是一一对应的，不能随意更改某个样本观测值的顺序。

例如，在减肥茶问题中，喝茶前与喝茶后的样本是配对抽取的，体现在收集到的两组数据都是针对同一批肥胖人群，喝茶前后两样本的样本量相同。每对观测值数据都唯一对应一个肥胖者，不能随意改变观测值的先后次序。

5.4.2 两配对样本 t 检验的基本步骤

两配对样本 t 检验作为假设检验的一种方法，其基本步骤与假设检验完全相同。

5.4.2.1 提出原假设

两配对样本 t 检验的原假设为两总体均值无显著差异，备择假设为两总体均值有显著差异。表述为：

$$H_0: \mu_1-\mu_2=0, \quad H_1: \mu_1-\mu_2\neq 0$$

式中，μ_1，μ_2 分别为第一个和第二个总体的均值。

例如，肥胖人群喝茶前与喝茶后的总体平均体重无显著差异，即

$$H_0: \mu_1-\mu_2=0, \quad H_1: \mu_1-\mu_2\neq 0$$

再如，两种不同促销方式下商品销售额的总体平均值无显著差异，即

$$H_0: \mu_1-\mu_2=0, \quad H_1: \mu_1-\mu_2\neq 0$$

5.4.2.2 选择检验统计量

两配对样本 t 检验所采用的检验统计量与单样本 t 检验类似，也是 t 统计量。其思路是：首先，对两个样本分别计算出每对观测值的差值得到差值样本；然后，利用差值样本，通过对其总体均值是否与 0 有显著差异的检验，推断两总体均值的差是否为 0。显而易见，如果差值样本的总体均值与 0 有显著差异，则可以认为两总体的均值有显著差异；反之，如果差值样本的总体均值与 0 无显著差异，则可以认为两总体的均值不存在显著差异。

从两配对样本 t 检验的思路不难看出，两配对样本 t 检验是通过单样本 t 检验来实现的，即最终转化成对差值样本总体均值是否与 0 有显著差异做检验。正因如此，它必须要求样本配对，样本量相同且观测次序不可随意更改。

5.4.2.3 计算检验统计量的观测值和概率 P-值

该步的目的是计算 t 统计量的观测值以及对应的概率 P-值。SPSS 将计算两个样本的差值，差值样本均值、方差，并将相应数据代入式（5.3），计算出 t 统计量的观测值和对应的双侧概率 P-值。应注意：此时式（5.3）中的 $\overline{X}$ 是差值样本的均值，S^2 是差值样本的方差。

5.4.2.4 给定显著性水平 α，并作出决策

给定显著性水平 α，与检验统计量观测值对应的概率 P-值作比较。如果概率 P-值小于显著性水平 α，则应拒绝原假设，认为差值样本的总体均值与 0 有显著不同，两总体的均值有显著差异；反之，如果概率 P-值大于显著性水平 α，则不应拒绝原假设，认为差值样本的总体均值与 0 无显著不同，两总体的均值不存在显著差异。

通过分析单样本 t 检验、两独立样本 t 检验和两配对样本 t 检验可以发现，三种分析方法的主要思路有许多共同之处。构造 t 统计量时，它们的分子都是均值差，分母都是抽样分布的标准误。只是两独立样本 t 检验的抽样分布标准误与两配对样本 t 检验的标准误不同。两配对样本 t 检验能够对观测值自身的其他影响因素加以控制，比两独立样本 t 检验更进了一步。

5.4.3　两配对样本 t 检验的应用举例

两配对样本 t 检验的数据准备工作比较简单直接，只需将两个配对样本数据分别存放在两个 SPSS 变量中即可。

案例 5-4

为研究某种减肥茶是否具有明显的减肥效果，某机构对 35 名肥胖志愿者进行了减肥跟踪调研。首先将其喝减肥茶以前的体重记录下来，3 个月后再依次将这 35 名志愿者喝茶后的体重记录下来。通过这两组样本数据的对比分析，推断减肥茶是否具有明显的减肥作用。具体数据在可供下载的压缩包中，文件名为“减肥茶数据.sav”。

体重可以近似认为服从正态分布。从实验设计和样本数据的获取过程可以看出，这两个样本是配对的。因此，可以借助两配对样本 t 检验的方法，通过检验喝茶前与喝茶后体重的总体均值是否发生显著变化来确定减肥茶的减肥效果。

SPSS 两配对样本 t 检验的基本操作步骤如下：

(1) 选择菜单：【分析(A)】→【比较平均值(M)】→【成对样本 T 检验(P)】。出现如图 5-6 所示的窗口。

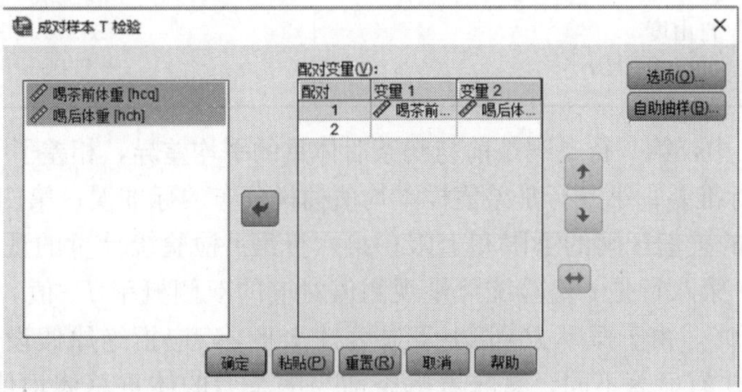

图 5-6　两配对样本 t 检验窗口

(2) 按住 Ctrl 键的同时通过鼠标选择一对或若干对检验变量到【配对变量(V)】框中。可利用 ↔ 按钮交换两配对变量的顺序。

(3) 两配对样本 t 检验【选项(O)】的含义与单样本 t 检验的相同。

至此，SPSS 将自动计算 t 统计量和对应的双侧概率 P-值。分析结果如表 5-4 所示。

表 5-4 (a)　喝茶前与喝茶后体重的基本描述统计量

成对样本统计量

		均值	N	标准差	标准误差平均值
配对 1	喝茶前体重	89.257 1	35	5.337 67	0.902 23
	喝茶后体重	70.028 6	35	5.664 57	0.957 49

表5-4（a）表明，喝茶前与喝茶后样本的平均值（依次为89.3和70.0）有较大差异。喝茶后的样本平均体重低于喝茶前的平均体重。

表5-4（b） 喝茶前与喝茶后体重的简单相关系数及检验

成对样本相关系数

	N	相关系数	显著性
配对1　　喝茶前体重 & 喝茶后体重	35	−0.052	0.768

表5-4（b）中，第三列是喝茶前与喝茶后两个样本的简单相关系数，第四列是相关系数检验的概率P-值。它表明在显著性水平α为0.05时，肥胖志愿者服用减肥茶前后的体重并没有明显的线性关系，喝茶前与喝茶后体重的线性相关程度较弱。

表5-4（c） 喝茶前与喝茶后体重的两配对样本t检验结果

成对样本检验

			配对1
			喝茶前体重—喝茶后体重
配对差值	平均值		19.228 6
	标准差		7.981 91
	标准误差平均值		1.349 19
	差值95%置信区间	下限	16.486 7
		上限	21.970 5
	t		14.252
	自由度		34
	Sig.（双尾）		0.000

表5-4（c）中，第一行是喝茶前与喝茶后体重的平均差异，相差了19.2千克；第二行是差值样本的标准差；第三行是差值样本均值抽样分布的标准误；第四行、第五行是两总体均值差95%的置信区间的下限和上限；第六行是t检验统计量的观测值；第七行是t分布的自由度；第八行是t检验统计量观测值对应的双侧概率P-值，接近0。如果显著性水平α为0.05，由于概率P-值小于显著性水平α，应拒绝原假设，即认为体重差的总体平均值与0有显著不同，意味着喝茶前与喝茶后的体重总体均值存在显著差异，可以认为该减肥茶具有显著的减肥效果，且有95%的置信度认为可减重16.5千克至22千克。

□ 练习题

1. 某公司经理宣称他的雇员英语水平很高，如果参加英语六级考试，一般平均得分为75分（转化为百分制）。现从其雇员中随机选出11人参加考试，得分如下：

80，81，72，60，78，65，56，79，77，87，76

请问：该经理的宣称是否可信？

2. 在某年级随机抽取35名大学生，调查他们每周的上网时间情况，得到的数据如下（单位：小时）：

24	17	26	29	38
6	28	44	39	8
30	17	26	32	40
10	20	27	43	33
15	30	28	35	26
47	25	17	26	45
16	36	29	37	15

（1）请利用 SPSS 对上表数据进行描述统计，并绘制相关的图形。

（2）基于上表数据，请利用 SPSS 给出大学生每周上网时间总体均值的 95%的置信区间。

3. 经济学家认为决策者是对事实做出反应，不是对提出事实的方式做出反应。然而心理学家倾向于认为提出事实的方式是有影响的。为验证哪种观点更站得住脚，调查者分别以下面两种不同的方式随机访问了足球球迷。

- 方式一：假设你已经买了 100 元一张的足球票，当你来到足球场门口时发现票丢了且再也找不到了。球赛还有票出售。你会再掏出 100 元买一张球票吗？（1. 买；0. 不买。）随机访问了 200 人，其中 92 人回答买。
- 方式二：你想看足球赛，100 元一张票。当你来到足球场买票时，发现丢了 100 元钱。你口袋中还有钱，此时你还会付 100 元买一张球票吗？（1. 买；0. 不买。）随机访问了 183 人，其中 161 人回答买。

请恰当建立 SPSS 数据文件，并利用本章所学习的参数检验方法说明你更倾向于哪种观点以及原因。

4. 一种植物只开蓝花和白花。按照某权威机构建立的遗传模型，该植物杂交的后代有 75%的概率开蓝花，有 25%的概率开白花。现从杂交种子中随机挑选 200 颗，种植后发现 142 株开了蓝花。请利用 SPSS 进行分析，说明这与遗传模型是否一致。

5. 给幼鼠喂不同的饲料，用以下两种方式设计实验。

- 方式 1：同一鼠喂不同的饲料所测得的体内钙留存量数据如下：

鼠号	1	2	3	4	5	6	7	8	9
饲料 1	33.1	33.1	26.8	36.3	39.5	30.9	33.4	31.5	28.6
饲料 2	36.7	28.8	35.1	35.2	43.8	25.7	36.5	37.9	28.7

- 方式 2：甲组有 12 只喂饲料 1，乙组有 9 只喂饲料 2，所测得的钙留存量数据如下：

甲组饲料 1	29.7	26.7	28.9	31.1	31.1	26.8	26.3	39.5	30.9	33.4	33.1	28.6
乙组饲料 2	28.7	28.3	29.3	32.2	31.1	30.0	36.2	36.8	30.0			

请选用恰当方法对上述两种方式所获得的数据进行分析，研究不同饲料是否使幼鼠体内钙的留存量有显著不同。

6. 如果将第 2 章第 9 题的数据看作来自总体的随机样本，试分析男生和女生的课程平均分是否存在显著差异。

7. 如果将第2章第9题的数据看作来自总体的随机样本，试分析哪些课程的平均分差异不显著。

8. 以下是对促销人员进行培训前后某种商品的销售数据：

培训前	440	500	580	460	490	480	600	590	430	510	320	470
培训后	620	520	550	500	440	540	500	640	580	620	590	620

试分析该培训是否产生了显著效果。

第 6 章 Chapter 6 SPSS 的方差分析

学习目标

1. 明确方差分析所要解决的问题，以及方差分析对变量类型的要求。
2. 掌握单因素方差分析的基本思想，能够结合方法原理解释分析结果的统计意义和实际含义，熟练掌握其数据组织方式和具体操作。
3. 明确单因素方差分析中多重比较检验的作用，能够读懂其分析结果。
4. 掌握多因素方差分析的基本思想，熟练掌握其数据组织方式和具体操作。
5. 了解协方差分析的意义和基本原理。

6.1 方差分析概述

在农业、商业、医学、社会学、经济学等诸多领域的数量分析研究中，方差分析发挥了极为重要的作用。这种从数据差异入手的分析方法有助于人们从另一个角度发现事物的内在规律。

例如，农作物种植过程中，低投入多产出是人们所期望的。为了实现预定目标，研究人员需要对影响农作物产量的各种因素进行定量的对比研究，并在此基础上制定最佳的种植组合方案。为此，应首先找到影响农作物产量的各种因素，如品种、施肥量、地域特征等。不同影响因素对不同农作物的影响效果显然是不同的。对某种特定的农产品来说，有些影响因素的作用是明显的，有些则不显著。因此，找到众多影响因素中重要的和关键的影响因素是非常重要的；进一步，在掌握了关键因素如品种、施肥量等以后，还需要对不同的品种、不同的施肥量等进行对比分析，研究究竟哪个品种的产量高，施肥量究竟多少最合适，哪个品种与哪种施肥水平搭配最优等。在这些分析研究的基础上，人们就可以计算出各个种植组合方案的成本和收益，并选择最合理的种植方案，主动在农作物种植过程中对各种影响因素加以准确控制，进而获得最理想的效果。

再如，在制定某商品广告宣传策略时，不同组合方案所获得的广告效果是不一样的。广告效果可能会受到广告形式、地区规模、选择的栏目、播放的时间段、播放的频率等因素的影响。人们需要研究在影响广告效果的众多因素中，哪些因素是主要的，它们是如何产生影响的，哪些因素的搭配是最合理的，等等。

上述问题的研究都可以通过方差分析实现。

为了解方差分析的基本思路，应首先了解涉及的相关概念。在方差分析中，将上述问题中的农作物产量、广告效果等称为观测因素，或称为观测变量；将上述问题中的品种、施肥量、广告形式、地区规模、选择的栏目等影响因素称为控制因素，或称为控制变量；将控制变量的不同类别（如甲品种、乙品种；10 千克化肥、20 千克化肥、30 千克化肥；电视广告、广播广告；小规模地区、中规模地区、大规模地区等）称为控制变量的不同水平。

> 方差分析正是从观测变量的方差入手，研究诸多控制变量中哪些变量是对观测变量有显著影响的变量，对观测变量有显著影响的各个控制变量的不同水平以及各水平的交互搭配是如何影响观测变量的。

方差分析认为观测变量值的变化受两类因素的影响：第一类是控制因素（控制变量）不同水平所产生的影响；第二类是随机因素所产生的影响。这里随机因素是指那些人为很难控制的因素，主要指试验过程中的抽样误差。

方差分析认为：如果控制变量的不同水平对观测变量产生了显著影响，那么它和随机因素共同作用必然使得观测变量值有显著变动；反之，如果控制变量的不同水平没有对观测变量产生显著影响，那么观测变量值的变动就不会明显地表现出来，其变动可以归结为由随机因素的影响造成的。换句话说，如果观测变量值在某控制变量的各个水平下出现了明显波动，则认为该控制变量是影响观测变量的主要因素；反之，如果观测变量值在某控制变量的各个水平下没有出现明显波动，则认为该控制变量没有对观测变量产生重要影响，观测变量的数据波动是由抽样误差造成的。

如何判断控制变量的不同水平下观测变量值是否产生了明显波动呢？判断的原则是：如果控制变量各水平下观测变量总体的分布出现了显著差异，则认为观测变量值发生了明显的波动，意味着控制变量的不同水平对观测变量产生了显著影响；反之，如果控制变量各水平下观测变量总体的分布没有显著差异，则认为观测变量值没有发生明显波动，意味着控制变量的不同水平对观测变量没有产生显著影响。

方差分析正是通过推断控制变量各水平下观测变量的总体分布是否有显著差异来实现其分析目标的。

方差分析对观测变量各总体的分布有以下两个基本假设前提：

- 观测变量各总体应服从正态分布。
- 观测变量各总体的方差应相同。

基于上述两个基本假设，方差分析对各总体分布是否有显著差异的推断就转化成对各总体均值是否存在显著差异的推断了。

总之，方差分析从对观测变量的方差分解入手，通过推断控制变量各水平下各观测变量总体的均值是否存在显著差异，分析控制变量是否给观测变量带来了显著影响，进而再对控制变量各个水平对观测变量影响的程度进行剖析。

根据控制变量个数和类型可以将方差分析分成单因素方差分析、多因素方差分析和协方差分析。

观测变量为多个的方差分析称为多元方差分析，本章不作讨论，仅对单个观测变量的情况进行论述。

6.2　单因素方差分析

6.2.1　单因素方差分析的基本思想

单因素方差分析用来研究一个控制变量的不同水平是否对观测变量产生了显著影响。这里，由于仅研究单个因素对观测变量的影响，称为单因素方差分析。

例如，分析不同施肥量是否给农作物产量带来显著影响，考察地区差异是否会影响妇女的生育率，研究学历对工资收入的影响等。这些问题都可以通过单因素方差分析得到答案。

6.2.1.1　明确观测变量和控制变量

单因素方差分析的第一步是明确观测变量和控制变量。例如，上述问题中的观测变量分别是农作物产量、妇女生育率、工资收入，控制变量分别为施肥量、地区、学历。

6.2.1.2　剖析观测变量的方差

单因素方差分析的第二步是剖析观测变量的方差。

方差分析认为：观测变量值的变动会受控制变量（记为 A）和随机因素两方面的影响。据此，单因素方差分析将观测变量总离差平方和分解为组间（Between Groups）离差平方和与组内离差平方和两部分，用数学形式表述为：

$$SST=SSA+SSE \tag{6.1}$$

式中，SST（Sum Square of Total）为观测变量总离差平方和；SSA（Sum Square fo factor A）为组间离差平方和，是由控制变量的不同水平造成的变差；SSE（Sum Square of Error）为组内离差平方和，是由抽样误差引起的变差。

SST 的数学定义为：

$$SST=\sum_{i=1}^{k}\sum_{j=1}^{n_i}(x_{ij}-\overline{x})^2 \tag{6.2}$$

式中，k 为控制变量 A 的水平数；x_{ij} 为控制变量第 i 个水平 A_i 下的第 j 个观测值；n_i 为控制变量第 i 个水平下的样本量；$\overline{x}$ 为观测变量均值。

SSA 的数学定义为：

$$\text{SSA}=\sum_{i=1}^{k}n_i(\overline{x}_i-\overline{x})^2 \tag{6.3}$$

式中，$\overline{x}_i$ 为控制变量第 i 个水平 A_i 下观测变量的样本均值。可见，组间离差平方和是各水平组均值与总均值离差的平方和，反映了控制变量不同水平对观测变量的影响。

SSE 的数学定义为：

$$\text{SSE}=\sum_{i=1}^{k}\sum_{j=1}^{n_i}(x_{ij}-\overline{x}_i)^2 \tag{6.4}$$

式（6.4）表明，组内离差平方和是每个观测数据与本水平组均值离差的平方和，度量了抽样误差的大小。可以证明式（6.1）成立。

6.2.1.3　比较观测变量总离差平方和各部分的比例

单因素方差分析的第三步是通过比较观测变量总离差平方和各部分所占的比例，推断控制变量是否给观测变量带来了显著影响。

容易理解，在观测变量总离差平方和中，如果组间离差平方和所占比例较大，也即 SSA/SSE≫1，则说明观测变量的变动主要是由控制变量引起的，可以主要由控制变量来解释，控制变量给观测变量带来了显著影响；反之，如果组间离差平方和所占比例较小，也即 SSA/SSE≈1，则说明观测变量的变动不是主要由控制变量引起的，不可以主要由控制变量来解释，控制变量的不同水平没有给观测变量带来显著影响，观测变量的变动是由随机因素引起的。

6.2.2　单因素方差分析的数学模型

假设控制变量 A 有 k 个水平，每个水平均有 r 个观测数据（r 次试验，样本量均等于 r），那么在水平 A_i 下的第 j 次试验的观测值 x_{ij} 可以定义为：

$$x_{ij}=\mu_i+\varepsilon_{ij},\ i=1,2,\cdots,k;\ j=1,2,\cdots,r \tag{6.5}$$

式中，μ_i 为观测变量在水平 A_i 下的期望值；ε_{ij} 为抽样误差，是服从正态分布 $N(0,\sigma^2)$ 的独立随机变量。如果令

$$\mu=\frac{1}{k}\sum_{i=1}^{k}\mu_i \tag{6.6}$$

式中，μ 为观测变量总的期望值，且有

$$a_i=\mu_i-\mu,\ i=1,2,\cdots,k \tag{6.7}$$

式中，a_i 为控制变量水平 A_i 对试验结果产生的附加影响，称为水平 A_i 对观测变量产生的效

应，且 $\sum_{i=1}^{k} a_i = 0$。将式（6.7）代入式（6.5）中，则有

$$x_{ij}=\mu+a_i+\varepsilon_{ij}, \ i=1, 2, \cdots, k; \ j=1, 2, \cdots, r \tag{6.8}$$

式（6.8）是单因素方差分析的数学模型。可以看到它是一个线性模型。其中，μ 的无偏估计 $\hat{\mu}=\bar{x}$，a_i 的无偏估计 $\hat{a}_i=\bar{x}_i-\bar{x}$。如果控制变量 A 对观测变量没有影响，则各水平的效应 a_i 应全部为 0，否则应不全为 0。单因素方差分析正是要对控制变量 A 的所有效应是否同时为 0 进行推断。

6.2.3 单因素方差分析的基本步骤

方差分析问题属于推断统计中的假设检验问题，其基本步骤与假设检验完全一致。

1. 提出原假设

单因素方差分析的原假设 H_0 是：控制变量不同水平下观测变量各总体的均值无显著差异，控制变量不同水平下的效应同时为 0，记为 $a_1=a_2=\cdots=a_k=0$，意味着控制变量不同水平的变化没有对观测变量均值产生显著影响。备择假设 H_1 是各效应值不同时为 0。

2. 选择检验统计量

方差分析采用的检验统计量是 F 统计量，数学定义为：

$$F=\frac{\mathrm{SSA}/(k-1)}{\mathrm{SSE}/(n-k)}=\frac{\mathrm{MSA}}{\mathrm{MSE}} \tag{6.9}$$

式中，n 为总样本量；$k-1$ 和 $n-k$ 分别为 SSA 和 SSE 的自由度；MSA 为平均组间平方和，也称组间方差；MSE 为平均组内平方和，也称组内方差。除以自由度的目的是消除水平数和样本量对计算结果的影响。可见，这里 F 统计量的构造方式体现了前面提及的单因素方差分析的基本思想。F 统计量服从（$k-1$，$n-k$）个自由度的 F 分布。

3. 计算检验统计量的观测值和概率 P-值

该步骤的目的是计算检验统计量的观测值和对应的概率 P-值。SPSS 自动将相关数据代入式（6.9），计算出 F 统计量的观测值和对应的概率 P-值。不难理解，如果控制变量对观测变量造成了显著影响，观测变量总的变差中控制变量影响所占的比例相对于随机变量必然较大，F 值显著大于 1；反之，如果控制变量没有对观测变量造成显著影响，观测变量的变差应归结为由随机变量造成的，F 值接近 1。

4. 给定显著性水平 α，并作出决策

给定显著性水平 α，与检验统计量观测值对应的概率 P-值作比较。如果概率 P-值小于显著性水平 α，意味着得到比 F 统计量观测值更大值的可能性很小，是个小概率事件，F 统计量的观测值显著大于 1，应拒绝原假设，认为控制变量的各个效应不同时为 0，控制变量不同水平下观测变量各总体的均值存在显著差异，控制变量的不同水平对观测变量总体均值产生了显著影响。反之，如果概率 P-值大于显著性水平 α，则不应拒绝原假设，认为控制变量的各个效应同时为 0，控制变量不同水平下观测变量各总体的均值无显著差异，控制变量的不同水平对观测变量总体均值没有产生显著影响。

6.2.4　单因素方差分析的应用举例

在利用 SPSS 进行单因素方差分析时应注意数据的组织形式。SPSS 要求定义两个变量分别存放观测变量值和控制变量的水平值。

案例 6－1

某企业在制定某商品的广告策略时，收集了该商品在不同地区采用不同广告形式（假设其他条件都相同）促销后的销售额数据，希望对广告形式和地区是否对商品销售额产生影响进行分析。具体数据在可供下载的压缩包中，文件名为“广告地区与销售额 . sav”。

这里，以商品销售额为观测变量，广告形式和地区为控制变量，通过单因素方差分析方法分别对广告形式、地区对销售额的影响进行分析。

两个单因素方差分析的原假设 H_0 分别为：不同广告形式没有对销售额的总体均值产生显著影响（不同广告形式对销售额的效应同时为 0）；不同地区的销售额的总体均值没有显著差异（不同地区对销售额的效应同时为 0）。

SPSS 单因素方差分析的基本操作步骤如下：

（1）选择菜单：【分析(A)】→【比较平均值(M)】→【单因素 ANOVA 检验】。出现如图 6－1 所示的窗口。

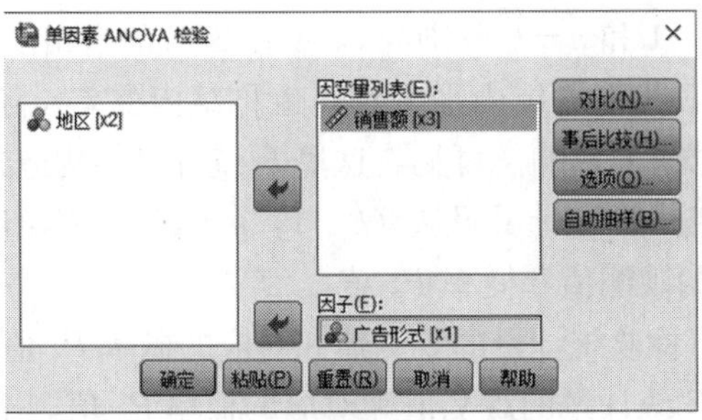

图 6－1　单因素方差分析窗口

（2）选择观测变量到【因变量列表(E)】框中。例如，这里为销售额 [x3]。

（3）选择控制变量到【因子(F)】框中。控制变量有几个不同的取值就表示有几个水平。例如，这里为广告形式 [x1]。

至此，SPSS 将自动分解观测变量的变差，计算组间方差、组内方差、F 统计量的观测值以及对应的概率 P-值，完成单因素方差分析的相关计算，并将计算结果输出到 SPSS 查看器窗口中。分析结果如表 6－1 所示。

表 6－1（a）是广告形式对销售额影响的单因素方差分析结果。可以看到：观测变量销售额的离差平方总和为 26 169.306；如果仅考虑广告形式单个因素的影响，则销售额总变差中，不同广告形式可解释的变差为 5 866.083，随机因素引起的变差为 20 303.222，组间方差和组内方差分别为 1 955.361 和 145.023，两者相除所得的 F 统计量的观测值为

13.483，对应的概率 P-值近似为 0。如果显著性水平 α 为 0.05，由于概率 P-值小于显著性水平 α，应拒绝原假设，认为不同广告形式对销售额的总体均值产生了显著影响，不同广告形式对销售额的影响效应不全为 0。

表 6-1（a） 广告形式对销售额影响的单因素方差分析结果

ANOVA

销售额

	平方和	自由度	均方	F	显著性
组间	5 866.083	3	1 955.361	13.483	0.000
组内	20 303.222	140	145.023		
总数	26 169.306	143			

表 6-1（b） 地区对销售额影响的单因素方差分析结果

ANOVA

销售额

	平方和	自由度	均方	F	显著性
组间	9 265.306	17	545.018	4.062	0.000
组内	16 904.000	126	134.159		
总数	26 169.306	143			

同理，表 6-1（b）是地区对销售额影响的单因素方差分析结果。可以看到：如果仅考虑地区单个因素的影响，则销售额总变差（26 169.306）中不同地区可解释的变差为 9 265.306，抽样误差引起的变差为 16 904.000，它们的方差分别为 545.018 和 134.159，相除所得的 F 统计量的观测值为 4.062，对应的概率 P-值近似为 0。如果显著性水平 α 为 0.05，由于概率 P-值小于显著性水平 α，所以应拒绝原假设，认为不同地区对销售额的总体均值产生了显著影响，不同地区对销售额的影响效应不全为 0。对比表 6-1（a）和表 6-1（b）容易发现：前者的 F 值大于后者，从单因素的角度考虑，广告形式对销售额的影响比地区大。

6.2.5 单因素方差分析的进一步分析

在完成上述单因素方差分析的基本分析后，可得到关于控制变量是否对观测变量造成显著影响的结论。接下来还应做其他几个重要分析，主要包括方差齐性检验、多重比较检验等。

6.2.5.1 方差齐性检验

方差齐性检验是对控制变量不同水平下各观测变量总体方差是否相等进行分析。

前面提到，控制变量不同水平下观测变量总体方差无显著差异是方差分析的前提要求。如果不满足这个前提要求，即使各总体的均值没有显著差异，也不能认为各总体分布相同。因此，有必要对方差是否齐性进行检验。

SPSS 单因素方差分析中，方差齐性检验采用了莱文方差同质性（Homogeneity of

Variance）检验方法，其原假设 H_0 是：各水平下观测变量总体方差无显著差异。实现思路同 SPSS 两独立样本 t 检验中的同方差检验，详见 5.3.2 节。

6.2.5.2 多重比较检验

单因素方差分析的基本分析只能判断控制变量是否对观测变量产生了显著影响。如果控制变量确实对观测变量产生了显著影响，还应进一步确定控制变量的不同水平对观测变量的影响程度如何，其中哪个水平的作用明显区别于其他水平，哪个水平的作用是不显著的，等等。

例如，如果确定了不同施肥量对农作物的产量有显著影响，那么还需要了解 10 千克、20 千克、30 千克肥料对农作物产量的影响幅度是否有差异，其中哪种施肥量水平对提高农作物产量的作用不明显，哪种施肥量水平最有利于提高产量等。掌握了这些重要的信息，就能够帮助人们制定合理的施肥方案，实现低投入高产出。

显然，该问题可以通过第 5 章的两独立样本 t 检验解决。通过对各个水平下观测变量总体均值的两两逐对检验，判断两总体均值是否存在显著差异，进而判定控制变量不同水平对观测变量的影响程度。这样的比较无疑需要进行多次。例如，10 千克与 20 千克水平的比较、10 千克与 30 千克水平的比较、20 千克与 30 千克水平的比较。应注意，虽然这种检验方法最终能够得到分析结论，但由于进行多次比较（k 个水平两两比较，需进行 $K=\dfrac{k!}{2!\,(k-2)!}$ 次比较），必然会使犯弃真错误的概率明显增大，大于显著性水平 α。如果两独立样本 t 检验的显著性水平为 α，做 K 次独立比较后实际的显著性水平会变为 $1-(1-\alpha)^K$，比 α 大得多。多重比较检验正是解决该问题的一种方法。

> 多重比较检验利用全部观测变量值，实现对各个水平下观测变量总体均值的逐对比较。多重比较检验也是假设检验问题，也遵循假设检验的基本步骤。

多重比较检验的原假设 H_0 是：第 i 个和第 j 个水平下观测变量的总体均值 μ_i 和 μ_j 不存在显著差异。下一步的核心任务便是构造检验统计量。SPSS 提供了诸多多重比较检验方法，其差异主要体现在检验统计量的构造上。它们有些适用于各总体方差相等的条件，有些则适用于方差不等的条件，这里对几个常用的检验统计量的构造方法作简单介绍。

1. LSD 方法

LSD 方法称为最小显著性差异（Least Significant Difference）法。最小显著性差异法字面上就体现了其检验敏感性高的特点，即不同水平间的均值只要存在一定程度的微小差异就可能被检验出来。LSD 方法的检验统计量为 LSD 统计量，与 t 统计量类似，定义为：

$$\mathrm{LSD}=\frac{(\bar{x}_i-\bar{x}_j)-(\mu_i-\mu_j)}{\sqrt{\mathrm{MSE}\left(\dfrac{1}{n_i}+\dfrac{1}{n_j}\right)}} \tag{6.10}$$

式中，$\bar{x}_i$，$\bar{x}_j$ 以及 n_i 和 n_j 分别为控制变量 A 第 i 个和第 j 个水平（A_i，A_j）下观测变量的样本均值和样本量。MSE 为观测变量的组内方差。多重比较检验利用全部观测变量值，而非仅使用某两水平组的数据，这与第 5 章的两独立样本 t 检验是不同的。这里，LSD 统计量服从 $n-k$ 个自由度的 t 分布。式（6.10）表明，LSD 方法适用于各总体方差相等的情况，但它并没有对犯弃真错误的概率问题加以有效控制。

2. Bonferroni 方法

Bonferroni 方法与 LSD 方法基本相同，不同的是 Bonferroni 对犯弃真错误的概率进行了控制。在每次两两一组的检验中，它将显著性水平 α 除以两两检验的总次数 K（α/K），使得显著性水平缩小到原有的 $1/K$，从而在总体上控制了犯弃真错误的概率。于是，两总体均值差的置信区间为：

$$(\overline{x}_i-\overline{x}_j)\pm t_{\frac{\alpha}{2K}}(n-k)\sqrt{\mathrm{MSE}\left(\frac{1}{n_i}+\frac{1}{n_j}\right)} \tag{6.11}$$

3. Tukey 方法

与 LSD 方法有所不同，Tukey 方法将 q 统计量，也称为学生化极差（studentized range）统计量加以调整并应用，将检验统计量定义为：

$$q=\frac{(\overline{x}_i-\overline{x}_j)-(\mu_i-\mu_j)}{\sqrt{\frac{2\mathrm{MSE}}{r}}} \tag{6.12}$$

式中，MSE 仍为观测变量的组内方差；r 为各水平下观测值的个数，即样本量。可见，Tukey 方法仅适用于各水平下观测值个数相等的情况，这点比 LSD 方法要求苛刻。q 统计量服从（k，$n-k$）个自由度的 q 分布。

与 LSD 方法相比，Tukey 方法对犯弃真错误的概率问题给予了较为有效的处理。在相同的显著性水平下，由于 q 分布的临界值远远大于 t 分布的临界值，这使得检验变量的某观测值可能会大于 t 分布的临界值但小于 q 分布的临界值。于是，相对于 t 检验，q 检验不易拒绝原假设，进而从另一个角度保证犯弃真错误的概率总体上不增大。Tukey 方法适用于各总体方差相等的情况。

4. Scheffe 方法

Scheffe 方法采用 S 统计量作为检验统计量，其定义为：

$$S=\frac{(\overline{x}_i-\overline{x}_j)^2}{2(k-1)\frac{\mathrm{MSE}}{r}} \tag{6.13}$$

式中，k 为水平数；S 统计量服从（$k-1$，$n-k$）个自由度的 F 分布。与 Tukey 法相比，Scheffe 法不够灵敏。

5. S-N-K 方法

S-N-K（Student-Newman-Keuls）方法是一种有效划分相似性子集的方法。这里仅讨论各水平观测值个数相等（均等于 r）的情况，其基本思路如下。

第一，确定显著性水平 α，并依据 Tukey 方法计算临界值 d_t，作为衡量两组间均值是否存在显著差异的标准，计算公式为：

$$d_t = q_{\alpha/2}(k, n-k)\sqrt{\frac{2\mathrm{MSE}}{r}} \tag{6.14}$$

第二，将各水平均值按升序排序，并计算相邻两水平均值之差，然后与 d_t 比较。如果小于 d_t 就划为一个相似子集，否则划分为不同的两个子集。

第三，在第二步中，如果每组都不超过两个水平，则相似性子集划分结束；如果有的子集超过了两个水平，则需对它们进行下面第四步的分析。

第四，分析超过两个水平的子集。令 l 表示该子集包含的水平个数，$\bar{x}_l$ 表示这 l 个水平均值的均值，d_l 为该子集中各水平均值 $\bar{x}_i$ 与总均值 $\bar{x}_l$ 之差中的最大者，即

$$d_l = \max_{1\leqslant i\leqslant l}\{\,|\bar{x}_i - \bar{x}_l|\,\} \tag{6.15}$$

于是，S-N-K 法判断 d_l 所对应的水平是否可保留在该子集中。如果可以保留则结束，否则将相应的水平从子集中剔除，并对剩余的子集中的均值再按上述标准进行考察，直至没有一个水平能剔除为止。其中，剔除的标准为：

当 $l=3$ 时：

$$\mu = \frac{\dfrac{d_l}{\sqrt{\mathrm{MSE}}}\sqrt{r} - \dfrac{1}{2}}{3\left(\dfrac{1}{4} + \dfrac{1}{n-k}\right)} \tag{6.16}$$

当 $l>3$ 时：

$$\mu = \frac{\dfrac{d_l}{\sqrt{\mathrm{MSE}}}\sqrt{r} - \dfrac{6}{5}\ln l}{3\left(\dfrac{1}{4} + \dfrac{1}{n-k}\right)} \tag{6.17}$$

式（6.16）和式（6.17）中的 μ 统计量近似服从标准正态分布。如果 μ 统计量的观测值大于 $\mu_{\alpha/2}$，则将相应的水平从子集中剔除。该方法适合各水平样本量均为 r 的情况。

6.2.5.3 其他检验

方差分析中，除进行上述基本检验之外，还可以做以下检验。

1. 先验对比检验

在多重比较检验中，如果发现某些水平与另外一些水平的均值差异显著，如有 5 个水平，其中，$\bar{x}_1$，$\bar{x}_2$，$\bar{x}_3$ 与 $\bar{x}_4$，$\bar{x}_5$ 有显著差异，就可进一步比较这两组总的均值是否存在显著差异，即 $\frac{1}{3}(\bar{x}_1+\bar{x}_2+\bar{x}_3)$ 与 $\frac{1}{2}(\bar{x}_4+\bar{x}_5)$ 是否有显著差异。这种比较分析实际上是对各均值线性组合结果的分析，即如果令 $c_1=\frac{1}{3}$，$c_2=\frac{1}{3}$，$c_3=\frac{1}{3}$，$c_4=-\frac{1}{2}$，$c_5=-\frac{1}{2}$，且 $\sum_{i=1}^{5}c_i=0$，则应推断 $\sum_{i=1}^{5}c_i\bar{x}_i$ 是否显著为 0。这种事先指定各均值的系数 c_i，再对其线性组合进行检验的分析方法称为先验对比检验。通过先验对比检验能够更精确地掌握各水平间或各相似子集间均值的差异程度。

2. 趋势检验

当控制变量为定序型变量时，趋势检验能够分析随着控制变量水平的变化，观测变量值变化的总体趋势是怎样的，是呈线性变化趋势，还是呈二次、三次等多项式变化趋势。趋势检验能够帮助人们从另一个角度把握控制变量不同水平对观测变量总体作用的程度。

6.2.6　单因素方差分析应用举例的进一步分析

案例 6-2

在案例 6-1 中，利用单因素方差分析分别对广告形式、地区对销售额的影响进行了分析。分析的结论是不同的广告形式、不同的地区对某产品的销售额有显著影响。进一步希望研究，究竟哪种广告形式的作用较明显，哪种不明显，以及地区和销售额之间的关系等。

6.2.6.1　方差齐性检验

不同广告形式、不同地区下销售额总体的方差是否相同，是否满足单因素方差分析的前提要求，是首先应检验的问题。

SPSS 进行方差齐性检验的基本操作步骤如下。

(1) 在图 6-1 所示窗口中点击 选项(O) 按钮，结果如图 6-2 所示。

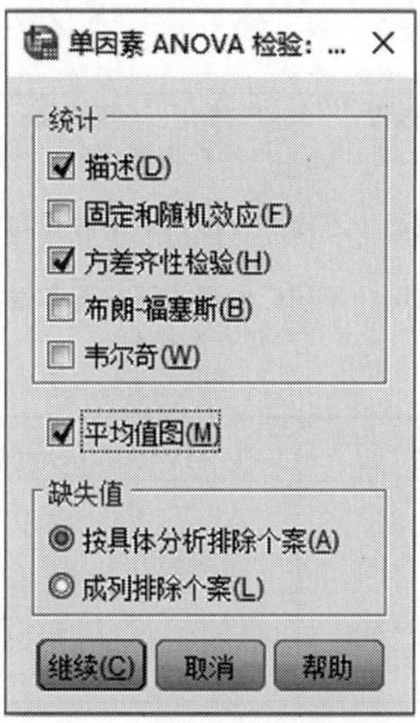

图 6-2　方差分析的选项窗口

(2) 在图 6-2 所示的窗口中，选择【方差齐性检验(H)】选项，还可以选择【描述(D)】选项输出观测变量的基本描述统计量；【平均值图(M)】选项表示绘制各水平下观测变量均值的折线图；【缺失值】框中提供的两种缺失数据的处理方式与单样本 t 检验中的相同。

分析结果如表 6-2 和图 6-3 所示。

表6-2（a） 不同广告形式下销售额的基本描述统计量及95%置信区间

描述

销售额

	N	均值	标准差	标准误	均值的95%置信区间		极小值	极大值
					下限	上限		
报纸	36	73.222 2	9.733 92	1.622 32	69.928 7	76.515 7	54.00	94.00
广播	36	70.888 9	12.967 60	2.161 27	66.501 3	75.276 5	33.00	100.00
宣传品	36	56.555 6	11.618 81	1.936 47	52.624 3	60.486 8	33.00	86.00
体验	36	66.611 1	13.497 68	2.249 61	62.044 2	71.178 1	37.00	87.00
总计	144	66.819 4	13.527 83	1.127 32	64.591 1	69.047 8	33.00	100.00

表6-2（a）表明，在4种不同广告形式下各有36个观测。报纸广告的平均销售额最高，广播广告的效果与报纸相近，宣传品广告的效果最不理想。这点可在图6-3（a）中得到直观印证。

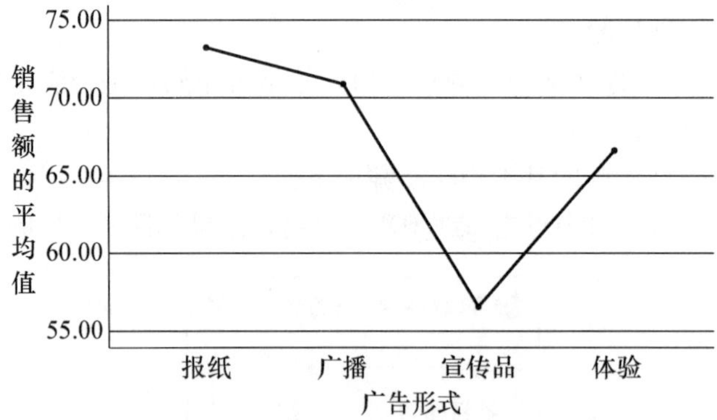

图6-3（a） 不同广告形式下销售额均值折线图

表6-2（b） 不同广告形式下方差齐性检验结果

方差齐性检验

销售额

		莱文统计	自由度1	自由度2	显著性
销售额	基于平均值	0.765	3	140	0.515
	基于中位数	0.827	3	140	0.481
	基于中位数并具有调整后自由度	0.827	3	129.988	0.481
	基于剪除后平均值	0.739	3	140	0.531

表6-2（b）第1行表明，不同广告形式下销售额的方差齐性检验的检验统计量的观测值为0.765，对应的概率P-值为0.515。如果显著性水平α为0.05，由于概率P-值大于显著性水平，不应拒绝原假设，认为不同广告形式下销售额的总体方差无显著差异，满足方差分析中方差齐性的前提要求。需要说明的是，莱文检验还可采用基于中位数计算的F检验统计量（如表6-2（b）第2行所示，其检验结论相同），即：首先分别计算控制变量各水平下观测变量的中位数，计算各观测值与本组中位数的差的绝对值，然后采用单因

素方差分析，借助 F 统计量对各组差的绝对值的总体均值是否有显著差异进行检验。与 5.3.2 节不同的是，这里莱文检验基于中位数计算，具有更强的检验稳健性。

表 6－2（c）表明，在 18 个地区中各有 8 个观测。第 3 地区的平均销售额最高，第 4 地区、第 10 地区与第 3 地区接近，第 11 地区、第 17 地区最不理想。这些结论可在图 6－3（b）中得到直观印证。

表 6－2（c） 不同地区销售额的基本描述统计量及 95%置信区间

描述

销售额

	N	均值	标准差	标准误	均值的 95%置信区间		极小值	极大值
					下限	上限		
1.00	8	60.000 0	10.980 50	3.882 19	50.820 1	69.179 9	41.00	75.00
2.00	8	64.375 0	13.500 66	4.773 20	53.088 2	75.661 8	44.00	82.00
3.00	8	81.000 0	10.980 50	3.882 19	71.820 1	90.179 9	61.00	100.00
4.00	8	79.250 0	7.554 56	2.670 94	72.934 2	85.565 8	66.00	90.00
5.00	8	72.625 0	8.733 15	3.087 63	65.323 9	79.926 1	57.00	87.00
6.00	8	66.375 0	8.634 44	3.052 74	59.156 4	73.593 6	52.00	77.00
7.00	8	58.750 0	17.293 68	6.114 24	44.292 1	73.207 9	33.00	76.00
8.00	8	73.375 0	9.101 61	3.217 90	65.765 9	80.984 1	61.00	86.00
9.00	8	57.625 0	11.185 93	3.954 82	48.273 3	66.976 7	40.00	73.00
10.00	8	77.750 0	14.508 62	5.129 57	65.620 5	89.879 5	61.00	100.00
11.00	8	52.250 0	10.498 30	3.711 71	43.473 2	61.026 8	40.00	70.00
12.00	8	69.750 0	10.024 97	3.544 36	61.368 9	78.131 1	51.00	86.00
13.00	8	67.000 0	15.892 50	5.618 85	53.713 5	80.286 5	42.00	87.00
14.00	8	64.125 0	7.679 98	2.715 28	57.704 4	70.545 6	52.00	77.00
15.00	8	67.000 0	11.250 40	3.977 62	57.594 4	76.405 6	50.00	83.00
16.00	8	69.250 0	14.310 34	5.059 47	57.286 3	81.213 7	44.00	81.00
17.00	8	53.875 0	11.740 50	4.150 89	44.059 7	63.690 3	37.00	73.00
18.00	8	68.375 0	8.634 44	3.052 74	61.156 4	75.593 6	58.00	83.00
总计	144	66.819 4	13.527 83	1.127 32	64.591 1	69.047 8	33.00	100.00

表 6－2（d） 不同地区的方差齐性检验结果

方差齐性检验

销售额

		莱文统计	自由度 1	自由度 2	显著性
销售额	基于平均值	1.459	17	126	0.121
	基于中位数	0.692	17	126	0.806
	基于中位数并具有调整后自由度	0.692	17	71.253	0.801
	基于剪除后平均值	1.397	17	126	0.149

表 6－2（d）表明，如果显著性水平 α 为 0.05，由于概率 P-值（0.121）大于显著性水平，不应拒绝原假设，认为不同地区中销售额的总体方差无显著差异，满足方差分析的前提要求。

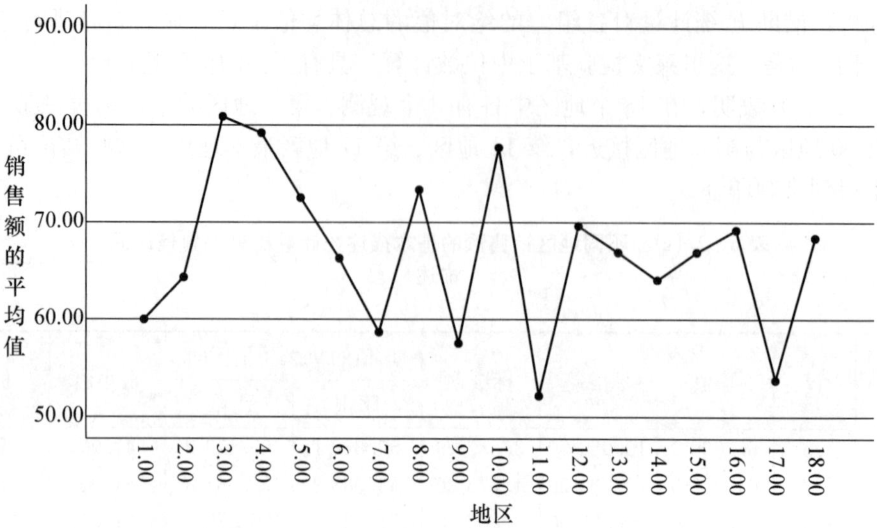

图6-3（b）　不同地区销售额均值折线图

6.2.6.2　多重比较检验

从总体上讲，不同广告形式对产品的销售额有显著影响，那么究竟哪种广告形式的作用较明显，哪种不明显，这个问题可通过多重比较检验解决。同理，可对商品在不同地区的销售情况进行分析。

SPSS进行多重比较检验的基本操作步骤如下。

（1）在图6-1所示的窗口中点击【事后比较(H)】按钮，结果如图6-4所示。

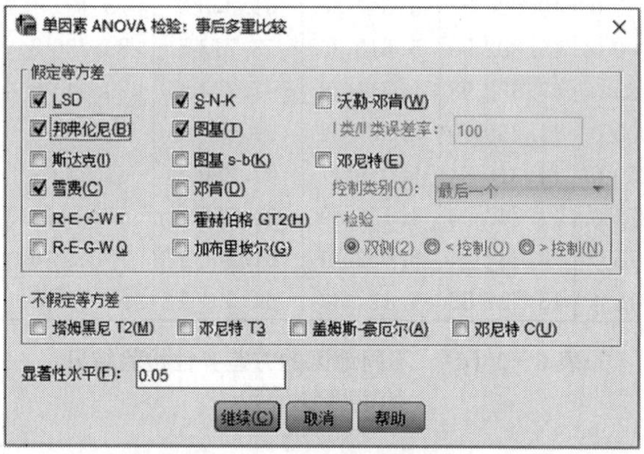

图6-4　多重比较检验窗口

（2）图6-4所示的窗口中提供了多种多重比较检验的方法，其中包括适用于各水平方差齐性情况下的方法以及各水平方差不齐情况下的方法。在方差分析中，受前提所限，应用中多采用【假定等方差】框中的方法。多重比较检验中，SPSS默认的显著性水平为0.05，可以根据实际情况修改【显著性水平(F)】后面的数值。

本例采用了LSD，Bonferroni（邦弗伦尼(B)），Tukey（图基(T)），Scheffe（雪费(C)），S-N-K五种方法。由于篇幅所限，这里只给出广告形式的多重比较检验结果，如表6-3所示。

表 6 - 3 (a)　广告形式的多重比较检验

多重比较

因变量：销售额

	广告形式 (I)	广告形式 (J)	均值差 (I—J)	标准误	显著性	95% 置信区间	
						下限	上限
Tukey HSD	报纸	广播	2.333 3	2.838 46	0.844	−5.047 1	9.713 8
		宣传品	16.666 7*	2.838 46	0.000	9.286 2	24.047 1
		体验	6.611 1	2.838 46	0.096	−0.769 3	13.991 5
	广播	报纸	−2.333 3	2.838 46	0.844	−9.713 8	5.047 1
		宣传品	14.333 3*	2.838 46	0.000	6.952 9	21.713 8
		体验	4.277 8	2.838 46	0.436	−3.102 7	11.658 2
	宣传品	报纸	−16.666 7*	2.838 46	0.000	−24.047 1	−9.286 2
		广播	−14.333 3*	2.838 46	0.000	−21.713 8	−6.952 9
		体验	−10.055 6*	2.838 46	0.003	−17.436 0	−2.675 1
	体验	报纸	−6.611 1	2.838 46	0.096	−13.991 5	0.769 3
		广播	−4.277 8	2.838 46	0.436	−11.658 2	3.102 7
		宣传品	10.055 6*	2.838 46	0.003	2.675 1	17.436 0
Scheffe	报纸	广播	2.333 3	2.838 46	0.879	−5.698 9	10.365 6
		宣传品	16.666 7*	2.838 46	0.000	8.634 4	24.698 9
		体验	6.611 1	2.838 46	0.148	−1.421 2	14.643 4
	广播	报纸	−2.333 3	2.838 46	0.879	−10.365 6	5.698 9
		宣传品	14.333 3*	2.838 46	0.000	6.301 1	22.365 6
		体验	4.277 8	2.838 46	0.520	−3.754 5	12.310 0
	宣传品	报纸	−16.666 7*	2.838 46	0.000	−24.698 9	−8.634 4
		广播	−14.333 3*	2.838 46	0.000	−22.365 6	−6.301 1
		体验	−10.055 6*	2.838 46	0.007	−18.087 8	−2.023 3
	体验	报纸	−6.611 1	2.838 46	0.148	−14.643 4	1.421 2
		广播	−4.277 8	2.838 46	0.520	−12.310 0	3.754 5
		宣传品	10.055 6*	2.838 46	0.007	2.023 3	18.087 8
LSD	报纸	广播	2.333 3	2.838 46	0.412	−3.278 4	7.945 1
		宣传品	16.666 7*	2.838 46	0.000	11.054 9	22.278 4
		体验	6.611 1*	2.838 46	0.021	0.999 3	12.222 9
	广播	报纸	−2.333 3	2.838 46	0.412	−7.945 1	3.278 4
		宣传品	14.333 3*	2.838 46	0.000	8.721 6	19.945 1
		体验	4.277 8	2.838 46	0.134	−1.334 0	9.889 6
	宣传品	报纸	−16.666 7*	2.838 46	0.000	−22.278 4	−11.054 9
		广播	−14.333 3*	2.838 46	0.000	−19.945 1	−8.721 6
		体验	−10.055 6*	2.838 46	0.001	−15.667 3	−4.443 8
	体验	报纸	−6.611 1*	2.838 46	0.021	−12.222 9	−0.999 3
		广播	−4.277 8	2.838 46	0.134	−9.889 6	1.334 0
		宣传品	10.055 6*	2.838 46	0.001	4.443 8	15.667 3

续表

	广告形式 (I)	广告形式 (J)	均值差 (I−J)	标准误	显著性	95% 置信区间	
						下限	上限
Bonferroni	报纸	广播	2.333 3	2.838 46	1.000	−5.263 1	9.929 8
		宣传品	16.666 7*	2.838 46	0.000	9.070 2	24.263 1
		体验	6.611 1	2.838 46	0.128	−0.985 4	14.207 6
	广播	报纸	−2.333 3	2.838 46	1.000	−9.929 8	5.263 1
		宣传品	14.333 3*	2.838 46	0.000	6.736 9	21.929 8
		体验	4.277 8	2.838 46	0.804	−3.318 7	11.874 2
	宣传品	报纸	−16.666 7*	2.838 46	0.000	−24.263 1	−9.070 2
		广播	−14.333 3*	2.838 46	0.000	−21.929 8	−6.736 9
		体验	−10.055 6*	2.838 46	0.003	−17.652 0	−2.459 1
	体验	报纸	−6.611 1	2.838 46	0.128	−14.207 6	0.985 4
		广播	−4.277 8	2.838 46	0.804	−11.874 2	3.318 7
		宣传品	10.055 6*	2.838 46	0.003	2.459 1	17.652 0

* 均值差的显著性水平为 0.05。

表 6-3（b） 广告形式多重比较检验的相似性子集

销售额

广告形式		个案权	alpha=0.05 的子集	
			1	2
Student-Newman-Keuls[a]	宣传品	36	56.555 6	
	体验	36		66.611 1
	广播	36		70.888 9
	报纸	36		73.222 2
	显著性		1.000	0.055
Tukey HSD[a]	宣传品	36	56.555 6	
	体验	36		66.611 1
	广播	36		70.888 9
	报纸	36		73.222 2
	显著性		1.000	0.096
Scheffe[a]	宣传品	36	56.555 6	
	体验	36		66.611 1
	广播	36		70.888 9
	报纸	36		73.222 2
	显著性		1.000	0.148

说明：将显示同类子集中的组均值。

a. 将使用调和均值，样本大小=36.000。

表 6-3（a）中分别显示了两两广告形式下销售额均值检验的结果。可以看出，因各种检验方法对抽样分布标准误的定义相同，各种方法的前两列数据完全相同。表中的第三列是检验统计量观测值在不同分布中的概率 P-值，仔细观察便可发现各种方法在检验敏感度上的差异。以报纸广告与其他三种广告形式的两两检验结果为例，如果显著性水平 α 为 0.05，在 LSD 方法中，报纸广告和广播广告的效果没有显著差异（概率 P-值为 0.412），

与宣传品广告和体验广告均有显著差异（概率 P-值分别为 0.000（接近 0）和 0.021），但在其他三种方法中，报纸广告只与宣传品广告有显著差异，而与体验广告无显著差异。由此可见，LSD 方法的检验敏感度是其中最高的。高检验敏感度会使拒绝原假设的可能性增大，与低敏感度的方法相比，其犯弃真错误的可能性会略高。该表中星号的含义是：在显著性水平 α 为 0.05（默认的）的情况下，概率 P-值小于 α，相应两组的总体均值存在显著差异，与第三列的结果相对应。

表 6-3（b）是由各种方法划分的相似性子集。可以看到表中三种方法划分的子集结果是一致的。在显著性水平 α 为 0.05（默认）的情况下，首先观察 S-N-K 方法的结果，均值为 56.555 6 的组（宣传品组）与其他三组的均值有显著不同（其相似的可能性小于 0.05），被划分出来，结果形成两个相似子集。在第一个子集中，组内相似（自身相似）的概率为 1，第二组组内相似的可能性大于 0.05，为 0.055。在 Tukey 和 Scheffe 方法中，第二组组内相似的可能性也均大于 0.05，分别为 0.096 和 0.148，Tukey 方法的敏感度高于 Scheffe 方法。通常在相似子集划分时多采用 S-N-K 方法的结论。

总之，如果从获得高销售额的角度选择广告形式，不应采用宣传品的形式，可考虑在报纸、广播和体验中选择一种成本低或操作性强的广告形式。

6.2.6.3　趋势检验

仿照上面的分析，还可以清楚地掌握不同地区的销售情况。这里，如果假定不同地区的差异主要表现在人口密度方面（地区编号小的人口密度高，地区编号大的人口密度低），那么进一步可分析不同地区的销售额总体上是否随着地区人口密度的降低而呈现出某种趋势性的变化规律，进而为市场细分提供依据。这里，采用线性趋势检验。

SPSS 进行趋势检验的基本操作步骤如下。

（1）在图 6-1 所示窗口中点击 对比(N) 按钮，结果如图 6-5 所示。

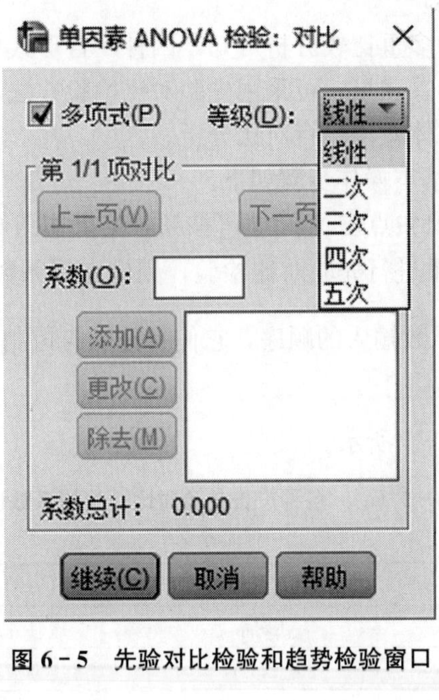

图 6-5　先验对比检验和趋势检验窗口

（2）在图 6－5 中，如果进行趋势检验，则应选择【多项式（P）】选项，然后在后面的【等级(D)】下拉框中选择趋势的类型。其中包括线性趋势、二次多项式、三次多项式等。

本例对地区做线性趋势检验，分析结果如表 6－4 所示。

表 6－4　地区的趋势检验结果

ANOVA

销售额

		平方和	自由度	均方	F	显著性
组间（合并）		9 265.306	17	545.018	4.062	0.000
线性项	对比	543.938	1	543.938	4.054	0.046
	偏差	8 721.367	16	545.085	4.063	0.000
组内		16 904.000	126	134.159		
总数		26 169.306	143			

将表 6－4 与表 6－1（b）对比可以看出：趋势检验对观测变量的组间差做进一步细分，将其分解为可被地区线性解释的变差（第二行：543.938）以及剩余的不可被地区线性解释的变差（第三行：8 721.367）。其中，可被地区线性解释的变差实际上是观测变量（销售额）为被解释变量、控制变量（地区）为解释变量的一元线性回归分析中的回归平方和，体现了解释变量对被解释变量的线性贡献程度。对应行第五列的 F 值（4.054）是回归平方和的均方（543.938）除以组内平方和的均方（134.159）的结果，对应的概率 P－值为 0.046。如果显著性水平 α 为 0.05，则拒绝原假设，认为地区和销售额之间不是零线性相关。观察图 6－3（b）可知，它们之间是存在某种程度的负相关，即地区编码越大（人口密度越低），平均销售额越低，但第二行的 F 检验的显著性水平（0.046）接近 0.05，表明拒绝原假设，认为存在非零相关性的把握程度不高。

6.2.6.4　先验对比检验

通过对不同广告形式的多重比较分析可知，四种广告形式中，宣传品广告的效果是最差的，而其余三种略有差异。这里，可采用先验对比检验方法，进一步对报纸广告的效果与广播广告和体验广告的整体效果进行对比分析。

SPSS 先验对比检验的基本操作步骤如下。

（1）在图 6－1 所示窗口中点击 对比(N) 按钮，结果如图 6－5 所示。

（2）在图 6－5 中，如果进行先验对比检验，则应在【系数(O)】后依次输入系数 c_i，并确保 $\sum_{i=1}^{k} c_i = 0$。应注意系数输入的顺序，它们将分别与控制变量的水平值相对应。这里依次为 1，－0.5，0，－0.5。

本例的分析结果如表 6－5 所示。

表 6－5（a）　各种广告先验对比检验的系数说明

对比系数

对比	广告形式			
	报纸	广播	宣传品	体验
1	1	－0.5	0	－0.5

表 6-5（b）　报纸广告效果与广播、体验广告整体效果的对比检验结果

对比检验

		对比	对比值	标准误	t	df	显著性（双侧）
销售额	假设等方差	1	4.472 2	2.458 18	1.819	140	0.071
	不假设等方差	1	4.472 2	2.250 53	1.987	90.771	0.050

表 6-5（b）分别显示了两组方差相等和不相等情况下的两个 t 检验结果，这里应看第一行的 LSD 检验结果。报纸广告下的平均销售额比广播和体验广告下的平均销售额多 4.47（对比值）；标准误为 LSD 检验的标准误，即 $\sqrt{\text{MSE}\left(\frac{1}{36}+\frac{1}{72}\right)}$，其中，MSE＝145.0（见表 6-1（a））。如果显著性水平 α 为 0.05，由于 t 检验的概率 P-值大于显著性水平，不应拒绝原假设，认为报纸广告的效果与广播、体验广告的整体效果并没有显著差异。

至此，已对广告形式和地区对销售额的影响进行了较为详尽的分析。其中，地区差异总体上虽然是存在的，但除个别地区外，大部分地区间的差异较小。因此，在广告投放时地区因素可不作为主要因素；在广告形式方面，可综合其他因素在报纸、广播和体验三种形式中选择。

6.3　多因素方差分析

6.3.1　多因素方差分析的基本思想

多因素方差分析用来研究两个及两个以上控制变量是否对观测变量产生显著影响。这里，由于研究多个因素对观测变量的影响，因此称为多因素方差分析。多因素方差分析不仅能够分析多个因素对观测变量的独立影响，更能够分析多个控制因素的交互作用能否对观测变量的分布产生显著影响，进而找到利于观测变量的最优组合。

例如，分析不同品种、不同施肥量对农作物产量的影响时，可将农作物产量作为观测变量，将品种和施肥量作为控制变量，利用多因素方差分析方法，研究不同品种、不同施肥量是如何影响农作物产量的，并进一步研究哪个品种与哪种水平的施肥量是提高农作物产量的最优组合。

再如，在上节应用案例中，分析发现不同广告形式对产品销售额有显著影响，不同地区的产品销售额存在显著差异，进一步可以通过多因素方差分析，研究不同广告形式和不同地区的搭配是否对销售额产生影响，以及哪种搭配方式可获得最理想的销售业绩等。

6.3.1.1　确定观测变量和若干控制变量

多因素方差分析的第一步是确定观测变量和若干控制变量。例如，上述问题中的观测变量分别为农作物产量、销售额，控制变量分别为品种、施肥量、广告形式、地区。

6.3.1.2 剖析观测变量的方差

多因素方差分析的第二步是剖析观测变量的方差。在多因素方差分析中，观测变量值的变动会受到以下三个方面的影响：

第一，控制变量独立作用的影响。控制变量独立作用的影响是指单个控制变量独立作用对观测变量的影响。例如，品种对农作物产量的影响、施肥量对农作物产量的影响、广告形式对销售额的影响、地区对销售额的影响等。

第二，控制变量交互作用的影响。控制变量交互作用的影响是指多个控制变量不同水平相互搭配后对观测变量产生的影响。例如，在农作物产量的例子中，如果品种有甲、乙两个水平，施肥量有10千克、20千克、30千克三个水平，它们的交互作用包括：（甲品种，10千克）、（甲品种，20千克）、（甲品种，30千克）、（乙品种，10千克）、（乙品种，20千克）、（乙品种，30千克）。研究这些因素的共同作用是否会对观测变量带来影响是多因素方差分析的重要内容。

第三，随机因素的影响。随机因素的影响主要指抽样误差带来的影响。

多因素方差分析将观测变量的总变差分解为（以两个控制变量A和B为例）：

$$SST = SSA + SSB + SSAB + SSE \tag{6.18}$$

式中，SST为观测变量的总变差；SSA，SSB分别为控制变量A，B独立作用引起的变差；SSAB为控制变量A，B两两交互作用引起的变差；SSE为随机因素引起的变差。通常称SSA＋SSB为主效应（Main Effects），SSAB为N向（N-WAY）交互效应，SSE为剩余（Residual）。

在两因素方差分析中，SST的定义同式（6.2）。

设控制变量A有k个水平，控制变量B有r个水平。SSA的定义为：

$$SSA = \sum_{i=1}^{k}\sum_{j=1}^{r} n_{ij}(\bar{x}_i^{A} - \bar{x})^2 \tag{6.19}$$

式中，n_{ij}为因素A第i个水平和因素B第j个水平下的样本观测值个数；$\bar{x}_i^{A}$为因素A第i个水平下观测变量的均值。

SSB的定义为：

$$SSB = \sum_{i=1}^{k}\sum_{j=1}^{r} n_{ij}(\bar{x}_j^{B} - \bar{x})^2 \tag{6.20}$$

式中，n_{ij}为因素A第i个水平和因素B第j个水平下的样本观测值个数；$\bar{x}_j^{B}$为因素B第j个水平下观测变量的均值。

SSE的定义为：

$$SSE = \sum_{i=1}^{k}\sum_{j=1}^{r}\sum_{m=1}^{n_{ij}} (x_{ijm} - \bar{x}_{ij}^{AB})^2 \tag{6.21}$$

式中，x_{ijm} 为因素 A 第 i 个水平和因素 B 第 j 个水平下的第 m 个观测值；$\overline{x}_{ij}^{AB}$ 为因素 A，B 在水平 i，j 下的观测变量的均值。

于是，交互作用可解释的变差为：

$$SSAB = SST - SSA - SSB - SSE \tag{6.22}$$

对交互作用 SSAB 可以从表 6-6 直观理解。

表 6-6 (a)　控制变量 A 和控制变量 B 无交互作用

	A_1	A_2
B_1	2	5
B_2	7	10

在表 6-6（a）中，当控制变量 A 从水平 A_1 变化到水平 A_2 时，观测变量值在控制变量 B 的 B_1，B_2 两个水平上都增加了，与控制变量 B 取 B_1 或取 B_2 无关；同理，当控制变量 B 从水平 B_1 变化到水平 B_2 时，观测变量值在控制变量 A 的 A_1，A_2 两个水平上都增加了，与控制变量 A 取 A_1 或取 A_2 无关。这时可认为两控制变量无交互作用。

表 6-6 (b)　控制变量 A 和控制变量 B 有交互作用

	A_1	A_2
B_1	2	5
B_2	7	3

在表 6-6（b）中，当控制变量 A 从水平 A_1 变化到水平 A_2 时，观测变量值在控制变量 B 的 B_1 水平上增加了，在 B_2 水平上却减少了，与控制变量 B 取 B_1 或取 B_2 有关；同理，当控制变量 B 从水平 B_1 变化到水平 B_2 时，观测变量值在控制变量 A 的 A_1 水平上增加了，在 A_2 水平上却减少了，与控制变量 A 取 A_1 或取 A_2 有关。这时应认为两控制变量有交互作用。

与两个控制变量的情况相似，当控制变量为 A，B，C 三个时，观测变量的总变差可分解为：

$$SST = SSA + SSB + SSC + SSAB + SSAC + SSBC + SSABC + SSE \tag{6.23}$$

6.3.1.3　比较观测变量总离差平方和各部分所占的比例

多因素方差分析的第三步是分别比较观测变量总离差平方和各部分所占的比例，推断控制变量以及控制变量的交互作用是否给观测变量带来了显著影响。

> 容易理解，在观测变量总离差平方和中，如果 SSA 所占比例较大，也即 SSA/SSE≫1，则说明控制变量 A 是引起观测变量变动的主要因素之一，观测变量的部分变动可以由控制变量 A 来解释；反之，如果 SSA 所占比例较小，也即 SSA/SSE≈1，则说明控制变量 A 不是引起观测变量变动的主要因素之一，观测变量的变动无法通过控制变量 A 来解释。对 SSB 和 SSAB 同理。

6.3.2 多因素方差分析的数学模型

设控制变量 A 有 k 个水平，B 有 r 个水平，每个交叉水平下均有 l 个样本（l 次试验，样本量均为 l）。那么，在控制变量 A 的水平 A_i 和控制变量 B 的水平 B_j 下的第 m 个观测值 x_{ijm} 可以定义为：

$$x_{ijm}=\mu+a_i+b_j+(ab)_{ij}+\varepsilon_{ijm}$$
$$i=1,2,\cdots,k;\ j=1,2,\cdots,r;\ m=1,2,\cdots,l \tag{6.24}$$

式中，ε_{ijm} 为抽样误差，是服从正态分布 $N(0,\sigma^2)$ 的独立随机变量。式（6.24）是多因素方差分析的饱和模型（Full Factorial），可以看到它是一个线性模型。其中，μ 的无偏估计 $\hat{\mu}=\bar{x}$，a_i 的无偏估计 $\hat{a}_i=\bar{x}_i^{A}-\bar{x}$，$b_j$ 的无偏估计 $\hat{b}_j=\bar{x}_j^{B}-\bar{x}$。$(ab)_{ij}$ 的无偏估计 $(\widehat{ab})_{ij}=\bar{x}_{ij}-\bar{x}_i^{A}-\bar{x}_j^{B}+\bar{x}$。如果控制变量 A（或 B）对观测变量没有影响，则各水平的效应 a_i（或 b_j）应全部为 0，否则不全为 0。同理，如果控制变量 A 和 B 对观测变量没有交互影响，则各水平的效应 $(ab)_{ij}$ 应全部为 0，否则不全为 0。多因素方差分析正是要分别对控制变量 A，B 及交互作用的所有效应是否同时为 0 进行推断。

6.3.3 多因素方差分析的基本步骤

方差分析问题属于推断统计中的假设检验问题，其基本步骤与假设检验完全一致。

1. 提出原假设

多因素方差分析的原假设 H_0 是：各控制变量不同水平下观测变量各总体的均值无显著差异，控制变量各效应和交互作用效应同时为 0，记为：

$$H_0:\ a_1=a_2=\cdots=a_k=0$$
$$b_1=b_2=\cdots=b_r=0$$
$$(ab)_{11}=(ab)_{12}=\cdots=(ab)_{kr}=0$$

这意味着控制变量和它们的交互作用没有对观测变量产生显著影响。

2. 选择检验统计量

在多因素方差分析中，控制变量可以进一步划分为固定效应和随机效应两种类型。其中，固定效应通常指控制变量的各个水平是可以严格控制的，如温度、品种等，且获得了控制变量所有水平下的观测变量值；随机效应是指控制变量的各个水平无法严格控制，如城市规模、教育水平等，且仅获得了控制变量部分水平下的观测变量值。一般区分固定效应和随机效应是比较困难的。如果方差分析的目的仅限于对比已有控制变量不同水平对观测变量的影响，不涉及对未观测到水平的影响对比外推，则可视其为固定效应。由于这两种效应的存在，多因素方差分析模型也有固定效应模型和随机效应模型之分。这两种模型分解观测变量变差的方式是完全相同的，主要差别体现在检验统计量的构造方面。多因素方差分析采用的检验统计量仍为 F 统计量。如果有 A，B 两个控制变量，通常对应三个 F 检验统计量。

在固定效应模型中，各 F 检验统计量为：

$$F_A=\frac{\mathrm{SSA}/(k-1)}{\mathrm{SSE}/[kr(l-1)]}=\frac{\mathrm{MSA}}{\mathrm{MSE}} \tag{6.25}$$

$$F_B = \frac{SSB/(r-1)}{SSE/[kr(l-1)]} = \frac{MSB}{MSE} \tag{6.26}$$

$$F_{AB} = \frac{SSAB/[(k-1)(r-1)]}{SSE/[kr(l-1)]} = \frac{MSAB}{MSE} \tag{6.27}$$

在随机效应模型中，F_{AB} 统计量同式（6.27），其他两个 F 检验统计量为：

$$F_A = \frac{SSA/(k-1)}{SSAB/[(k-1)(r-1)]} = \frac{MSA}{MSAB} \tag{6.28}$$

$$F_B = \frac{SSB/(r-1)}{SSAB/[(k-1)(r-1)]} = \frac{MSB}{MSAB} \tag{6.29}$$

从上述各式可以看出，各种 F 统计量的构造方式体现了前面提及的多因素方差分析的基本思想，且剔除了控制变量水平数、样本量对计算结果产生的影响。

3. 计算检验统计量的观测值和概率 P-值

该步骤的目的是计算检验统计量的观测值和对应的概率 P-值。SPSS 将自动把相关数据代入各式，计算出各个 F 统计量的观测值和对应的概率 P-值。

4. 给定显著性水平 α，并作出决策

给定显著性水平 α，依次与各个检验统计量观测值对应的概率 P-值作比较。在固定效应模型中，如果 F_A 的概率 P-值小于显著性水平 α，则应拒绝原假设，认为控制变量 A 的各个效应不同时为 0，控制变量 A 不同水平下观测变量各总体的均值存在显著差异，控制变量 A 的不同水平对观测变量产生了显著影响；反之，如果 F_A 的概率 P-值大于显著性水平 α，则不应拒绝原假设，认为控制变量 A 的各个效应同时为 0，控制变量 A 不同水平下观测变量各总体的均值无显著差异，控制变量 A 的不同水平对观测变量没有产生显著影响。对控制变量 B 以及 A，B 交互作用的推断同理。在随机效应模型中，应首先对 A，B 的交互作用是否显著进行推断，再分别依次对 A，B 的效应进行检验。

6.3.4　多因素方差分析的应用举例

在利用 SPSS 进行多因素方差分析时，应首先将各个控制变量以及观测变量分别定义成多个 SPSS 变量，组织好数据后再进行分析。

案例 6-3

某企业在制定某商品的广告策略时，收集了该商品在不同地区采用不同广告形式促销后的销售额数据，希望对广告形式、地区以及广告形式和地区的交互作用是否对商品销售额产生影响进行分析。具体数据在可供下载的压缩包中，文件名为“广告地区与销售额.sav”。

本例可用多因素方差分析进行研究。这里，以广告形式和地区为控制变量，销售额为观测变量。其中原假设为：不同广告形式没有对销售额产生显著影响（不同广告形式对销售额的效应同时为 0）；不同地区的销售额没有显著差异（不同地区对销售额的效应同时为 0）；

广告形式和地区对销售额没有产生显著的交互影响（交互作用对销售额的效应同时为 0）。

SPSS 多因素方差分析的基本操作步骤如下：

(1) 选择菜单：【分析(A)】→【一般线性模型(G)】→【单变量(U)】。出现如图 6－6 所示的窗口。

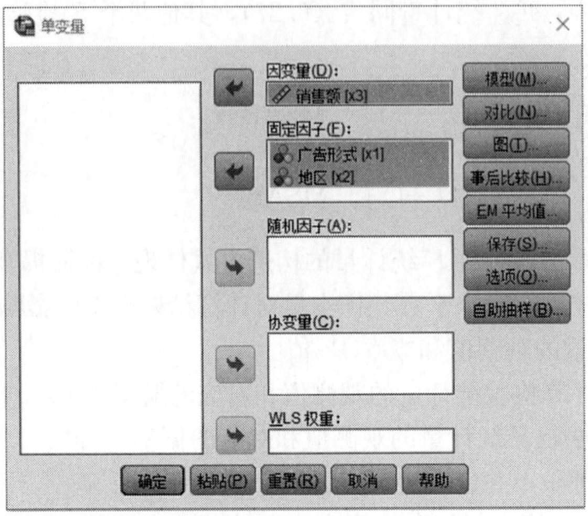

图 6－6 多因素方差分析窗口

(2) 指定观测变量到【因变量(D)】框中。

(3) 指定固定效应的控制变量到【固定因子(F)】框中，指定随机效应的控制变量到【随机因子(A)】框中。

至此，SPSS 将自动建立多因素方差分析的饱和模型，计算各检验统计量的观测值和对应的概率 P-值，并将结果显示在 SPSS 查看器窗口中。分析结果如表 6－7 所示。

表 6－7 销售额多因素方差分析结果

主体间效应的检验

因变量：销售额

源	Ⅲ类平方和	自由度	均方	F	显著性
修正模型	20 094.306[a]	71	283.018	3.354	0.000
截距	642 936.694	1	642 936.694	7 619.990	0.000
x1	5 866.083	3	1 955.361	23.175	0.000
x2	9 265.306	17	545.018	6.459	0.000
x1 * x2	4 962.917	51	97.312	1.153	0.286
误差	6 075.000	72	84.375		
总计	669 106.000	144			
修正的总计	26 169.306	143			

a. $R^2=0.768$（调整 $R^2=0.539$）。

表 6－7 中，第一列是对观测变量总变差分解的说明，第二列是观测变量变差分解的结果，第三列是自由度，第四列是方差，第五列是 F 检验统计量的观测值，第六列是检验统计

量观测值对应的概率 P-值。可以看到：观测变量（销售额）的总变差 SST 为 26 169.306，它被分解为四个部分，分别是：由广告形式（x1）不同引起的变差（5 866.083），由地区（x2）差异引起的变差（9 265.306），由广告形式和地区交互作用（x1 * x2）引起的变差（4 962.917），由随机因素引起的变差（6 075.000）。这些变差除以各自的自由度后，得到各自的方差，并可计算出各 F 检验统计量的观测值和各自由度下的概率 P-值。F_{x1}，F_{x2}，F_{x1*x2} 的概率 P-值分别为 0.000，0.000 和 0.286。如果显著性水平 α 为 0.05，由于 F_{x1}，F_{x2} 的概率 P-值小于显著性水平 α，应拒绝原假设，可以认为不同广告形式、地区下的销售额总体均值存在显著差异，对销售额的效应不同时为 0，各自不同的水平给销售额带来了显著影响。该结论与单因素方差分析是一致的。不同的是，多因素方差分析是在剔除了其他控制变量（如地区）的影响下研究某个控制变量（如广告形式）对观测变量（如销售额）的影响。同时，由于 F_{x1*x2} 的概率 P-值大于显著性水平 α，不应拒绝原假设，可以认为不同广告形式和地区没有对销售额产生显著的交互作用，不同地区采用哪种形式的广告都不会对销售额产生显著影响。

另外，在表 6-7 中，修正模型行所对应的平方和（20 094.306）是 x1，x2，x1 * x2 对应变差相加的结果（20 094.306＝5 866.083＋9 265.306＋4 962.917），是线性模型整体对观测变量变差解释的部分，其对应的 F 检验统计量观测值和概率 P-值说明，观测变量的变动主要是由控制变量整体的不同水平引起的，控制变量能够较好地反映观测变量的变动，模型对观测变量有一定的解释能力。截距（642 936.694）是观测变量与 0 的总离差平方和与 SST 的差，即

$$\sum_{i=1}^{k}\sum_{j=1}^{r}\sum_{m=1}^{l}x_{ijm}^{2}-\mathrm{SST} \tag{6.30}$$

它与 SST 的和是表格中的总计项（642 936.694＋26 169.306＝669 106.00）。在实际分析中一般不必引用。表 6-7 中的 R^2（R^2：0.768）和调整的 R^2（调整 R^2：0.539）反映的是多因素方差模型对观测数据的整体拟合程度，它们越接近 1 说明拟合程度越高。在该问题中有两个控制变量，应参考调整的 R^2，可以看到该模型对数据的拟合程度并不太理想，从另一个角度说明了销售额还受到除广告形式和地区以外的其他因素的影响。

6.3.5　多因素方差分析的进一步分析

6.3.5.1　多因素方差分析的非饱和模型

非饱和模型是针对饱和模型而言的。式（6.18）和式（6.23）是对饱和模型的最好诠释。在饱和模型中，观测变量总的变差被分解为控制变量独立作用、控制变量交互作用（包括二阶、三阶或更高阶的交互）以及抽样误差三大部分。如果研究发现控制变量的某阶交互作用没有给观测变量带来显著影响，那么就可以尝试建立非饱和模型。非饱和模型与饱和模型的差别主要表现在：没有将观测变量总变差分解成式（6.18）和式（6.23）所示的各个部分，而是将其中某些对观测变量变差解释作用不显著的部分合并到 SSE 中。如 A，B 两因素的非饱和模型为：

$$\mathrm{SST}=\mathrm{SSA}+\mathrm{SSB}+\mathrm{SSE} \tag{6.31}$$

式（6.18）中原来的 SSAB 被合并到了 SSE 中。

A，B，C 三因素的二阶非饱和模型为：

$$SST=SSA+SSB+SSC+SSAB+SSAC+SSBC+SSE \tag{6.32}$$

式（6.23）中原来的 SSABC 被合并到了 SSE 中。

另外，二阶非饱和模型还包括：

$$SST=SSA+SSB+SSC+SSAB+SSE \tag{6.33}$$

$$SST=SSA+SSB+SSC+SSAC+SSE \tag{6.34}$$

$$SST=SSA+SSB+SSC+SSBC+SSE \tag{6.35}$$

$$SST=SSA+SSB+SSC+SSAB+SSAC+SSE \tag{6.36}$$

$$SST=SSA+SSB+SSC+SSAB+SSBC+SSE \tag{6.37}$$

$$SST=SSA+SSB+SSC+SSAC+SSBC+SSE \tag{6.38}$$

其中没有列出的变差部分全部被合并到了 SSE 中。

对于非饱和模型，其参数估计的方法、采用的检验统计量与饱和模型类似，这里不再赘述。

6.3.5.2 多因素方差分析的其他功能

1. 均值检验

在 SPSS 中，利用多因素方差分析功能还能对各控制变量不同水平下观测变量的总体均值是否存在显著差异进行比较，实现方式有两种，即多重比较检验和对比检验。多重比较检验的方法与单因素方差分析类似，这里不再重复。对比检验即为总体及总体均值对比的 t 检验。其中，检验值可以指定为以下几种：

- 观测变量的均值（窗口选项是偏差）。
- 第一个水平或最后一个水平下观测变量的均值（窗口选项是【简单】）。
- 前一水平下观测变量的均值（窗口选项是【差值】）。
- 后一水平下观测变量的均值（窗口选项是【赫尔默特（Helmert)】）。

选择后三个选项，即仅做指定两两水平下的 LSD 检验。

2. 控制变量交互作用的图形分析

控制变量的交互作用可以通过图形直观分析。图 6－7 就是 A，B 两个控制变量交互作用的图形分析结果，直观反映了表 6－6 中观测变量值在控制变量不同水平下的变化情况。

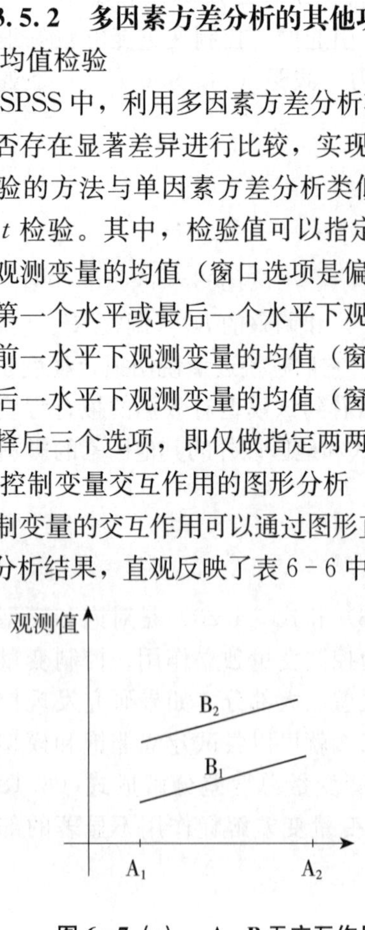

图 6－7（a） A，B 无交互作用

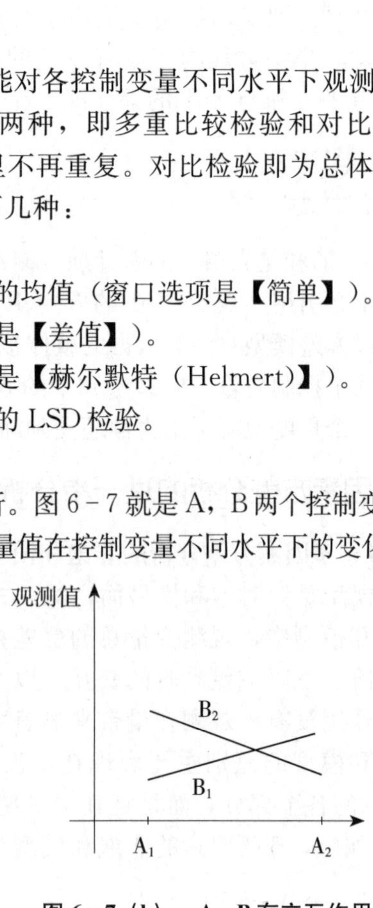

图 6－7（b） A，B 有交互作用

如果控制变量之间无交互作用，则各水平对应的直线是近似平行的；如果控制变量之间存在交互作用，则各水平对应的直线会有交叉。

6.3.6 多因素方差分析应用举例的进一步分析

案例6-4

在案例6-3中，已对广告形式、地区对销售额的影响进行了多因素方差分析，建立了饱和模型。由分析可知，广告形式与地区的交互作用不显著，现进一步尝试建立非饱和模型，并进行均值比较分析、控制变量交互作用的图形分析。

6.3.6.1 建立非饱和模型

SPSS多因素方差分析中默认建立的模型是饱和模型。如果希望建立非饱和模型，则基本操作步骤如下。

（1）在如图6-6所示的窗口中点击 模型(M) 按钮，出现如图6-8所示的窗口。

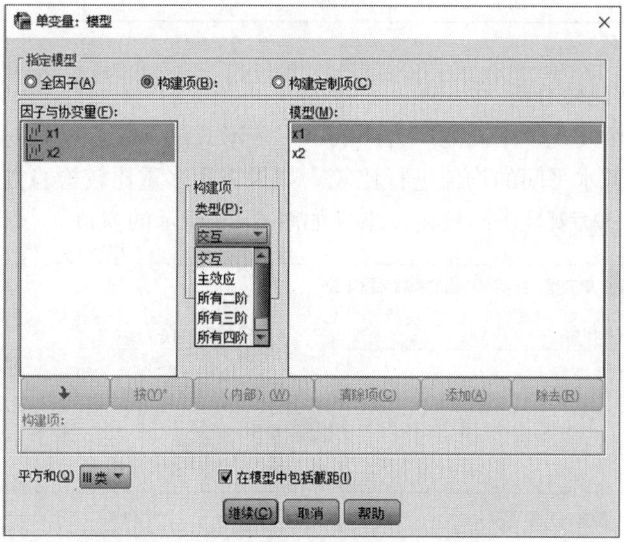

图6-8 多因素方差分析的模型选择窗口

（2）默认的模型是【全因子(A)】，表示建立饱和模型。此时【因子与协变量(F)】框、【模型(M)】框以及【构建项】下拉框均呈不可用状态；如果选择【构建项(B)】项，则表示建立非饱和模型，且【因子与协变量(F)】框、【模型(M)】框以及【构建项】下拉框均变为可用状态，此时便可自定义非饱和模型。其中可包含交互作用项和主效应项，交互作用项可为二阶、三阶或更高阶交互项等。

案例6-4中非饱和模型的分析结果如表6-8所示。

与表6-7相比较，表6-8中的广告形式（x1）与地区（x2）交互作用引起的变差没有被分离出来，它被并入到随机因素引起的变差中，线性模型整体对观测变量变差解释的部分变小。各控制变量所能够解释的变差比例相对于随机因素来说减少，导致各个 F 检验统计量的观测值变小，对应的概率 P-值变大，不易得到控制变量不同水平对观测变量有显著影响的结论，同时模型对数据的拟合程度也有所降低。尽管如此（必然如此），这里建立非饱和模型也是合理的，因为控制变量的交互作用不显著，不应进入方差分析的数学模型中。

表 6-8　销售额多因素方差分析的非饱和模型

主体间效应的检验

因变量：销售额

源	Ⅲ类平方和	自由度	均方	F	显著性
修正模型	15 131.389[a]	20	756.569	8.431	0.000
截距	642 936.694	1	642 936.694	7 164.505	0.000
x1	5 866.083	3	1 955.361	21.789	0.000
x2	9 265.306	17	545.018	6.073	0.000
误差	11 037.917	123	89.739		
总计	669 106.000	144			
修正的总计	26 169.306	143			

a. $R^2=0.578$（调整 $R^2=0.510$）。

6.3.6.2　均值比较分析

在前面的分析中发现，不同的广告形式（广告形式的不同水平）对销售额产生了显著影响，进一步可对各水平间的均值进行比较。如果采用多重比较检验方法，则应在图 6-6 所示的窗口中点击 事后比较(H) 按钮，出现如图 6-9 所示的窗口。

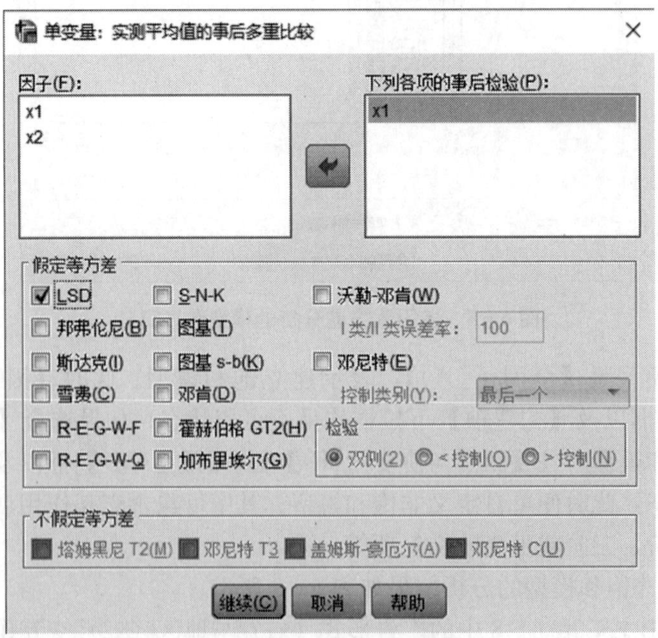

图 6-9　多因素方差分析的多重比较检验窗口

在如图 6－9 所示的窗口中，选择合适的多重比较检验方法，同单因素方差分析。

这里采用对比检验方法。基本操作步骤如下。

（1）在如图 6－6 所示的窗口中点击 对比(N) 按钮，出现如图 6－10 所示的窗口。

（2）在图 6－10 中，默认不进行对比检验（显示如 x2(无)）；如果进行对比检验，可按【对比(N)】后的下拉框，指定对比检验的检验值，并点击 变化量(C) 按钮完成指定。下拉框中的选项含义见前。

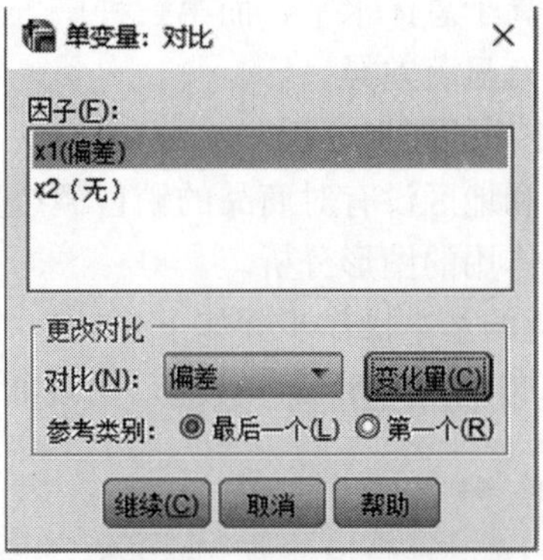

图 6－10　多因素方差分析的均值对比检验窗口

分析结果如表 6－9 所示。

表 6－9　不同广告形式下销售额的均值对比检验结果

对比结果（K 矩阵）

广告形式 偏差对比[a]			因变量 销售额
级别 1 和平均值	对比估算		6.403
	假设值		0
	差值（估算－假设）		6.403
	标准误差		1.367
	显著性		0.000
	差值的 95%置信区间	下限	3.696
		上限	9.109
级别 2 和平均值	对比估算		4.069
	假设值		0
	差值（估算－假设）		4.069
	标准误差		1.367
	显著性		0.004
	差值的 95%置信区间	下限	1.363
		上限	6.776
级别 3 和平均值	对比估算		−10.264
	假设值		0
	差值（估算－假设）		−10.264
	标准误差		1.367
	显著性		0.000
	差值的 95%置信区间	下限	−12.970
		上限	−7.557

a. 省略的类别＝4。

表 6－9 分别显示了广告形式前三个水平下销售额总体的均值检验结果，省略了第四个水平的检验结果，检验值是各水平下的整体均值。可以看出：第一种广告形式下销售额的均值与检验值的差为 6.403，标准误为 1.367（$\sqrt{\text{MSE}/(n/3)}$，MSE 为表 6－8 中的组内方差（89.739），$n=144$，为样本量），t 检验统计量的概率 P-值为 0.000（近似为 0），差值的 95%置信区间的下限和上限分别为 3.696，9.109。分析结论是：第一种广告形式下销售额的均值与检验值（整体均值）间存在显著差异，其明显高于整体水平。同理，第二种广告形式下销售额也明显高于总体水平，而第三种广告形式下销售额明显低于整体水平。三种广告形式产生的效果有显著差异。

6.3.6.3 控制变量交互作用的图形分析

前面的研究发现广告形式和地区没有对商品的销售额产生显著的交互影响，为了直观展示该分析结论，可进行交互作用的图形分析。

SPSS 交互作用的图形分析的基本操作步骤如下。

（1）在图 6－6 所示的窗口中点击 图(T) 按钮，出现如图 6－11 所示的窗口。

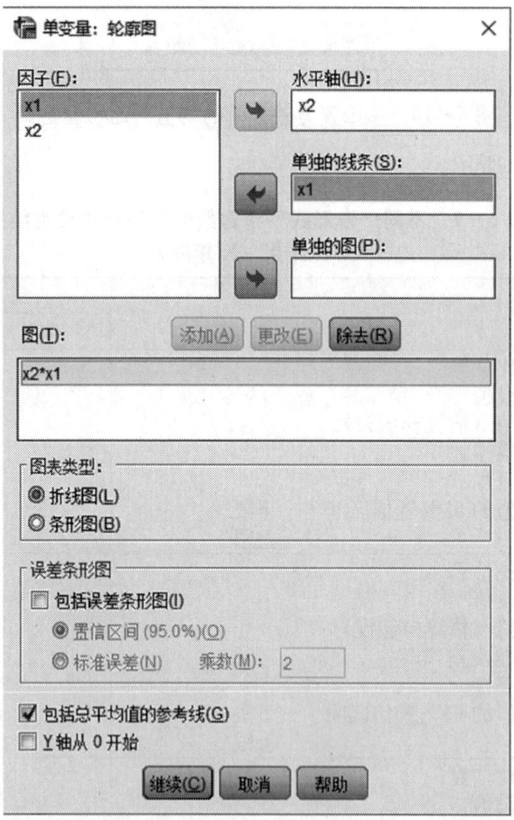

图 6－11　多因素方差分析的控制变量交互作用图形分析窗口

（2）首先，选择一个控制变量作为交互图形中的横轴，并将其选择到【水平轴(H)】框中；其次，指定在交互图中各直线代表的是哪个控制变量的不同水平，并将其选择到【单独的线条(S)】框中；最后，如果控制变量有三个，由于交互作用图只能反映两控制变量的交互情况，此时第三个变量只能选入【单独的图(P)】框中，第三个变量有几个水平便绘制出几张交互图。

本例的交互作用分析图如图 6－12 所示。

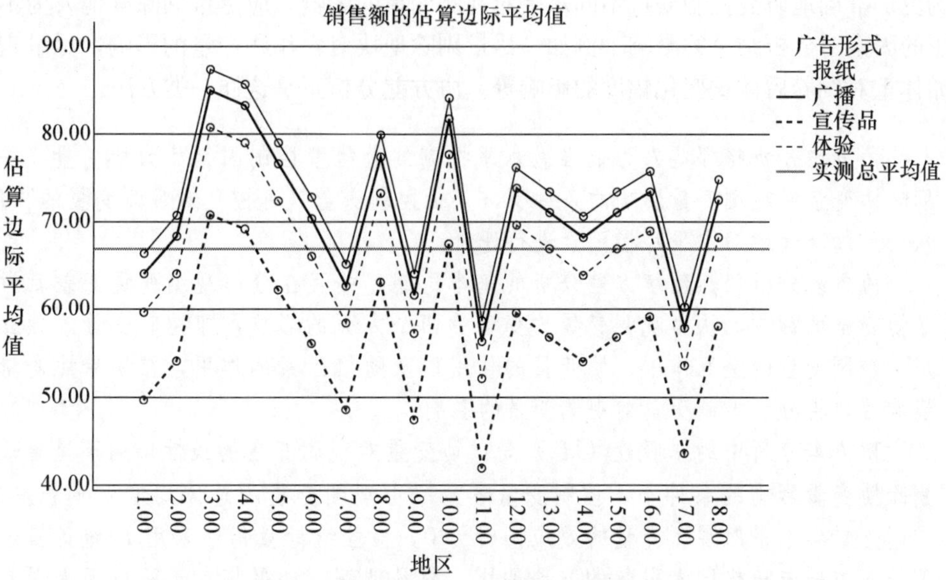

图 6－12　广告形式和地区的交互作用图

图 6－12 中，黑色水平线为观测变量的整体均值线。在地区从水平 1 分别变至水平 18 的过程中，各个广告形式下的销售额基本按照相同的规律变动，各直线在各水平基本平行。直观结论是：广告和地区间不存在明显的交互作用，这与前面的分析结论一致。

6.4　协方差分析

6.4.1　协方差分析的基本思想

通过上面的讨论可以看到，不论是单因素方差分析还是多因素方差分析，控制因素（控制变量）都是水平可控的，其各个水平可以通过人为的努力得到控制和确定。但在实际问题中，有些控制因素很难进行人为的水平控制，而它们的状态（或取值）确实对观测变量产生了较为显著的影响。在方差分析中，如果忽略这些因素的存在而单纯分析其他因素对观测变量的影响，往往会夸大或缩小其他因素的影响作用，使分析结论不准确。

例如，在研究农作物产量问题时，如果仅考察不同施肥量、品种对农作物产量的影响而不考虑不同地块差异（如地质评分）等因素就进行方差分析，显然是不全面的。因为事实上有些地块可能有利于农作物的生长，有些却不利于农作物的生长。不考虑这些因素进行分析可能会导致即使不同的施肥量、不同品种对农作物产量没有产生显著影响，分析的结论也可能相反。

再如，分析不同的饲料对生猪增重是否产生显著影响。如果单纯分析饲料的作用而不考虑生猪各自不同的身体条件（如初始体重不同），那么得出的结论很可能是不准确的，因为体重增加的幅度在一定程度上是包含诸如初始体重等其他因素的影响的。

为更加准确地研究控制变量不同水平对观测变量的影响，应尽量剔除其他人为不可控制水平的因素对分析结论的影响。例如，尽量剔除地块对农作物产量的影响，尽量剔除生猪初始体重对饲养后体重变化幅度的影响等。协方差分析正是这样一类方法。

协方差分析将那些人为很难做水平控制的数值型控制因素作为协变量，并在剔除协变量对观测变量影响的条件下，分析控制变量（可控）对观测变量的作用，从而更加准确地对水平可控因素进行评价。

协方差分析仍然延续方差分析的基本思想，并且在分解观测变量变差时考虑了协变量的影响，认为观测变量的变动受四个方面的影响，即控制变量的独立作用、控制变量的交互作用、协变量的作用以及随机因素的作用，在剔除协变量的影响后，再分析控制变量对观测变量的影响。

协方差分析中的原假设（H_0）是：协变量对观测变量的线性影响不显著；在剔除协变量影响的条件下，控制变量各水平下观测变量的总体均值无显著差异，控制变量各水平对观测变量的效应同时为 0。检验统计量仍然采用 F 统计量，它们是各方差与随机因素引起的方差的比。容易理解，如果相对于随机因素引起的变差，协变量带来的变差比例较大，即相应的 F 值较大，则说明协变量是引起观测变量变动的主要因素之一，观测变量的变动可以部分地由协变量来线性解释；反之，如果相对于随机因素引起的变差，协变量带来的变差比例较小，即相应的 F 值较小，则说明协变量没有给观测变量带来显著的线性影响。在剔除了协变量的线性影响后，控制变量对观测变量的影响分析同方差分析。

那么，如何剔除协变量对观测变量的影响呢？在协方差分析中，作为协变量的变量一般是数值型变量，如地质评分、每头生猪的初始体重等。因此，协方差分析便涉及两种类型的控制变量（分类型和数值型）和数值型观测变量，如果将控制变量看做解释变量，将观测变量看做被解释变量，那么协方差分析便是一种介于方差分析和线性回归分析之间的分析方法。于是可参照回归分析中对解释变量的处理方式来处理协变量。另外，协方差分析中通常要求多个协变量之间无交互作用，且控制变量各水平下的观测变量与协变量间有相似的线性关系。协方差分析的具体分析过程将在下面的应用举例中详细讨论。

6.4.2 协方差分析的数学模型

这里仅给出单因素协方差分析的数学模型：

$$x_{ij}=\mu+\alpha_i+\beta z_{ij}+\varepsilon_{ij} \tag{6.39}$$

式中，x_{ij} 为单个控制变量 A 在水平 A_i 下的第 j 次试验的观测值；μ 为观测变量总的期望值；α_i 为控制变量水平 A_i 对试验结果产生的附加影响，是水平 A_i 对观测变量产生的效应；β 为回归系数；z_{ij} 为水平 A_i 下的第 j 次试验的观测值对应的协变量值；ε_{ij} 为抽样误差，是服从正态分布 $N(0, \sigma^2)$ 的独立随机变量。

6.4.3　协方差分析的应用举例

在利用 SPSS 进行协方差分析时，应首先将协变量定义成一个 SPSS 变量。

案例 6-5

为研究三种不同饲料对生猪体重增加（wyh）的影响，将生猪随机分成三组各喂养不同的饲料（sl），得到体重增加的数据。由于生猪体重的增加理论上会受到猪自身身体条件的影响，于是收集生猪喂养前的体重（wyq）数据，作为自身身体条件的测量指标。具体数据在可供下载的压缩包中，文件名为“生猪与饲料.sav”。

为准确评价饲料的优劣，采用单因素协方差分析方法。这里，猪体重的增加量为观测变量，饲料为控制变量，猪喂养前的体重为协变量。

为分析猪喂养前的体重能否作为协变量，可以首先绘制它与体重增加量的散点图，如图 6-13 所示。

由图 6-13 可见，在不同饲料组中，生猪喂养前的体重和体重的增加量均呈较为相似的线性关系，各斜率基本相同。因此，喂养前的体重可以作为协变量参与协方差分析。

SPSS 协方差分析的基本操作步骤如下：

(1) 选择菜单：【分析(A)】→【一般线性模型(G)】→【单变量(U)】。出现如图 6-14 所示的窗口。

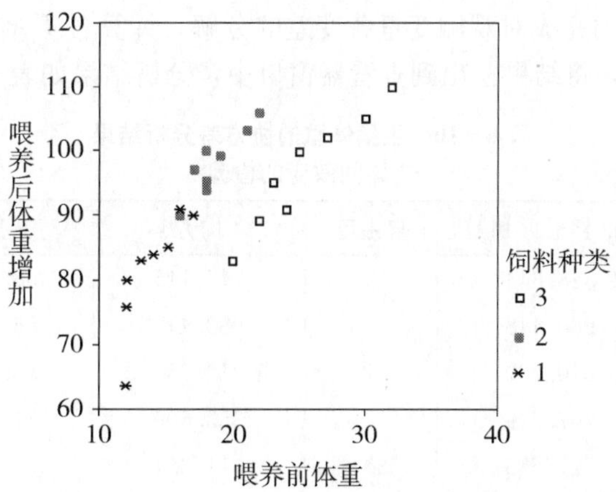

图 6-13　生猪喂养前体重与体重增加量的散点图

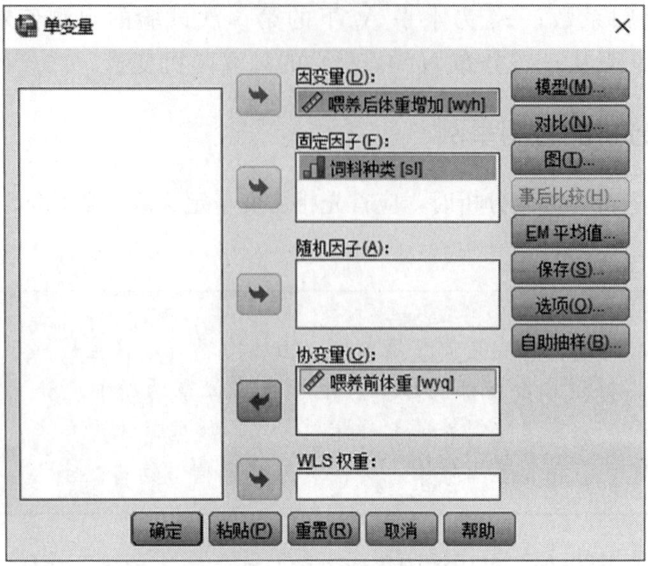

图 6-14　协方差分析窗口

（2）指定观测变量到【因变量(D)】框中。

（3）指定固定效应的控制变量到【固定因子(F)】框中，指定随机效应的控制变量到【随机因子(A)】框中。

（4）指定作为协变量的变量到【协变量(C)】框中。

SPSS多因素方差分析和协方差分析的窗口是同一个，窗口中的其他功能按钮都可用于协方差分析。由于协方差分析是介于方差分析和回归分析的一种分析方法，在异方差情况下会产生与回归分析相同的问题。这里，如果残差随协变量取值的变化呈规律性变化，则认为存在异方差情况，可采用加权最小二乘法进行模型的参数估计。权数变量应选到【WLS权重】框中。详见第9章相关章节。

至此，SPSS将自动完成对观测变量各变差的分解，计算各 F 检验统计量的观测值和对应的概率 P-值等，并将结果输出到查看器窗口中，分析结果如表6-10所示。

表 6-10　生猪体重的协方差分析结果

主体间效应的检验

源	Ⅲ类平方和	自由度	均方	F	显著性
修正模型	2 328.344[a]	3	776.115	68.196	0.000
截距	980.448	1	980.448	86.150	0.000
WYQ	1 010.760	1	1 010.760	88.813	0.000
SL	707.219	2	353.609	31.071	0.000
误差	227.615	20	11.381		
总计	206 613.000	24			
修正的总计	2 555.958	23			

a. $R^2=0.911$（调整 $R^2=0.898$）。

表 6－10 中分别列出了各变差分解的情况、自由度、方差、F 统计量的观测值以及对应的概率 P-值。为说明各数据，将案例的单因素方差分析结果显示在表 6－11 中，进行比较。

表 6－11　生猪体重的单因素方差分析结果

主体间效应的检验

源	Ⅲ类平方和	自由度	均方	F	显著性
修正模型	1 317.583[a]	2	658.792	11.172	0.000
截距	204 057.042	1	204 057.042	3 460.339	0.000
SL	1 317.583	2	658.792	11.172	0.000
误差	1 238.375	21	58.970		
总计	206 613.000	24			
修正的总计	2 555.958	23			

a. $R^2=0.515$（调整 $R^2=0.469$）。

在表 6－10 中：

(1) 观测变量的总变差为 2 555.958，同单因素方差分析中的 SST。

(2) 随机因素可解释的变差由原来的 1 238.375 减少为 227.615，这是由于剔除了喂养前体重的影响造成的。其计算的基本思路是：由方差分析中随机因素可解释变差的定义可知，它们是各观测值与本组均值差的平方和。为剔除协变量对分析的影响，应首先在各组内部将协变量的作用剔除后，再计算随机因素可解释的变差。计算步骤如下：

1) 对三种饲料下的数据分别以喂养前体重作为自变量（wyq）建立因变量为体重增量（wyh）的回归方程 $\text{wyh}=\hat{\beta}_0+\hat{\beta}_1\text{wyq}$。

第一组数据的回归方程为：

$$\text{wyh}=33.516+3.508\text{wyq}$$

相关平方和结果如表 6－12 所示。

表 6－12　第一种饲料下的回归平方和与残差平方和

ANOVA[a]

模型		平方和
1	回归	387.627
	残差	99.873
	总计	487.500

a. 因变量：喂养后体重增加。

为与单因素协方差数学模型的记法保持一致，这里将回归分析中的自变量记为 z，因变量记为 x。由回归分析方法可知，由于

$$\hat{\beta}_1=\frac{S_{zx}}{S_{zz}}=\frac{\sum_{i=1}^{n}(z_i-\bar{z})(x_i-\bar{x})}{\sum_{i=1}^{n}(z_i-\bar{z})^2} \tag{6.40}$$

$$\text{SSR}=\hat{\beta}_1 \times S_{zx} \tag{6.41}$$

$$S_{zz}=\frac{S_{zx}}{\hat{\beta}_1} \tag{6.42}$$

式中，$\hat{\beta}_1$ 为回归系数；SSR（Sum Square of Regression）为回归平方和。

于是，第一种饲料下：

$$S_{zx}^1=\frac{387.627}{3.508}=110.5$$

$$S_{zz}^1=\frac{110.5}{3.508}=31.5$$

同理，第二组数据的回归方程为：

wyh=54.570+2.332wyq

相关平方和结果如表 6－13 所示。

表 6－13　第二种饲料下的回归平方和与残差平方和

ANOVA[a]

模型		平方和
1	回归	151.570
	残差	32.430
	总计	184.000

a. 因变量：喂养后体重增加。

于是，第二种饲料下：

$$S_{zx}^2=\frac{151.507}{2.332}=65$$

$$S_{zz}^2=\frac{65}{2.332}=27.87$$

同理，第三组数据的回归方程为：

wyh=43.141+2.118wyq

相关平方和结果如表 6－14 所示。

表 6－14　第三种饲料下的回归平方和与残差平方和

ANOVA[a]

模型		平方和
1	回归	519.602
	残差	47.273
	总计	566.875

a. 因变量：喂养后体重增加。

于是，第三种饲料下：

$$S_{zx}^{3}=\frac{519.602}{2.118}=245.3$$

$$S_{zz}^{3}=\frac{245.3}{2.118}=115.8$$

2）为了更准确地进行估计，将三条回归线的信息集中起来，即

$$S_{zx}^{*}=S_{zx}^{1}+S_{zx}^{2}+S_{zx}^{3}=110.5+65+245.3=420.8$$

$$S_{zz}^{*}=S_{zz}^{1}+S_{zz}^{2}+S_{zz}^{3}=31.5+27.87+115.8=175.17$$

于是，建立具有共同斜率的三条平行回归线，斜率为：

$$\hat{\beta}_1^{*}=\frac{420.8}{175.17}=2.4$$

各回归方程为：

wyh＝48.75＋2.4wyq

wyh＝53.30＋2.4wyq

wyh＝35.975＋2.4wyq

各方程中 $\hat{\beta}_0=x-\hat{\beta}_1^{*}z$，$x$ 和 z 分别取各组体重增量的平均值、喂养前体重的平均值。

3）分别计算各组数据的残差，并计算残差的离差平方和为 227.615，即为剔除协变量线性影响后的组内差。

(3) 喂养前体重可解释体重增量的总变差为 1 010.76，即

$$\hat{\beta}_1^{*}\times S_{zx}^{*}=1\,010.8$$

(4) 饲料可解释的变差由原来的 1 317.583 减小为 707.219，这也是由于剔除了喂养前体重的影响造成的。其计算的基本思路是：由方差分析中控制变量可解释变差的定义可知，它们是各水平观测均值与总均值差的平方和。为剔除协变量对分析的影响，应首先在整体上将协变量的作用剔除，再计算饲料可解释的变差。计算步骤如下。

1）将三组数据合并在一起，以喂养前的体重为自变量建立因变量为体重增量的回归方程（共同的回归直线）。

wyh＝63.333＋1.5wyq

相关平方和结果如表 6－15 所示。

表 6－15　完整数据下的回归平方和与残差平方和

ANOVA[a]

模型		平方和	自由度	均方	F	显著性
1	回归	1 621.125	1	1 621.125	38.151	0.000[b]
	残差	934.833	22	42.492		
	总计	2 555.958	23			

a. 因变量：喂养后体重增加。

b. 预测变量：(常量)，喂养前体重。

2）从体重增量的总变差中剔除回归平方和后的残差平方和即为喂养前体重不能解释的变差，是 934.833。该值即为剔除协变量影响后的观测变量的总变差。

3）计算饲料可解释的变差为：剔除喂养前体重影响后的体重增量总变差减去剔除喂养前体重影响后的体重增量组内差，即

$$934.833-227.615=707.218$$

至此完成了各变差的分解。表 6－10 中的其他内容同方差分析，包括自由度、方差和 F 检验统计量等。在单因素协方差分析中，各个 F 检验统计量的计算同样用各自的方差除以随机因素引起的方差。可以看到：喂养前体重对生猪体重的增加有显著的影响；在剔除喂养前体重的影响后，不同饲料对生猪体重的增加也存在显著的影响。从模型对观测数据的拟合优度看，考虑协变量的模型其 R^2 为 0.911，而不考虑协变量的模型其 R^2 仅为 0.515。

进一步可以分析比较三种饲料在促进生猪体重增加上的具体差异。首先，对比三种饲料下体重增量的平均值（见表 6－16）。分析可知：第一种饲料下体重增加最少，其次是第三种饲料，增加最多的是第二种，即第二种饲料最好，第一种饲料最不好，第二种和第三种饲料的差距较小。

表 6－16　三种饲料下体重增量的基本描述统计量

描述统计量

因变量：喂养后体重增加

饲料种类	均值	标准差	N
1	81.750 0	8.345 23	8
2	98.000 0	5.126 96	8
3	96.875 0	8.999 01	8
总计	92.208 3	10.541 76	24

应注意到该结论是在没有剔除协变量影响下的均值分析，合理的方式是对剔除影响后的修正均值进行对比。这里，修正方法为：

$$x_i^*=x_i-\hat{\beta}_1^*(z_i-\bar{z}) \tag{6.43}$$

式中，x_i^* 为第 i 个水平下观测变量的修正均值；x_i 为修正前的均值；$\hat{\beta}_1^*$ 为前面三条回归线的共同斜率（本例为 2.4）；z_i 为第 i 个水平下协变量的均值（三种饲料下喂养前体重的均值依次为 13.75，18.62，25.375）；$\bar{z}$ 为各水平下协变量总的均值（喂养前体重的总均值为 19.25）。计算后三种饲料下增重的修正均值分别约为 94.95，99.5，82.175。表 6－17 是在图 6－14 所示的窗口中点击 对比(N) 按钮进行均值对比检验，并指定【简单】选项（含义见多因素方差分析相关内容）后输出的内容，是剔除协变量影响后各水平下体重增量的修正均值对比检验结果。

表 6－17（a）和表 6－17（b）综合表明，第一种饲料比第三种饲料平均多增重 12.793，第二种比第三种平均多增重 17.336，第二种比第一种平均多增重 4.542。第二种饲料最好，其次是第一种，第三种最不好。可见，该结论与上述分析结果不完全一致，第三种饲料最不好，且远不如第二种和第一种饲料。究其原因：第三组生猪喂养前的体重明

显高于第一组。如果仅就增重分析，第三组增加的绝对量并不低于第一组，但如果相对于它们各自的身体情况（喂养前体重）来说，由于饲料的差异，第三组的增重幅度没有第一组明显。

表 6-17（a） 生猪体重协方差分析的均值对比结果（第三种组为标准）

对比结果（K 矩阵）

饲料种类 简单对比[a]			因变量 喂养后体重增加
级别 1 和级别 3	对比估算		12.793
	假设值		0
	差值（估算－假设）		12.793
	标准误差		3.409
	显著性		0.001
	差值的 95%置信区间	下限	5.682
		上限	19.904
级别 2 和级别 3	对比估算		17.336
	假设值		0
	差值（估算－假设）		17.336
	标准误差		2.409
	显著性		0.000
	差值的 95%置信区间	下限	12.310
		上限	22.361

a. 参考类别＝3。

表 6-17（b） 生猪体重协方差分析的均值对比结果（第一种组为标准）

对比结果（K 矩阵）

饲料种类 简单对比[a]			因变量 喂养后体重增加
级别 2 和级别 1	对比估算		4.542
	假设值		0
	差值（估算－假设）		4.542
	标准误差		2.095
	显著性		0.042
	差值的 95%置信区间	下限	0.173
		上限	8.912
级别 3 和级别 1	对比估算		－12.793
	假设值		0
	差值（估算－假设）		－12.793
	标准误差		3.409
	显著性		0.001
	差值的 95%置信区间	下限	－19.904
		上限	－5.682

a. 参考类别＝1。

□ 练习题

1. 入户推销有五种方法。某大公司为比较这五种方法有无显著的效果差异，设计了一项实验。从尚无推销经验的应聘人员中随机挑选一部分，并随机地分为五个组，每组培训一种推销方法。一段时期后得到他们在一个月内的推销额，如下表所示。

第一组	20.0	16.8	17.9	21.2	23.9	26.8	22.4
第二组	24.9	21.3	22.6	30.2	29.9	22.5	20.7
第三组	16.0	20.1	17.3	20.9	22.0	26.8	20.8
第四组	17.5	18.2	20.2	17.7	19.1	18.4	16.5
第五组	25.2	26.2	26.9	29.3	30.4	29.7	28.2

(1) 利用单因素方差分析方法分析这五种推销方法是否存在显著差异。

(2) 绘制各组的均值对比图，并利用 LSD 方法进行多重比较检验。

2. 从两个总体中分别抽取 $n_1=7$ 和 $n_2=6$ 的两个独立随机样本，经计算得到下面的方差分析表。请补充表中单元格“A”和单元格“B”内的计算结果。

	平方和	df	均方	F
组间	7.50	1	7.5	B
组内	26.4	11	A	
总数	33.9	12		

3. 为验证一种降压药的疗效，将一批高血压志愿者按年龄、性别、职业等因素分成五组，并得到服用降压药前后的舒张压压差数据。对该数据进行单因素方差分析，所得部分结果如下表所示。

ANOVA

血压差

	平方和	df	均方	F	显著性
组间		4	276.032	11.403	0.000
组内	1 524.990	63			
总数					

方差齐性检验

血压差

Levene 统计量	df1	df2	显著性
5.032	4	63	0.001

多重比较

血压差
LSD

(I) 组号	(J) 组号	均值差 (I−J)	标准误	显著性	95%置信区间	
					下限	上限
一组	二组	−2.000 00	1.837 09	0.280	−5.671 1	1.671 1
	三组	−11.600 00*	1.983 31	0.000	−15.563 3	−7.636 7
	四组	−7.466 67*	1.768 23	0.000	−11.000 2	−3.933 1
	五组	−2.285 71	1.800 53	0.209	−5.883 8	1.312 4
二组	一组	2.000 00	1.837 09	0.280	−1.671 1	5.671 1
	三组	−9.600 00*	2.069 45	0.000	−13.735 5	−5.464 5
	四组	−5.466 67*	1.864 34	0.005	−9.192 3	−1.741 1
	五组	−0.285 71	1.895 00	0.881	−4.072 6	3.501 1
三组	一组	11.600 00*	1.983 31	0.000	7.636 7	15.563 3
	二组	9.600 00*	2.069 45	0.000	5.464 5	13.735 5
	四组	4.133 33*	2.008 57	0.044	0.119 5	8.147 1
	五组	9.314 29*	2.037 07	0.000	5.243 5	13.385 0
四组	一组	7.466 67*	1.768 23	0.000	3.933 1	11.000 2
	二组	5.466 67*	1.864 34	0.005	1.741 1	9.192 3
	三组	−4.133 33*	2.008 57	0.044	−8.147 1	−0.119 5
	五组	5.180 95*	1.828 32	0.006	1.527 3	8.834 6
五组	一组	2.285 71	1.800 53	0.209	−1.312 4	5.883 8
	二组	0.285 71	1.895 00	0.881	−3.501 1	4.072 6
	三组	−9.314 29*	2.037 07	0.000	−13.385 0	−5.243 5
	四组	−5.180 95*	1.828 32	0.006	−8.834 6	−1.527 3

* 均值差的显著性水平为 0.05。

(1) 根据表格数据说明以上分析是否满足方差分析的前提要求。为什么？

(2) 填写表中空缺部分的数据结果，并说明该降压药对不同组患者的降压效果是否存在显著差异。

(3) 如果该降压药对不同组患者的降压效果存在显著差异，那么该降压药更适合哪组患者？

4. 为研究某商品在不同地区和不同日期的销售差异性，调查收集了以下日平均销售量数据。

销售量	日期		
	周一至周三	周四至周五	周末
地区一	5 000 6 000 4 000	6 000 8 000 7 000	4 000 3 000 5 000

续表

销售量	日期		
	周一至周三	周四至周五	周末
地区二	7 000 8 000 8 000	5 000 5 000 6 000	5 000 6 000 4 000
地区三	3 000 2 000 4 000	6 000 6 000 5 000	8 000 9 000 6 000

（1）选择恰当的数据组织方式建立关于上述数据的SPSS数据文件。

（2）利用多因素方差分析方法，分析不同地区和不同日期对该商品的销售是否产生了显著影响。

（3）地区和日期是否对该商品的销售产生了交互影响？若没有显著的交互影响，试建立非饱和模型进行分析，并与饱和模型进行对比。

5. 研究者想调查性别（1为女，2为男）和使用手机（1使用，2不使用）对驾驶状态的影响。在封闭道路开车的24人参与了该项研究，其中，12男12女。6男6女使用手机，其余的6男6女不使用手机。用0～50分测度驾驶状态，分数越高驾驶状态越好。数据如下：

性别	使用手机	得分	性别	使用手机	得分
1	1	34	2	1	35
1	1	29	2	1	32
1	1	38	2	1	27
1	1	34	2	1	26
1	1	33	2	1	37
1	1	30	2	1	24
1	2	45	2	2	48
1	2	44	2	2	47
1	2	46	2	2	40
1	2	42	2	2	46
1	2	47	2	2	50
1	2	40	2	2	39

问：性别和是否使用手机对驾驶状态有影响吗？如果有影响，影响效应是多少？

6. 下面的表格记录了某公司采用新旧两种培训方式对新员工进行培训前后员工的工作能力评分增加量数据。现需要比较这两种培训方式的效果有无差别，考虑到加盟公司时间可能也是影响因素，将加盟时间按月进行了记录。

ID	Method	Month	scoreadd	ID	Method	Month	scoreadd
1	1	1.5	9	10	2	2	12
2	1	2.5	10.5	11	2	4.5	14
3	1	5.5	13	12	2	7	16
4	1	1	8	13	2	0.5	9
5	1	4	11	14	2	4.5	12
6	1	5	9.5	15	2	4.5	10
7	1	3.5	10	16	2	2	10
8	1	4	12	17	2	5	14
9	1	4.5	12.5	18	2	6	16

(1) 选择适当的数据组织方式将以上数据录入到 SPSS 数据编辑器窗口。变量名保持不变，并定义各变量的变量值标签。变量 Method 的变量值标签：1 为旧方法，2 为新方法。

(2) 按不同的培训方式计算加盟时间、评分增加量的平均数。

(3) 在剔除加盟时间影响的前提下，分析两种培训方式的效果有无差别，并说明理由。

第 7 章 Chapter 7 SPSS 的非参数检验

学习目标

1. 明确 SPSS 提供了哪些非参数检验方法。

2. 理解 SPSS 单样本非参数检验方法的设计思想，重点掌握卡方检验和 K-S 检验的基本原理及计算过程，并熟练掌握其具体操作。

3. 理解两独立样本和多独立样本非参数检验方法的设计思想，重点掌握曼-惠特尼 U 检验和 Kruskal-Wallis 检验的基本原理及适用场合，熟练掌握 SPSS 独立样本的数据组织方式和具体操作。

4. 理解两配对样本和多配对样本非参数检验方法的设计思想，重点掌握 Wilcoxon 符号秩检验和 Friedman 检验的基本原理及适用场合，熟练掌握 SPSS 配对样本的数据组织方式和具体操作。

非参数检验是统计分析方法的重要组成部分，它与参数检验共同构成统计推断的基本内容。参数检验是在总体分布形式已知的情况下，对总体分布的参数如均值、方差等进行推断的方法。在数据分析过程中，由于种种原因，人们往往无法对总体分布形态作简单假定，但又希望能从样本出发估计出总体的尽可能多的信息，此时参数检验的方法就不再适用了。非参数检验正是基于这种考虑，在总体分布未知或知道甚少的情况下，利用样本数据对总体分布形态等进行推断的一类方法。由于非参数检验方法不涉及有关总体分布参数，因而得名“非参数”检验。

SPSS 中的非参数检验方法主要涉及以下方面：

- 单样本的非参数检验；
- 两独立样本的非参数检验；

- 多独立样本的非参数检验；
- 两配对样本的非参数检验；
- 多配对样本的非参数检验。

其中，每个方面都包括若干种具体检验方法。这里，“独立”和“配对”的含义与参数检验中的完全一致，不再赘述。

7.1 单样本的非参数检验

得到一批样本数据以后，往往希望了解样本来自的总体的分布是否与某个已知的理论分布相吻合。可以通过绘制样本数据的直方图、P-P 图、Q-Q 图等方法作粗略判断，还可以利用非参数检验的方法实现。

SPSS 单样本非参数检验是对单个总体的分布类型等进行推断的方法，其中包括卡方检验、二项分布检验、K-S 检验以及变量值随机性检验等方法。

7.1.1 总体分布的卡方检验

总体分布的卡方检验是一种极为典型的对总体分布进行检验的非参数检验方法，可以解决以下类似的问题。

案例 7-1

医学家在研究心脏病人猝死人数与日期的关系时发现：一周之中，星期一心脏病人猝死者较多，其他日子基本相当。各天的比例近似为 2.8∶1∶1∶1∶1∶1∶1。现收集到心脏病人死亡日期的样本数据，推断其总体分布是否与上述理论分布相吻合。具体数据在可供下载的压缩包中，文件名为“心脏病猝死.sav”。

在以上这类问题中，变量是分类型的，对该类变量的总体分布检验往往采用卡方检验方法。

7.1.1.1 总体分布卡方检验的基本思想

卡方检验方法可以根据样本数据，推断总体分布与期望分布或某一理论分布是否存在显著差异，是一种吻合性检验，通常适用于对有多个类别值的总体分布的分析。它的原假设 H_0 是：样本来自的总体分布与期望分布或某一理论分布无显著差异。

卡方检验基本思想的理论依据是：如果从一个随机变量 X 中随机抽取若干观测，这些观测落在 X 的 k 个互不相交的子集中的观测频数服从一个多项分布，这个多项分布当 k 趋于无穷时近似服从卡方分布。基于这一思想，对变量 X 总体分布的检验就可从对各个观测频数的分析入手。

在原假设成立的条件下，如果变量值落在第 i 个子集中的理论概率值为 p_i，则相应的期望频数便为 np_i。由此计算出的期望频数分布代表了原假设成立时的理论分布。为检验实际分布是否与理论分布（期望分布）一致，可采用卡方检验统计量。典型的卡方统计量是皮尔逊（Pearson）卡方统计量，其数学定义为：

$$\chi^2 = \sum_{i=1}^{k} \frac{(f_i^o - f_i^e)^2}{f_i^o} \tag{7.1}$$

式中，k 为子集个数；f_i^o 为观测频数；f_i^e 为期望频数；χ^2 服从 $k-1$ 个自由度的卡方分布。可见，如果 χ^2 值较大，则说明观测频数分布与期望频数分布差距较大；反之，如果 χ^2 值较小，则说明观测频数分布与期望频数分布较接近。SPSS 将自动计算 χ^2 统计量的观测值，并依据卡方分布表计算观测值对应的概率 P-值。

如果 χ^2 的概率 P-值小于显著性水平 α，则应拒绝原假设，认为样本来自的总体分布与期望分布或某一理论分布存在显著差异；反之，如果 χ^2 的概率 P-值大于显著性水平 α，则不能拒绝原假设，可以认为样本来自的总体分布与期望分布或某一理论分布无显著差异。

7.1.1.2 总体分布卡方检验的应用举例

SPSS 总体分布的卡方检验对数据组织形式没有特殊要求，只需定义一个存储实际样本值的 SPSS 变量即可。或者，采用计数数据的组织方式（详见 2.1.2 节）定义一个存放变量值的 SPSS 变量和一个存放各变量值观测频数的变量，并指定该变量为加权变量（详见 3.8.2 节），如案例 7-1 中死亡人数应为加权变量。

对于案例 7-1，可采用总体分布的卡方检验方法。

SPSS 总体分布的卡方检验的基本操作步骤如下：

(1) 选择菜单：【分析(A)】→【非参数检验(N)】→【旧对话框(L)】→【卡方(C)】。出现如图 7-1 所示的窗口。

(2) 选定待检验的变量到【检验变量列表(T)】框中。

(3) 在【期望范围】框选项中确定参与分析的观测值的范围，其中，【从数据中获取(G)】表示所有观测数据都参与分析；【使用指定范围(S)】表示只有在该取值范围内的观测数据才参与分析。应指定范围的下限和上限。

(4) 在【期望值】框中给出各个理论值 p_i。其中，【所有类别相等(I)】表示所有子集的频数都相同，即期望分布为均匀分布；【值(V)】框后可依次输入值，并可点击 添加(A) 、更改(C) 、除去(M) 按钮对这些值进行增加、修改和删除。

其他选项已经在前面的章节中涉及过，这里不再赘述。至此，SPSS 将自动计算卡方统计量的观测值、对应的概率 P-值和其他相关结果，并显示在查看器窗口中。案例分析结果如表 7-1 所示。

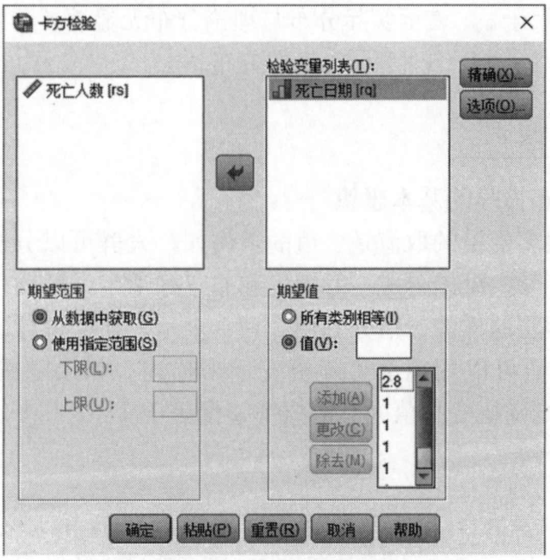

图 7－1　卡方检验窗口

表 7－1 (a)　心脏病猝死卡方检验结果（一）

死亡日期

	实测个案数	期望个案数	残差
1.00	55	53.5	1.5
2.00	23	19.1	3.9
3.00	18	19.1	－1.1
4.00	11	19.1	－8.1
5.00	26	19.1	6.9
6.00	20	19.1	0.9
7.00	15	19.1	－4.1
总计	168		

表 7－1（a）表明：168 个观测数据中，星期一至星期日实际死亡人数分别为 55，23，18，11，26，20，15 人；按照理论分布，168 人在一周各天死亡的期望频数应为 53.5，19.1，19.1，19.1，19.1，19.1，19.1；实际观测频数与期望频数的差分别为 1.5，3.9，－1.1，－8.1，6.9，0.9，－4.1。

表 7－1 (b)　心脏病猝死卡方检验结果（二）

检验统计量

	死亡日期
卡方	7.757
自由度	6
渐近显著性	0.256

表 7－1（b）是计算的卡方统计量观测值以及对应的概率 P-值。如果显著性水平 α 是

0.05，由于概率 P-值大于 α，表示实际分布与理论分布无显著差异，即心脏病猝死人数与日期的关系基本是 2.8∶1∶1∶1∶1∶1∶1 的分布。

7.1.2 二项分布检验

7.1.2.1 二项分布检验的基本思想

在现实生活中有很多变量的取值是二值的，例如，人群可以分成男性和女性，产品可以分成合格和不合格，学生可以分成三好学生和非三好学生，抛硬币实验的结果可以分成出现正面和反面。通常将这样的二值分别用 1 和 0 表示。如果进行 n 次相同的实验，则出现两类（1 或 0）的次数可以用离散型随机变量来描述。如果随机变量值为 1 代表“成功”，其概率设为 p，则随机变量值为 0 的概率 q 便等于 $1-p$，多次独立实验成功次数变量 X 的分布为二项分布。

> SPSS 的二项分布检验正是要通过样本数据检验样本来自的总体是否服从指定的概率为 p 的二项分布，其原假设 H_0 是：样本来自的总体与指定的二项分布无显著差异。

SPSS 二项分布检验，在小样本中采用精确检验方法，对于大样本则采用近似检验方法。精确检验方法计算 n 次试验中“成功”出现的次数小于等于 x 次的概率，即

$$P\{X \leqslant x\} = \sum_{i=0}^{x} C_n^i p^i q^{n-i} \tag{7.2}$$

在大样本中采用近似检验。因 X 服从均值为 np，方差为 $np(1-p)$ 的正态分布，采用 Z 检验统计量。在原假设成立条件下 Z 统计量近似服从正态分布，其数学定义为：

$$Z = \frac{x \pm 0.5 - np}{\sqrt{np(1-p)}} \tag{7.3}$$

式（7.3）中进行了连续性校正，当 x 小于 np 时加 0.5，当 x 大于 np 时减 0.5。

SPSS 自动计算上述精确概率和近似概率值。如果概率值小于显著性水平 α，则拒绝原假设，认为样本来自的总体与指定的二项分布有显著差异；如果概率值大于显著性水平 α，则不能拒绝原假设，可以认为样本来自的总体与指定的二项分布无显著差异。

7.1.2.2 二项分布检验的应用举例

案例 7-2

> 从某批产品中随机抽取 23 个样品进行检测并得到检测结果数据。用 1 表示合格品，用 0 表示不合格品。根据抽样结果验证该批产品的合格品率是否显著低于 90%。具体数据在可供下载的压缩包中，文件名为“产品合格率.sav”。

这里采用二项分布检验方法进行检验，原假设 H_0 为 $p \geqslant 0.9$。SPSS 二项分布检验的基本操作步骤如下。

(1) 选择菜单:【分析(A)】→【非参数检验(N)】→【旧对话框(L)】→【二项(B)】。出现如图 7-2 所示的窗口。

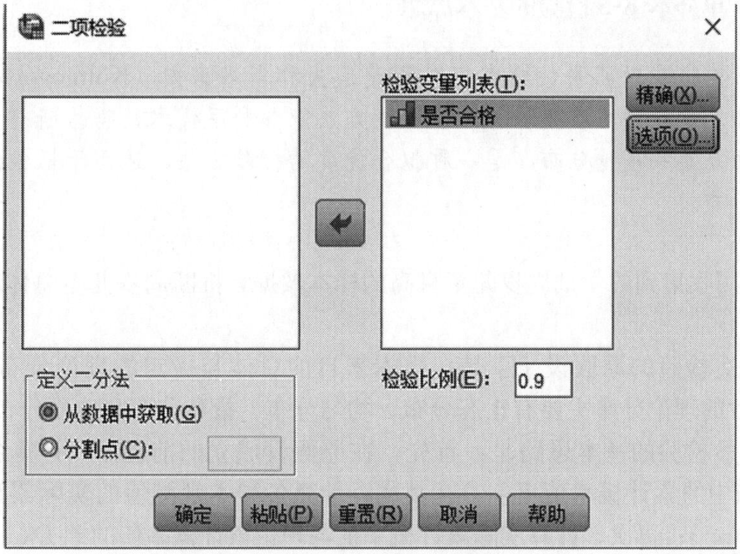

图 7-2　二项分布检验窗口

(2) 选定待检验的变量到【检验变量列表(T)】框中。

(3) 在【定义二分法】框中指定如何分类。如果检验变量为二值变量,则选【从数据中获取(G)】选项,且数据编辑器窗口中的第一条数据所在的组为第一组,也即"成功"组,本例"合格"为"成功"组;如果检验变量不是二值变量,则可在【分割点(C)】框后输入具体数值,小于等于该值的观测值为第一组,大于该值的观测值为第二组。

(4) 在【检验比例(E)】框中输入二项分布的检验概率值 p。

至此,SPSS 自动将第一组作为"成功"类,检验该类出现的概率是否与输入的检验概率值存在显著差异。案例分析结果如表 7-2 所示。

表 7-2　产品合格率的二项分布检验结果

二项式检验

		类别	N	实测比例	检验比例	精确显著性(单尾)
是否合格	组 1	合格品	19	0.8	0.9	0.193[a]
	组 2	不合格品	4	0.2		
	总数		23	1.0		

a. 备择假设规定第一组中的案例比例小于 0.9。

表 7-2 表明,23 个样品中合格品为 19 个,不合格品为 4 个,合格品样本的实际比例为 0.8。检验合格品率是否显著低于 0.9。由于是小样本,SPSS 自动计算精确概率,如果合格品率为 0.9,那么 23 个样品中合格品个数小于等于 19 的概率为 0.193。如果显著性水平 α 为 0.05,由于概率值大于显著性水平 α,不应拒绝原假设,即没有充分理由认为合格品率显著低于 90%。

7.1.3 单样本K-S检验

7.1.3.1 单样本K-S检验的基本思想

K-S检验是以苏联数学家柯尔莫戈洛夫和斯米诺夫（Kolmogorov-Smirnov）的名字命名的一种非参数检验方法。该方法能够利用样本数据推断样本来自的总体是否服从某一理论分布，是一种拟合优度的检验方法，适用于探索连续型随机变量的分布。

例如，利用收集到的一批周岁儿童身高的样本数据，推断周岁儿童总体的身高是否服从正态分布。

单样本K-S检验的原假设 H_0 是：样本来自的总体与指定的理论分布无显著差异。SPSS中所包含的理论分布主要有正态分布、均匀分布、指数分布和泊松分布等。

单样本K-S检验的基本思路是：首先，在原假设成立的前提下，计算各样本观测值 x_i 在理论分布中的累计概率值 $F(x_i)$；其次，计算各样本观测值的实际累计概率值即经验累计分布 $S(x_i)$；再次，计算实际累计概率值与理论累计概率值的差 $D(x_i)$；最后，计算差值样本中的最大绝对差值，即

$$D=\max[\,|\,S(x_i)-F(x_i)\,|\,] \tag{7.4}$$

D 统计量即为K-S统计量。通常由于实际累计概率为离散值，因此 D 修正为：

$$D=\max[\,|\,S(x_{i-1})-F(x_i)\,|\,] \tag{7.5}$$

大样本下，原假设成立时，D 近似服从柯尔莫戈洛夫-斯米诺夫分布，分布函数记为 $K(x)$：当 D 小于0时，$K(x)$ 为0；当 D 大于0时

$$K(x)=\sum_{j=-\infty}^{\infty}(-1)^j\exp(-2j^2x^2) \tag{7.6}$$

容易理解，如果样本的总体分布与理论分布的差异不明显，那么 D 不应较大。如果 D 统计量的概率 P-值小于显著性水平 α，也即 D 大于原假设下显著性水平为 α 时的临界值 K_α，则应拒绝原假设，认为样本来自的总体与指定的分布有显著差异；如果 D 统计量的概率 P-值大于显著性水平 α，则不能拒绝原假设，认为样本来自的总体与指定的分布无显著差异。SPSS会给出 D 和大样本下的概率 P-值。

7.1.3.2 单样本K-S检验的应用举例

案例7-3

收集到21名周岁儿童身高的样本数据，分析周岁儿童身高的总体是否服从正态分布。具体数据在可供下载的压缩包中，文件名为“儿童身高.sav”。

本例可以利用K-S检验方法分析。根据上述K-S方法的基本思路，计算过程如表

7－3 所示。

表 7－3　周岁儿童身高总体分布 K-S 检验计算过程

变量值	Z 分数	理论累计概率	实际累计概率	差值	修正差值
64	－1.974 9	0.024 1	0.047 6	0.023 5	
68	－0.969 5	0.166 1	0.190 5	0.024 3	－0.118 5
68	－0.969 5	0.166 1	0.190 5	0.024 3	0.024 4
68	－0.969 5	0.166 1	0.190 5	0.024 3	0.024 4
69	－0.718 1	0.236 3	0.238 1	0.001 8	－0.045 8
70	－0.466 8	0.320 3	0.381	0.060 6	－0.082 2
70	－0.466 8	0.320 3	0.381	0.060 6	0.060 7
70	－0.466 8	0.320 3	0.381	0.060 6	0.060 7
71	－0.215 4	0.414 7	0.619	0.204 3	－0.033 7
71	－0.215 4	0.414 7	0.619	0.204 3	0.204 3
71	－0.215 4	0.414 7	0.619	0.204 3	0.204 3
71	－0.215 4	0.414 7	0.619	0.204 3	0.204 3
71	－0.215 4	0.414 7	0.619	0.204 3	0.204 3
72	0.035 9	0.514 3	0.666 7	0.152 3	0.104 7
73	0.287 3	0.613	0.714 3	0.101 2	0.053 7
74	0.538 6	0.704 9	0.761 9	0.057	0.009 4
75	0.79	0.785 2	0.809 5	0.024 3	－0.023 3
76	1.041 3	0.851 1	0.857 1	0.006	－0.041 6
78	1.544	0.938 7	0.904 8	－0.033 9	－0.081 6
79	1.795 4	0.963 7	0.952 4	－0.011 3	－0.058 9
80	2.046 7	0.979 7	1	0.020 3	－0.027 3

SPSS 单样本 K-S 检验的基本操作步骤如下。

（1）选择菜单：【分析(A)】→【非参数检验(N)】→【旧对话框(L)】→【单样本 K_S(1)】。出现如图 7－3 所示的窗口。

（2）选择待检验的变量到【检验变量列表(T)】框中。

（3）在【检验分布】框中指定理论分布。

至此，SPSS 将自动计算 K-S 检验统计量和对应的概率 P-值，并将结果输出到查看器窗口中。

分析结果如表 7－4 所示。

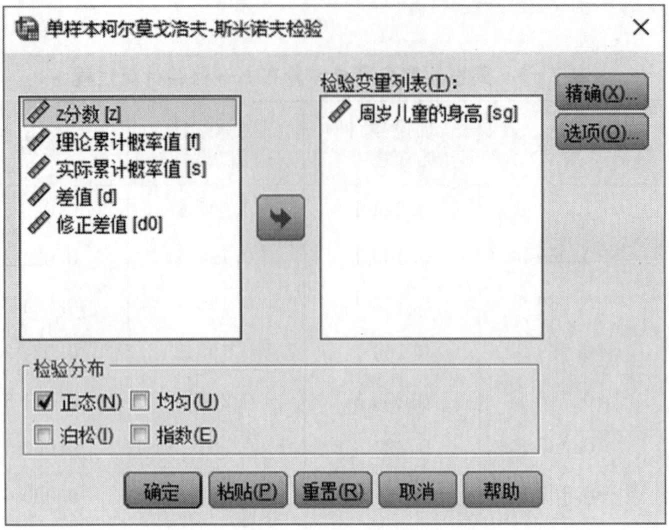

图 7-3　单样本 K-S 检验窗口

表 7-4　周岁儿童身高总体分布的 K-S 检验结果

单样本 Kolmogorov-Smirnov 检验

		周岁儿童的身高
个案数		21
正态参数	均值	71.857 1
	标准差	3.978 51
最极端	绝对值	0.204
差值	正	0.204
	负	−0.119
检验统计		0.204
渐近显著性（双尾）		0.022

表 7-4 表明，数据的均值为 71.857 1，标准差为 3.978 51。最大绝对差值为 0.204，正差极值为 0.204，负差极值为−0.119。SPSS 自动计算输出了 D 值（0.204）和概率 P-值（0.022）。如果显著性水平 α 为 0.05，由于概率 P-值小于显著性水平，应拒绝原假设，认为周岁儿童身高的总体分布与正态分布存在显著差异。

7.1.4　变量值随机性检验

7.1.4.1　变量值随机性检验的基本思想

> 变量值随机性检验通过对样本观测值的分析，实现对总体变量值的出现是不是随机的进行检验。

例如，在抛硬币时，如果以 1 表示出现的是正面，以 0 表示出现的是反面，在进行了若干次后，将会得到一个由 1，0 组成的值序列。这时可能会分析“硬币出现正反面是不是随机的”这样的问题。

变量值随机性检验正是解决这类问题的一种有效方法。它的原假设 H_0 是：变量值的出现是随机的。

变量值随机性检验的重要依据是游程。所谓游程（Runs），是观测值序列中连续出现相同数值的次数。例如，如果抛硬币 28 次出现正反两面的观测值序列为 1011011010011000101010000111，那么它的游程数为 17。可以直观理解，如果硬币的正反面是随机出现的，那么在该序列中，许多个 1 或许多个 0 连续出现的可能性将不太大，同时，1 和 0 频繁交叉出现的可能性也会较小。因此，游程数太大或太小都将表明变量值出现存在不随机的现象。

SPSS单样本变量值随机性检验中，利用游程数构造检验统计量。如果设 n_1 为出现 1 的个数，n_2 为出现 0 的个数，当 n_1，n_2 较大时，游程近似服从正态分布。检验统计量：

$$Z=\frac{r-\mu_r}{\sigma_r} \tag{7.7}$$

式中，r 为游程数；$\mu_r=\frac{2n_1n_2}{n_1+n_2}+1$；$\sigma_r=\frac{2n_1n_2\ (2n_1n_2-n_1-n_2)}{(n_1+n_2)^2\ (n_1+n_2-1)}$。

SPSS将自动计算 Z 统计量，并依据正态分布表给出对应的概率 P-值。如果概率 P-值小于给定的显著性水平 α，则应拒绝原假设，认为变量值的出现不是随机的；如果概率 P-值大于给定的显著性水平 α，则不能拒绝原假设，可以认为变量值的出现是随机的。

通常样本量小于 50 时，SPSS将给出连续性校正的 Z 统计量，当 $r-\mu_r$ 大于 0 时，$Z=\frac{r-\mu_r-0.5}{\sigma_r}$；当 $r-\mu_r$ 小于等于 0 时，$Z=\frac{r-\mu_r+0.5}{\sigma_r}$。

7.1.4.2 变量值随机性检验的应用举例

案例 7-4

为检验某耐压设备在某段时间内工作是否持续正常，测试并记录下该时间段内各个时间点上的设备耐压数据。现采用游程检验方法对这批数据进行分析。如果耐压数据的变动是随机的，可认为该设备工作一直正常，否则认为该设备有不能正常工作的现象。具体数据在可供下载的压缩包中，文件名为“电缆数据.sav”。

SPSS变量值随机性检验的基本操作步骤如下。

(1) 选择菜单：【分析(A)】→【非参数检验(N)】→【旧对话框(L)】→【游程(R)】。出现如图 7-4 所示的窗口。

(2) 选择待检验的变量到【检验变量列表(T)】框中。

(3) 在【分割点】框中确定计算游程数的分界值。其中，可以以样本中位数为分界值，以样本众数为分界值，以样本均值为分界值，或者以用户输入的值为分界值。SPSS

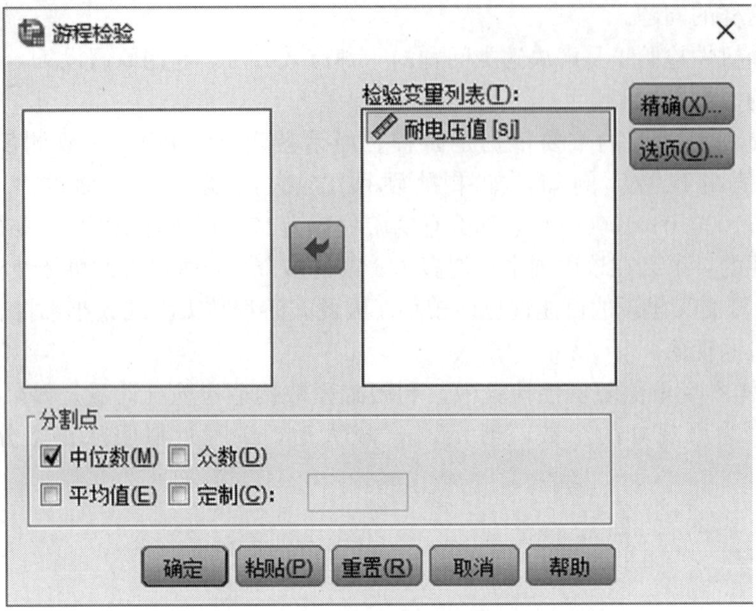

图 7-4　变量值随机性检验窗口

将小于该分界值的所有变量值作为一组（记为 0），将大于或等于该分界值的所有变量值作为另一组（记为 1），本例分组后的观测值序列为 01011010000101011110，并由此计算游程数。

至此，SPSS 将自动计算游程数、检验统计量和概率 P-值，并将结果输出到查看器窗口中。分析结果如表 7-5 所示。

表 7-5　设备工作是否正常的游程检验结果

游程检验

	耐电压值
检验值[a]	204.55
案例＜检验值	10
案例＞＝检验值	10
总个案数	20
游程数	13
Z	0.689
渐近显著性（双尾）	0.491

a. 中值。

表 7-5 中，检验值（这里是中位数）为 204.55，共有 20 个观测样本。小于和大于等于检验值的样本量各为 10。游程数为 13，连续性校正的检验统计量的值为 0.689，对应的概率 P-值为 0.491。如果显著性水平 α 为 0.05，由于概率 P-值大于显著性水平 α，不应拒绝原假设，可以认为该设备在这段时间内工作是基本正常的。

7.2 两独立样本的非参数检验

两独立样本的非参数检验是在对总体分布不甚了解的情况下，通过对两个独立样本的分析推断样本来自的两总体的分布是否存在显著差异的方法。独立样本是指在从一个总体中随机抽样对在另一个总体中随机抽样没有影响的情况下所获得的样本。

SPSS 中提供了多种两独立样本的非参数检验方法，其中包括曼-惠特尼 U 检验、K-S 检验、瓦尔德-沃尔福威茨（Wald-Wolfowitz）W-W 游程检验、莫斯（Moses）极端反应（Extreme Reactions）检验等。

案例 7－5

某工厂用甲、乙两种不同的工艺生产同一种产品。如果希望检验两种工艺下产品的使用寿命是否存在显著差异，可从两种工艺生产出的产品中随机抽样，得到各自的使用寿命数据。具体数据如表 7－6 所示。数据文件在可供下载的压缩包中，文件名为“使用寿命.sav”。

表 7－6 两种不同工艺下产品的使用寿命数据

工艺	使用寿命样本值
甲工艺（1）	675，682，692，679，669，661，693
乙工艺（2）	662，649，672，663，650，651，646，652

对表 7－6 中的数据采用各种非参数检验方法进行检验，判断它们的总体分布是否存在显著差异，进而对两种工艺的优劣进行评价。

7.2.1 两独立样本的曼-惠特尼 U 检验

7.2.1.1 两独立样本的曼-惠特尼 U 检验的基本思想

两独立样本的曼-惠特尼 U 检验（Mann-Whitney U）可用于对两总体分布的比较判断。其原假设 H_0 是：两独立样本来自的两总体的分布无显著差异。曼-惠特尼 U 检验通过对两个样本平均秩的研究来进行推断。简单说秩就是变量值排序的名次。可以将数据按升序排列，每个变量值都会有一个在整个变量值序列中的位置或名次，这个位置或名次就是变量值的秩。变量值有几个，对应的秩便有几个。

曼-惠特尼 U 检验的基本步骤是：首先，将两个样本数据（X_1，X_2，…，X_m）和（Y_1，Y_2，…，Y_n）混合并按升序排序，得到每个观测数据各自的秩 R_i（$i=1$，2，…，$m+n$）。然后，分别对样本（X_1，X_2，…，X_m）和（Y_1，Y_2，…，Y_n）的秩求平均，得到两个平均秩 W_X/m 和 W_Y/n，其中，W_X，W_Y 称为秩和统计量。对两个平均秩的差距进行比较。容易理解，如果两个平均秩相差甚远，则应是一组样本的秩普遍偏小，另一组样本的秩普遍偏大的结果，也就是一组样本的值普遍偏小，另一组样本的值普遍偏大。此时原假设很可能是不成立的。接下来，计算样本（X_1，X_2，…，X_m）每个秩优先于样本（Y_1，Y_2，…，Y_n）每个秩的个数U_1，以及样本（Y_1，Y_2，…，Y_n）每个秩优先于样本（X_1，X_2，…，X_m）每个秩的个数U_2，对U_1和U_2进行比较。容易理解，如果U_1和U_2相差较大，则有理由怀疑原假设的真实性。最后，依据U_1和U_2计算威尔科克森（Wilcoxon）W统计量和曼-惠特尼U统计量。如果$W_X > W_Y$，则$W=W_Y$；如果$W_X < W_Y$，则$W=W_X$。曼-惠特尼U统计量的计算公式为：

$$U=W-\frac{1}{2}k(k+1) \tag{7.8}$$

式中，k为W对应秩和所在组的样本量。

在小样本下，U统计量服从曼-惠特尼分布。SPSS自动计算出U统计量的观测值和对应的概率P-值。

在大样本下，U统计量近似服从正态分布，计算公式为：

$$Z=\frac{U-\frac{1}{2}mn}{\sqrt{\frac{1}{12}mn(m+n+1)}} \tag{7.9}$$

SPSS将自动计算Z统计量和对应的概率P-值。

在小样本下，依据U统计量的概率P-值进行决策；在大样本下，则依据Z统计量的概率P-值进行决策。如果概率P-值小于给定的显著性水平α，则拒绝原假设，认为样本来自的两总体的分布存在显著差异；相反，如果概率P-值大于给定的显著性水平α，则不能拒绝原假设，可以认为样本来自的两总体的分布无显著差异。

7.2.1.2 案例7-5曼-惠特尼U检验的计算示例

对于案例7-5，用两独立样本的曼-惠特尼U检验方法进行分析，具体计算过程如表7-7所示。

表7-7 两种工艺下产品寿命的曼-惠特尼U检验过程

混合排序后的样本数据	各组标记	秩
646.00	2.00	1
649.00	2.00	2
650.00	2.00	3
651.00	2.00	4
652.00	2.00	5
661.00	1.00	6
662.00	2.00	7
663.00	2.00	8
669.00	1.00	9
672.00	2.00	10
675.00	1.00	11
679.00	1.00	12
682.00	1.00	13
692.00	1.00	14
693.00	1.00	15

由表 7－7 可得，第一个样本的样本量 m 为 7，秩和 W_X 为 80，平均秩为 11.43；第二个样本的样本量 n 为 8，秩和 W_Y 为 40，平均秩为 5。W 统计量应为 W_Y，依照式（7.8）和式（7.9）计算得到的 U，Z 统计量分别为 4，－2.777。

7.2.2　两独立样本的 K-S 检验

7.2.2.1　两独立样本的 K-S 检验的基本思想

K-S 检验不仅能够检验单个总体是否服从某一理论分布，还能够检验两总体分布是否存在显著差异。其原假设 H_0 是：两独立样本来自的两总体的分布无显著差异。

两独立样本的 K-S 检验的基本思想与前面讨论的单样本 K-S 检验的基本思想大体一致，主要差别在于：这里以变量值的秩作为分析对象，而非变量值本身。

首先，将两样本混合并按升序排序；然后，分别计算两样本秩的累计频数和累计频率；最后，计算两组累计频率差的绝对值，得到累计频率绝对差序列并得到 D 统计量（同单样本 K-S 检验，但无须修正）。

SPSS 将自动计算在大样本下的 $\frac{1}{2}\sqrt{n}D$ 的观测值和概率 P-值。如果概率 P-值小于给定的显著性水平 α，则应拒绝原假设，认为两总体的分布有显著差异；反之，如果概率 P-值大于给定的显著性水平 α，则不能拒绝原假设，可以认为两总体的分布无显著差异。

7.2.2.2　案例 7－5 K-S 检验的计算示例

对于案例 7－5，用两独立样本的 K-S 检验方法进行分析，具体计算过程如表 7－8 所示。

表 7－8　两种工艺下产品寿命的 K-S 检验过程

混合排序后的样本数据	各组标记	甲工艺累计频数	乙工艺累计频数	甲工艺累计频率	乙工艺累计频率	累计频率的差
646	2.00	0	1	0	0.125	0.125
649	2.00	0	2	0	0.25	0.25
650	2.00	0	3	0	0.375	0.375
651	2.00	0	4	0	0.5	0.5
652	2.00	0	5	0	0.625	0.625
661	1.00	1	5	0.143	0.625	0.482
662	2.00	1	6	0.143	0.75	0.607
663	2.00	1	7	0.143	0.875	**0.732**
669	1.00	2	7	0.286	0.875	0.589
672	2.00	2	8	0.286	1	0.714
675	1.00	3	8	0.429	1	0.571
679	1.00	4	8	0.571	1	0.429
682	1.00	5	8	0.714	1	0.286
692	1.00	6	8	0.857	1	0.143
693	1.00	7	8	1	1	0

由表 7－8 可得，最大绝对值差为 0.732。

7.2.3 两独立样本的 W-W 游程检验

7.2.3.1 两独立样本的游程检验的基本思想

单样本游程检验用来检验变量值的出现是否随机，两独立样本的 W-W 游程检验则用来检验两独立样本来自的两总体的分布是否存在显著差异。其原假设 H_0 是：两独立样本来自的两总体的分布无显著差异。

两独立样本的游程检验与单样本游程检验的思想基本相同，不同的是计算游程数的方法。两独立样本的游程检验中，游程数依赖于变量的秩。

首先，将两样本混合并按升序排序。在变量值排序的同时，对应的组标记值也会随之重新排列。然后，对组标记值序列按前面讨论的计算游程的方法计算游程数。容易理解，如果两总体的分布存在较大差距，那么基于组标记的游程数会相对比较少；如果基于组标记的游程数比较大，则应是两组样本值充分混合的结果，两总体的分布不会存在显著差异。这是个单侧检验问题。最后，根据游程数计算 Z 统计量，该统计量近似服从正态分布。

SPSS 将自动计算 Z 统计量的观测值和对应的概率 P-值。如果概率 P-值小于给定的显著性水平 α，则应拒绝原假设，认为两总体的分布存在显著差异；反之，如果概率 P-值大于给定的显著性水平 α，则不能拒绝原假设，可以认为两总体的分布无显著差异。

7.2.3.2 案例 7-5 游程检验的计算示例

对于案例 7-5，用两独立样本的游程检验方法进行分析，具体计算过程如表 7-9 所示。

表 7-9 两种工艺下产品寿命的游程检验过程

混合排序后的样本数据	各组标记
646	2
649	2
650	2
651	2
652	2
661	1
662	2
663	2
669	1
672	2
675	1
679	1
682	1
692	1
693	1

由表 7-9 可得，游程数为 6。

需要说明的是：如果两个样本中有相同的变量值，则两个样本排序的前后次序将会反映在游程数当中。此时，SPSS 会给出相应的提示信息。

7.2.4　两独立样本的极端反应检验

7.2.4.1　两独立样本的极端反应检验的基本思想

两独立样本的极端反应检验从另一个角度检验两独立样本所来自的两总体的分布是否存在显著差异。其原假设 H_0 是：两独立样本来自的两总体的分布无显著差异。

两独立样本的极端反应检验的基本思想是：将一个样本作为控制样本，另一个样本作为实验样本，以控制样本为对照，检验实验样本相对于控制样本是否出现了极端反应。这里所谓的极端反应，是指控制样本和实验样本的极值存在显著差异。如果没有出现极端反应，则不能拒绝原假设，可以认为两总体的分布无显著差异；相反，如果存在极端反应，则认为两总体的分布存在显著差异。

具体分析过程如下：首先，将两个样本混合按升序排序；然后，求出控制样本的最小秩 $Q_{\min}$ 和最大秩 $Q_{\max}$，并计算出跨度（Span）：$S=Q_{\max}-Q_{\min}+1$；最后，为消除样本数据中极端值对分析结果的影响，在计算跨度之前可按比例（通常为 5%）剔除控制样本中 $2h$ 个靠近两端的观测值，再求跨度，得到截头跨度。

极端反应检验注重对跨度和截头跨度的分析。容易理解，如果跨度或截头跨度较小，则是两个样本数据无法充分混合，一个样本值显著大于另一个样本值的结果，可以认为相对控制样本，实验样本出现了极端反应，样本来自的两总体的分布存在显著差异；相反，如果跨度或截头跨度较大，则应是两个样本数据充分混合，一个样本值没有显著大于另一个样本值的结果，可以认为相对控制样本，实验样本没有出现极端反应，样本来自的两总体的分布没有显著差异。这是个单侧检验问题。

针对跨度或截头跨度计算以下精确概率：

$$P(s\leqslant S)=\frac{\sum_{i=0}^{g}\left[\mathrm{C}_{i+n_1-2h-2}^{i}\cdot \mathrm{C}_{n_2+2h+1-i}^{n_2-i}\right]}{\mathrm{C}_{n_1+n_2}^{n_1}} \tag{7.10}$$

式中，n_1，n_2 依次为控制样本和实验样本的样本量；$g=S-n_1+2h$；$2h$ 为计算截头跨度时剔除样本的样本量，计算跨度时 $h=0$。这是个单侧检验问题。

如果概率 P-值小于给定的显著性水平 α，则应拒绝原假设，认为两独立样本来自的两总体的分布存在显著差异；如果概率 P-值大于给定的显著性水平 α，则不能拒绝原假设，可以认为两独立样本来自的两总体的分布不存在显著差异。

7.2.4.2　案例 7－5 极端反应检验的计算示例

对于案例 7－5，用极端反应检验方法进行分析，组标记为 1 的设为控制样本组，组标记为 2 的设为实验样本组。具体计算过程如表 7－10 所示。

表 7－10　两种工艺下产品寿命的极端反应检验过程

样本值	646	649	650	651	652	661	662	663	669	672	675	679	682	692	693
组标记	2	2	2	2	2	1	2	2	1	2	1	1	1	1	1
秩	1	2	3	4	5	**6**	7	8	9	10	11	12	13	14	**15**
剔除极端值后的秩	1	2	3	4	5		6	7	**8**	9	10	11	12	**13**	

由表7-10可知，跨度为：

$$10=15-6+1$$

截头跨度为：

$$6=13-8+1$$

7.2.5 两独立样本的非参数检验的应用举例

在利用SPSS进行两独立样本的非参数检验之前，应首先按规定的格式组织好数据。这里应设置两个变量，一个变量存放样本值，另一个变量存放组（总体）标记值。

对于案例7-5，分析两种工艺下产品的使用寿命是否存在显著差异。由于对产品使用寿命的分布没有明确的把握，可采用非参数检验的方法进行分析。这里涉及两个独立样本，因此采用两独立样本的非参数检验方法，并分别选择上述四种方法进行分析。

SPSS两独立样本的非参数检验的基本操作步骤如下。

(1) 选择菜单：【分析(A)】→【非参数检验(N)】→【旧对话框(L)】→【2个独立样本】。出现如图7-5所示的窗口。

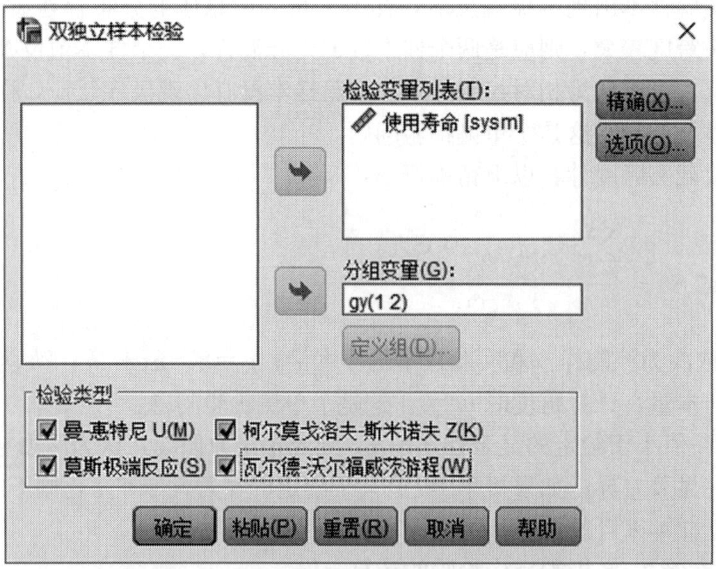

图7-5 两独立样本的非参数检验窗口

(2) 选择待检验的变量到【检验变量列表(T)】框中。

(3) 指定存放组标记值的变量到【分组变量(G)】框中，并点击 定义组(D) 按钮给出两个组标记值。

(4) 在【检验类型】框中选择采用哪种检验方法。

至此，SPSS将根据用户的选择进行检验，并把分析结果输出到查看器窗口中。分析结果如表7-11所示。

7.2.5.1　案例 7－5 的曼-惠特尼 U 检验结果

表 7－11（a）　两种工艺下产品使用寿命的曼-惠特尼 U 检验结果（一）

秩

	使用工艺	个案数	秩平均值	秩的总和
使用寿命	甲种工艺	7	11.43	80.00
	乙种工艺	8	5.00	40.00
	总计	15		

表 7－11（b）　两种工艺下产品使用寿命的曼-惠特尼 U 检验结果（二）

检验统计量

	使用寿命
曼-惠特尼 U	4.00
威尔科克森 W	40.000
Z	−2.777
渐近显著性（双尾）	0.005
精确显著性［2*(单尾显著性)］	0.004

由表 7－11（a）和表 7－11（b）可知，从甲、乙两种工艺中分别抽取了 7 个和 8 个样本，两个秩和分别为 80 和 40；W 统计量应取乙种工艺的秩和 W_Y；U，Z 统计量分别为 4，−2.777。由于是小样本，采用 U 统计量的精确概率。如果显著性水平 α 为 0.05，由于概率 P-值小于显著性水平 α，应拒绝原假设，认为甲、乙两种工艺下产品使用寿命的分布存在显著差异。

7.2.5.2　案例 7－5 的 K-S 检验结果

表 7－11（c）　两种工艺下产品使用寿命的 K-S 检验结果

检验统计量

		使用寿命
最极端差值	绝对	0.732
	正	0.732
	负	0.000
柯尔莫戈洛夫-斯米洛夫 Z		1.415
渐近显著性（双尾）		0.037

由表 7－11（c）可知，甲、乙两种工艺下产品使用寿命的累计概率的最大绝对差为 0.732。$\frac{1}{2}\sqrt{n}D$ 的观测值为 1.415，概率 P-值为 0.037。如果显著性水平 α 为 0.05，由于概率 P-值小于显著性水平 α，应拒绝原假设，认为甲、乙两种工艺下产品使用寿命的分布存在显著差异。

7.2.5.3 案例7-5的W-W游程检验结果

表7-11（d） 两种工艺下产品使用寿命的游程检验结果

检验统计量

	游程数	Z	精确显著性（单尾）
使用寿命 精确游程数	6	−1.059	0.149

由表7-11（d）可知，甲、乙两种工艺下产品使用寿命秩的游程数为6，根据游程数计算的Z统计量观测值为−1.059，对应的单侧概率P-值为0.149。如果显著性水平α为0.05，由于概率P-值大于显著性水平α，不应拒绝原假设，认为甲、乙两种工艺下产品使用寿命的分布无显著差异。

四、案例7-5的极端反应检验结果

表7-11（e） 两种工艺下产品使用寿命的极端反应检验结果

检验统计量

	使用寿命
实测控制组范围	10
显著性（单尾）	0.084
剪除后控制组跨度	6
显著性（单尾）	0.100
在两端剔除了离群值	1

由表7-11（e）可知，跨度和截头跨度（其剔除了控制样本中的2个极端观测，$h=1$）分别为10和6。两种情况下的概率分别为0.084和0.1。如果显著性水平α为0.05，无论是否剔除极端值，都可得出不能拒绝原假设的结论，即甲、乙两种工艺下产品使用寿命的分布无显著差异。

从上面的分析可以看出，不同分析方法对同批数据的分析结论可能不尽相同。这一方面说明分析过程中对数据进行反复的探索性分析是极为必要的；另一方面应注意不同方法本身侧重点的差异性。

7.3 多独立样本的非参数检验

多独立样本的非参数检验是通过分析多组独立样本数据，推断样本来自的多个总体的中位数或分布是否存在显著差异。多独立样本是指按独立抽样方式获得的多组样本。

SPSS提供的多独立样本的非参数检验方法主要包括中位数检验、克鲁斯卡尔-沃利斯（Kruskal-Wallis）检验、约克海尔-塔帕斯特拉（Jonckheere-Terpstra）检验。

案例7-6

希望对北京、上海、成都、广州四个城市的周岁儿童的身高进行比较分析。采用独立抽样方式获得四组独立样本，具体数据如表7-12所示。数据文件在可供下载的压缩包中，文件名为“多城市儿童身高.sav”。

表7-12　四城市周岁儿童身高样本数据

城市	身高样本数据
北京（1）	79.00，75.00，78.00，76.00，72.00
上海（2）	72.00，71.00，74.00，74.00，73.00
成都（3）	76.00，78.00，78.00，77.00，75.00
广州（4）	70.00，72.00，71.00，71.00，69.00

对表7-12中的数据采用各种非参数检验方法进行检验，判断四个城市周岁儿童的身高总体分布是否存在显著差异。

7.3.1　多独立样本的中位数检验

7.3.1.1　多独立样本的中位数检验的基本思想

中位数检验通过对多个独立样本的分析，检验它们来自的总体的中位数是否存在显著差异。其原假设 H_0 是：多个独立样本来自的多个总体的中位数无显著差异。

多独立样本的中位数检验的基本思想是：如果多个总体的中位数无显著差异，或者说多个总体有共同的中位数，那么这个共同的中位数应在各样本中均处在中间位置上。于是，每个样本中大于该中位数与小于该中位数的样本量应大致相同。

分析的基本步骤是：首先，将多个样本（如 k 个）混合，按升序排序，并求出混合样本的中位数；然后，分别计算各样本中大于和小于上述中位数的样本量，形成如表7-13所示的列联表；最后，利用卡方检验方法分析各样本来自的总体是否有相同的上述中位数。容易理解，如果各组中大于（或小于）上述中位数的样本比例大致相同，则可以认为多样本有共同的中位数，它们来自的总体的中位数无显著差异；反之，如果各组中大于（或小于）上述中位数的样本比例相差较大，则可以认为多个样本的中位数不全相同，它们来自的总体的中位数存在显著差异。

表7-13　多独立样本的中位数检验的列联表

	第一个样本	第二个样本	…	第 k 个样本	合计
大于共同中位数 小于等于共同中位数 合计					

在表7-13的基础上依据式（7.11）构造卡方检验统计量（详见4.3.3节）：

$$\chi^2=\sum_{i=1}^{2}\sum_{j=1}^{k}\frac{(f_{ij}^{o}-f_{ij}^{e})^2}{f_{ij}^{e}} \tag{7.11}$$

式中，卡方检验统计量服从 $(2-1)\times(k-1)$ 个自由度的卡方分布。

SPSS 将自动计算卡方统计量的观测值和对应的概率 P-值。如果概率 P-值小于给定的显著性水平 α，则应拒绝原假设，认为多个独立样本来自的多个总体的中位数存在显著差异；反之，如果概率 P-值大于给定的显著性水平 α，则不能拒绝原假设，可以认为样本来自的多个总体的中位数不存在显著差异。

7.3.1.2 案例 7-6 中位数检验的计算示例

对于案例 7-6，利用多独立样本的中位数检验进行分析，具体计算过程如表 7-14 所示。对样本数据混合排序后，得到共同的中位数为 74。

表 7-14 四城市周岁儿童身高的中位数检验过程

	北京	上海	成都	广州	合计
大于 74	4 2.25	0 2.25	5 2.25	0 2.25	9
小于等于 74	1 2.75	5 2.75	0 2.75	5 2.75	11
合计	5	5	5	5	20

表 7-14 中，每个单元格中的数据分别为实际观测频数和期望频数，根据式（7.11）计算出的卡方统计量为 16.768。

7.3.2 多独立样本的 K-W 检验

7.3.2.1 多独立样本的 K-W 检验的基本思想

多独立样本的克鲁斯卡尔-沃利斯（Kruskal-Wallis）检验，简称 K-W 检验，其实质是两独立样本的曼-惠特尼 U 检验在多独立样本下的推广，用于检验多个总体的分布是否存在显著差异。其原假设 H_0 是：多独立样本来自的多个总体的分布无显著差异。

多独立样本的 K-W 检验的基本思想是：首先，将多个（如 k 个）样本数据混合并按升序排序，求出各变量值的秩；然后，考察各组秩的均值是否存在显著差异。容易理解，如果各组秩的均值不存在显著差异，则是多组数据充分混合，数值相差不大的结果，可以认为多个总体的分布无显著差异；反之，如果各组秩的均值存在显著差异，则是多组数据无法混合，某些组的数值普遍偏大，另一些组的数值普遍偏小的结果，可以认为多个总体的分布有显著差异。

为研究各组秩的差异，可借鉴方差分析方法。方差分析认为，各样本组秩的总变差一方面源于各样本组之间的差异（组间差）；另一方面源于各样本组内的抽样误差（组内差）。如果各样本组秩的总变差的大部分可由组间差解释，则表明各样本组的总体分布存在显著差异；反之，如果各样本组秩的总变差的大部分不能由组间差解释，则表明各样本组的总体分布没有显著差异。基于这种基本思路可以构造 K-W 检验统计量，即

$$\text{K-W}=\frac{\text{秩的组间离差平方和}}{\text{秩的总离差平方和平均}}$$

式中，组间离差平方和为 $\sum_{i=1}^{k} n_i\left(\frac{R_i}{n_i}-\frac{n+1}{2}\right)^2$（$k$ 为样本组数，R_i 为第 i 组的秩总和，n_i

为第 i 组的样本量，n 为总样本量）；总离差平方和为：

$$\sum_{i=1}^{k}\sum_{j=1}^{n_i}\left(R_{ij}-\frac{n+1}{2}\right)^2 \tag{7.12}$$

式中，R_{ij} 为第 i 组样本中第 j 个观测值的秩。于是整理得到

$$\text{K-W}=\frac{12}{n(n+1)}\sum_{i=1}^{k}n_i(\overline{R}_i-\overline{R})^2 \tag{7.13}$$

式中，k 为样本组数；n 为总样本量；n_i 为第 i 组的样本量；$\overline{R}_i$ 为第 i 组的平均秩，等于 $\frac{R_i}{n_i}$；$\overline{R}$ 为总平均秩，等于 $\frac{n+1}{2}$。

K-W 统计量服从 Kruskal-Wallis 分布。当样本组数 k 较大时（通常大于 3），K-W 统计量近似服从 $k-1$ 个自由度的卡方分布。

SPSS 将自动计算 K-W 统计量的观测值和对应的概率 P-值。如果概率 P-值小于给定的显著性水平 α，则应拒绝原假设，认为多个独立样本来自的多个总体的分布存在显著差异；相反，如果概率 P-值大于给定的显著性水平 α，则不能拒绝原假设，可以认为多个独立样本来自的多个总体的分布不存在显著差异。

7.3.2.2 案例 7-6 K-W 检验的计算示例

对于案例 7-6，利用多独立样本的 K-W 检验进行分析。具体计算过程如表 7-15 所示。

表 7-15 四城市周岁儿童身高的 Kruskal-Wallis 检验过程

混合排序后的样本数据	组标记	秩
69.00	4.00	1
70.00	4.00	2
71.00	2.00	4
71.00	4.00	4
71.00	4.00	4
72.00	1.00	7
72.00	2.00	7
72.00	4.00	7
73.00	2.00	9
74.00	2.00	10.5
74.00	2.00	10.5
75.00	1.00	12.5
75.00	3.00	12.5
76.00	1.00	14.5
76.00	3.00	14.5
77.00	3.00	16
78.00	1.00	18
78.00	3.00	18
78.00	3.00	18
79.00	1.00	20

表7－15中，有一些秩出现了“打结”即变量值相等现象。对此，SPSS中通常以平均秩来处理。例如，取值为71的观测值有三个，按照正常的排列顺序其秩应分别为3，4，5，于是它们的平均秩为4。可以计算出北京、上海、成都、广州的平均秩分别为14.4，8.2，15.8和3.6。

7.3.3 多独立样本的J-T检验

7.3.3.1 多独立样本的J-T检验的基本思想

约克海尔-塔帕斯特（Jonckheere-Terpstra）检验，简称J-T检验，也是用于检验多个独立样本来自的多个总体的分布是否存在显著差异的非参数检验方法。其原假设 H_0 是：多个独立样本来自的多个总体的分布无显著差异。

J-T检验的基本思想与两独立样本的曼-惠特尼 U 检验类似，也是计算一个样本的观测值小于其他样本的观测值的个数。如果用 U_{ij} 表示第 i 个样本观测值小于等于第 j 个样本观测值的个数，则J-T统计量定义为：

$$\text{J-T}=\sum_{i<j}U_{ij} \tag{7.14}$$

式（7.14）表明，J-T统计量是所有 U_{ij} 在 $i<j$ 组范围内的总和，称为观测的J-T统计量，在大样本下近似服从正态分布。计算J-T统计量时会涉及样本组标记值（指示样本来自哪个总体）的大小顺序。例如，如果有三个样本，样本标记值分别为1，2，3，则观测的J-T统计量为：第1个样本观测值小于等于第2个样本观测值的个数＋第1个样本观测值小于等于第3个样本观测值的个数＋第2个样本观测值小于等于第3个样本观测值的个数。

除计算观测的J-T统计量，通常还将计算所有情况下的J-T统计量。例如，如果仍有1，2，3三个样本，除了按照（1，2，3）的顺序计算J-T值，还要按照（1，3，2），（2，1，3），（2，3，1），（3，1，2），（3，2，1）的顺序计算所有的J-T值，并计算这些J-T值的均值和标准差等。容易理解，如果观测的J-T统计量远大于或远小于J-T均值，那么可以认为，按照样本标记值的升序，样本数据有明显的上升或下降趋势，从而能够判定样本来自的多个总体的分布存在显著差异。

在大样本下，J-T统计量近似服从正态分布，检验统计量为：

$$Z=\frac{J-\left(n^2-\sum_{i=1}^{k}n_i^2\right)/4}{\sqrt{\left[n^2(2n+3)-\sum_{i=1}^{k}n_i^2(2n_i+3)\right]/72}} \tag{7.15}$$

式中，J 为观测的J-T统计量；k 为样本组数；n_i 为第 i 个样本的样本量；n 为总样本量。

SPSS将自动计算J-T统计量、Z 统计量和相应的概率 P-值。如果概率 P-值小于给定的显著性水平 α，则应拒绝原假设，认为多个独立样本来自的多个总体的分布存在显著差异；反之，如果概率 P-值大于给定的显著性水平 α，则不能拒绝原假设，认为多个独立样本来自的多个总体的分布不存在显著差异。

7.3.3.2 案例7－6 J-T检验的计算示例

对于案例7－6，利用多独立样本的J-T检验进行分析。具体计算过程如表7－16所示。

表 7 - 16　四城市周岁儿童身高的 Jonckheere-Terpstra 检验过程

城市	排序后身高样本数据
北京（1）	72.00，75.00，76.00，78.00，79.00
上海（2）	71.00，72.00，73.00，74.00，74.00
成都（3）	75.00，76.00，77.00，78.00，78.00
广州（4）	69.00，70.00，71.00，71.00，72.00
观测的 J-T 值	$U_{12}=3.5$；$U_{13}=14$；$U_{14}=0.5$； $U_{23}=25$；$U_{24}=2.5$； $U_{34}=0$； J-T 值=45.5
J-T 平均值	J-T 平均值=75

表 7 - 16 中，相等的情况记为 0.5，观测的 J-T 值为 45.5，所有排列情况下的 J-T 平均值为 75。

7.3.4　多独立样本的非参数检验的应用举例

在利用 SPSS 进行多独立样本的非参数检验之前，应首先按规定的格式组织好数据。这里应设置两个变量，一个变量存放样本值，另一个变量存放样本组标记值。

对于案例 7 - 6，希望分析四城市周岁儿童身高总体是否存在显著差异。由于对身高的分布没有明确的把握，可采用非参数检验的方法进行分析。这里涉及多个独立样本，因此采用多独立样本的非参数检验方法，并分别选择上述三种方法进行分析。

SPSS 多独立样本的非参数检验的基本操作步骤如下。

（1）选择菜单：【分析(A)】→【非参数检验(N)】→【旧对话框(L)】→【K 个独立样本】。出现如图 7 - 6 所示的窗口。

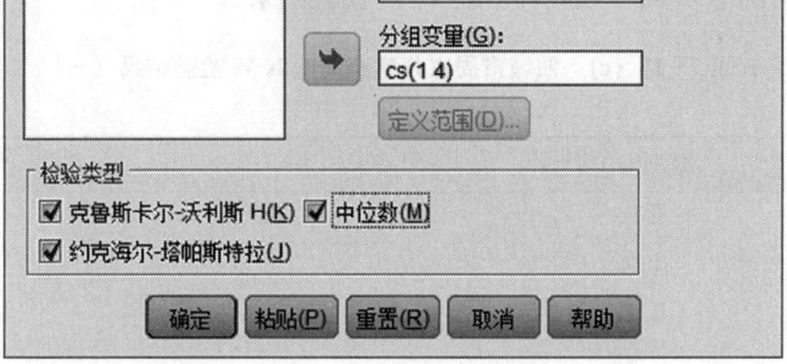

图 7 - 6　多独立样本的非参数检验窗口

（2）选择待检验的变量到【检验变量列表(T)】框中。

（3）指定存放组标记值的变量到【分组变量(G)】框中，并点击 定义范围(D) 按钮给出组标记值的取值范围。

（4）在【检验类型】框中选择采用哪种检验方法。

至此，SPSS将根据用户的选择进行检验，并将分析结果输出到查看器窗口中。分析结果如表7-17所示。

7.3.4.1 案例7-6的中位数检验结果

表7-17（a） 四城市周岁儿童身高的中位数检验结果（一）

频率

		城市标志			
		北京	上海	成都	广州
周岁儿童身高	>中位数	4	0	5	0
	<=中位数	1	5	0	5

表7-17（b） 四城市周岁儿童身高的中位数检验结果（二）

检验统计量

	周岁儿童身高
个案数	20
中位数	74.000 0
卡方	16.768[a]
自由度	3
渐近显著性	0.001

a. 8个单元（100.0%）具有小于5的期望频率。单元最小期望频率为2.3。

表7-17（a）和表7-17（b）中，四组共同的中位数为74，计算出的卡方统计量为16.768，概率P-值为0.001。如果显著性水平α为0.05，由于概率P-值小于显著性水平α，应拒绝原假设，认为四个城市周岁儿童身高的分布存在显著差异。应当注意的是，卡方检验对期望频数小于5的单元格数是有一定限制的。由于该例违背了限制，SPSS给出了提示信息，该检验只能作为一种参考。

7.3.4.2 案例7-6的多独立样本的K-W检验结果

表7-17（c） 四城市周岁儿童身高的K-W检验结果（一）

秩

	城市标志	N	秩均值
周岁儿童身高	北京	5	14.40
	上海	5	8.20
	成都	5	15.80
	广州	5	3.60
	总计	20	

表 7-17 (d) 四城市周岁儿童身高的 Kruskal-Wallis 检验结果 (二)

检验统计量

	周岁儿童身高
克鲁斯卡尔-沃利斯	13.900
自由度	3
渐近显著性	0.003

由表 7-17 (c) 和表 7-17 (d) 可知：四个城市周岁儿童身高的平均秩分别为 14.4，8.2，15.8，3.6，K-W 统计量为 13.9，概率 P-值为 0.003。如果显著性水平 α 为 0.05，由于概率 P-值小于显著性水平 α，应拒绝原假设，认为四个城市周岁儿童身高的平均秩差异显著，总体分布存在显著差异。

7.3.4.3 案例 7-6 的多独立样本的 J-T 检验结果

表 7-17 (e) 四城市周岁儿童身高的 J-T 检验结果

J-T 检验

	周岁儿童身高
城市标志中的级别数	4
个案数	20
实测 J-T 统计	45.500
平均值 J-T 统计	75.000
J-T 统计的标准差	14.764
标准 J-T 统计	−1.998
渐近显著性（双尾）	0.046

由表 7-17 (e) 可知：观测的 J-T 值为 45.500，所有 J-T 值的平均值为 75.000，标准差为 14.764，观测的 J-T 值的标准化值为 $-1.998\left(=\dfrac{45.5-75}{14.764}\right)$，小于平均值且差距是标准差的 1.998 倍。J-T 统计量的概率 P-值为 0.046。如果显著性水平 α 为 0.05，由于概率 P-值小于显著性水平 α，应拒绝原假设，认为四个城市周岁儿童身高的分布存在显著差异。

7.4 两配对样本的非参数检验

> 两配对样本的非参数检验是在对总体分布不甚了解的情况下，通过对两配对样本的分析，推断样本来自的两个总体的分布是否存在显著差异的方法。
>
> SPSS 两配对样本的非参数检验方法主要包括麦克尼马尔（McNemar）检验、符号检验、威尔科克森（Wilcoxon）符号秩检验等。

例如，要检验一种新的训练方法是否对提高跳远运动员的成绩有显著效果，可以收集一批跳远运动员在使用新训练方法前后的跳远最好成绩，这样的两个样本便是配对的。再如，分析不同广告形式是否对商品的销售产生显著影响，可以比较几种不同商品在不同广告形式下的销售额数据（其他条件保持基本稳定）。这里不同广告形式下的若干组商品销售额样本便是配对样本。可见，配对样本的样本量是相同的，且各样本值的先后次序不能随意更改。

7.4.1 两配对样本的McNemar检验

7.4.1.1 两配对样本的麦克尼马尔检验的基本思想

麦克尼马尔检验是一种变化显著性检验，它将研究对象自身作为对照者检验其前后的变化是否显著。其原假设 H_0 是：两配对样本来自的两总体的分布无显著差异。

案例7-7

分析学生在学习统计学课程前后对统计学重要性的总体认知程度是否发生了显著改变，可以随机收集一批学生在学习统计学前后认为统计学是否重要的样本数据（0表示“不重要”，1表示“重要”）。具体数据在可供下载的压缩包中，文件名为“统计学学习.sav”。

这里，学习前和学习后的样本是两个配对样本。在学习统计学课程前后对统计学重要性的认识会有下列四种情况：一是学习前认为不重要，学习后认为重要；二是学习前认为不重要，学习后仍认为不重要；三是学习前认为重要，学习后仍认为重要；四是学习前认为重要，学习后却认为不重要。可将反映上述情况的数据归纳整理成如表7-18所示的交叉列联表。

表7-18 McNemar检验中的列联表

		学习后	
		不重要（0）	重要（1）
学习前	不重要（0）	A	B
	重要（1）	C	D

表7-18中，A，B，C，D 分别代表前后两种状态转换的频数，它们的和为总样本量。麦克尼马尔检验正是基于该列联表进行分析的，它注重对态度发生变化的两个单元格中频数 B 和 C 的研究。容易理解，如果频数 B 和 C 大致相当，即态度从“不重要”到“重要”的人数与态度从“重要”到“不重要”的人数大致相当，那么可理解为学习前后学生对统计学重要性的认知总体上并没有发生显著的变化；反之，如果频数 B 和 C 相差较大，即态度从“不重要”到“重要”的人数与态度从“重要”到“不重要”的人数相差较大，那么可理解为学习前后学生对统计学重要性的认知总体上发生了显著的变化。

为了研究这个问题，麦克尼马尔检验采用二项分布检验的方法，计算表7-18中态度变化是否服从概率 p 为0.5的二项分布。在小样本下计算二项分布的累计精确概率（式(7.2)）；在大样本下采用连续性校正的 Z 统计量（式(7.3)），它近似服从正态分布。SPSS将自动计算 Z 统计量观测值和对应的概率 P-值。如果概率 P-值小于给定的显著性水平 α，则应拒绝原假设，认为态度变化的分布与 p 为0.5的二项分布存在显著差异，即两配对样本所来自的两总体的分布存在显著差异；如果概率 P -值大于给定的显著性水平 α，则不能拒绝原假设，认为态度变化的分布与 p 为 0.5 的二项分布不存在显著差异，即两配对样本所来自的两总体的分布没有显著差异。

应该看到两配对样本的麦克尼马尔检验分析的变量是二值变量。在实际应用中，如果变量不是二值变量，进行数据转换后方可采用该方法，因而它在应用范围上有一定的局限性。

7.4.1.2　案例 7-7 McNemar 检验的计算示例

对于案例 7-7，采用配对方式获得 12 名学生在学习统计学课程前后的看法数据（0 表示“不重要”，1 表示“重要”），计算结果如表 7-19 所示。

表 7-19　统计学重要性的 McNemar 检验过程

		学习后	
		0	1
学习前	0	3	4
	1	2	3

表 7-19 中，态度从“不重要”到“重要”的人数为 4，而从“重要”到“不重要”的人数为 2。于是概率为 0.5 的二项分布累计概率值等于：

$$P\{X \leqslant x\} = \sum_{i=0}^{x} \mathrm{C}_n^i p^i q^{n-i} = \sum_{i=0}^{2} \mathrm{C}_6^i 0.5^i 0.5^{6-i} = 0.3438$$

7.4.2　两配对样本的符号检验

7.4.2.1　两配对样本的符号检验的基本思想

两配对样本的符号检验也是用来检验两配对样本所来自的总体的分布是否存在显著差异的非参数方法。其原假设 H_0 是：两配对样本来自的两总体的分布无显著差异。

两配对样本的符号检验与两配对样本的麦克尼马尔检验有类似的解决思路，且利用正负符号的个数实现检验。首先，分别用第二个样本的各个观测值减去第一个样本对应的观测值，差值为正则记为正号，差值为负则记为负号。然后，将正号的个数与负号的个数进行比较。容易理解，如果正号个数和负号个数大致相当，则可以认为第二个样本大于第一个样本观测值的个数与第二个样本小于第一个样本观测值的个数是大致相当的，从总体上讲，这两个配对样本的总体分布差距较小；相反，如果正号个数和负号个数相差较多，则可以认为两个配对样本的总体分布差距较大。

为了研究这个问题，两配对样本的符号检验采用二项分布检验的方法，检验出现正号个数或负号个数的分布是否服从概率 p 为 0.5 的二项分布，即对正负符号变量进行单样本二项分布检验。在小样本下计算二项分布的精确概率（式（7.2）），在大样本下采用连续性校正的 Z 统计量（式（7.3）），它近似服从正态分布。SPSS 将自动计算 Z 统计量观测值和对应的概率 P -值。如果概率 P -值小于给定的显著性水平 α，则应拒绝原假设，认为两配对样本所来自的两总体的分布存在显著差异；如果概率 P -值大于给定的显著性水平 α，则不能拒绝原假设，认为两配对样本所来自的两总体的分布没有显著差异。

应该看到两配对样本的符号检验注重对变化方向的分析，只考虑数据变化的性质，即是变大还是变小了，没有考虑变化幅度，即大了多少，小了多少，因而对数据的利用不充分。

7.4.2.2 两配对样本的符号检验的计算示例

案例 7-8

为检验某种新的训练方法是否有助于提高跳远运动员的成绩，收集到10名跳远运动员在使用新训练方法前后的跳远最好成绩。具体数据在可供下载的压缩包中，文件名为“训练成绩.sav”。

采用以上方式得到的两个样本为配对样本。使用新训练方法前后分别形成两个总体。在对总体分布不作任何假设的条件下，可用符号检验对样本数据进行分析，进而推断两总体的分布是否存在显著差异。计算过程如表7-20所示。

表7-20 训练前后成绩的两配对样本的符号检验计算过程

运动员编号	使用新方法前	使用新方法后	差的符号
1	5.74	5.79	+
2	6.28	6.12	−
3	5.46	5.44	−
4	6.03	6.03	
5	5.39	5.57	+
6	5.77	5.81	+
7	6.41	6.48	+
8	6.19	6.32	+
9	5.55	5.64	+
10	5.87	5.93	+

由表7-20可知，10名运动员中，成绩提高的有7人，取正号；成绩下降的有2人，取负号；成绩没有变化的有1人，该个案不参与研究。于是，差的符号变量服从 p 为0.5的二项分布的累计概率值等于：

$$P\{X \leqslant x\} = \sum_{i=0}^{x} \mathrm{C}_n^i p^i q^{n-i} = \sum_{i=0}^{2} \mathrm{C}_9^i 0.5^i 0.5^{9-i} = 0.0898$$

7.4.3 两配对样本的Wilcoxon符号秩检验

7.4.3.1 两配对样本的威尔科克森符号秩检验的基本思想

两配对样本的威尔科克森符号秩检验也是通过分析两配对样本，对样本来自的两总体的分布是否存在差异进行推断。其原假设 H_0 是：两配对样本来自的两总体的分布无显著差异。

两配对样本的威尔科克森符号秩检验的基本思想是：首先，按照符号检验的方法，分别用第二个样本的各个观测值减去第一个样本对应的观测值。差值为正记为正号，为负则记为负号，同时保存差值的绝对值。然后，将差值的绝对值按升序排序，并求出差值的秩。最后，分别计算正号秩和 W^+ 及负号秩和 W^-。如果样本量为 n，则 $W^+ + W^-$ 的最小可能值为0，最大可能值为 $\frac{n(n+1)}{2}$。容易理解，如果正号秩和与负号秩和大致相当，则说明一个样本大于另一个样本和该样本小于另一个样本的幅度大致相当，两样本数据差的正负变化程度基本相当，两配对样本来自的两总体的分布无显著差异。

在原假设成立的前提下，小样本下的检验统计量 $W=\min(W^+, W^-)$ 服从威尔科克森符号秩分布。在大样本下利用 W 可构造 Z 统计量，它近似服从正态分布：

$$Z=\frac{W-n(n+1)/4}{\sqrt{n(n+1)(2n+1)/24}} \tag{7.16}$$

SPSS将自动计算 Z 统计量观测值和对应的概率 P-值。如果概率 P-值小于给定的显著性水平 α，则应拒绝原假设，认为两配对样本来自的两总体的分布有显著差异；反之，如果概率 P-值大于给定的显著性水平 α，则不能拒绝原假设，可认为两配对样本来自的两总体的分布无显著差异。

7.4.3.2 案例7-8威尔科克森符号秩检验的计算示例

对于案例7-8，利用两配对样本的威尔科克森符号秩检验，分析采用新训练方法前后运动员成绩的分布是否存在显著差异，进而判断该训练方法是否有效。计算过程如表7-21所示。

表7-21 训练前后成绩的两配对样本的Wilcoxon符号秩检验计算过程

运动员编号	使用新方法前	使用新方法后	绝对差值	秩	差的符号
1	5.74	5.79	0.05	3	+
2	6.28	6.12	0.16	8	−
3	5.46	5.44	0.02	1	−
4	6.03	6.03	0		
5	5.39	5.57	0.18	9	+
6	5.77	5.81	0.04	2	+
7	6.41	6.48	0.07	5	+
8	6.19	6.32	0.13	7	+
9	5.55	5.64	0.09	6	+
10	5.87	5.93	0.06	4	+

由表7-21可知，正号秩和 W^+ 为36，负号秩和 W^- 为9，W 检验统计量为9。

7.4.4 两配对样本的非参数检验的应用举例

在利用SPSS进行两配对样本的非参数检验之前，应首先按规定的格式组织好数据。这里应设置两个变量，分别存放两个样本的观测值。

7.4.4.1 案例 7-7 的麦克尼马尔检验

对于案例 7-7，采用两配对样本的非参数检验方法进行分析。由于案例 7-7 是计数数据，应首先指定数据中的“人数”变量为加权变量（详见 3.8.2 节）。

SPSS 两配对样本的非参数检验的基本操作步骤如下。

（1）选择菜单：【分析(A)】→【非参数检验(N)】→【旧对话框(L)】→【2 个相关样本(L)】。出现如图 7-7 所示的窗口。

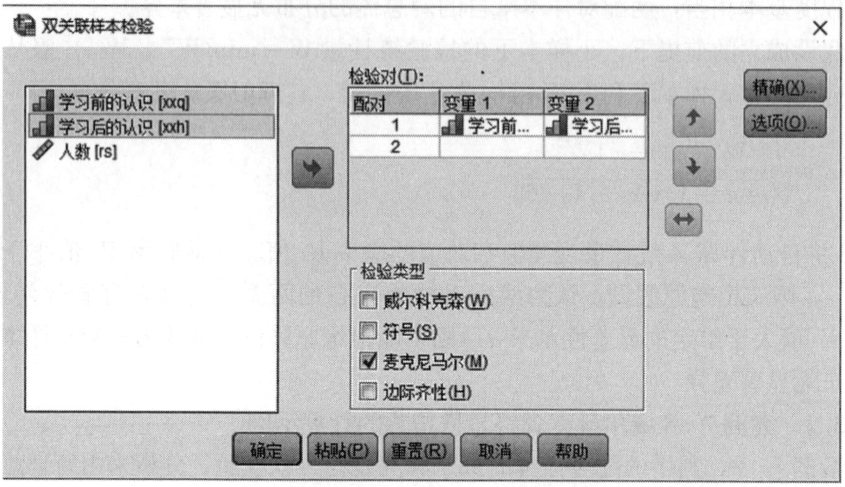

图 7-7 两配对样本的非参数检验窗口

（2）选择待检验的两个配对变量到【检验对(T)】框中。

（3）在【检验类型】框中选择采用哪种检验方法。

至此，SPSS 将按照用户的选择进行分析，并将分析结果输出到查看器窗口中，结果如表 7-22 所示。

表 7-22（a） 统计学重要性问题的认识 McNemar 检验结果（一）

学习前的认识 & 学习后的认识

		学习后的认识	
		不重要	重要
学习前的认识	不重要	3	4
	重要	2	3

表 7-22（b） 统计学重要性问题的认识 McNemar 检验结果（二）

检验统计量

	学习前的认识 & 学习后的认识
个案数	12
精确显著性（双尾）	0.687

由表 7-22（a）和表 7-22（b）可知，认为统计学“不重要”变成“重要”的人数为 4 人，而认为统计学“重要”变成“不重要”的人数为 2 人，双侧的二项分布累计概率为

0.687（单侧为0.343 8）。如果显著性水平 α 为0.05，由于概率 P-值大于显著性水平 α，不能拒绝原假设，认为学习前后学生对统计学重要性的认识没有发生显著变化。

7.4.4.2 案例7-8的符号检验和威尔科克森符号秩检验

对于案例7-8，可采用两配对样本的符号检验和两配对样本的威尔科克森符号秩检验进行分析。具体操作窗口类似于图7-7。分析结果如表7-23所示。

表7-23（a） 训练前后成绩两配对样本符号检验结果（一）

频率

		N
训练后成绩一训练前成绩	负差分[a]	2
	正差分[b]	7
	结[c]	1
	总数	10

a. 训练后成绩<训练前成绩。
b. 训练后成绩>训练前成绩。
c. 训练后成绩=训练前成绩。

表7-23（b） 训练前后成绩两配对样本符号检验结果（二）

检验统计量

	训练后成绩一训练前成绩
精确显著性（双尾）	0.180

由表7-23（a）和表7-23（b）可知，训练后成绩低于训练前成绩的有2人，高于训练前成绩的有7人，1人保持不变。双侧的二项分布累计概率为0.180。如果显著性水平 α 为0.05，由于概率 P-值大于显著性水平 α，不能拒绝原假设，认为训练前后的成绩分布没有显著差异，新训练方法没有显著效果。

表7-23（c） 训练前后成绩两配对样本 Wilcoxon 符号秩检验结果（一）

秩

		N	秩均值	秩和
训练后成绩一训练前成绩	负秩	2[a]	4.50	9.00
	正秩	7[b]	5.14	36.00
	结	1[c]		
	总数	10		

a. 训练后成绩<训练前成绩。
b. 训练后成绩>训练前成绩。
c. 训练后成绩=训练前成绩。

表7-23（d） 训练前后成绩两配对样本 Wilcoxon 符号秩检验结果（二）

检验统计量

	训练后成绩一训练前成绩
Z	−1.599
渐近显著性（双尾）	0.110

由表 7-23（c）和表 7-23（d）可知，负号秩总和为 9，正号秩总和为 36。Z 检验统计量观测值为-1.599（其中，$n=9$，$W=9$），对应的概率 P-值为 0.110。如果显著性水平 α 为 0.05，由于概率 P-值大于显著性水平 α，不能拒绝原假设，认为训练前后的成绩分布没有显著差异，新训练方法没有显著效果。

7.5 多配对样本的非参数检验

多配对样本的非参数检验是通过分析多个配对样本数据，推断样本来自的多个总体的中位数或分布是否存在显著差异的方法。

例如，收集乘客对多家航空公司是否满意的数据，分析航空公司的服务水平是否存在显著差异；收集不同促销形式下若干种商品的销售额数据，分析比较不同促销形式的效果；收集多名评委对同一批歌手比赛打分的数据，分析评委的打分标准是否一致；等等。

这些问题都可以通过多配对样本的非参数检验方法进行分析。SPSS 中的多配对样本的非参数检验方法主要包括傅莱德曼（Friedman）检验、柯克兰（Cochran）Q 检验、肯德尔（Kendall）W 协同系数检验等。

7.5.1 多配对样本的 Friedman 检验

7.5.1.1 多配对样本的傅莱德曼检验的基本思想

多配对样本的傅莱德曼检验是利用秩实现对多个总体分布是否存在显著差异进行检验的非参数方法。其原假设 H_0 是：多个配对样本来自的多个总体的分布无显著差异。

案例 7-9

为比较三种促销形式对商品销售的影响，收集若干种商品在不同促销形式下的月销售额数据，如表 7-24 所示。数据文件在可供下载的压缩包中，文件名为“促销方式.sav”。

表 7-24 三种促销形式下的商品销售额数据

商品编号	促销形式 1	促销形式 2	促销形式 3
1	12 866	17 223	9 865
2	4 673	5 894	5 220
3	10 480	14 461	10 072
4	769	1 962	737
5	6 482	13 203	9 423
6	796	742	771
7	843	965	639
8	1 936	1 260	1 793
9	4 694	5 222	4 061
10	635	558	542

显然，上述三个样本是配对样本，且各商品销售额数据之间相互独立。为分析不同促销形式效果的差异，可通过分析各种促销形式下商品销售额的总体分布是否存在显著差异来实现。如果三个总体的分布不存在差异，便可认为这三种促销形式对商品的销售没有产生显著影响。这可采用多配对样本的非参数检验方法完成。

多配对样本的傅莱德曼检验的基本思想是：无论观察哪个区组（商品），每一种处理（促销形式）下的数据在本区组（商品）内的秩的所有可能取值为 $1\sim k$（k 种处理）中的任何一个值。如果 k 种处理（三种促销形式）不存在差异，那么每一种处理（促销形式）下的各区组（商品）的秩和 R_i（$i=1, 2, \cdots, k$）（或平均秩 $\overline{R}_i$）应等于其他任何一种处理（促销形式）下各区组（商品）的秩和 R_j（或平均秩 $\overline{R}_j$），即 $R_i=R_j(i\neq j)$ 或 $\overline{R}_i=\overline{R}_j(i\neq j)$。由于 $R_1+R_2+\cdots+R_k=n(1+2+\cdots+k)=\frac{n}{2}k(k+1)$（$n$ 为样本量），每一种处理（促销形式）下的 R_i 应与 $\frac{n}{2}(k+1)$ 相当，或者 $\overline{R}_i$ 应与 $\frac{k+1}{2}$ 相当；反之，如果 k 种处理（三种促销形式）存在显著差异，如第 i 种处理下的数据普遍偏大，第 j 种处理下的数据普遍偏小，那么，R_i 必然较大，R_j 必然较小，它们的差异必然较大。

为研究上述秩的差异问题，傅莱德曼检验用类似方差分析的方法进行分析和构造检验统计量。即如果不同处理（控制水平）下的秩（观测值）不存在显著差异，则由不同处理（控制水平）引起的秩的变差（组间差）$\sum_{i=1}^{k}n\left(\overline{R}_i-\frac{k+1}{2}\right)^2$ 应在秩的总变差中占相对较小的比例，于是 Friedman 检验统计量为：

$$\text{Friedman}=\frac{12n}{k(k+1)}\sum_{i=1}^{k}\left(\overline{R}_i-\frac{k+1}{2}\right)^2 \tag{7.17}$$

由式（7.17）可见，从表示形式上看，傅莱德曼检验统计量与多独立样本的 K-W 检验中的 K-W 检验统计量（式（7.13））很相似，但 K-W 统计量中的秩是全体数据排序后得到的，而这里的秩却是在各个区组内分别独立排序后得出的。大样本下傅莱德曼检验统计量近似服从 $k-1$ 个自由度的卡方分布。

SPSS 将自动计算傅莱德曼统计量观测值和对应的概率 P-值。如果概率 P-值小于给定的显著性水平 α，则拒绝原假设，认为各组样本的秩存在显著差异，多个配对样本来自的多个总体的分布有显著差异；反之，如果概率 P-值大于给定的显著性水平 α，则不能拒绝原假设，可以认为各组样本的秩不存在显著差异，多个配对样本来自的多个总体的分布没有显著差异。

基于上述基本思路，进行多配对样本的傅莱德曼检验时，首先以行为单位将数据按升序排序，并求得各变量值在各自行中的秩；然后，分别计算各样本下的秩和与平均秩。多配对样本的傅莱德曼检验适用于对数值型数据的分析。

7.5.1.2　案例 7-9 傅莱德曼检验的计算示例

对于案例 7-9，采用多配对样本傅莱德曼检验进行分析，具体计算过程如表 7-25 所示。

表 7-25　不同促销形式下商品销售额的多配对样本的 Friedman 检验计算过程

商品编号	促销形式 1	促销形式 2	促销形式 3	形式 1 的秩	形式 2 的秩	形式 3 的秩
1	12 866	17 223	9 865	2	3	1
2	4 673	5 894	5 220	1	3	2
3	10 480	14 461	10 072	2	3	1
4	769	1 962	737	2	3	1
5	6 482	13 203	9 423	1	3	2
6	796	742	771	3	1	2
7	843	965	639	2	3	1
8	1 936	1 260	1 793	3	1	2
9	4 694	5 222	4 061	2	3	1
10	635	558	542	3	2	1
秩和 R_i				21	25	14
平均秩 $\overline{R_i}$				2.1	2.5	1.4

7.5.2　多配对样本的 Cochran Q 检验

7.5.2.1　多配对样本的柯克兰 Q 检验的基本思想

多配对样本的柯克兰 Q 检验通过对多个配对样本的分析，推断样本来自的多个总体的分布是否存在显著差异。其原假设 H_0 是：多个配对样本来自的多个总体的分布无显著差异。

案例 7-10

收集到 15 名乘客对三家航空公司是否满意的数据（1 表示满意，0 表示不满意），如表 7-26 所示。现在需要根据这些数据推断这三家航空公司服务水平总体是否有差异。数据文件在可供下载的压缩包中，文件名为“航空公司 .sav”。

表 7-26　乘客对三家航空公司服务水平的评价数据

乘客号	甲航空公司	乙航空公司	丙航空公司
1	1	1	0
2	1	0	0
3	1	0	0
4	1	0	1
5	1	1	0
6	1	1	0
7	1	0	0
8	1	1	0
9	0	0	0
10	1	0	0
11	1	0	0
12	1	1	1
13	1	1	0
14	1	1	0
15	0	1	0

该问题的实质仍然是一个多配对样本的非参数检验问题。如果这三个配对样本的总体分布不存在显著差异，则可认为这三家航空公司的服务水平不相上下。该问题中由于变量是二值变量，如果采用多配对样本的傅莱德曼检验，那么在每个区组内都必然存在秩“打结”现象。为解决这个问题，可不进行秩转化，并采用柯克兰 Q 检验方法。

多配对样本的柯克兰 Q 检验的基本思想是：认为每行中取 1 的个数是可确定的。对上述问题来讲，就是每个乘客对满意的衡量标准是确定的。于是，在原假设成立的条件下，每列中出现 1 的概率是相等的，且这个概率值与各行中出现 1 的个数有关。对上述问题来讲就是，如果三家航空公司的服务水平没有显著差异，那么它们得到乘客认可（取 1）的可能性应相等，且这个可能性将依赖于每个乘客对满意的衡量标准。依照这种思想构造柯克兰 Q 检验统计量：

$$Q=\frac{(k-1)\left[k\sum_{j=1}^{k}G_j^2-\left(\sum_{j=1}^{k}G_j\right)^2\right]}{k\sum_{j=1}^{k}G_j-\sum_{i=1}^{n}L_i^2} \tag{7.18}$$

式中，k 为样本组数；n 为样本量；G_j 为第 j 列中取 1 的个数；L_i 为第 i 行中取 1 的个数。

在大样本下，Q 统计量近似服从 $k-1$ 个自由度的卡方分布。SPSS 将自动计算柯克兰 Q 统计量观测值和对应的概率 P-值。如果概率 P-值小于给定的显著性水平 α，则拒绝原假设，认为各样本组中 1 出现的概率不相等，样本来自的多个总体的分布有显著差异；如果概率 P-值大于给定的显著性水平 α，则不能拒绝原假设，可以认为各样本组中 1 出现的概率相等，样本来自的多个总体的分布无显著差异。

多配对样本的柯克兰 Q 检验适用于对二值分类型数据的分析。

7.5.2.2　案例 7-10 柯克兰 Q 检验的计算示例

对于案例 7-10，采用多配对样本的柯克兰 Q 检验进行分析，具体计算过程如表 7-27 所示。

表 7-27　三家航空公司服务水平的多配对样本的 Cochran Q 检验计算过程

乘客号	甲航空公司	乙航空公司	丙航空公司	L_i
1	1	1	0	2
2	1	0	0	1
3	1	0	0	1
4	1	0	1	2
5	1	1	0	2
6	1	1	0	2
7	1	0	0	1
8	1	1	0	2
9	0	0	0	0
10	1	0	0	1
11	1	0	0	1

续表

乘客号	甲航空公司	乙航空公司	丙航空公司	L_i
12	1	1	1	3
13	1	1	0	2
14	1	1	0	2
15	0	1	0	1
G_j	13	8	2	

7.5.3 多配对样本的 Kendall 协同系数检验

7.5.3.1 多配对样本的肯德尔 W 协同系数检验的基本思想

多配对样本的肯德尔 W 协同系数检验也是多配对样本的一种非参数检验方法。它与傅莱德曼检验方法相结合，可方便地实现对评判者的评判标准是否一致的分析。其原假设 H_0 是：评判者的评判标准不一致。

案例 7-11

有 6 名歌手参加比赛，4 名评委进行评判打分，分数如表 7-28 所示。现在需要根据表中的数据推断这 4 名评委的评判标准是否一致。数据文件在可供下载的压缩包中，文件名为“评委打分 .sav”。

表 7-28　评委给歌手的打分数据

评委	1 号歌手	2 号歌手	3 号歌手	4 号歌手	5 号歌手	6 号歌手
1	8.75	9.60	9.20	9.65	9.30	9.80
2	8.90	9.55	9.25	9.75	9.45	9.75
3	8.75	9.70	9.25	9.60	9.30	9.70
4	8.80	9.60	9.25	9.75	9.40	9.85

如果将每个歌手的分数看做来自多个总体的配对样本，那么该问题就能够转化为多配对样本的非参数检验问题，仍可采用傅莱德曼检验，于是相应的原假设便转化为：多个配对样本来自的多个总体的分布无显著差异。对该问题的分析需要继续延伸，并非站在对 6 名歌手的演唱水平是否存在显著差异的角度进行分析，而是在认定他们存在差异的前提下判断 4 个评委的打分标准是否一致。

如果利用傅莱德曼方法检验出各总体的分布不存在显著差异，即各个歌手得分的秩不存在显著差异，则意味着评委的打分存在随意性，评分标准不一致。原因在于：如果各个评委的评判标准是一致的，那么对于某个歌手来说将获得一致的分数，也就是说，评委给出的若干评分的秩应完全相同，这就必然导致各歌手得分的秩有较大的差异。

SPSS 将自动给出傅莱德曼检验的结果，如果概率 P-值小于给定的显著性水平，则应拒绝傅莱德曼检验的原假设，认为各被评判者的总得分总体存在显著差异，也即拒绝 W 协同检验的原假设，认为评判者的评判标准一致；反之，不能拒绝原假设，认为评判标准不一致。

此外，多配对样本的肯德尔W协同系数检验还通过W协同系数对评分的一致性作进一步分析。协同系数定义为：

$$W=\frac{\sum_{i=1}^{n}\left[R_i-\frac{m(n+1)}{2}\right]^2}{m^2n(n^2-1)/12} \tag{7.19}$$

式中，m 为评判者人数；n 为被评判者人数；R_i 为第 i 个被评判者的秩和；$\frac{m(n+1)}{2}$ 为 n 个被评判者的秩和平均值。式中的分子部分是各个样本（歌手）的秩和与平均秩和的离差平方和（组间平方和），分母中的 $n(n^2-1)/12$ 恰恰是秩和的总离差平方和（总平方和）。W协同系数是秩的组间平方和与总平方和比的 $1/m^2$ 倍，构造方式体现了方差分析的基本思想，其取值范围在0～1之间。W协同系数越接近1，表明秩的组间差异越大，意味着被评判者所得分数间有显著差异，进而说明评判者的评判标准具有一致性；反之，W协同系数越接近0，表明秩的组间差异越小，意味着被评判者所得分数间的差异不明显，进而说明评判者对于各被评判者的意见不一致，没有理由认为评判者的评判标准具有一致性。

7.5.3.2　案例7-11肯德尔W协同系数检验的计算示例

对于案例7-11，采用多配对样本的肯德尔W协同系数检验进行分析，判断各个评委的评分标准是否一致，具体计算过程如表7-29所示。

表7-29　评委打分的多配对样本的Kendall协同系数检验计算过程

评委	1号歌手的秩	2号歌手的秩	3号歌手的秩	4号歌手的秩	5号歌手的秩	6号歌手的秩
1	1	4	2	5	3	6
2	1	4	2	5.5	3	5.5
3	1	5.5	2	4	3	5.5
4	1	4	2	5	3	6
秩和	4	17.5	8	19.5	12	23
平均秩	1	4.38	2	4.88	3	5.75

7.5.4　多配对样本的非参数检验的应用举例

在利用SPSS进行多配对样本的非参数检验之前，应首先按规定的格式组织好数据。有多少个样本，就应设置多少个变量，分别存放各样本的观测值。

7.5.4.1　对案例7-9的分析

对于案例7-9，分析三种促销形式对销售额的影响，采用多配对样本的傅莱德曼检验方法。SPSS多配对样本的非参数检验的基本操作步骤如下。

(1) 选择菜单：【分析(A)】→【非参数检验(N)】→【旧对话框(L)】→【K个相关样本(S)】。出现如图7-8所示的窗口。

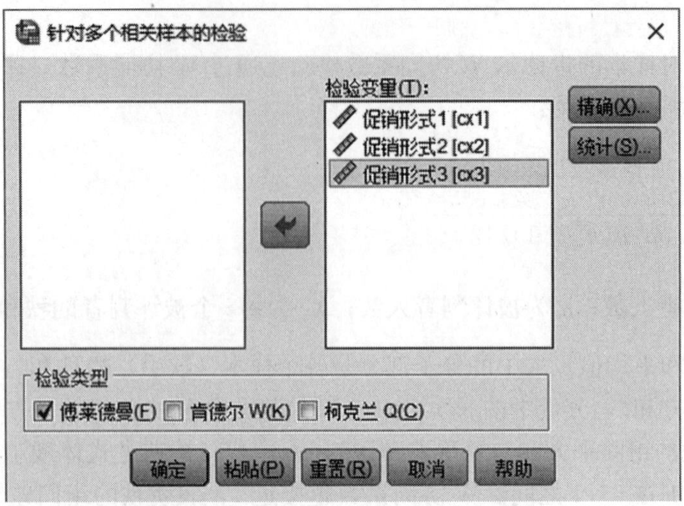

图 7-8 多配对样本的非参数检验窗口

（2）选择待检验的若干配对变量到【检验变量(T)】框中。

（3）在【检验类型】框中选择采用哪种检验方法。

至此，SPSS 将按照用户的选择进行分析，并把分析结果输出到查看器窗口中，分析结果如表 7-30 所示。

表 7-30 不同促销形式下销售额的 Friedman 检验结果

秩

	秩均值
促销形式 1	2.10
促销形式 2	2.50
促销形式 3	1.40

检验统计量

个案数	10
卡方	6.200
自由度	2
渐近显著性	0.045

由表 7-30 可知，三种促销形式下销售额的平均秩分别为 2.1，2.5，1.4，傅莱德曼检验统计量的观测值为 6.2，相应的概率 P-值为 0.045。如果显著性水平 α 为 0.05，由于概率 P-值小于显著性水平 α，应拒绝原假设，认为不同促销形式下的销售额数据的分布存在显著差异，直观上，第二种促销形式效果最好。

7.5.4.2 对案例 7-10 的分析

对于案例 7-10，分析三家航空公司的服务水平是否存在显著差异，采用多配对样本的柯克兰 Q 检验方法。具体操作窗口类似于图 7-8。分析结果如表 7-31 所示。

表 7-31 三家航空公司的 Cochran Q 检验结果

频率

	值	
	0	1
甲航空公司	2	13
乙航空公司	7	8
丙航空公司	13	2

检验统计量

个案数	15
柯克兰 Q	14.000[a]
自由度	2
渐近显著性	0.001

a. 1 被视为成功。

由表 7－31 可知，三家航空公司乘客满意的人数分别为 13，8，2；不满意人数分别为 2，7，13；Q 统计量的观测值为 14，相应的概率 P-值为 0.001。如果显著性水平 α 为 0.05，由于概率 P-值小于显著性水平 α，应拒绝原假设，认为三家航空公司的服务水平存在显著差异，直观上，甲公司的服务水平最高。

7.5.4.3　对案例 7－11 的分析

对于案例 7－11，分析评委的评分标准是否一致，采用多配对样本的肯德尔 W 协同系数检验方法。具体操作窗口类似于图 7－8。分析结果如表 7－32 所示。

表 7－32　评委打分的肯德尔 W 协同系数检验结果

秩

	秩平均值
1 号歌手得分	1.00
2 号歌手得分	4.38
3 号歌手得分	2.00
4 号歌手得分	4.88
5 号歌手得分	3.00
6 号歌手得分	5.75

检验统计量

个案数	4
肯德尔 W[a]	0.955
卡方	19.094
自由度	5
渐近显著性	0.002

a. Kendall 协同系数。

由表 7－32 可知，1～6 号歌手得分的平均秩分别为 1，4.38，2，4.88，3，5.75。傅莱德曼检验统计量的观测值为 19.094，对应的概率 P-值为 0.002。如果显著性水平 α 为 0.05，由于概率 P-值小于显著性水平 α，应拒绝傅莱德曼检验的原假设，认为各歌手得分的平均秩存在显著差异。同时，W 协同系数为 0.955，接近 1，进一步说明评委的评分标准是一致的。

□ 练习题

1. 为分析不同年龄段人群对某商品满意程度的异同，进行随机调查，收集到以下数据：

满意程度	年龄段		
	青年	中年	老年
很不满意	126	297	156
不满意	306	498	349
满意	88	61	75
很满意	27	17	44

选择恰当的非参数检验方法，以恰当形式组织上述数据，分析不同年龄段人群对该商品满意程度的分布状况是否一致。

2. 利用第 2 章第 7 题数据，选择恰当的非参数检验方法，分析本次存款金额的总体分布与正态分布是否存在显著差异。

3. 为对某条工业生产线的工作稳定性进行监测，测量了该生产线连续加工出的 20 个成品的直径（单位：英寸[①]），数据如下：

12.27，9.92，10.81，11.79，11.87，10.90，11.22，10.80，10.33，9.30，9.81，8.85，9.32，8.67，9.32，9.53，9.58，8.94，7.89，10.77

选择恰当的非参数检验方法，分析成品尺寸的变化是由随机因素造成的，还是由生产线工作不稳定导致的。

4. 利用第2章第7题数据，选择恰当的非参数检验方法，分析不同常住地人群本次存款金额的总体分布是否存在显著差异。

5. 超市中有A，B两种品牌的袋装白糖，标重均为400克。分别对两种袋装白糖进行随机抽样并测得其实际重量（单位：克），数据如下：

A品牌	398.3，401.2，401.8，399.2，398.7，397.5，395.8，396.7，398.4，399.4，392.1，395.2
B品牌	399.2，402.9，403.3，405.9，406.3，402.3，403.7，397.0，405.9，400.0，400.1，401.0

选择恰当的非参数检验方法，分析这两种品牌的袋装白糖的实际重量是否存在显著差异。

6. 选择恰当的非参数检验方法，对"裁判打分.sav"数据随机选取10%的样本，并以恰当形式重新组织数据后，分析不同国家裁判对运动员的打分标准是否一致。

7. 为研究喝酒是否显著增加驾驶员在应急情况下的刹车反应时间，随机测试了10名驾驶员饮用相同酒量前后的刹车反应时间（单位：秒），数据如下：

喝酒前	0.74	0.85	0.84	0.66	0.81	0.55	0.33	0.76	0.46	0.64
喝酒后	1.24	1.18	1.25	1.08	1.21	0.89	0.65	1.12	0.92	1.07

选择恰当的非参数检验方法对上述问题进行分析。

8. 为分析大众对牛奶品牌是否具有偏好性，随机挑选超市来收集其周一至周六各天三种品牌牛奶的日销售额数据（单位：百元），结果如下表所示。

星期	品牌1	品牌2	品牌3
一	11.40	5.80	3.50
二	6.40	8.60	7.50
三	13.80	7.00	9.80
四	11.20	10.80	10.40
五	8.30	8.80	9.30
六	7.30	6.20	2.50

选择恰当的非参数检验方法，以恰当形式组织上述数据进行分析，并说明分析结论。

① 1英寸=0.0254米。

第 8 章 SPSS 的相关分析

Chapter 8

学习目标

1. 明确相关关系的含义以及相关分析的主要目标。

2. 掌握散点图的含义，熟练掌握绘制散点图的具体操作。

3. 理解皮尔逊简单相关系数、斯皮尔曼等级相关系数、肯德尔 τ 相关系数的基本原理，熟练掌握计算各种相关系数的具体操作，能够读懂分析结果。

4. 理解偏相关分析的主要目标以及与相关分析之间的关系，熟练掌握偏相关分析的具体操作，能够读懂分析结果。

8.1 相关分析

相关分析是分析客观事物之间关系的数量分析方法，明确客观事物之间有怎样的关系对理解和运用相关分析是极为重要的。

> 客观事物之间的关系大致可归纳为两大类，即函数关系和统计关系。相关分析是用来分析事物之间统计关系的方法。

所谓函数关系，指的是两事物之间的一种一一对应的关系，即当一个变量 x 取一定值时，另一个变量 y 可以依确定的函数取唯一确定的值。例如，商品的销售额与销售量之间的关系，在单价确定时，给出销售量可以唯一地确定销售额，销售额与销售量之间是一一对应的关系，且这一关系可由 $y=px$（y 为销售额，p 为单价，x 为销售量）这个数学函数式精确地描述出来。客观世界中这样的函数关系有很多，如圆面积和圆半径、出租车费和行程公里数之间的关系等。

另一类普遍存在的关系是统计关系。统计关系指的是两事物之间的一种非一一对应的关系，即当一个变量 x 取一定值时，另一个变量 y 无法依确定的函数取唯一确定的值。例如，家庭收入和支出、子女身高和父母身高之间的关系等。这些事物之间存在一定的关系，但这些关系不能像函数关系那样用一个确定的数学函数式描述，且当一个变量 x 取一定值时，另一个变量 y 的值可能有若干。统计关系可进一步划分为线性相关关系和非线性相关关系。线性相关关系又可分为正线性相关关系和负线性相关关系。正线性相关关系指两个变量线性的相随变动方向相同，而负线性相关关系指两个变量线性的相随变动方向相反。

事物之间的函数关系比较容易分析和测度，而事物之间的统计关系不像函数关系那样直接，但确实普遍存在，并且有的关系强，有的关系弱，程度各有差异。如何测度事物间统计关系的强弱是人们关注的问题。相关分析正是一种简单易行的测度事物间统计关系的有效工具。绘制散点图和计算相关系数是相关分析最常用的方法，它们的相互结合能够达到理想的分析效果。

8.2 绘制散点图

8.2.1 散点图的特点

绘制散点图是相关分析过程中极为常用且非常直观的分析方式。它将数据以点的形式画在直角平面上。通过观察散点图能够直观发现数据点的大致走向，进而探索变量间的统计关系以及它们的强弱程度。

在实际分析中，散点图经常表现出某些特定的形式。如绝大多数的数据点组成类似于“橄榄球”的形状，或集中形成“棒状”，而剩余的少数数据点零散地分布在四周。通常“橄榄球”和“棒状”代表了变量关系的主要特征，可以利用曲线将数据点的轮廓描绘出来，使变量关系的主要特征更加凸显。图 8-1 是几种常见的散点图，图标题描述了散点图反映出的统计关系的强弱程度。

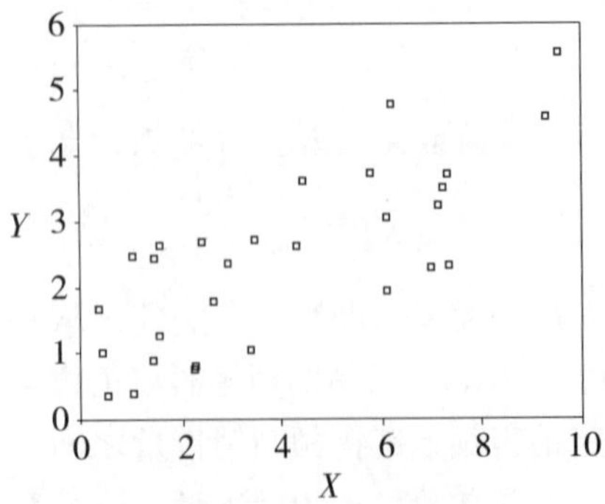

图 8-1（a） 弱相关

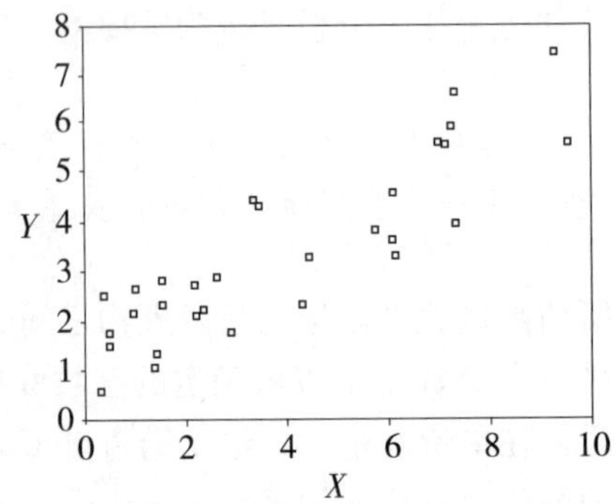

图 8-1（b） 较强线性相关

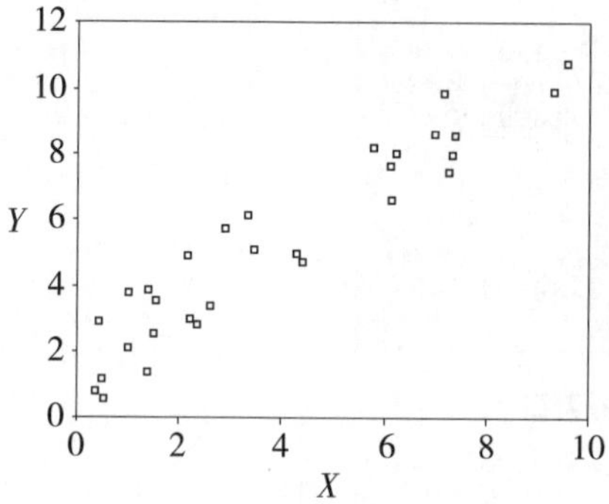

图 8－1（c）　强正线性相关

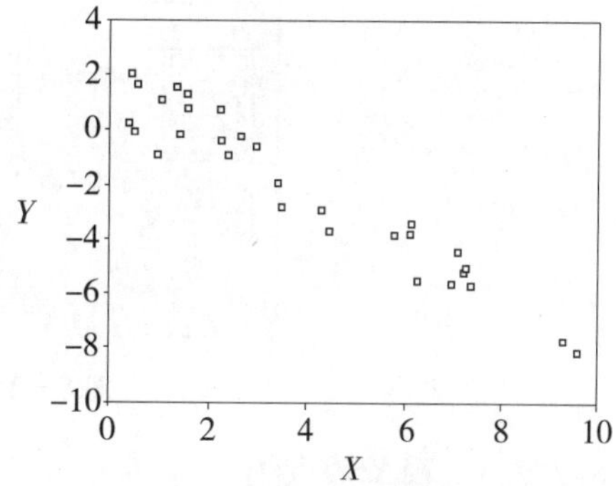

图 8－1（d）　强负线性相关

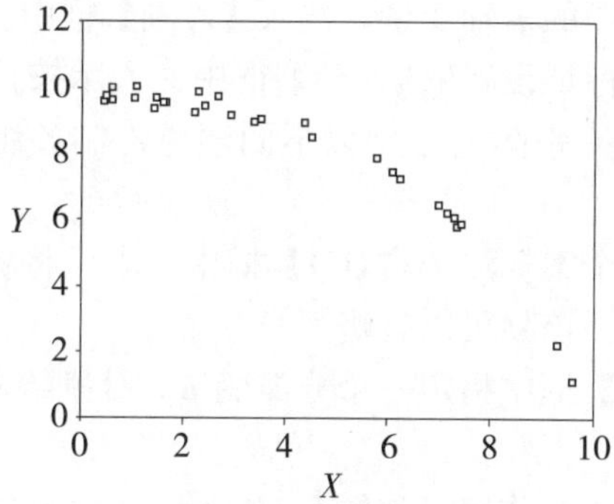

图 8－1（e）　非线性相关

8.2.2　散点图的应用举例

在利用 SPSS 绘制散点图之前，应先将数据按一定方式组织起来。对每个变量应设置相应的 SPSS 变量。

案例 8－1

为研究腰围、体重和体脂率之间的关系，随机调查了 20 人。具体数据在可供下载的压缩包中，文件名为“腰围和体重.sav”。

这里，首先利用散点图进行初步分析。SPSS 绘制散点图的基本操作步骤如下。

（1）选择菜单：【图形(G)】→【旧对话框(L)】→【散点图/点图(S)】。出现如图 8－2 所示的窗口。

（2）选择散点图的类型。SPSS 提供了四种常用的散点图。

（3）根据所选择的散点图类型，点击 定义 按钮对散点图作具体定义。

不同类型的散点图具体的定义选项略有差别。

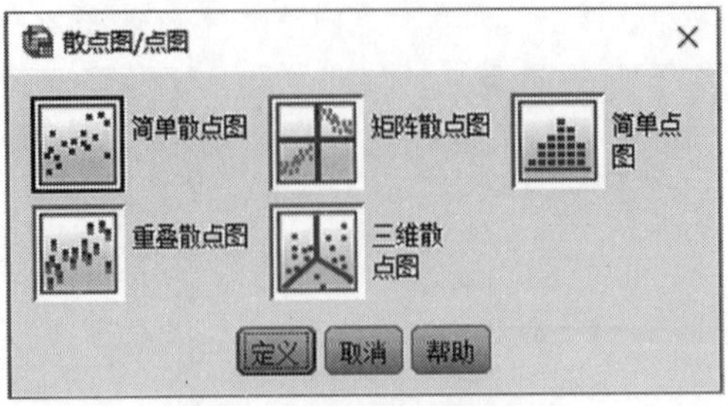

图 8-2　选择散点图窗口

8.2.2.1　简单散点图

简单散点图是表示一对变量间统计关系的散点图。应定义的选项主要有：

- 指定某个变量为散点图的纵轴变量，选入【Y 轴】框中。
- 指定某个变量为散点图的横轴变量，选入【X 轴】框中。
- 可指定分组变量到【标记设置依据(S)】框中，表示按该变量的不同取值将样本数据分成若干组，并在一张图上分别以不同颜色绘制各组数据的散点图。该项可以省略。
- 可指定标记变量到【个案标注依据(C)】框中，表示将标记变量的各变量值标记在散点图相应点的旁边。该项可以省略。
- 可在【面板划分依据】框中指定一个分类变量，分别绘制该变量不同取值下的多张散点图。

这里，选择简单散点图，操作窗口如图 8-3 所示。

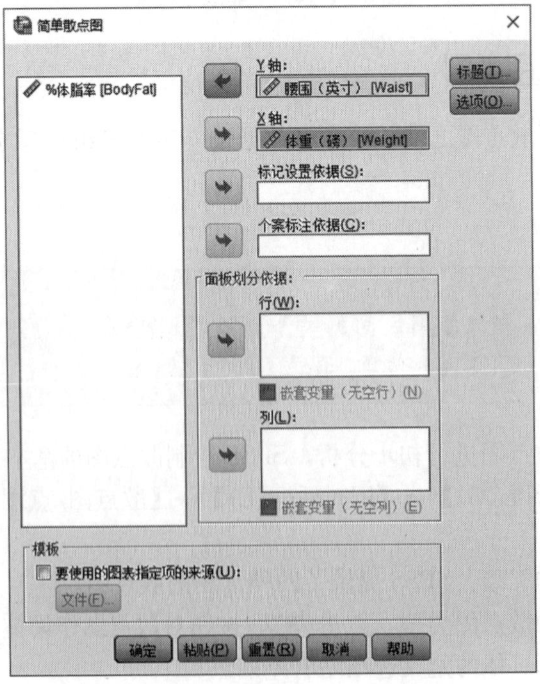

图 8-3　案例数据绘制简单散点图窗口

8.2.2.2　重叠散点图

重叠散点图是在一张图上用不同颜色的点反映多对变量两两间统计关系的散点图。应定义的选项主要有：

- 两个变量为一对，指定绘制哪些变量间的散点图。其中，前一个变量作为图的纵轴变量，后一个变量作为图的横轴变量，并可通过↔按钮进行横纵轴变量的调换。
- 可指定标记变量到【个案标注依据(C)】框中，含义同简单散点图。【面板划分依据】同简单散点图。

8.2.2.3　矩阵散点图

矩阵散点图以图形矩阵形式分别显示多对变量两两间的统计关系。矩阵散点图的关键是弄清各图形矩阵单元中的横纵变量。以 3×3 的矩阵散点图为例，变量分别为 x_1，x_2，x_3，矩阵散点图的横纵变量如表 8－1 所示（括号中的前一个变量作为纵轴变量，后一个变量作为横轴变量）。

表 8－1　矩阵散点图的坐标变量

x_1	(x_1, x_2)	(x_1, x_3)
(x_2, x_1)	x_2	(x_2, x_3)
(x_3, x_1)	(x_3, x_2)	x_3

对角线的格子中显示参与绘图的若干变量的名称，应特别注意这些变量所在的行和列，它们决定了矩阵散点图中各单元的横纵坐标。例如，x_3 在第三行第三列的格子上，则第三行上的所有图形都以 x_3 为纵轴，第三列上的所有图形都以 x_3 为横轴。应定义的选项主要有：

- 指定参与绘图的若干变量到【矩阵变量(M)】框中。选择变量的先后顺序决定了矩阵对角线上变量的排列顺序。
- 可指定分组变量到【标记设置依据(S)】框中。同简单散点图。
- 可指定标记变量到【个案标注依据(C)】框中。同简单散点图。

8.2.2.4　三维散点图

三维散点图（3-D 分布）以立体图的形式展现三对变量间的统计关系。应定义的选项主要有：

- 指定三个变量为散点图各轴的变量，分别选入【X 轴】,【Y 轴】,【Z 轴】框中。
- 可指定分组变量到【标记设置依据(S)】框中。同简单散点图。
- 可指定标记变量到【个案标注依据(C)】框中。同简单散点图。

另外，还可以选择【图形(G)】菜单下的【图表构建器(C)】选项实现图形的交互绘制。本例中，首先，在【图库】选项中选择【散点图/点图】，鼠标拖动简单散点图图标或其他图标到绘图区域；然后，鼠标拖动相关变量到 x 轴区域和 y 轴区域，如图 8－4 所示。

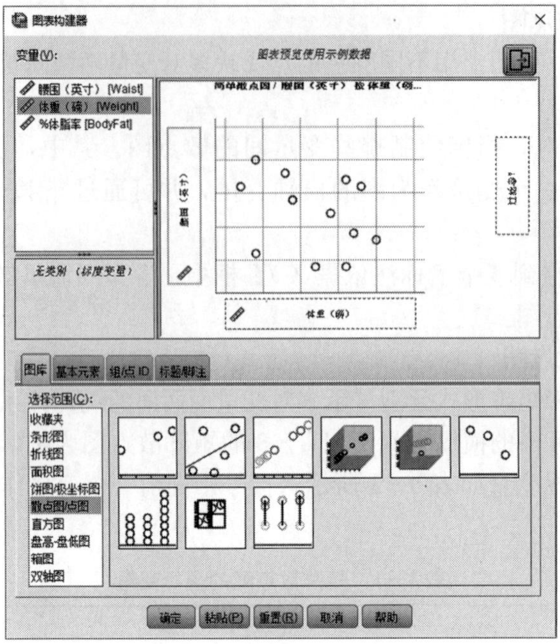

图 8-4　通过图表构建程序绘制散点图窗口

体重与腰围的简单散点图如图 8-5 所示。

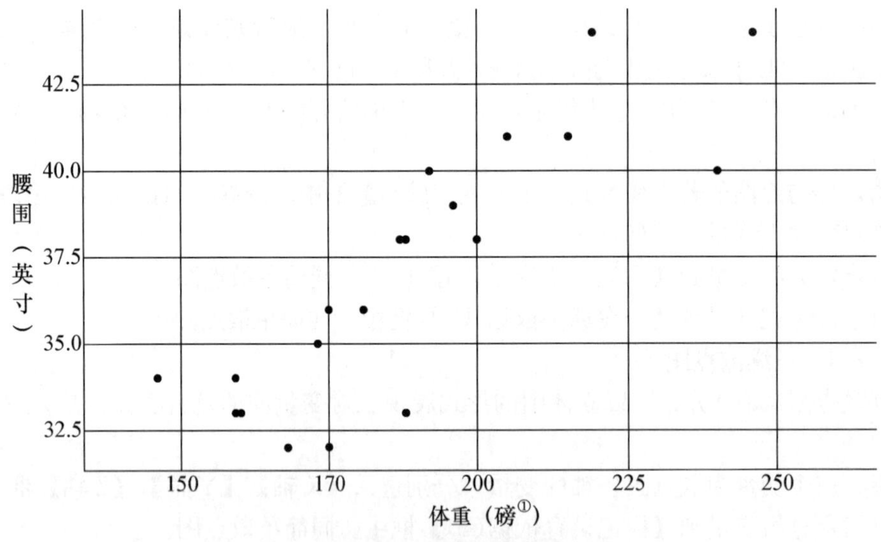

图 8-5　体重与腰围的简单散点图

由图 8-5 粗略可知，体重与腰围之间存在较强的正相关关系。

当散点图中的点很密集时，会在一定程度上影响图形观察效果。为此，可对散点图进行调整。

在 SPSS 查看器窗口中选中相应的散点图双击鼠标，进入 SPSS 的图形编辑器窗口。选

① 1 磅＝0.453 592 4 千克。

中【选项(O)】菜单下的【分箱元素】子菜单进行数据点合并，出现如图 8－6 所示的窗口。

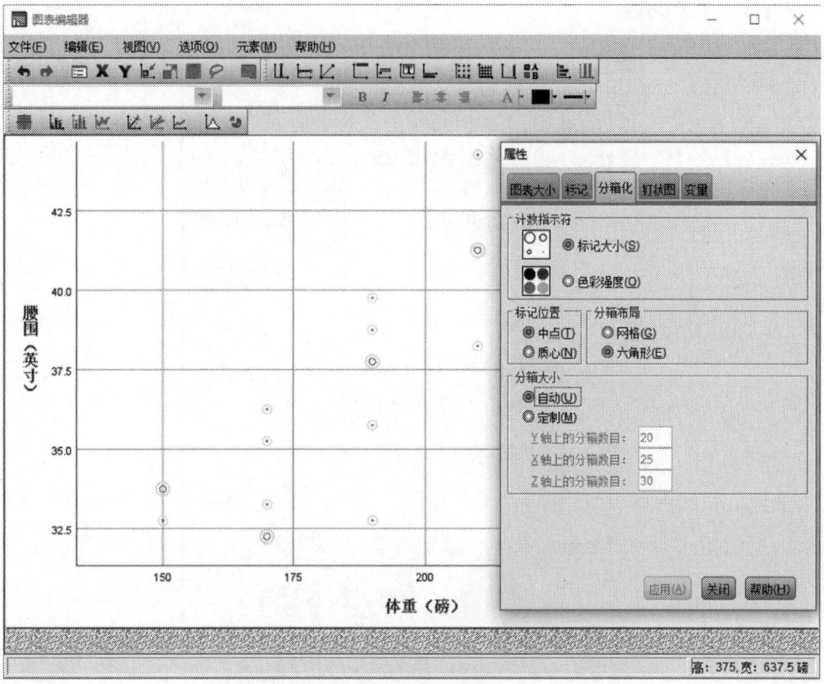

图 8－6　散点图编辑器窗口（一）

于是，将默认以圆点的大小代表其周围数据点的多少，如图 8－7 所示，其中的大圆点代表周围的数据点较密集。

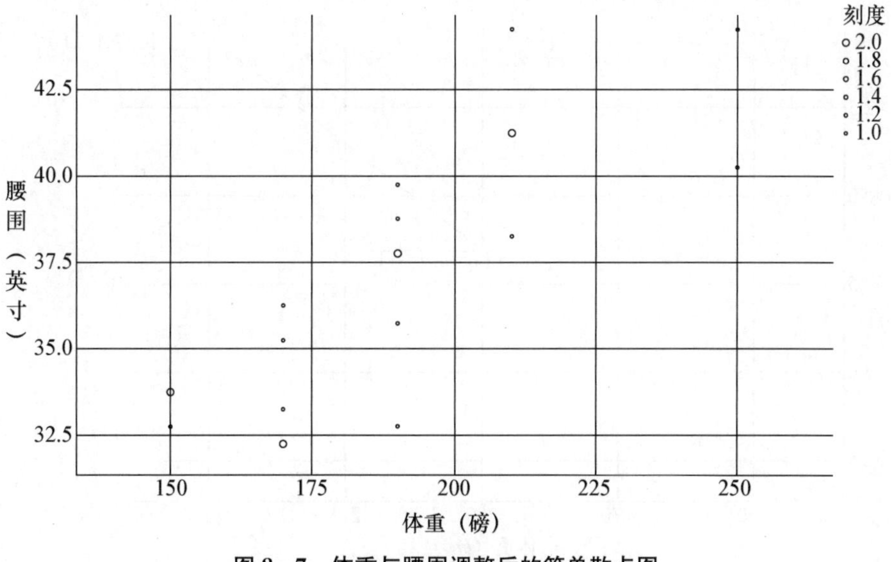

图 8－7　体重与腰围调整后的简单散点图

进一步，如果我们希望得到能够代表变量关系特征的“棒状”，可以再编辑该散点图，选中【元素(M)】菜单下的【总计拟合线(E)】子菜单并选择“棒状”的样式。该“棒状”

即为回归线。一般可选择线性回归线、二项式回归线或三项式回归线等。这里，采用了线性回归线，如图 8-8 所示。

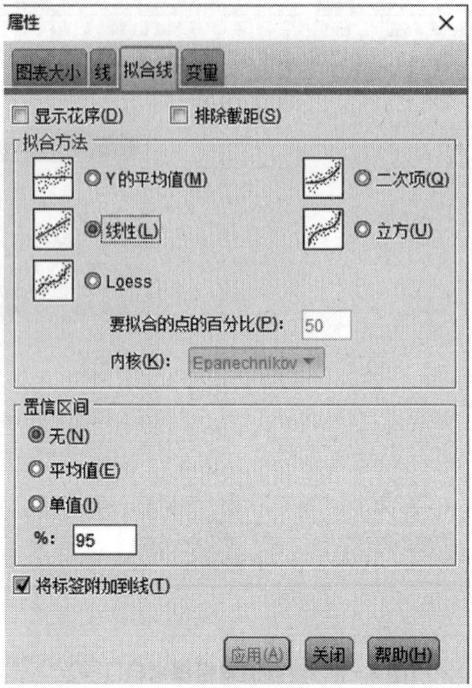

图 8-8 散点图编辑器窗口（二）

散点图编辑结果如图 8-9 所示。图中的“y=14.02+0.12＊x”是回归线的方法。

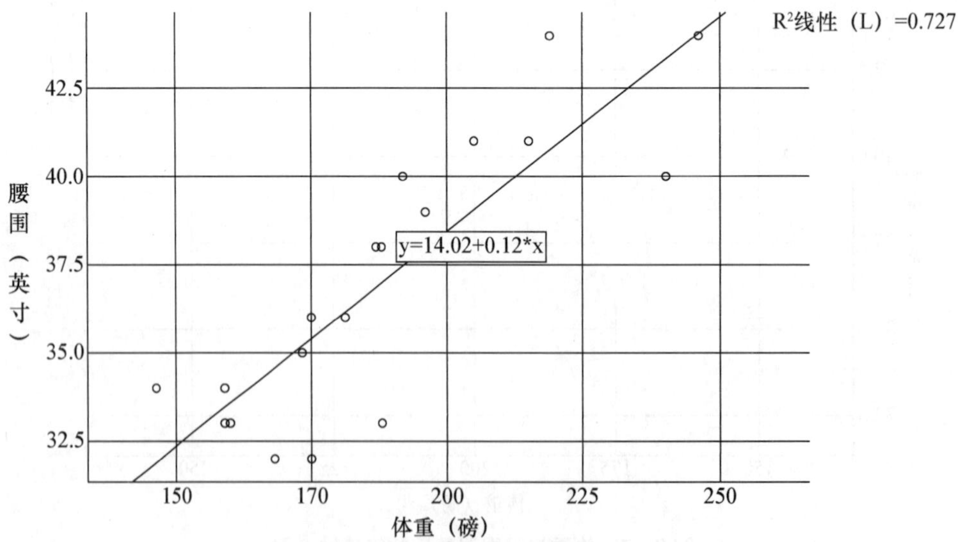

图 8-9 带回归线的简单散点图

8.3　计算相关系数

8.3.1　相关系数的特点

虽然散点图能够直观地展现变量之间的统计关系，但并不精确。

相关系数以数值的方式精确地反映了两个变量间线性相关的强弱程度。利用相关系数进行变量间线性关系的分析通常需要完成以下两大步骤。

第一，计算样本相关系数 r。

利用样本数据计算样本相关系数。样本相关系数反映了两变量间线性相关程度的强弱。对不同类型的变量应采用不同的相关系数指标，但它们的取值范围和含义都是相同的，即

- 相关系数 r 的取值在 -1～$+1$ 之间。
- $r>0$ 表示两变量存在正的线性相关关系；$r<0$ 表示两变量存在负的线性相关关系。
- $r=1$ 表示两变量存在完全正相关关系；$r=-1$ 表示两变量存在完全负相关关系；$r=0$ 表示两变量不存在线性相关关系。
- $|r|>0.8$ 表示两变量之间具有较强的线性相关关系；$|r|<0.3$ 表示两变量之间的线性相关关系较弱。

第二，对样本来自的两总体是否存在显著的线性关系进行推断。

由于存在抽样的随机性和样本量较少等原因，通常样本相关系数不能直接用来说明样本来自的两总体是否具有显著的线性相关关系，需要通过假设检验的方式对样本来自的总体是否存在显著的线性相关关系进行统计推断。基本步骤是：

- 提出原假设 H_0，即两总体无显著线性关系，存在零相关。
- 选择检验统计量。对不同类型的变量应采用不同的相关系数，相应地应采用不同的检验统计量。具体内容见后面的讨论。
- 计算检验统计量的观测值和对应的概率 P-值。
- 决策。如果检验统计量的概率 P-值小于给定的显著性水平 α，则应拒绝原假设，认为两总体存在显著的线性关系；反之，如果检验统计量的概率 P-值大于给定的显著性水平 α，则不能拒绝原假设，可以认为两总体存在零相关。

8.3.2　相关系数的种类

对不同类型的变量应采用不同的相关系数来度量，常用的相关系数主要有皮尔逊（Pearson）简单相关系数、斯皮尔曼（Spearman）等级相关系数和肯德尔（Kendall）τ 相关系数等。

8.3.2.1　皮尔逊简单相关系数

皮尔逊简单相关系数用来度量两数值型变量间的线性相关关系。如测度收入和储蓄、

身高和体重、工龄和收入等变量间的线性相关关系时可用皮尔逊简单相关系数，它的数学定义为：

$$r=\frac{\sum_{i=1}^{n}(x_i-\overline{x})(y_i-\overline{y})}{\sqrt{\sum_{i=1}^{n}(x_i-\overline{x})^2\sum_{i=1}^{n}(y_i-\overline{y})^2}} \tag{8.1}$$

式中，n 为样本量；x_i 和 y_i 分别为两变量的变量值。

由式（8.1）可进一步计算简单相关系数，也即

$$r=\frac{1}{n}\sum_{i=1}^{n}\left(\frac{x_i-\overline{x}}{S_x}\right)\left(\frac{y_i-\overline{y}}{S_y}\right) \tag{8.2}$$

式（8.2）说明简单相关系数是 n 个 x_i 和 y_i 分别标准化后的积的平均数。于是可知简单相关系数有以下几个特点：

- x 和 y 在式（8.1）和式（8.2）中是对称的，x 与 y 的相关系数等同于 y 与 x 的相关系数。
- 由于相关系数是 x 和 y 标准化后的结果，因此简单相关系数是无量纲的。
- 相关系数能够用于度量两变量之间的线性关系，但并不是度量非线性关系的有效工具。

皮尔逊简单相关系数的检验统计量为 t 统计量，其数学定义为：

$$t=\frac{r\sqrt{n-2}}{\sqrt{1-r^2}} \tag{8.3}$$

式中，t 统计量服从 $n-2$ 个自由度的 t 分布。

SPSS 将自动计算皮尔逊简单相关系数、t 检验统计量的观测值和对应的概率 P-值。

8.3.2.2 斯皮尔曼等级相关系数

斯皮尔曼等级相关系数用来度量定序型变量间的线性相关关系。该系数的设计思想与斯皮尔曼简单相关系数完全相同，仍然可依照式（8.1）计算，相应的指标特征也相似。然而在计算斯皮尔曼等级相关系数时，由于数据为非数值型的，并不直接采用原始数据（x_i，y_i），而是利用数据的秩，即将两变量的秩（U_i，V_i）代替（x_i，y_i）代入式（8.1）中，其中的 x_i 和 y_i 的取值是秩，取值范围被限制在 $1\sim n$ 之间，式（8.1）可简化为：

$$r=1-\frac{6\sum_{i=1}^{n}D_i^2}{n(n^2-1)} \tag{8.4}$$

式中，$\sum_{i=1}^{n}D_i^2=\sum_{i=1}^{n}(U_i-V_i)^2$。

可见，斯皮尔曼等级相关系数体现了这样的思想：

- 如果两变量的正相关性较强，它们秩的变化具有同步性，那么 $\sum_{i=1}^{n}D_i^2=\sum_{i=1}^{n}(U_i-V_i)^2$ 的值较小，r 趋于 1。

- 当两变量完全正相关时，$U_i=V_i$，$\sum_{i=1}^{n}D_i^2$ 达到最小，为 0，$r=1$；当两变量完全负相关时，$U_i+V_i=n+1$ 且 $U_i\geqslant 1$，$V_i\leqslant n$，$\sum_{i=1}^{n}D_i^2$ 达到最大，为 $\frac{1}{3}n(n^2-1)$，$r=-1$。
- 如果两变量的正相关性较弱，它们秩的变化不具有同步性，那么 $\sum_{i=1}^{n}D_i^2=\sum_{i=1}^{n}(U_i-V_i)^2$ 的值较大，r 趋于 0。

小样本下，在原假设成立时斯皮尔曼等级相关系数服从斯皮尔曼分布；大样本下，斯皮尔曼等级相关系数的检验统计量为 Z 统计量，其数学定义为：

$$Z=r\sqrt{n-1} \tag{8.5}$$

式中，Z 统计量近似服从标准正态分布。

SPSS 将自动计算斯皮尔曼等级相关系数、Z 检验统计量的观测值和对应的概率 P-值。

8.3.2.3　肯德尔 τ 相关系数

肯德尔 τ 相关系数采用非参数检验方法度量定序型变量间的线性相关关系。它利用变量的秩计算一致对数目（U）和非一致对数目（V）。例如，两变量（x_i，y_i）的秩对分别为（2，3)，(4，4)，(3，1)，(5，5)，(1，2)，对变量 x 的秩按升序排序后形成的秩对为（1，2)，(2，3)，(3，1)，(4，4)，(5，5)。于是，变量 y 的秩随变量 x 的秩同步增大的 y 的秩对(一致对）有（2，3)，(2，4)，(2，5)，(3，4)，(3，5)，(1，4)，(1，5)，(4，5)，一致对数目 U 等于 8；变量 y 的秩未随变量 x 的秩同步增大的 y 的秩对（非一致对）有(2，1)，(3，1)，非一致对数目 V 等于 2。于是，一致对数目定义为 $U=\sum_{i=1}^{n}\sum_{j>i}(d_j>d_i)$，非一致对数目定义为 $V=\sum_{i=1}^{n}\sum_{j>i}(d_j<d_i)$，$d$ 为秩。

显然，如果两变量具有较强的正相关关系，则一致对数目 U 应较大，非一致对数目 V 应较小；如果两变量具有较强的负相关关系，则一致对数目 U 应较小，非一致对数目 V 应较大；如果两变量的相关性较弱，则一致对数目 U 和非一致对数目 V 应大致相等，大约各占样本量的 $\frac{1}{2}$。肯德尔 τ 相关系数正是要对此进行检验。肯德尔 τ 统计量的数学定义为：

$$\tau=(U-V)\frac{2}{n(n-1)} \tag{8.6}$$

在小样本下，肯德尔 τ 服从 Kendall 分布。在大样本下，采用的检验统计量为：

$$Z=\tau\sqrt{\frac{9n(n-1)}{2(2n+5)}} \tag{8.7}$$

式中，Z 统计量近似服从标准正态分布。

SPSS 将自动计算肯德尔 τ 相关系数、Z 检验统计量的观测值和对应的概率 P-值。

8.3.3 计算相关系数的应用举例

在利用 SPSS 计算两变量间的相关系数之前应按一定格式组织好数据，定义两个 SPSS 变量，分别存放相应两变量的变量值。

对于案例 8－1，通过绘制散点图得知体重与腰围之间存在较强的正相关关系，为更准确地反映两者之间线性关系的强弱，采用计算相关系数的方法。由于这两个变量均为数值型变量，采用简单相关系数。

SPSS 计算相关系数的基本操作步骤如下。

（1）选择菜单：【分析(A)】→【相关(C)】→【双变量(B)】。出现如图 8－10 所示的窗口。

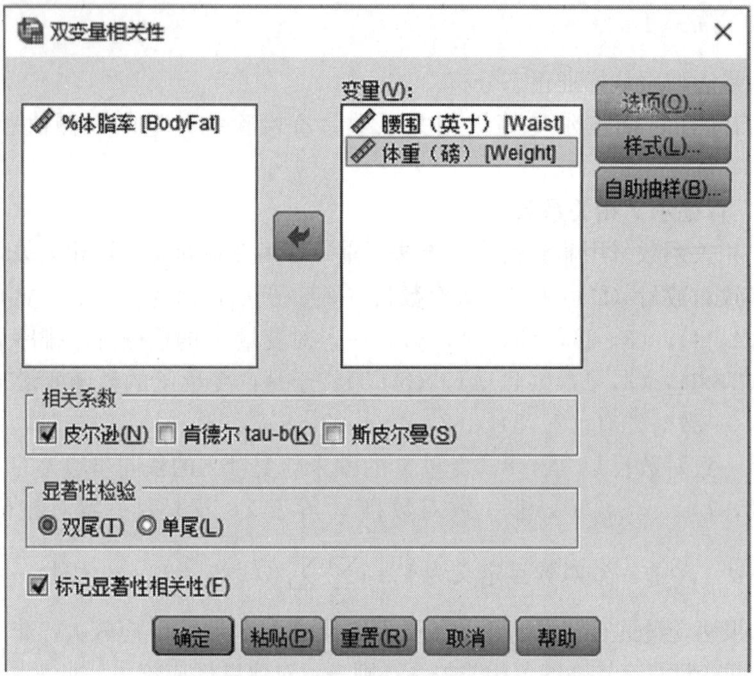

图 8－10 相关系数计算窗口

（2）选择参加计算相关系数的变量到【变量(V)】框中。

（3）在【相关系数】框中选择计算哪种相关系数。

（4）在【显著性检验】框中选择输出相关系数检验的双侧概率 P-值还是单侧概率 P-值。

（5）选中【标记显著性相关性(F)】选项表示分析结果中除显示统计检验的概率 P-值以外，还输出星号标记，以标明变量间的相关性是否显著；不选中则不输出星号标记。

（6）在 选项(O) 按钮中的【统计】选项中，可指定输出各变量的离差平方和、样本方差、两变量的叉积离差和协方差。

至此，SPSS 将自动计算相关系数和进行统计检验，并将结果输出到查看器窗口中。案例分析结果如表 8－2 所示。

由表 8－2 可知，体重与腰围间的简单相关系数为 0.853，说明两者之间存在正的强相关性，其相关系数检验的概率 P-值近似为 0。因此，当显著性水平 α 为 0.05 或 0.01 时，应拒绝相关系数检验的原假设，认为两总体不是零相关。

表 8-2 案例数据的相关系数计算结果

相关性

		腰围（英寸）	体重（磅）
腰围（英寸）	皮尔逊相关性	1	0.853**
	显著性（双尾）		0.000
	个案数	20	20
体重（磅）	皮尔逊相关性	0.853**	1
	显著性（双尾）	0.000	
	个案数	20	20

** 在 0.01 水平（双尾）上显著相关。

另外，表 8-2 中相关系数右上角的两个星号（**）表示显著性水平 α 为 0.01 时拒绝原假设。一个星号（*）表示显著性水平 α 为 0.05 时拒绝原假设。因此，两个星号比一个星号拒绝原假设犯弃真错误的可能性更小。

在实际应用中，对变量间相关性的研究应注意将绘制散点图与计算相关系数的方法相结合。例如，两变量的数据对为 (1, 1)，(2, 2)，(3, 3)，(4, 4)，(5, 5)，(6, 1)，如果计算出它们的简单相关系数约为 0.3，那么据此得出的结论是两变量存在弱相关关系。绘制散点图（见图 8-11）会发现如果剔除圈中的数据点，则变量间呈完全正线性相关关系而非弱相关关系。相关系数较小是由圈中的异常数据点造成的。因此，仅依据散点图或相关系数都无法准确反映变量之间的相关性，两者的结合运用是必要的。

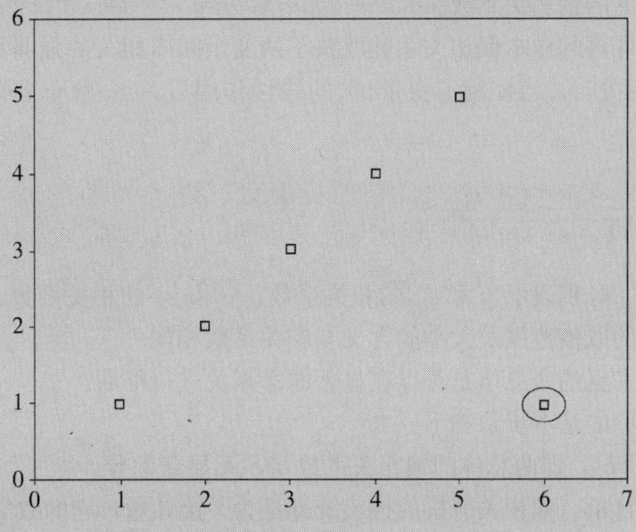

图 8-11 散点图中存在异常点

8.4 偏相关分析

8.4.1 偏相关分析和偏相关系数

相关分析中研究两事物之间的线性相关性是通过计算相关系数等方式实现的，通过相关系数的大小来判定事物之间的线性相关性的强弱。然而，就相关系数本身来讲，它未必是两事物间线性相关性强弱的真实体现，往往有夸大或缩小的趋势。

例如，在研究商品的需求量和价格、消费者收入之间的线性关系时，需求量和价格之间的相关关系实际上还包含了消费者收入对商品需求量的影响。收入对价格也会产生影响，并通过价格变动传递到对商品需求量的影响中。再如，研究粮食产量与平均气温、月降雨量、月平均日照时数、月平均湿度之间的关系时，产量和平均气温之间的线性关系实际上还包含了月平均日照时数对产量的影响以及对平均气温的影响等。

在这种情况下，单纯利用相关系数来评价变量间的相关性显然是不准确的，需要在剔除其他相关因素影响的条件下计算变量间的相关性。偏相关分析的意义就在于此。

偏相关分析也称净相关分析，它在控制其他变量的线性影响的条件下分析两变量间的线性相关性，所采用的工具是偏相关系数（净相关系数）。控制变量个数为 1 时，偏相关系数称为一阶偏相关系数；控制变量个数为 2 时，偏相关系数称为二阶偏相关系数；等等。控制变量个数为零时，偏相关系数称为零阶偏相关系数，也就是相关系数。

利用偏相关系数进行变量间净相关分析通常需要完成以下两大步骤。

第一，计算样本的偏相关系数。

利用样本数据计算的样本偏相关系数反映了两变量间净相关的强弱程度。在分析变量 x_1 和 y 之间的净相关时，当控制了变量 x_2 的线性作用后，x_1 和 y 之间的一阶偏相关系数定义为：

$$r_{y1,2}=\frac{r_{y1}-r_{y2}r_{12}}{\sqrt{(1-r_{y2}^2)(1-r_{12}^2)}} \tag{8.8}$$

式中，r_{y1}，r_{y2}，r_{12} 分别表示 y 和 x_1 的相关系数、y 和 x_2 的相关系数、x_1 和 x_2 的相关系数。偏相关系数的取值范围及大小的含义与相关系数相同。

第二，对样本来自的两总体是否存在显著的净相关进行推断。

净相关分析检验的基本步骤如下：

- 提出原假设 H_0，即两总体的偏相关系数与零无显著差异。
- 选择检验统计量。偏相关分析的检验统计量为 t 统计量，它的数学定义为：

$$t=r\sqrt{\frac{n-q-2}{1-r^2}} \tag{8.9}$$

式中，r 为偏相关系数；n 为样本量；q 为阶数。t 统计量服从 $n-q-2$ 个自由度的 t 分布。

- 计算检验统计量的观测值和对应的概率 P-值。
- 决策。如果检验统计量的概率 P-值小于给定的显著性水平 α，则应拒绝原假设，认为两总体的偏相关系数与零有显著差异；反之，如果检验统计量的概率 P-值大于给定的显著性水平 α，则不能拒绝原假设，可以认为两总体的偏相关系数与零无显著差异。

8.4.2　偏相关分析的应用举例

在利用 SPSS 进行偏相关分析前应按一定格式组织好数据，定义若干 SPSS 变量分别存放相应变量的变量值。

对于案例 8-1，已经分析了体重与腰围之间的相关性，直觉认为这种相关性会受到体脂率的影响。为此，可将体脂率作为控制变量，对体重和腰围做偏相关分析。

SPSS 偏相关分析的基本操作步骤如下。

(1) 选择菜单：【分析(A)】→【相关(C)】→【偏相关(R)】。出现如图 8-12 所示的窗口。

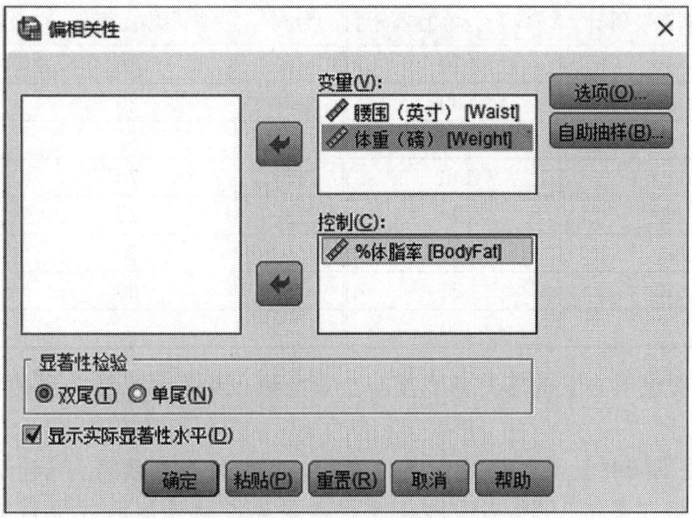

图 8-12　偏相关分析窗口

(2) 选择参与分析的变量到【变量(V)】框中。

(3) 选择一个或多个被控制的变量到【控制(C)】框中。

(4) 在【显著性检验】框中选择输出偏相关检验的双侧概率 P-值还是单侧概率 P-值。

(5) 在 选项(O) 按钮中的【统计】选项中，选中【零阶相关性(Z)】输出简单相关系数。

至此，SPSS 将自动进行偏相关分析和统计检验，并将结果输出到查看器窗口中。案例分析结果如表 8-3 所示。

表8-3 体重和腰围的偏相关分析结果

相关性

控制变量			腰围（英寸）	体重（磅）
%体脂率	腰围（英寸）	相关性	1.000	0.709
		显著性（双尾）	.	0.001
		自由度	0	17
	体重（磅）	相关性	0.709	1.000
		显著性（双尾）	0.001	.
		自由度	17	0

表8-3中，在体脂率作为控制变量的条件下，体重和腰围的偏相关系数为0.709，低于简单相关系数，仍呈一定的正相关。

□ 练习题

1. 对15家商业企业进行客户满意度调查，聘请相关专家对这15家企业的综合竞争力进行评分，结果如下表所示。

编号	客户满意度得分	综合竞争力得分	编号	客户满意度得分	综合竞争力得分
1	90	70	9	10	60
2	100	80	10	20	30
3	150	150	11	80	100
4	130	140	12	70	110
5	120	90	13	30	10
6	110	120	14	50	40
7	40	20	15	60	50
8	140	130			

这些数据能否说明企业的客户满意度与企业的综合竞争力存在较强的正相关关系？为什么？

2. 为研究香烟消耗量与肺癌死亡率的关系，收集到下表数据。（说明：1930年左右有极少的妇女吸烟；采用1950年的肺癌死亡率是考虑到吸烟的效果需要一段时间才可显现。）

国家	1930年人均香烟消耗量	1950年每百万男子中死于肺癌的人数
澳大利亚	480	180
加拿大	500	150
丹麦	380	170
芬兰	1 100	350
英国	1 100	460
荷兰	490	240

续表

国家	1930 年人均香烟消耗量	1950 年每百万男子中死于肺癌的人数
冰岛	230	60
挪威	250	90
瑞典	300	110
瑞士	510	250
美国	1 300	200

绘制上述数据的散点图，并计算相关系数，说明香烟消耗量与肺癌死亡率之间是否存在显著的相关关系。

3. 收集某商品在不同地区的销售额、销售价格以及该地区家庭平均收入的数据，结果如下表所示。

销售额（万元）	销售价格（元）	家庭平均收入（元）
100.00	50.00	10 000.00
75.00	70.00	6 000.00
80.00	60.00	12 000.00
70.00	60.00	5 000.00
50.00	80.00	3 000.00
65.00	70.00	4 000.00
90.00	50.00	13 000.00
100.00	40.00	11 000.00
110.00	30.00	13 000.00
60.00	90.00	3 000.00

（1）绘制销售额、销售价格以及家庭平均收入两两变量间的散点图。如果所绘制的图形不能较清晰地展示变量之间的关系，应对数据做怎样的处理后再绘图？

（2）选择恰当的统计方法分析销售额与销售价格之间的相关关系。

第9章 SPSS的线性回归分析

Chapter 9

学习目标

1. 掌握线性回归分析的主要目标，了解回归方程的最小二乘估计的基本设计思路。

2. 熟练掌握线性回归分析的具体操作，能够读懂基本分析结果，掌握计算结果之间的数量关系，并能够写出回归方程，对回归方程进行各种统计检验。

3. 了解多元线性回归分析中自变量筛选的主要策略，能够结合筛选策略对相应的分析结果进行说明。

4. 了解SPSS残差分析和多重共线性检测的基本操作，并能够解释分析结果。

9.1 回归分析概述

9.1.1 什么是回归分析

回归分析是一种应用极为广泛的数量分析方法。它用于分析事物之间的统计关系，侧重考察变量之间的数量变化规律，并通过回归方程的形式描述和反映这种关系，帮助人们准确把握变量受其他一个或多个变量影响的程度，进而为预测提供科学依据。

“回归”一词是英国统计学家F. Galton在研究父亲身高和其成年儿子身高的关系时提出的。从大量的父亲身高和其成年儿子身高数据的散点图中，F. Galton天才地发现了一条贯穿其中的直线，它能够描述父亲身高和其成年儿子身高之间的关系，并可用于预测某身高的父亲的成年儿子的平均身高。他的研究发现：如果父亲的身高很高，那么他的成年儿子也会较高，但不会像他父亲那么高；如果父亲的身高很矮，那么他的成年儿子也会较矮，但不会像他父亲那么矮。成年儿子的身高会趋向于子辈身高的平均值。F. Galton 将这种现象称为“回归”，将那条贯穿数据点的线称为“回归线”。后来，人们借用“回归”这个名词，将研究事物之间统计关系的数量分析方法称为回归分析。

正如上述 F. Galton 研究父亲身高与成年儿子身高关系的问题那样，回归分析的核心目的是找到回归线，涉及如何得到回归线、如何描述回归线、回归线是否可用于预测等问题。

9.1.2 如何得到回归线

利用样本数据获得回归线通常可采用两类方法：第一，局部平均；第二，函数拟合。

9.1.2.1 局部平均

局部平均的含义可借用父亲和儿子身高关系的例子来理解。如果收集到 n 对（样本量）父亲和儿子身高的数据（x_i，y_i）（$i=1, 2, \cdots, n$），可以对它们绘制散点图，计算基本描述统计量。现在得到一个父亲身高的数据（x_0），其儿子身高的预测值可以是：

第一，子辈身高的平均值 $\overline{y}$。显然这个预测是不准确的，原因是没有考虑父亲身高（x_0）的作用。

第二，父亲身高为 x_0 的所有儿子身高的平均值 $\overline{y}_0$。该预测显然要比第一种方法准确得多。

第三，如果在获得的数据中没有父亲身高为 x_0 的样本数据，可考虑计算父亲身高为 x_0 左右的一个较小区间内的儿子身高的平均值。

按照这种思路在散点图上不难得到一系列（x_j，$\overline{y}_j$）（j 表示散点图从左往右的第 j 个小区间）对应的数据点。如果这些点足够多，则可以得到一条光滑的曲线，它们将是上面提到的回归线的近似线。可见，回归线是局部平均的结果。利用回归线做预测是对当 $x=x_0$ 时 y 的平均值的预测。

9.1.2.2 函数拟合

利用局部平均得到回归线在样本量足够大时才可实现。通常样本量可能无法达到预期的数量，此时多采用函数拟合的方式得到回归线。函数拟合的基本思路是：

首先，通过散点图观察变量之间的统计关系，得到对回归线形状（线性关系或非线性关系）的直观认知，并确定一个能够反映和拟合这种认知且最简洁的（参数最少的）数学形式（线性函数或非线性函数），即回归模型。

其次，利用样本数据在一定的统计拟合准则下估计出回归模型中的各个参数，得到一个估计的回归方程。

最后，回归方程中的参数是在样本数据的基础上得到的。由于抽样随机性的存在，估计出的回归方程未必是事物总体间数量关系的真实体现，需要对回归方程进行各种检验，判断该方程是否真实地反映了事物总体间的统计关系，能否用于预测，并最终得到由回归方程确定的回归近似线。可见，函数拟合方式比局部平均具有更强的可操作性，因而得到广泛应用。

9.1.3 回归分析的一般步骤

回归分析的一般步骤如下。

1. 确定回归分析中的解释变量和被解释变量

由于回归分析用于分析一个事物如何随其他事物的变化而变化，回归分析的第一步应确定哪个事物是需要解释的，即哪个变量是被解释变量（记为 y）；哪些事物是用于解释其他变量的，即哪些变量是解释变量（记为 x）。回归分析正是要建立 y 关于 x 的回归方程，并在给定 x 的条件下，通过回归方程预测 y 的平均值。这点是有别于相关分析的。例如，父亲身高关于成年儿子身高的回归分析与成年儿子身高关于父亲身高的回归分析是完全不同的。

2. 确定回归模型

根据函数拟合方式，通过观察散点图确定应通过哪种数学模型来概括回归线。如果被解释变量和解释变量之间存在线性关系，则应进行线性回归分析，建立线性回归模型；反之，如果被解释变量和解释变量之间存在非线性关系，则应进行非线性回归分析，建立非线性回归模型。

3. 建立回归方程

根据收集到的样本数据以及上一步所确定的回归模型，在一定的统计拟合准则下估计出模型中的各个参数，得到一个估计的回归方程。

4. 对回归方程进行各种检验

前面已经提到，由于回归方程是在样本数据基础上得到的，回归方程是否真实地反映了事物总体间的统计关系以及回归方程能否用于预测等都需要进行检验。

5. 利用回归方程进行预测

建立回归方程的目的之一是根据回归方程对新数据的未知被解释变量取值进行预测。

利用 SPSS 进行回归分析时，应重点关注上述过程中的第一步和最后一步，至于中间各步，SPSS 会自动进行计算并给出最佳模型。

9.2 线性回归分析和线性回归模型

观察被解释变量 y 与一个或多个解释变量 x_i 的散点图，当发现 y 与 x_i 之间呈现出显著的线性关系时，则应采用线性回归分析的方法，建立 y 关于 x_i 的线性回归模型。在线性回归分析中，根据模型中解释变量的个数，可将线性回归模型分成一元线性回归模型和多元线性回归模型，相应的分析称为一元线性回归分析和多元线性回归分析。

9.2.1 一元线性回归模型

> 一元线性回归模型是指只包含一个解释变量的线性回归模型，用于揭示被解释变量与另一个解释变量之间的线性关系。

一元线性回归的数学模型为：

$$y=\beta_0+\beta_1 x+\varepsilon \tag{9.1}$$

式（9.1）表明被解释变量 y 的变化可由两个部分解释：第一，由解释变量 x 的变化引

起的 y 的线性变化部分，即 $\beta_0+\beta_1 x$；第二，由其他随机因素引起的 y 的变化部分，即 ε。

由此可以看出一元线性回归模型是被解释变量和解释变量间非一一对应的统计关系的良好诠释，即当 x 给定后 y 的值并非唯一，但它们之间又通过 β_0 和 β_1 保持着密切的线性相关关系。β_0 和 β_1 都是模型中的未知参数，β_0 和 β_1 分别称为回归常数和回归系数。ε 称为随机误差，是一个随机变量，应当满足两个前提条件，即

$$\begin{cases} E(\varepsilon)=0 \\ \mathrm{var}(\varepsilon)=\sigma^2 \end{cases} \tag{9.2}$$

式（9.2）表明：随机误差的期望应为 0，随机误差的方差应为一个特定的值 σ^2。给定 x 条件下对式（9.1）求条件期望，则有

$$E(y)=\beta_0+\beta_1 x \tag{9.3}$$

式（9.3）称为一元线性回归方程，它表明 x 和 y 之间的统计关系是在平均意义下表述的，即当 x 的值给定后利用回归方程计算得到的 y 值是一个平均值，这与前面讨论的局部平均是一致的。也就是说，如果父亲的身高 x 给定了，得到的成年儿子的身高 y 是特定“儿子群”身高的平均值。

对式（9.3）一元线性回归方程中的未知参数 β_0 和 β_1 进行估计是一元线性回归分析的核心任务之一。由于参数估计的工作是基于样本数据的，由此得到的参数只是参数真值 β_0 和 β_1 的估计值，记为 $\hat{\beta}_0$ 和 $\hat{\beta}_1$，于是有

$$\hat{y}=\hat{\beta}_0+\hat{\beta}_1 x \tag{9.4}$$

式（9.4）称为估计的一元线性回归方程。从几何意义上讲，估计的一元线性回归方程是二维平面上的一条直线，即回归直线。其中，$\hat{\beta}_0$ 是回归直线在纵轴上的截距，$\hat{\beta}_1$ 为回归直线的斜率，它表示解释变量 x 每变动一个单位所引起的被解释变量 y 的平均变动值。$\hat{y}$ 称为 y 的预测值。

现实社会经济现象中，某一事物（被解释变量）总会受到多方面因素（多个解释变量）的影响。一元线性回归分析是在不考虑其他影响因素或认为其他影响因素确定的条件下，分析一个解释变量是如何线性影响被解释变量的，因而是比较理想化的分析。

9.2.2　多元线性回归模型

多元线性回归模型是指含有多个解释变量的线性回归模型，用于揭示被解释变量与其他多个解释变量之间的线性关系。

多元线性回归的数学模型是：

$$y=\beta_0+\beta_1 x_1+\beta_2 x_2+\cdots+\beta_p x_p+\varepsilon \tag{9.5}$$

式（9.5）是一个 p 元线性回归模型，其中有 p 个解释变量。它表明被解释变量 y 的变化可由两个部分解释：第一，由 p 个解释变量 x 的变化引起的 y 的线性变化部分，即 $\beta_0+\beta_1x_1+\beta_2x_2+\cdots+\beta_px_p$；第二，由其他随机因素引起的 y 的变化部分，即 ε。β_0，β_1，…，β_p 都是模型中的未知参数，分别称为回归常数和偏回归系数。ε 称为随机误差，也是一个随机变量，同样满足式（9.2）的要求。给定 x 条件下对式（9.5）求条件期望，则有

$$E(y)=\beta_0+\beta_1x_1+\beta_2x_2+\cdots+\beta_px_p \tag{9.6}$$

式（9.6）称为多元线性回归方程。估计多元线性回归方程中的未知参数 β_0，β_1，…，β_p 是多元线性回归分析的核心任务之一。由于参数估计的工作是基于样本数据的，由此得到的参数只是参数真值 β_0，β_1，…，β_p 的估计值，记为 $\hat{\beta}_0$，$\hat{\beta}_1$，…，$\hat{\beta}_p$，于是有

$$\hat{y}=\hat{\beta}_0+\hat{\beta}_1x_1+\hat{\beta}_2x_2+\cdots+\hat{\beta}_px_p \tag{9.7}$$

式（9.7）称为估计的多元线性回归方程。从几何意义上讲，估计的多元线性回归方程是 $p+1$ 维空间上的一个超平面，即回归平面。$\hat{\beta}_i$ 表示当其他解释变量保持不变时，x_i 每变动一个单位所引起的被解释变量 y 的平均变动值。$\hat{y}$ 称为 y 的预测值。

9.2.3 回归参数的普通最小二乘估计

线性回归模型确定后的任务是利用已经收集到的样本数据，根据一定的统计拟合准则，对模型中的各个参数进行估计。普通最小二乘就是一种最为常见的统计拟合准则，在该准则下得到的回归参数的估计称为回归参数的普通最小二乘估计。

普通最小二乘估计（Ordinary Least Square Estimation，OLSE）的基本出发点是：应使每个观测点（x_i，y_i）（$i=1$，2，…，n）与回归线上的对应点（x_i，$E(y_i)$）在垂直方向上的偏差距离的总和最小。那么应如何定义这个偏差距离呢？普通最小二乘法将这个偏差距离定义为离差的二次方，即 $[y_i-\hat{y}_i]^2$。于是垂直方向上偏差距离的总和就为离差平方和。

9.2.3.1 对于一元线性回归方程

$$Q(\beta_0,\ \beta_1)=\sum_{i=1}^{n}[y_i-E(y_i)]^2=\sum_{i=1}^{n}(y_i-\beta_0-\beta_1x_i)^2 \tag{9.8}$$

最小二乘估计是寻找参数 β_0，β_1 的估计值 $\hat{\beta}_0$，$\hat{\beta}_1$，使式（9.8）达到极小，即

$$Q(\hat{\beta}_0,\ \hat{\beta}_1)=\sum_{i=1}^{n}(y_i-\hat{\beta}_0-\hat{\beta}_1x_i)^2=\min_{\beta_0,\ \beta_1}\sum_{i=1}^{n}(y_i-\beta_0-\beta_1x_i)^2 \tag{9.9}$$

9.2.3.2 对于多元线性回归方程

$$Q(\beta_0,\ \beta_1,\ \beta_2,\ \cdots,\ \beta_p)=\sum_{i=1}^{n}(y_i-\beta_0-\beta_1x_{i1}-\beta_2x_{i2}-\cdots-\beta_px_{ip})^2 \tag{9.10}$$

最小二乘估计是寻找参数 β_0，β_1，β_2，…，β_p 的估计值 $\hat{\beta}_0$，$\hat{\beta}_1$，$\hat{\beta}_2$，…，$\hat{\beta}_p$，使式（9.10）达到极小，即

$$\begin{aligned}Q(\hat{\beta}_0,\hat{\beta}_1,\hat{\beta}_2,\cdots,\hat{\beta}_p) &= \sum_{i=1}^{n}(y_i-\hat{\beta}_0-\hat{\beta}_1x_{i1}-\hat{\beta}_2x_{i2}-\cdots-\hat{\beta}_px_{ip})^2\\ &= \min_{\beta_0,\beta_1,\beta_2,\cdots,\beta_p}\sum_{i=1}^{n}(y_i-\beta_0-\beta_1x_{i1}-\beta_2x_{i2}-\cdots-\beta_px_{ip})^2\end{aligned} \tag{9.11}$$

根据上述原则通过求极值的原理和解方程组，可以得到回归方程参数的估计值。具体求解过程这里不予讨论。在使用 SPSS 分析时，SPSS 会自动完成参数估计并给出最终的估计值。

9.3 回归方程的统计检验

通过样本数据建立的回归方程一般不能立即用于对实际问题的分析和预测，通常要进行各种统计检验，主要包括回归方程的拟合优度检验、回归方程的显著性检验、回归系数的显著性检验、残差分析等。

9.3.1 回归方程的拟合优度检验

回归方程的拟合优度检验是检验样本数据点聚集在回归线周围的密集程度，从而评价回归方程对样本数据的代表程度。

拟合优度检验从对被解释变量 y 取值变化的成因分析入手。正如式（9.1）和式（9.5）表明的那样，y 的各观测值之间的差异（与其均值的差异）主要由两方面原因造成：一是由解释变量 x 取值不同造成的；二是由其他随机因素造成的。

例如，在研究父亲身高和成年儿子身高的关系时发现，成年儿子身高的差异会受到两个因素的影响：第一，父亲身高的影响；第二，其他随机因素的影响。即使父亲身高相同，其成年儿子的身高也不尽相同。

由于回归方程反映的是解释变量 x 的不同取值变化对被解释变量 y 的线性影响规律，本质上揭示的是上述第一个原因，由此引起的 y 的变差平方和也就称为回归平方和（regression sum of squares，SSR），即 $\sum_{i=1}^{n}(\hat{y}_i-\overline{y})^2$；由随机因素引起的 y 的变差平方和通常称为剩余平方和（errors sum of squares，SSE），即 $\sum_{i=1}^{n}(y_i-\hat{y}_i)^2$，且有式（9.12）成立：

$$\sum_{i=1}^{n}(y_i-\overline{y})^2=\sum_{i=1}^{n}(\hat{y}_i-\overline{y})^2+\sum_{i=1}^{n}(y_i-\hat{y}_i)^2 \tag{9.12}$$

式中，$\sum_{i=1}^{n}(y_i-\overline{y})^2$ 为 y 的总离差平方和（total sum of squares，SST）。

再回到拟合优度检验的问题上。容易理解，当所有观测点都落在回归线上时，回归方程的拟合优度一定是最高的。此时 y 的 SST 中其实只包含 SSR 部分，即 SSE=0。由此可知，在 y 的 SST 中，如果 SSR 所占的比例远大于 SSE 所占的比例，也就是说，回归方程能够解释的变差所占比例较大，那么回归方程的拟合优度较高。拟合优度的统计量正是基于这种基本思想构造出来的。

9.3.1.1　对于一元线性回归方程

一元线性回归方程的拟合优度检验采用 R^2 统计量。该统计量称为判定系数或决定系数，数学定义为：

$$R^2=\frac{\sum_{i=1}^{n}(\hat{y}_i-\overline{y})^2}{\sum_{i=1}^{n}(y_i-\overline{y})^2}=1-\frac{\sum_{i=1}^{n}(y_i-\hat{y}_i)^2}{\sum_{i=1}^{n}(y_i-\overline{y})^2} \tag{9.13}$$

式（9.13）正是上述基本思想的良好体现，它是“SSR/SST”，也是“1－SSE/SST”，反映了回归方程所能解释的变差的比例。$1-R^2$ 则体现了被解释变量总变差中回归方程所无法解释的比例。由式（9.13）可知，R^2 的取值在 0～1 之间。R^2 越接近 1，说明回归方程对样本数据点的拟合优度越高；反之，R^2 越接近 0，说明回归方程对样本数据点的拟合优度越低。

在一元线性回归分析中，R^2 也是被解释变量 y 和解释变量 x 的简单相关系数 r 的平方。由此可见，如果 y 和 x 的线性关系较强，那么用一个线性方程拟合样本数据点，必然能够得到一个较高的拟合优度；反之，如果 y 和 x 的线性关系较弱，那么用一个线性方程拟合样本数据点，则无法得到一个较高的拟合优度。

9.3.1.2　对于多元线性回归方程

多元线性回归方程的拟合优度检验采用 $\overline{R}^2$ 统计量。该统计量称为调整的判定系数或调整的决定系数，数学定义为：

$$\overline{R}^2=1-\frac{\frac{\text{SSE}}{n-p-1}}{\frac{\text{SST}}{n-1}} \tag{9.14}$$

式中，$n-p-1$，$n-1$ 分别为 SSE 和 SST 的自由度。由此可知，调整的判定系数是“1－平均的 SSE/平均的 SST”，本质上也是拟合优度检验基本思路的体现。调整的判定系数的取值范围和数值大小的意义与 R^2 是完全相同的。

在多元线性回归分析中，仍然可以计算 R^2。此时，它是被解释变量 y 与 $\hat{y}$ 的相关系数的平方，实质上测度了 y 与 x 全体（x 的线性组合）之间的线性相关程度，也测度了样本数据与拟合数据（预测数据）间的相关程度。

多元线性回归分析中采用 $\overline{R}^2$ 而非 R^2 作为拟合优度检验指标的主要原因是：在多元线性回归分析中，有两个方面的原因可以导致 R^2 值的增加。

第一，R^2 的数学特性决定了当多元回归方程中的解释变量个数增多时，SSE 必然会随之减少，进而导致 R^2 值增加。

第二，回归方程中引入了对被解释变量有重要贡献的解释变量而使 R^2 值增加。

线性回归分析的根本目的是希望找到那些对 y 有贡献的 x，进而分析它们之间线性变化的数量关系。背离这个根本点去追求高 R^2 值是没有意义的。因此，当 R^2 值增加时，应能对其原因加以区分。R^2 本身显然是无能为力的，应采用调整的 R^2。由式（9.14）可知，在某个 x_i 被引入回归方程后，如果它对 y 的线性解释有重要贡献，那么必然会使 SSE 显著减少，并使平均的 SSE 也减少，使 $\bar{R}^2$ 提高；反之，如果某个 x_i 对 y 的线性解释作用不明显，将其引入后虽然能使 SSE 减少，但不会使平均的 SSE 减少，$\bar{R}^2$ 值也不会提高。可见，在多元线性回归分析中，$\bar{R}^2$ 能够比 R^2 更准确地反映回归方程对样本数据的拟合程度。

9.3.2 回归方程的显著性检验

线性回归方程能够较好地反映被解释变量和解释变量之间的统计关系的前提应是：被解释变量和解释变量之间确实存在显著的线性关系。回归方程的显著性检验正是要检验被解释变量与所有解释变量之间的线性关系是否显著，用线性模型来描述它们之间的关系是否恰当。

回归方程的显著性检验的基本出发点与拟合优度检验非常相似。通过上面的讨论已经知道 SST＝SSR＋SSE。在回归方程的显著性检验中采用方差分析的方法，研究在 SST 中 SSR 相对于 SSE 来说是否占较大的比例。如果占较大比例，则表示 y 与 x 全体的线性关系明显，利用线性模型反映 y 与所有 x 的关系是恰当的；反之，如果占较小比例，则表示 y 与 x 全体的线性关系不明显，利用线性模型反映 y 与所有 x 的关系是不恰当的。回归方程的显著性检验采用的检验统计量正是基于这种思想构造的。

9.3.2.1 对于一元线性回归方程

一元线性回归方程的显著性检验的原假设 H_0 是 $\beta_1=0$，即回归系数与零无显著差异。它意味着：当回归系数为零时，无论 x 的取值如何变化都不会引起 y 的线性变化，x 无法解释 y 的线性变化，它们之间不存在线性关系。检验采用 F 统计量，其数学定义为：

$$F=\frac{\sum_{i=1}^{n}(\hat{y}_i-\bar{y})^2}{\sum_{i=1}^{n}(y_i-\hat{y}_i)^2/(n-2)} \tag{9.15}$$

式（9.15）中的统计量很好地体现了上述基本思想，它是“平均的 SSR/平均的 SSE”，反映了回归方程所能解释的变差与不能解释的变差的比例。F 统计量服从（1，$n-2$）个自由度的 F 分布。SPSS 将自动计算检验统计量的观测值和对应的概率 P-值。如果概率 P-值小于给定的显著性水平 α，则应拒绝原假设，认为回归系数与零存在显著差异，被解释变量 y 与解释变量 x 的线性关系显著，可以用线性模型描述和反映它们之间的关系；反之，如果概率 P-值大于给定的显著性水平 α，则不应拒绝原假设，认为回归系数与零不存在显著差异，被解释变量 y 与解释变量 x 的线性关系不显著，用线性模型描述和反映它们之间的关系是不恰当的。

9.3.2.2 对于多元线性回归方程

多元线性回归方程的显著性检验的原假设 H_0 是 $\beta_1=\beta_2=\cdots=\beta_p=0$，即各个偏回归系数同时与零无显著差异。它意味着：当偏回归系数同时为零时，无论各个 x_i 取值如何变化都不会引起 y 的线性变化，所有 x 无法解释 y 的线性变化，y 与 x 的全体不存在线性关系。检验采用 F 统计量，其数学定义为：

$$F=\frac{\sum_{i=1}^{n}(\hat{y}_i-\overline{y})^2/p}{\sum_{i=1}^{n}(y_i-\hat{y}_i)^2/(n-p-1)} \tag{9.16}$$

式中，p 为多元线性回归方程中解释变量的个数。F 统计量服从（p，$n-p-1$）个自由度的 F 分布。SPSS将自动计算检验统计量的观测值和对应的概率 P-值。如果概率 P-值小于给定的显著性水平 α，则应拒绝原假设，认为偏回归系数不同时为零，被解释变量 y 与解释变量 x 的全体的线性关系显著，可以用线性模型描述和反映它们之间的关系；反之，如果概率 P-值大于给定的显著性水平 α，则不应拒绝原假设，认为偏回归系数同时为零，被解释变量 y 与解释变量 x 的全体的线性关系不显著，用线性模型描述和反映它们之间的关系是不恰当的。

通过上面的讨论不难发现：回归方程的显著性检验和回归方程的拟合优度检验有异曲同工之处。F 统计量与 R^2 有如下对应关系：

$$F=\frac{R^2/p}{(1-R^2)/(n-p-1)} \tag{9.17}$$

由式（9.17）可见：回归方程的拟合优度越高，回归方程的显著性检验也会越显著；回归方程的显著性检验越显著，回归方程的拟合优度也会越高。应注意的是，回归方程的拟合优度检验实质上并非统计学的假设检验问题，它并不涉及假设检验中提出原假设、选择检验统计量、计算检验统计量的观测值以及根据抽样分布计算其概率 P-值、决定拒绝或不可拒绝原假设等一系列步骤。因此，回归方程的拟合优度检验本质上仅仅是一种描述性的刻画，不涉及对解释变量和被解释变量总体线性关系的推断，这恰恰是回归方程的显著性检验所要实现的目标。

9.3.3 回归系数的显著性检验

> 回归系数的显著性检验的主要目的是研究回归方程中的每个解释变量与被解释变量之间是否存在显著的线性关系，也就是研究每个解释变量能否有效地解释被解释变量的线性变化，它们能否保留在线性回归方程中。

回归系数的显著性检验是围绕回归系数（或偏回归系数）估计量的抽样分布展开的，由此构造服从某种理论分布的检验统计量并进行检验。

9.3.3.1　对于一元线性回归方程

一元线性回归方程的回归系数的显著性检验的原假设 H_0 是 $\beta_1=0$，即回归系数与零无显著差异。它意味着：当回归系数为零时，无论 x 取值如何变化都不会引起 y 的线性变化，x 无法解释 y 的线性变化，它们之间不存在线性关系。

在一元线性回归模型中，回归系数估计量的抽样分布为：

$$\hat{\beta}_1 \sim N\left(\beta_1, \frac{\sigma^2}{\sum_{i=1}^{n}(x_i-\bar{x})^2}\right)$$

当 σ^2 未知时，用 $\hat{\sigma}^2$ 替代，即

$$\hat{\sigma}^2=\frac{1}{n-2}\sum_{i=1}^{n}(y_i-\hat{y}_i)^2=\frac{\text{SSE}}{n-2}$$

于是在原假设成立时，构造 t 检验统计量为：

$$t=\frac{\hat{\beta}_1}{\dfrac{\hat{\sigma}}{\sqrt{\sum_{i=1}^{n}(x_i-\bar{x})^2}}} \tag{9.18}$$

式中，$\hat{\sigma}$ 为回归方程的标准误，它是平均的 SSE 即均方误差的平方根，反映了回归方程无法解释 y 变动的程度。t 统计量服从 $n-2$ 个自由度的 t 分布。SPSS 将自动计算 t 统计量的观测值和对应的概率 P-值。如果概率 P-值小于给定的显著性水平 α，则应拒绝原假设，认为回归系数与零有显著差异，被解释变量 y 与解释变量 x 的线性关系显著，x 应该保留在回归方程中；反之，如果概率 P-值大于给定的显著性水平 α，则不应拒绝原假设，认为回归系数与零无显著差异，被解释变量 y 与解释变量 x 的线性关系不显著，x 不应该保留在回归方程中。

在一元线性回归分析中，回归方程的显著性检验和回归系数的显著性检验的作用是相同的，两者可以相互替代。同时，回归方程的显著性检验中的 F 统计量等于回归系数的显著性检验中的 t 统计量的平方，即

$$F=t^2$$

9.3.3.2　对于多元线性回归方程

多元线性回归方程的回归系数的显著性检验的原假设 H_0 是 $\beta_i=0$，即第 i 个偏回归系数与零无显著差异。它意味着：当偏回归系数 β_i 为零时，无论 x_i 取值如何变化都不会引起 y 的线性变化，x_i 无法解释 y 的线性变化，它们之间不存在线性关系。

在多元线性回归模型中，若解释变量间独立，则偏回归系数估计量的抽样分布为：

$$\hat{\beta}_i \sim N\left(\beta_i, \frac{\sigma^2}{\sum_{j=1}^{n}(x_{ji}-\bar{x}_i)^2}\right)$$

当 σ^2 未知时，用 $\hat{\sigma}^2$ 替代，即

$$\hat{\sigma}^2=\frac{1}{n-p-1}\sum_{i=1}^{n}(y_i-\hat{y}_i)^2=\frac{\mathrm{SSE}}{n-p-1}$$

于是在原假设成立时，构造 t 检验统计量为：

$$t_i=\frac{\hat{\beta}_i}{\dfrac{\hat{\sigma}}{\sqrt{\sum_{j=1}^{n}(x_{ji}-\bar{x}_i)^2}}} \tag{9.19}$$

式中，t_i 统计量服从 $n-p-1$ 个自由度的 t 分布。SPSS 将自动计算 t_i 统计量的观测值和对应的概率 P-值。如果概率 P-值小于给定的显著性水平 α，则应拒绝原假设，认为偏回归系数 β_i 与零有显著差异，被解释变量 y 与解释变量 x_i 的线性关系显著，x_i 应该保留在回归方程中；反之，如果概率 P-值大于给定的显著性水平 α，则不应拒绝原假设，认为偏回归系数 β_i 与零无显著差异，被解释变量 y 与解释变量 x_i 的线性关系不显著，x_i 不应该保留在回归方程中。

在多元线性模型中，回归方程的显著性检验与回归系数的显著性检验的作用不尽相同。回归方程的显著性检验只能检验所有偏回归系数是否同时为零。如果偏回归系数不同时为零，并不能保证方程中不存在某些偏回归系数为零的解释变量。也就是说，回归方程通过显著性检验不能保证回归方程中不存在不能较好地解释 y 的 x_i。回归系数的显著性检验正是为此对每个偏回归系数是否为零进行逐一考察。因此，多元线性回归中的这两种检验通常不能互相替代。

但上述的 F 检验并非与 t 检验无任何关系。如果某个解释变量 x_i 引入回归方程且通过回归系数的显著性检验，它会使均方误差 $\left(\frac{\mathrm{SSE}}{n-p-1}\right)$ 减小，R^2 提高，并使 F 统计量的观测值得到改善，即

$$F_{ch}=\frac{R_{ch}^2(n-p-1)}{1-R^2} \tag{9.20}$$

式中，F_{ch} 为偏 F 统计量；R_{ch}^2 为 R^2 的改进量，$R_{ch}^2=R^2-R_i^2$（R_i^2 为解释变量 x_i 进入方程前的判定系数）。不难发现：当某个解释变量 x_i 被引入回归方程后，对应的偏 F 统计量的观测值与该解释变量的 t_i 之间存在如下数量关系：$F_{ch}=t_i^2$。同时，从偏 F 统计量角度讲，如果某个解释变量 x_i 的引入使得 R_{ch}^2 发生显著变化，偏 F 检验显著，就可认为该 x_i 对 y 的线性贡献是显著的，它应保留在回归方程中。偏 F 统计量的检验与回归系数的显著性检验的实质是相同的。

9.3.4 残差分析

所谓残差，是指由回归方程计算所得的预测值与实际样本值之间的差距，定义为：

$$e_i=y_i-\hat{y}_i=y_i-(\hat{\beta}_0+\hat{\beta}_1x_1+\hat{\beta}_2x_2+\cdots+\hat{\beta}_px_p) \tag{9.21}$$

它是回归模型中 ε_i 的估计值，由 n 个 e_i 形成的序列称为残差序列。

残差分析是回归方程检验中的重要组成部分，其出发点是：如果回归方程能够较好地反映被解释变量的特征和变化规律，那么残差序列中应不包含明显的规律性和趋势性。同时，需要检验式（9.2）是否满足。残差分析正是基于这种考虑并围绕对式（9.2）的检验展开，主要任务可大致归纳为：分析残差是否为服从均值为零的正态分布，分析残差是否服从等方差的正态分布，分析残差序列是否独立，借助残差探测样本中的异常值等。图形分析和数值分析是残差分析的有效工具。

9.3.4.1　残差均值为零的正态性分析

从前面的讨论中知道：当解释变量 x 取某个特定的值 x_0 时，对应的残差必然有正有负，但总体上应服从以零为均值的正态分布。可以通过绘制残差图对该问题进行分析。残差图也是一种散点图，图中一般横坐标为解释变量，纵坐标为残差。如果残差的均值为零，残差图中的点应在纵坐标为零的横线上下随机散落，如图9-1所示。也可以通过绘制标准化（或学生化）残差的累计概率图来进行残差的正态性分析。

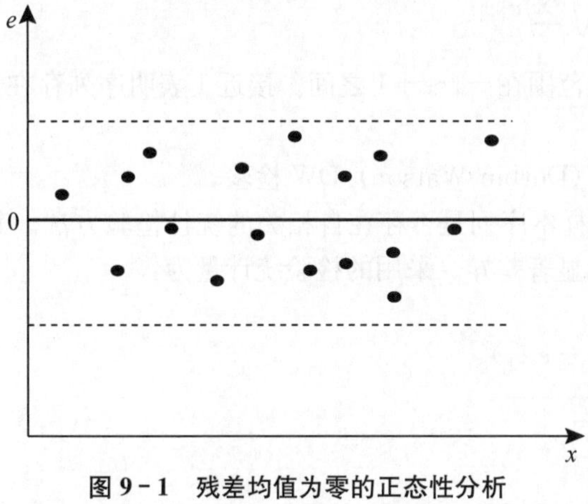

图9-1　残差均值为零的正态性分析

9.3.4.2　残差的独立性分析

残差序列的独立性也是回归模型所要求的。残差序列应满足 $\mathrm{cov}(\varepsilon_i, \varepsilon_j)=0\ (i\neq j)$，表示残差序列的前期和后期的协方差等于0，它们之间不存在相关关系，即不存在自相关。残差序列存在自相关会带来许多问题，如参数的普通最小二乘估计不再是最优的，不再是最小方差无偏估计；容易导致回归系数的显著性检验的 t 值偏高，进而容易拒绝其原假设，使那些本不应保留在方程中的变量被保留下来，最终使模型的预测偏差较大。残差的独立性分析可以通过以下三种方式实现。

第一，绘制残差序列图。

残差序列图以个案编号为横坐标（若数据为时间序列，横坐标为时间 t），以残差为纵坐标。对图形直接观察可以发现是否存在自相关。在图9-2所示的残差图中，残差序列存在较强的自相关。残差随着时间的推移呈有规律的变化，表明残差序列存在一定的正或负自相关。

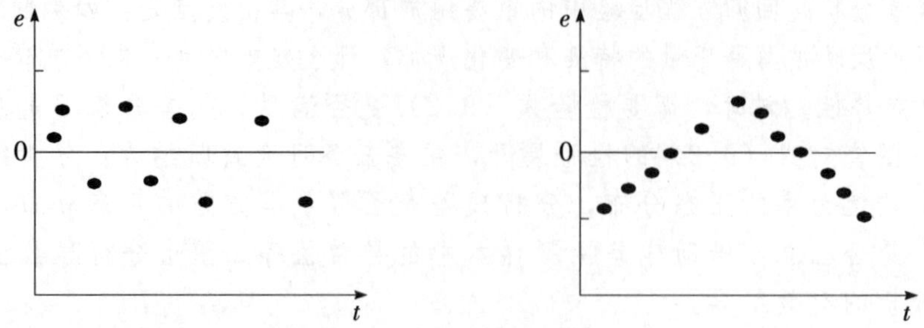

图 9-2　残差的独立性分析

第二，计算残差的自相关系数。

自相关系数是一种测度序列自相关强弱的工具，其数学定义为：

$$\hat{\rho}=\frac{\sum_{i=2}^{n} e_i e_{i-1}}{\sqrt{\sum_{i=2}^{n} e_i^2}\sqrt{\sum_{i=2}^{n} e_{i-1}^2}} \tag{9.22}$$

自相关系数的取值范围在－1～＋1 之间。接近 1 表明序列存在正自相关，接近－1 表明序列存在负自相关。

第三，德宾-沃森（Durbin-Watson）DW 检验。

DW 检验是推断小样本序列是否存在自相关的统计检验方法。其原假设 H_0 是：总体的自相关系数 ρ 与零无显著差异。采用的检验统计量为：

$$\mathrm{DW}=\frac{\sum_{i=2}^{n}(e_i-e_{i-1})^2}{\sum_{i=2}^{n} e_i^2} \tag{9.23}$$

当序列不存在自相关时，$\mathrm{DW}\approx 2(1-\hat{\rho})$。DW 取值在 0～4 之间。因此，对 DW 观测值的直观判断标准是：

当 DW＝4（$\hat{\rho}=-1$）时，残差序列存在完全的负自相关；

当 DW∈(2，4)（$\hat{\rho}\in(-1, 0)$）时，残差序列存在负自相关；

当 DW＝2（$\hat{\rho}=0$）时，残差序列无自相关；

当 DW∈(0，2)（$\hat{\rho}\in(0, +1)$）时，残差序列存在正自相关；

当 DW＝0（$\hat{\rho}=1$）时，残差序列存在完全的正自相关。

如果残差序列存在自相关，说明回归方程没能充分说明被解释变量的变化规律，还留有一些规律性没有解释，即认为方程中遗漏了一些较为重要的解释变量，或者变量存在取值滞后性，或者回归模型选择不合适，不应选用线性模型，等等。

9.3.4.3　异方差分析

从前面的讨论中知道，无论解释变量取怎样的值，对应残差的方差都应相等，它不应随解释变量或被解释变量预测值的变化而变化，否则认为出现了异方差现象。当存在异方差时，参数的最小二乘估计不再是最小方差无偏估计。异方差分析可以通过以下两种方式实现。

第一，绘制残差图。

可以通过绘制残差图分析是否存在异方差。在图 9-3 所示的残差图中，残差的方差随着解释变量值的增加呈增加（或减少）的趋势，出现了异方差现象。

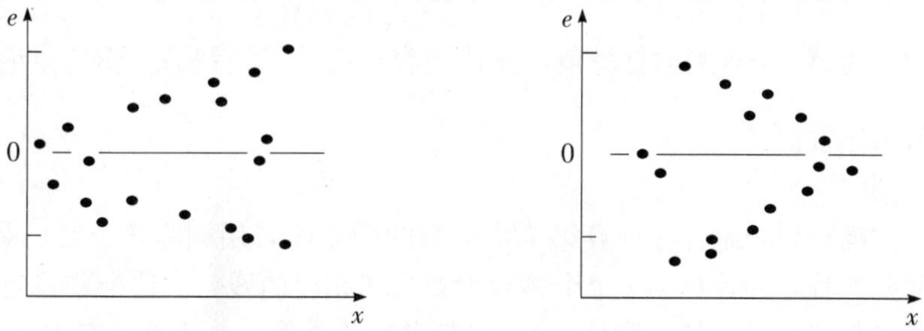

图 9-3　残差的异方差分析

第二，等级相关分析。

得到残差序列后首先对其取绝对值，然后分别计算出残差和解释变量的秩，最后计算斯皮尔曼等级相关系数（详见 8.3.2 节），进行等级相关分析。如果相关分析的检验统计量的概率 P-值小于给定的显著性水平 α，则应拒绝相关分析的原假设，认为解释变量与残差间存在显著的相关关系，出现了异方差现象。

如果存在异方差现象，可先对被解释变量实施方差稳定变换后再进行回归方程参数的估计。通常，如果残差与预测值的平方根成比例变化，可对被解释变量作开方处理；如果残差与预测值成比例变化，可对被解释变量取对数；如果残差与预测值的平方成比例变化，可对被解释变量求倒数。

另外，还可以利用加权最小二乘估计法实施回归方程的参数估计。以一元线性回归分析为例，在普通最小二乘中，离差平方和 $Q(\hat{\beta}_0, \hat{\beta}_1)=\sum_{i=1}^{n}(y_i-\hat{\beta}_0-\hat{\beta}_1x_i)^2$ 中，解释变量取不同值时，各项对平方和的贡献是相同的。但在异方差情况下，由于解释变量不同取值下残差的方差不同，造成它们客观上对平方和的贡献不同，方差偏大的贡献偏大，方差偏小的贡献偏小，最终使回归线偏向于方差大的项。加权最小二乘估计法就是在平方中加入一个恰当的权数 w_i，以调整各项在平方中的作用。方差较小的项赋予较大的权数，方差较大的项赋予较小的权数，即 $Q_w(\hat{\beta}_0, \hat{\beta}_1)=\sum_{i=1}^{n}w_i(y_i-\hat{\beta}_0-\hat{\beta}_1x_i)^2$，并在最小原则下进行参数估计。加权最小二乘法中权重的确定是非常重要的。

9.3.4.4　探测样本中的异常值

可以利用残差分析探测样本中的异常值。通常异常值是指那些远离均值的数据点，它们对回归方程的参数估计有较大影响，应尽量找出它们并加以排除。被解释变量 y 和解释变量 x 中都有可能出现异常值。

对被解释变量中异常值的探测方法一般有以下几种。

1. 标准化残差

由于残差服从均值为0的正态分布，可以根据 3σ 准则进行判断，即首先对残差进行标准化$\left(ZRE_i=\frac{e_i}{\hat{\sigma}}\right)$，然后观察 ZRE_i。绝对值大于3对应的观测值为异常值。

2. 学生化残差

出现异方差时可使用学生化残差对异常值进行判断，即首先计算学生化残差（$SRE_i=\frac{e_i}{\hat{\sigma}\sqrt{1-h_{ii}}}$，$h_{ii}$ 为第 i 个观测的杠杆值，具体内容见后），然后观察 SRE_i。绝对值大于3对应的观测值为异常值。

3. 剔除残差

剔除残差的构造思想是：在计算第 i 个个案的残差时，用剔除该个案后剩余的 $n-1$ 个个案拟合回归方程，并计算第 i 个个案的预测值和相应的残差。这个残差与第 i 个个案无关（因它不参与回归模型的参数估计），回归参数不受第 i 个个案 y 值是不是异常值的影响，称为剔除残差。剔除残差比上述残差更能如实反映第 i 个个案的 y 的异常性。绝对值大于3对应的观测值为异常值。

对解释变量中异常值的探测方法一般有以下几种。

1. 杠杆值

以一元回归为例，第 i 个个案的杠杆值 h_{ii} 的数学定义为：

$$h_{ii}=\frac{1}{n}+\frac{(x_i-\bar{x})^2}{\sum_{i=1}^{n}(x_i-\bar{x})^2} \tag{9.24}$$

由式（9.24）可知，杠杆值实质上反映了解释变量 x 的第 i 个观测值与 x 平均值之间的差异。当 x_i 接近 $\bar{x}$ 时，h_{ii} 的第2项接近0；当 x_i 远离 $\bar{x}$ 时，h_{ii} 的第2项接近1。因此，某个杠杆值 h_{ii} 较高意味着对应的 x_i 远离平均值，它会强烈地影响回归方程的拟合，是一个异常点。杠杆值的平均值为：

$$\bar{h}=\frac{1}{n}\sum_{i=1}^{n}h_{ii}=\frac{p+1}{n}$$

通常，如果 h_{ii} 大于2倍或3倍的 $\bar{h}$，就可认为该杠杆值较高，对应的个案为异常点。SPSS中计算的是中心化（回归线过原点，常数项为0）的杠杆值 ch_{ii}。中心化杠杆值 $ch_{ii}=h_{ii}-1/n$，其均值为：

$$\frac{1}{n}\sum_{i=1}^{n}ch_{ii}=\frac{p}{n}$$

2. 库克距离

库克距离也是一种探测强影响点的有效方法，其数学定义为：

$$D_i=\frac{e_i^2}{(p+1)\hat{\sigma}^2}\times\frac{h_{ii}}{(1-h_{ii})^2} \tag{9.25}$$

式中，p 为解释变量的个数。库克距离是杠杆值 h_{ii} 与残差 e_i 的综合效应。一般库克距离大于1，就可认为对应的个案为异常点。

3. 标准化回归系数的变化和标准化预测值的变化

观察剔除第 i 个个案前后方程的标准化回归系数的变化。通常，如果标准化回归系数变化的绝对值大于 $2/\sqrt{n}$，则可认为第 i 个个案可能是异常点。另外，还可以观察标准化预测值的前后变化。通常，如果标准化预测值变化的绝对值大于 $2/\sqrt{p/n}$，则可认为第 i 个个案可能是异常点。

9.4 多元回归分析中的其他问题

在多元回归分析中，由于被解释变量会受众多因素的共同影响，需要由多个解释变量解释，于是出现诸如此类的问题：多个变量是否都能够进入线性回归模型，解释变量应以怎样的策略和顺序进入方程，方程中多个解释变量之间是否存在多重共线性，等等。

9.4.1 解释变量的筛选问题

在多元线性回归分析中，模型中应引入多少解释变量是需要重点研究的。如果引入的解释变量较少，回归方程可能无法很好地解释说明被解释变量的变化。但是也并非引入的解释变量越多越好，因为这些变量之间可能存在多重共线性（具体内容见后）。因此，有必要采取一些策略对引入回归方程的解释变量加以控制和筛选。

> 在多元回归分析中，解释变量的筛选一般有向前筛选、向后筛选、逐步筛选三种基本策略。

9.4.1.1 向前筛选策略

向前筛选（Forward）策略是将解释变量不断进入回归方程的过程。首先，将选择与被解释变量线性相关系数最高的解释变量进入方程，并进行回归方程的各种检验。然后，在剩余的变量中寻找与被解释变量偏相关系数（以已进入回归方程的解释变量作为控制变量计算偏相关系数）最高并通过检验的解释变量进入回归方程，并对新建立的回归方程进行各种检验。这个过程一直重复，直到再也没有可进入方程的解释变量为止。

9.4.1.2 向后筛选策略

向后筛选（Backward）策略是将解释变量不断剔除出回归方程的过程。首先，将所有解释变量全部引入回归方程，并对回归方程进行各种检验。然后，在回归系数显著性检验不显著的一个或多个解释变量中，剔除 t 检验值最小即对被解释变量线性影响最不显著的解释变量，并重新建立回归方程和进行各种检验。如果新建回归方程中所有解释变量的回归系数检验都显著，则建立回归方程的过程结束，否则，按照上述方法再依次剔除一个当前最不显著的解释变量，直到再也没有可剔除的解释变量为止。

9.4.1.3 逐步筛选策略

逐步筛选（Stepwise）策略是向前筛选和向后筛选策略的综合。向前筛选策略是变量不断进入回归方程的过程，变量一旦进入回归方程就不会被剔除出去。随着解释变量的不断引入，由于解释变量之间存在一定程度的多重共线性，某些已经进入回归方程的解释变量的回归系数不再显著，这样造成最终的回归方程可能包含一些不显著的解释变量。逐步筛选法在向前筛选策略的基础上，结合向后筛选策略，在每个解释变量进入方程后再次判断是否存在可以剔除的解释变量。因此，逐步筛选策略在引入解释变量的每一个阶段都提供了剔除不显著解释变量的机会。

9.4.2 变量的多重共线性问题

所谓多重共线性，是指解释变量之间存在线性相关关系的现象。解释变量间高度的多重共线性会给回归方程带来许多影响。例如，偏回归系数估计困难，偏回归系数的估计方差随解释变量相关性的增强而增大，偏回归系数的置信区间增大，偏回归系数估计值的不稳定性增强，偏回归系数假设检验的结果不显著，等等。测度解释变量间的多重共线性一般有以下方式。

9.4.2.1 容忍度

容忍度是测度解释变量间多重共线性的重要统计量。解释变量 x_i（$i=1, 2, \cdots, p$）的容忍度定义为：

$$\mathrm{Tol}_i = 1 - R_i^2 \tag{9.26}$$

式中，R_i^2 为解释变量 x_i 与方程中其他 $p-1$ 个解释变量进行回归时的判定系数，表明了解释变量之间的线性相关程度。如果 R_i^2 较小，即方程中其他解释变量对该解释变量的可解释程度较低，那么容忍度会较大；反之，如果 R_i^2 较大，即方程中其他解释变量对该解释变量的可解释程度较高，那么容忍度会较小。容忍度的取值范围在 0～1 之间，越接近 0，表示多重共线性越强；越接近 1，表示多重共线性越弱。SPSS 对变量多重共线性的要求不是很严格，只是在容忍度值数小（0.000 1）时给出相应的警告信息。

9.4.2.2 方差膨胀因子

方差膨胀因子是容忍度的倒数，即

$$\mathrm{VIF}_i = \frac{1}{1 - R_i^2} \tag{9.27}$$

由式（9.27）可知，方差膨胀因子的取值大于等于 1。解释变量间的多重共线性越弱，R_i^2 越接近 0，VIF_i 越接近 1；解释变量间的多重共线性越强，R_i^2 越接近 1，VIF_i 越大。通常，如果 VIF_i 大于等于 10，说明解释变量 x_i 与方程中其余解释变量之间有严重的多重共线性，且可能会过度地影响方程的最小二乘估计。另外，还可以利用方差膨胀因子的均值 $\overline{\mathrm{VIF}} = \frac{1}{p}\sum_{i=1}^{p}\mathrm{VIF}_i$ 来测度整体的多重共线性。如果该均值远远大于 1，则表示存在严重的多重共线性。

9.4.2.3 特征值和方差比

特征值是诊断解释变量间是否存在严重的多重共线性的另一种有效方法。基本思想是：如果解释变量间确实存在较强的相关性，那么它们之间必然存在信息重叠，可将这些重叠信息提取出来，成为既能反映解释变量的信息（方差），又相互独立的因素（成分）。根据这一基本思路，可从解释变量的相关系数矩阵出发，计算相关系数矩阵的特征值。于是，具有最大特征值的因素刻画解释变量方差的能力是最强的（通常可达到 70%左右），其他特征值随数值的减小解释能力依次减弱。如果这些特征值中最大特征值远远大于其他特征值，则说明解释变量间具有相当多的重叠信息，仅通过这一个因素就基本刻画出了所有解释变量的绝大部分信息（方差）。

解释变量标准化后的方差为 1。如果每个因素都能够刻画该变量方差的一部分，那么所有因素将刻画该变量方差的全部。如果某个因素既能够刻画某解释变量方差的较大部分比例（如 0.7 以上），又可以刻画另一个解释变量方差的较大部分比例，则表明这两个解释变量间存在较强的线性相关关系。

9.4.2.4　条件指数

条件指数也称病态指数，是在特征值基础上定义的能够反映解释变量间多重共线性的指标。它的数学定义为：

$$k_i=\sqrt{\frac{\lambda_m}{\lambda_i}} \tag{9.28}$$

式中，k_i 为第 i 个条件指标，它是最大的特征值 λ_m 与第 i 个特征值比的平方根。容易理解，如果最大的特征值与第 i 个特征值相差较大，即第 i 个条件指数较大，则说明解释变量间的信息重叠较多，多重共线性较严重；反之，如果最大的特征值与第 i 个特征值相差较小，即第 i 个条件指数较小，则说明解释变量间的信息重叠较少，多重共线性不明显。通常，当 $0\leqslant k_i<10$ 时，认为多重共线性较弱；当 $10\leqslant k_i<30$ 时，认为存在中度多重共线性；当 $k_i\geqslant 30$ 时，认为多重共线性较严重。

9.5　线性回归分析的基本操作

9.5.1　线性回归分析的基本操作

在利用 SPSS 进行线性回归分析之前，应首先将数据组织好。被解释变量和各解释变量各对应一个 SPSS 变量。SPSS 中一元线性回归分析和多元线性回归分析的功能菜单是集成在一起的，具体操作步骤如下：

（1）选择菜单：【分析(A)】→【回归(R)】→【线性(L)】。出现如图 9－4 所示的窗口。

（2）选择被解释变量到【因变量(D)】框中。

（3）选择一个或多个解释变量到【自变量(I)】框中。

（4）在【方法(M)】框中选择回归分析中解释变量的筛选策略。其中，【输入】表示所选解释变量强行进入回归方程，是 SPSS 默认的策略方法，通常用于一元线性回归分析；【除去】表示从回归方程中剔除所选变量；【步进】表示逐步筛选策略；【后退】表示向后筛选策略；【前进】表示向前筛选策略。

（5）第三步和第四步中确定的解释变量及变量筛选策略可放置在不同的块中。通常在

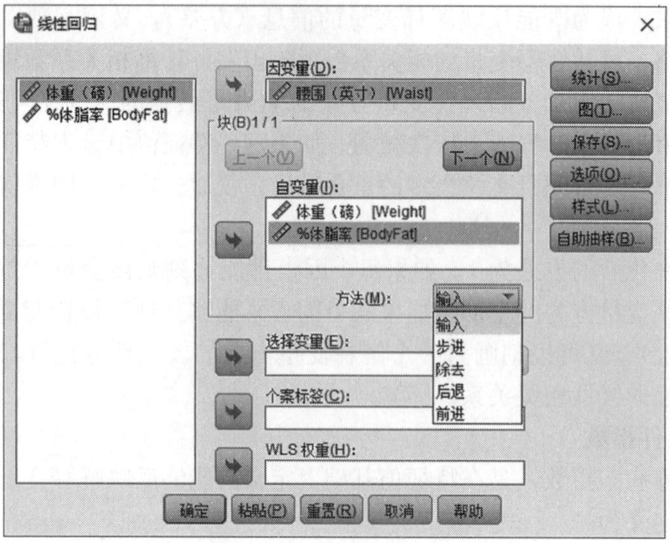

图 9-4 线性回归分析窗口

回归分析中有不止一组待进入方程的解释变量和相应的筛选策略，可以点击 上一个(V) 和 下一个(N) 按钮设置多组解释变量和变量筛选策略，并放置在不同的块中。SPSS 将首先在当前块（默认为 1）中按照指定的策略筛选解释变量和建立回归方程，然后自动按照下一个块中指定的策略筛选解释变量，并在上一个回归方程的基础上做进一步的拟合工作，直到结束。可见，第四步中的【除去】方法只可能放在第二个以后的块中。块设置便于做各种探索性的回归分析。

（6）选择一个变量作为条件筛选变量到【选择变量(E)】框中，并点击 规则(U) 按钮给定一个判断条件。只有满足给定条件的样本数据才参与线性回归分析。

（7）在【个案标签(C)】框中指定哪个变量作为数据点的标记变量，该变量值将标在回归分析的输出图形中。

至此便完成了线性回归分析的基本操作，SPSS 将根据指定要求自动进行回归分析，并将结果输出到查看器窗口中。

9.5.2 线性回归分析的其他操作

除了上述基本操作之外，SPSS 线性回归分析还有其他很多选项。掌握这些选项对进一步深入分析和掌握更多有用的信息是非常有益的。

9.5.2.1 【统计(S)】选项

在图 9-4 中点击 统计(S) 按钮，出现如图 9-5 所示的窗口。该窗口可供用户选择更多的输出统计量。

图 9-5 中各选项的含义是：

- 【估算值(E)】：SPSS 默认输出项，输出与回归系数相关的统计量。包括回归系数（偏回归系数）、回归系数标准误、标准化回归系数、回归系数显著性检验的 t 统计量和概率 P-值、各解释变量的容忍度。多元回归分析中当各解释变量的单位不一

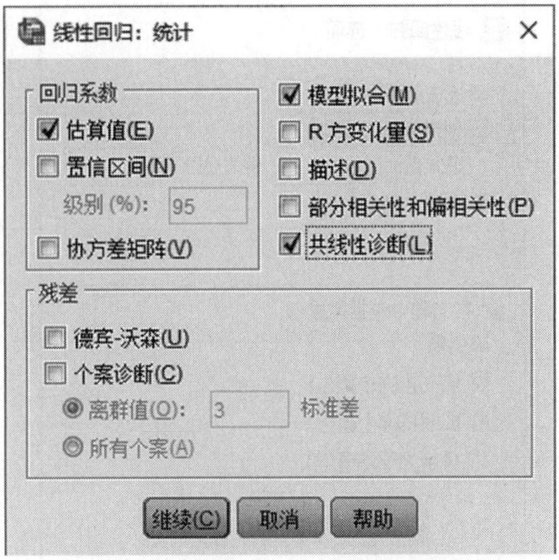

图 9-5　线性回归分析的统计量窗口

致时，如果希望比较各解释变量对被解释变量的影响程度的大小，可以采用标准化回归系数。

- 【置信区间(N)】：输出每个非标准化回归系数的默认 95%置信区间。
- 【描述(D)】：输出各解释变量和被解释变量的均值、标准差、相关系数矩阵及单侧检验概率值。
- 【模型拟合(M)】：SPSS 默认输出项，输出判定系数、调整的判定系数、回归方程标准误、回归方程显著性检验的方差分析表。
- 【R 方变化量(S)】：输出每个解释变量进入方程后引起的判定系数的变化量（R_{ch}^2）和 F 值的变化量（偏 F 统计量）。
- 【部分相关性和偏相关性(P)】：输出方程中各解释变量与被解释变量之间的简单相关系数、偏相关系数$\left(\sqrt{\dfrac{R_{ch}^2}{1-R_i^2}}\right)$和部分相关系数（$\sqrt{R_{ch}^2}$）。
- 【协方差矩阵(V)】：输出方程中各解释变量间的相关系数、协方差以及各回归系数的方差及协方差。
- 【共线性诊断(L)】：多重共线性分析，输出各个解释变量的容忍度、方差膨胀因子、特征值、条件指标、方差比等。
- 在【残差】框中，【德宾-沃森(U)】表示输出 DW 检验值；【个案诊断(C)】表示输出标准化残差绝对值大于等于 3（SPSS 默认值）的样本数据的相关信息，包括预测值、标准化预测值、残差、标准化残差、学生化残差、杠杆值、库克距离等的最大值、最小值、均值和标准差。

9.5.2.2 【选项(O)】选项

在图 9-4 中点击 选项(O) 按钮，出现如图 9-6 所示的窗口。该窗口可供用户设置多元线性回归分析中解释变量筛选的标准以及缺失值的处理方式。

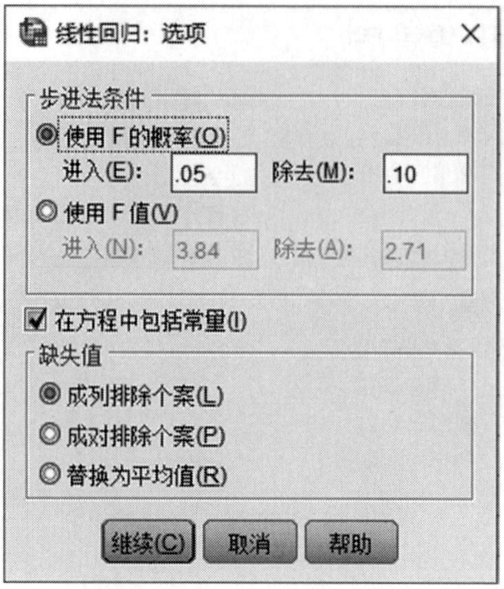

图 9-6 线性回归分析的选项窗口

图 9-6 中关于缺失值的处理方法在以前章节中讨论过，这里不再赘述。【步进法条件】：设置多元线性回归分析中解释变量进入或被剔除出回归方程的标准。

- 【使用 F 的概率(O)】：SPSS 默认项，表示以偏 F 统计量的概率值为标准判断解释变量能否进入或被剔除出回归方程。其中，【进入(E)】表示如果某个解释变量的偏 F 统计量的概率 P-值小于显著性水平 0.05（SPSS 默认），则应拒绝其检验的原假设，认为该变量对被解释变量的线性影响是显著的，应进入回归方程；【除去(M)】表示如果某个解释变量的偏 F 统计量的概率 P-值大于显著性水平 0.10（SPSS 默认），则不能拒绝其检验的原假设，可以认为该变量对被解释变量的线性影响是不显著的，应被剔除出回归方程。
- 【使用 F 值(V)】：表示以偏 F 统计量的临界值为标准判断解释变量能否进入或被剔除出回归方程。其中，【进入(N)】表示如果某个解释变量的偏 F 统计量的观测值大于 3.84（SPSS 默认），则应拒绝其检验的原假设，认为该变量对被解释变量的线性影响是显著的，应进入回归方程；【除去(A)】表示如果某个解释变量的偏 F 统计量的观测值小于 2.71（SPSS 默认），则不能拒绝其检验的原假设，可以认为该变量对被解释变量的线性影响是不显著的，应被剔除出回归方程。在实际分析中用户可根据具体情况修改上述参数，但应注意【进入(E)】的概率值应小于【除去(M)】的概率值，【进入(N)】的临界值应大于【除去(A)】的临界值，否则，如果运用解释变量的逐步筛选策略，解释变量一进入方程就会被立即剔除出去。

【在方程中包含常量(I)】：表示是否进行中心化处理（方程中是否包括常数项）。默认不进行中心化处理（包括常数项）。

9.5.2.3 【图(T)】选项

在图 9-4 中点击 图(T) 按钮，出现如图 9-7 所示的窗口。该窗口用于对残差序列的分析。

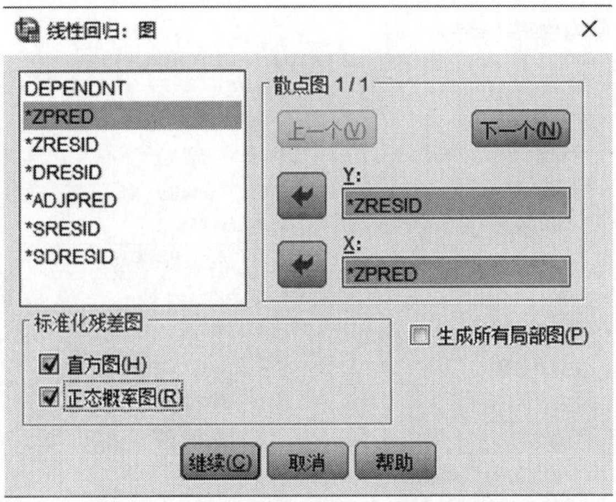

图 9-7　线性回归分析的绘制窗口

这里主要通过图形进行残差分析，包括绘制残差图和其他散点图、残差的直方图和正态分布累计概率图等。

- 窗口左边框中各变量名的含义是：DEPENDNT 表示被解释变量，* ZPRED 表示标准化预测值，* ZRESID 表示标准化残差，* DRESID 表示剔除残差，* ADJPRED 表示调整的预测值（剔除第 i 个个案后重新建立方程后得到的新预测值），* SRESID 表示学生化残差，* SDRESID 表示剔除学生化残差。
- 绘制多对变量的散点图，可根据需要在【散点图 1/1】框中定义散点图的纵坐标和横坐标变量。
- 在【标准化残差图】框中选择【直方图(H)】选项绘制标准化残差序列的直方图；选择【正态概率图(R)】选项绘制标准化残差序列的正态分布累计概率图；选择【生成所有局部图(P)】选项绘制被解释变量和各个解释变量的散点图。

9.5.2.4 【保存(S)】选项

在图 9-4 中点击 保存(S) 按钮，出现如图 9-8 所示的窗口。该窗口将回归分析的某些结果以 SPSS 变量的形式保存到数据编辑器窗口中，并可同时生成 XML 格式的文件，便于分析结果的网页形式发布。

图 9-8 中各参数的含义是：

- 【预测值】框：保存非标准化预测值、标准化预测值、调整的预测值、解释变量 $x=x_0$ 下预测值的均值标准误差（S. E.（P））。
- 【预测区间】框：保存均值或个体预测值的 95%（默认）置信区间的下限值和上限值。
- 【残差】框：保存非标准化残差、标准化残差、学生化残差、剔除残差、剔除学生化残差。
- 【影响统计】框：保存个案第 i 个个案前后两个回归方程相关各统计量的变化量，包括回归系数的变化量（DfBeta（B））、标准化回归系数的变化量（DfBeta（Z））、预测值的变化量（DfFit（F））、标准化预测值的变化量（DfFit（T））、协方差比率（V）等。

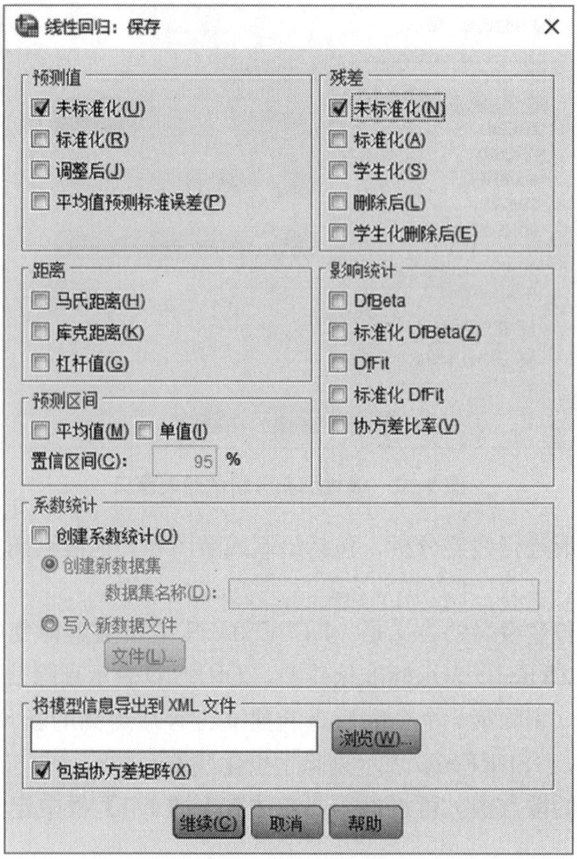

图 9-8　线性回归分析的保存窗口

9.5.2.5 【WLS 权重(H)】框

当存在异方差时，采用加权最小二乘法替代普通最小二乘法估计回归参数，并指定一个变量作为权重变量到【WLS 权重(H)】框中。

9.6 线性回归分析的应用举例

9.6.1 一般线性回归分析举例

案例 9-1

为研究体重和体内脂肪比重对腰围的影响，随机收集了 20 个观测数据。现利用一般线性回归分析方法进行研究。这里，被解释变量为腰围，解释变量为体重和体脂率。具体数据在可供下载的压缩包中，文件名为“腰围和体重.sav”。

具体操作如图 9-4 至图 9-8 所示。解释变量采用逐步回归策略筛选，对其做共线性诊断，并进行残差分析，分析结果如表 9-1 所示。

SPSS 的逐步回归策略是通过逐一建立多个模型实现的。对于本例，因有两个解释变量，SPSS 需要建立两个回归模型。依据逐步回归策略，第一个模型为一元线性回归模型，并在此基础上建立第二个模型。SPSS 将自动输出每个模型的结果。最后一个模型是最终的分析结果。

表 9-1 (a) 关于腰围的线性回归分析结果（一）

模型摘要[c]

模型	R	R^2	调整后 R^2	标准估计的误差
1	0.887[a]	0.787	0.775	1.812
2	0.945[b]	0.894	0.881	1.315

a. 预测变量：(常量)，%体脂率。
b. 预测变量：(常量)，%体脂率，体重（磅）。
c. 因变量：腰围（英寸）。

由表 9-1（a）可知，第一个模型是以体脂率为解释变量的一元线性回归方程。该模型的判定系数为 0.787，回归方程的估计标准误为 1.812。第二个模型是包含体脂率和体重的二元线性回归方程，其判定系数增加至 0.894，且调整的判定系数也有所增加，回归方程的估计标准误减小。从拟合优度角度看，第二个模型的拟合效果更佳。

表 9-1 (b) 关于腰围的线性回归分析结果（二）

ANOVA[c]

模型		平方和	自由度	均方	F	显著性
1	回归	217.829	1	217.829	66.320	0.000[a]
	残差	59.121	18	3.284		
	总计	276.950	19			
2	回归	247.541	2	123.770	71.545	0.000[b]
	残差	29.409	17	1.730		
	总计	276.950	19			

a. 预测变量：(常量)，%体脂率。
b. 预测变量：(常量)，%体脂率，体重（磅）。
c. 因变量：腰围（英寸）。

表 9-1（b）是回归方程显著性检验结果。由表 9-1（b）可知，被解释变量（腰围）的总离差平方和 SST 为 276.950。一元模型（第一个模型）的回归平方和（SSR）为 217.829，剩余平方和（SSE）为 59.121；二元模型（第二个模型）增加了一个解释变量，剩余平方和减少为 29.409，回归平方和增大为 247.541。对于二元模型，回归方程显著性检验的 F 统计量的观测值为 71.545，其对应的概率 P-值近似为 0。若显著性水平 α 为 0.05，因概率 P-值小于 α，拒绝回归方程显著性检验的原假设，即回归系数不同时为 0，解释变量全体与被解释变量间存在显著的线性关系，选择线性模型具有合理性。

表9-1（c） 关于腰围的线性回归分析结果（三）

系数[a]

模型		非标准化系数		标准系数	t	显著性	共线性统计	
		B	标准误差	βeta			容差	VIF
1	（常量）	30.058	0.949		31.657	0.000		
	%体脂率	0.354	0.043	0.887	8.144	0.000	1.000	1.000
2	（常量）	20.236	2.468		8.199	0.000		
	%体脂率	0.227	0.044	0.569	5.163	0.000	0.515	1.943
	体重（磅）	0.065	0.016	0.457	4.144	0.001	0.515	1.943

a. 因变量：腰围（英寸）。

表9-1（d） 关于腰围的线性回归分析结果（四）

排除的变量[b]

模型		输入 Beta	t	显著性	偏相关	共线性统计		
						容差	VIF	最小容差
1	体重（磅）	0.457[a]	4.144	0.001	0.709	0.515	1.943	0.515

a. 模型中的预测变量：（常量），%体脂率。
b. 因变量：腰围（英寸）。

表9-1（c）和表9-1（d）是回归系数显著性检验的结果。表9-1（c）中，第二列为回归系数，第三列为回归系数的标准误，两者相除得到第五列的 t 统计量，第六列为 t 统计量观测值对应的双侧概率 P-值。对于第一个模型，因为体脂率与腰围的相关性高于体重，所以首先进入模型得到一元线性回归方程。此时，体脂率的回归系数显著性检验的 t 统计量的观测值为8.144，概率 P-值近似为零。当显著性水平 α 为0.05时，应拒绝回归系数检验的原假设，认为体脂率与腰围有显著的线性关系，应保留在模型中。此时，按照逐步回归策略，体重尚未进入回归模型，被列在表9-1（d）中。表9-1（d）表明，如果体重被加入到第一个模型中（建立二元模型），其回归系数显著性检验的 t 统计量的观测值和概率 P-值将为4.144和0.001（与表9-1（c）相应结果一致）。在考虑体脂率的条件下，体重与腰围的偏相关系数为0.709，且线性关系显著，可以引入到第二个模型中。对于第二个模型，表9-1（c）表明，体脂率的偏回归系数以及回归系数显著性检验结果均因体重进入回归模型而发生了变化。两者的回归系数显著性检验均显著，无应被剔除的解释变量，此时建模过程结束。表9-1（c）的第四列和表9-1（d）中的第二列为标准化回归系数。多元线性回归模型中标准化回归系数用于比较解释变量对被解释变量的重要性大小。本例中，体脂率对腰围的贡献大于体重，这是个合理的结论。

进一步，表9-1（c）和表9-1（d）还列出了多重共线性的相关计算结果。对于第二个模型，体脂率的容忍度为0.515，方差膨胀因子为1.943，多重共线性较弱。由于模型中只有体脂率和体重两个解释变量，它们的容忍度和方差膨胀因子值都是相等的。

表 9-1 (e)　关于腰围的线性回归分析结果（五）

共线性诊断[a]

模型	维	特征值	条件指数	方差比例		
				（常量）	%体脂率	体重（磅）
1	1	1.904	1.000	0.05	0.05	
	2	0.096	4.462	0.95	0.95	
2	1	2.888	1.000	0.00	0.01	0.00
	2	0.106	5.214	0.04	0.58	0.01
	3	0.006	22.520	0.96	0.41	0.99

a. 因变量：腰围（英寸）。

表 9-1 (e) 是多重共线性检验的特征值以及条件指数。对于第二个模型，最大特征值为 2.888，其余依次快速减小。第三列的各个条件指数均不大，可以认为存在较弱或中等程度的多重共线性。

图 9-9 (a) 是残差的正态性图形结果。可以看到，数据点围绕基准线仍存在一定的规律性。但残差正态性的非参数检验（单样本 K-S 检验，详见 7.1.3）结果（见表 9-2）表明不能推翻原假设，即不能认为它与正态分布有显著差异。

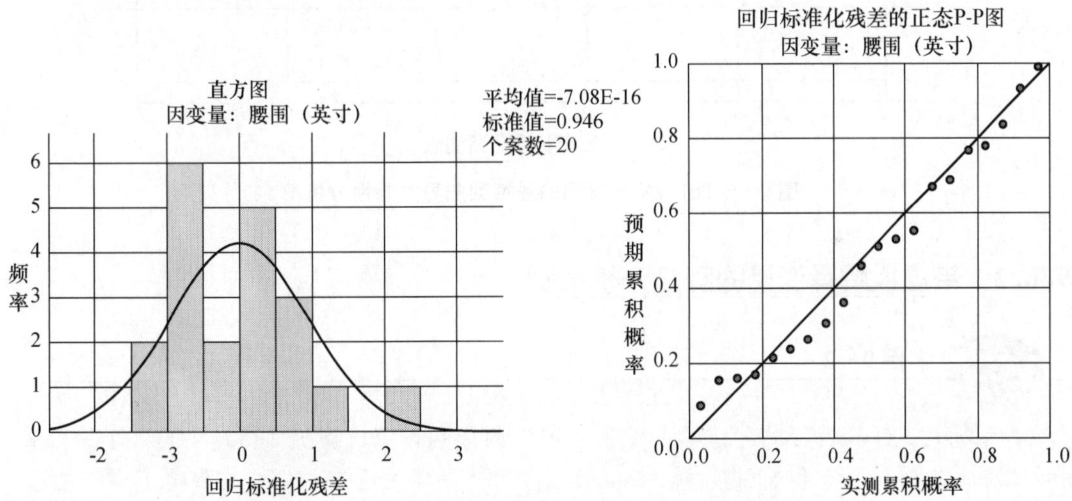

图 9-9 (a)　关于腰围的线性回归残差正态性分析图

表 9-2　关于腰围的线性回归残差正态性非参数检验结果

单样本柯尔莫戈洛夫-斯米诺夫检验

		Unstandardized Residual
个案数		20
正态参数[a,b]	均值	0.000 000 0
	标准差	1.244 131 24
最极端差别	绝对值	0.105
	正	0.105
	负	−0.091
Kolmogorov-Smirnov Z		0.471
渐近显著性（双侧）		0.979

a. 检验分布为正态分布。
b. 根据数据计算得到。

图9-9（b）是回归方程标准化预测值与标准化残差散点图。图形表明，不存在明显的异方差现象。最终的回归方程为：

腰围＝20.24＋0.23×体脂率＋0.07×体重

方程表明，当体重保持不变时，体脂率提高1个百分点，腰围平均增加0.23英寸。当体脂率保持不变时，体重增加1磅，腰围平均增加0.07英寸。

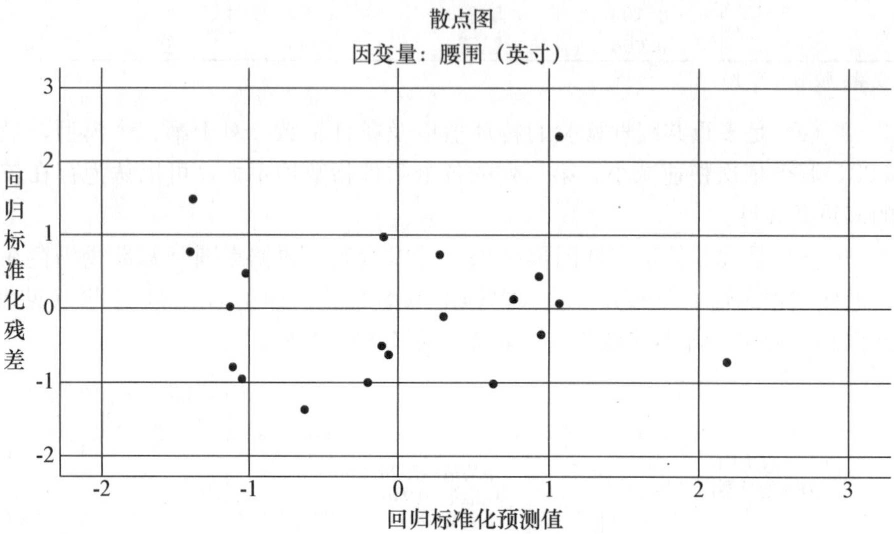

图9-9（b） 关于腰围的线性回归异方差性分析图

9.6.2 带虚拟解释变量的回归分析举例

案例9-2

为研究工龄和性别对月基本工资收入产生的影响，随机调查了30名职工得到月基本工资、工龄（月）和性别数据。具体数据在可供下载的压缩包中，文件名为“工资收入的影响因素.sav”。

本例中的被解释变量为月基本工资，解释变量为工龄和性别。其中，性别是一个分类型解释变量，在回归建模时应区别于工龄这样的数值型解释变量，需要分别对待。因为若遵循对数值型解释变量回归系数的解释方式来解释分类型解释变量回归系数的含义是不符合常理的。通常的处理方式是：将分类型解释变量转换成若干取值仅为1或0的变量，这种变量称为虚拟变量或哑变量。

例如，本例中的性别有两个分类值，可生成两个虚拟变量（也称哑变量（Dummy Variable）），分别表示“是男性吗”和“是女性吗”。如果是男性，则第一个虚拟变量取值为1，第二个虚拟变量取值为0；反之，类似。

由于多个虚拟变量间存在完全的线性关系（之和为1），如果都参与回归建模，会导致完全共线性问题。因此，若分类型解释变量有 k 个类别值，仅需引入前 $k-1$ 个虚拟变量到回归模型中。例如，本例仅引入“是男性吗”这一个虚拟变量即可。

本例的回归分析结果如表 9－3（a）和表 9－3（b）所示。

表 9－3（a）　关于工资收入的线性回归分析结果（一）

ANOVA[b]

模型		平方和	自由度	均方	F	显著性
1	回归	4.373E7	2	2.187E7	43.796	0.000[a]
	残差	1.348E7	27	499 249.428		
	总计	5.721E7	29			

a. 预测变量：(常量)，工龄（月），是男性吗。
b. 因变量：月基本工资。

表 9－3（a）是回归方程显著性检验的结果，含义类似于案例 9－1 的解释。分析结果表明，本例采用线性回归模型是合理的。

表 9－3（b）　关于工资收入的线性回归分析结果（二）

系数[a]

模型		非标准化系数		标准系数	t	显著性
		B	标准误差	试用版		
1	(常量)	2 403.834	416.348		5.774	0.000
	是男性吗?	1 377.873	280.337	0.489	4.915	0.000
	工龄（月）	42.659	4.653	0.912	9.167	0.000

a. 因变量：月基本工资。

表 9－3（b）是回归系数显著性检验的结果，含义类似于案例 9－1 的解释。分析结果表明，两个解释变量的回归系数的显著性检验均显著，它们均应保留在回归方程中。最终的回归方程为：

$$月基本工资=2\,403.83+1\,377.87\times 是男性吗+42.66\times 工龄$$

式中，42.66 表示性别相同的条件下，工龄增加 1 个月，月基本工资将平均增加 42.7 元。进一步，为解释 1 377.87 的含义，可参考以下两个回归方程。

当“是男性吗”取 0 时有：月基本工资＝2 403.83＋42.66×工龄。该方程为女性的工资方程。

当“是男性吗”取 1 时有：月基本工资＝(2 403.83＋1 377.87)＋42.66×工龄。该方程为男性的工资方程。

可见，上述两个方程所代表的回归直线是两条平行线，1 377.87 是两条直线的截距之差，反映了当工龄相同时男性与女性月基本工资的平均差异。本例中，相同工龄下男性的月基本工资的平均值比女性高 1 377.87 元。

本例默认男性的回归线与女性的平行，即不同性别工龄的月工资回报是相同的。当无法确认这种默认是否合理时，可建立回归方程

$$月基本工资=\beta_0+\beta_1 工龄+\beta_2 是男性吗+\beta_3 工龄\times是男性吗$$

进行验证。方程中的第四项称为工龄和性别的交互项。

当“是男性吗”取0时有：月基本工资$=\beta_0+\beta_1\times$工龄。该方程为女性的工资方程。

当“是男性吗”取1时有：月基本工资$=(\beta_0+\beta_2)+(\beta_1+\beta_3)\times$工龄。该方程为男性的工资方程。

可见，上述两个方程所代表的回归直线是不平行的，β_3 是两条直线斜率之差，反映不同性别工龄的月工资回报的差异。

本例所建立的带交互项的回归方程结果如表9-3（c）所示。

表9-3（c） 关于工资收入的线性回归分析结果（三）

系数[a]

模型		非标准化系数		标准系数	t	显著性
		B	标准误差	试用版		
1	（常量）	2 446.429	625.113		3.914	0.001
	是男性吗?	1 314.967	735.791	0.466	1.787	0.086
	工龄（月）	42.113	7.558	0.900	5.572	0.000
	工龄和性别的交互项	0.900	9.705	0.023	0.093	0.927

a. 因变量：月基本工资。

表9-3（c）显示：回归方程中交互项的回归系数检验不显著，因此本例默认男性和女性的回归直线平行具有合理性。应采纳表9-3（b）的分析结论。

9.7 曲线估计

9.7.1 曲线估计概述

变量间相关关系的分析中，变量之间的关系并不总表现为线性关系，非线性关系也是极为常见的，可通过绘制散点图的方式粗略考察这种非线性关系。对于非线性关系，通常无法直接通过线性回归来分析，无法直接建立线性模型。

> 变量之间的非线性可以划分为本质线性关系和本质非线性关系。所谓本质线性关系，是指变量关系形式上虽然呈非线性关系（如二次曲线），但可通过变量变换转化为线性关系，最终可进行线性回归分析，建立线性模型。本质非线性关系是指变量关系不仅形式上呈非线性关系，而且无法通过变量变换转化为线性形式，最终无法进行线性回归分析和建立线性模型。

本节的曲线估计是解决本质线性关系问题的。SPSS中的本质线性模型如表9-4所示。

表 9-4　常见的本质线性模型

模型名称	回归方程	变量变换后的线性方程
二次曲线 (Quadratic)	$y=\beta_0+\beta_1 x+\beta_2 x^2$	$y=\beta_0+\beta_1 x+\beta_2 x_1, x_1=x^2$
复合曲线 (Compound)	$y=\beta_0\beta_1^x$	$\ln(y)=\ln(\beta_0)+\ln(\beta_1)x$
增长曲线 (Growth)	$y=\mathrm{e}^{\beta_0+\beta_1 x}$	$\ln(y)=\beta_0+\beta_1 x$
对数曲线 (Logarithmic)	$y=\beta_0+\beta_1\ln(x)$	$y=\beta_0+\beta_1 x_1, x_1=\ln(x)$
三次曲线 (Cubic)	$y=\beta_0+\beta_1 x+\beta_2 x^2+\beta_3 x^3$	$y=\beta_0+\beta_1 x+\beta_2 x_1+\beta_3 x_2, x_1=x^2, x_2=x^3$
S 曲线 (S)	$y=\mathrm{e}^{\beta_0+\beta_1/x}$	$\ln(y)=\beta_0+\beta_1 x_1, x_1=\dfrac{1}{x}$
指数曲线 (Exponential)	$y=\beta_0\mathrm{e}^{\beta_1 x}$	$\ln(y)=\ln(\beta_0)+\beta_1 x$
逆函数 (Inverse)	$y=\beta_0+\beta_1/x$	$y=\beta_0+\beta_1 x_1, x_1=\dfrac{1}{x}$
幂函数 (Power)	$y=\beta_0(x^{\beta_1})$	$\ln(y)=\ln(\beta_0)+\beta_1 x_1, x_1=\ln(x)$
逻辑函数 (Logistic)	$y=\dfrac{1}{1/\mu+\beta_0\beta_1^x}$	$\ln\left(\dfrac{1}{y}-\dfrac{1}{\mu}\right)=\ln(\beta_0)+\ln(\beta_1)x$

在 SPSS 曲线估计中，首先，在不能明确究竟哪种模型更接近样本数据时可在上述多种可选择的模型中选择几种模型；然后，SPSS 自动完成模型的参数估计，并输出回归方程显著性检验的 F 值和概率 P-值、判定系数 R^2 等统计量；最后，以判定系数为主要依据选择其中的最优模型并进行预测分析等。另外，SPSS 曲线估计还可以时间为解释变量，实现时间序列的简单回归分析和趋势外推分析。

9.7.2　曲线估计的应用举例

9.7.2.1　城镇居民家庭人均食品支出的相关因素分析

案例 9-3

收集到 1993—2012 年我国城镇居民家庭消费数据，希望分析城镇居民家庭人均消费支出对其食品消费支出的影响。具体数据在可下载的压缩包中，文件名为“全国城镇居民家庭消费支出.sav”。

首先绘制城镇居民家庭人均现金消费支出与食品消费支出的散点图，如图 9-10 所示。

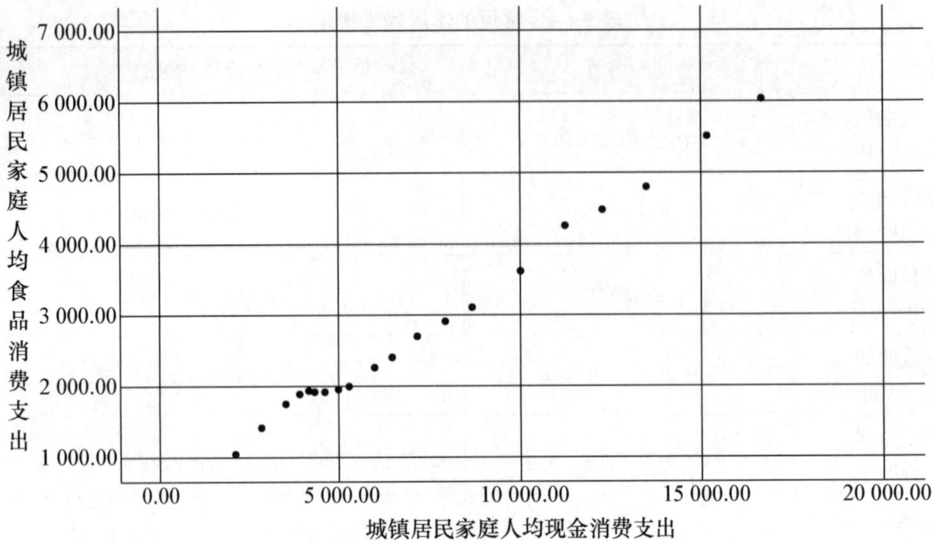

图 9-10　城镇居民家庭人均现金消费支出与食品消费支出散点图

基于散点图以及对实际问题的认识，可尝试建立二次曲线等模型。

SPSS 曲线估计的基本操作步骤如下。

(1) 选择菜单：【分析(A)】→【回归(R)】→【曲线估算(C)】。出现如图 9-11 所示的窗口。

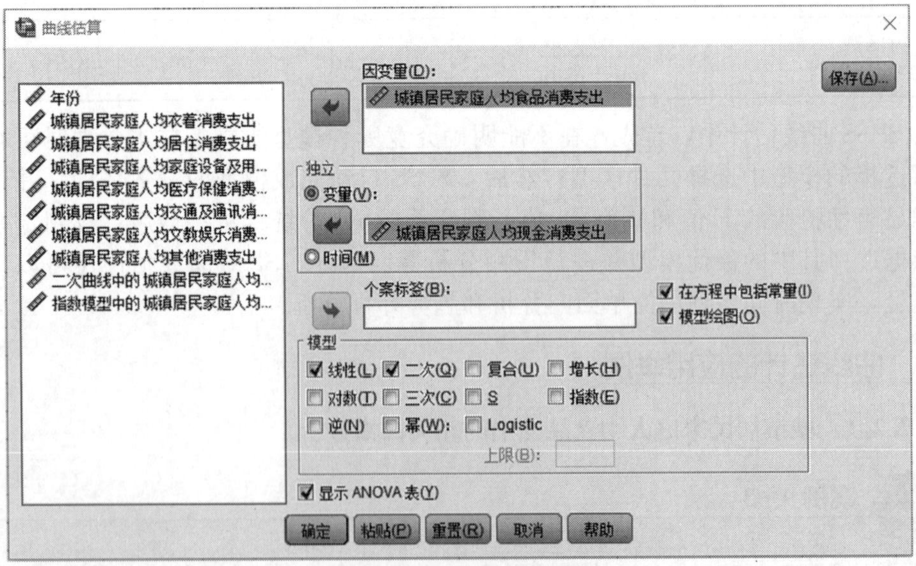

图 9-11　曲线估计窗口

(2) 选择解释变量到【因变量(D)】框中。

(3) 曲线估计中的解释变量，可以是相关因素变量，也可以是时间变量。如果解释变量为相关因素变量，则选择【独立】框中的【变量(V)】选项，并指定一个解释变量；如果选择【时间 (M)】选项，表示解释变量为时间变量。

(4) 在【模型】中选择几种模型。

(5) 选择【模型绘图(O)】选项绘制回归线；选择【显示 ANOVA 表(Y)】输出各个模型的方差分析表和各回归系数的显著性检验结果。

至此完成了曲线估计的基本操作，SPSS 将根据选择的模型自动进行曲线估计，并将结果输出到查看器窗口中。整理案例分析结果如表 9-5 和图 9-12 所示。

表 9-5 (a) 城镇居民家庭人均食品消费支出的曲线估计结果（一）

模型汇总和参数估计值

因变量：城镇居民家庭人均食品消费支出

方程	模型汇总					参数估计值		
	R^2	F	自由度 1	自由度 2	显著性	常数	b1	b2
线性	0.993	2 406.452	1	18	0.000	405.541	0.331	
二次	0.995	1 636.207	2	17	0.000	664.753	0.256	4.106E-6

说明：自变量为城镇居民家庭人均现金消费支出。

表 9-5 (b) 城镇居民家庭人均食品消费支出的曲线估计结果（二）

系数

	未标准化系数		标准化系数	t	显著性
	B	标准误	Beta		
城镇居民家庭人均现金消费支出	0.256	0.028	0.771	9.136	0.000
城镇居民家庭人均现金消费支出 ** 2	4.106E-6	0.000	0.230	2.724	0.014
(常数)	664.753	107.450		6.187	0.000

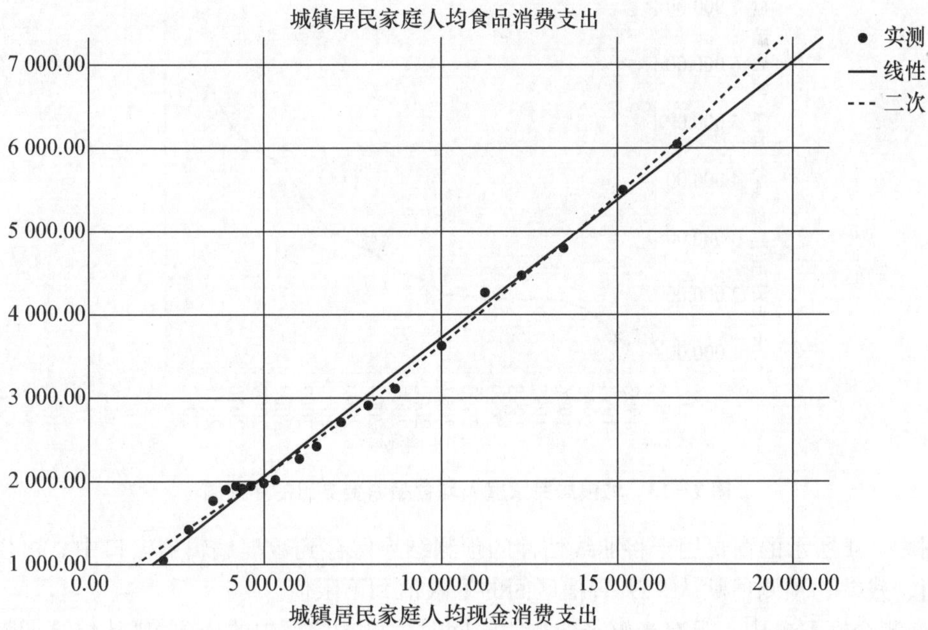

图 9-12 城镇居民家庭人均食品消费支出的曲线估计拟合曲线

由表 9-5 (a) 和表 9-5 (b) 可知，二次曲线的拟合优度高于线性方程。在显著

性水平 α 为 0.05 时，回归方程的显著性检验和各回归系数的显著性检验均显著，表明选择二次曲线模型具有合理性。最终的回归方程为：

$$食品消费支出=664.8+0.26\times现金消费支出+4.106E\text{-}6\times现金消费支出^2$$

基于上述回归方程可估计城镇居民家庭人均现金消费支出对食品消费支出的影响效应为：0.26+2×4.106E-6×现金消费支出。可见，回归线为二次曲线，现金消费支出对食品支出的影响效应会随现金消费支出取值的不同而不同。为此，可将现金消费支出的样本平均值（7 551.7 元）代入上式。因二次项的偏回归系数非常小（4.106E-6），计算结果基本可以忽略。城镇居民家庭人均现金消费支出对食品消费支出的影响效应粗略估计为 0.26 元，也即城镇居民家庭人均现金消费支出每增加 1 元钱，其中平均有 0.26 元用于食品支出。这个结果略低于一元简单线性回归分析的结果（0.33 元）。

9.7.2.2 对城镇居民家庭人均食品消费支出进行趋势外推预测

利用案例 9-3 的数据，首先绘制人均食品消费支出的序列图。选择菜单【图形(G)】→【旧对话框(L)】→【折线图(L)】，绘制【简单】线图，并选择【单个个案值(I)】选项，得到如图 9-13 所示的序列图。

观察图 9-13 可知，自 20 世纪 90 年代以来，人均食品消费支出非线性增加，大致呈二次曲线形式，可利用曲线估计进行趋势外推的预测分析。在图 9-11 窗口的【独立】框中选择【时间（M)】并在【模型】框中选择曲线模型。由于要进行预测，可在图 9-11 所示的窗口中点击 保存(A) 按钮，出现如图 9-14 所示的窗口。

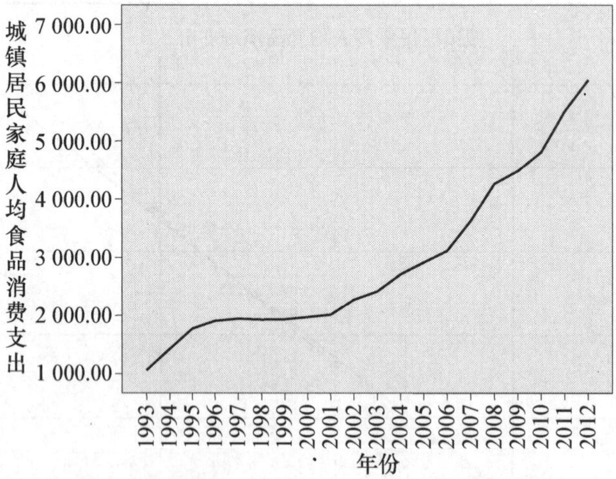

图 9-13 城镇居民家庭人均食品消费支出的序列图

图 9-14 所示的窗口用于将曲线估计的预测结果保存到数据编辑器窗口中。可以保存预测值、残差、预测值默认 95%置信区间的上限值和下限值。

【预测个案】框中，只有当解释变量为时间时才可选该框中的选项。【从估算期到最后一个个案的预测(L)】表示计算当前样本期内的预测值；【预测范围(T)】表示计算指定样本期内的预测值，样本期在【观测值】框后输入。本例如果希望预测 2013 年和 2014 年的值，应在【观测值】框后输入 22。

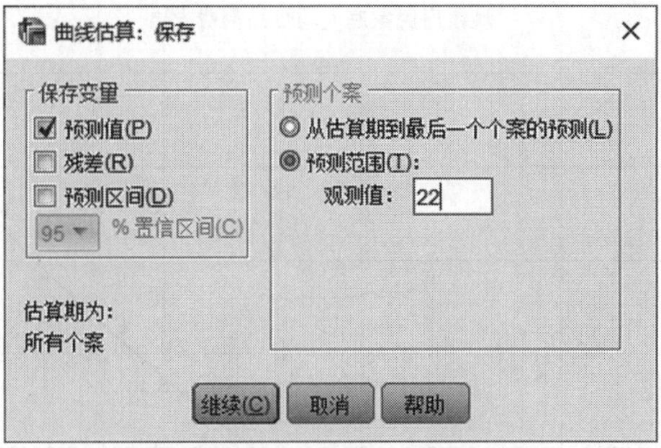

图 9-14　曲线估计的保存窗口

具体分析结果如表 9-6 和图 9-15 所示。

表 9-6（a）显示：指数模型的拟合优度为 0.98，比较理想。观察图 9-15 也可以得出同样的结论。表 9-6（b）和表 9-6（c）表明，在显著性水平 α 为 0.05 时，回归方程的显著性检验和回归系数的显著性检验均显著，模型选择合理。最终的回归方程为：

$$人均食品支出=1\,656.4-78.7t+14.5t^2$$

式中，t 为时间期数。为预测 2013 年和 2014 年的人均食品消费支出，t 分别取 21 和 22，预测结果为 6 378 元和 6 921 元。

表 9-6（a）　城镇居民家庭人均食品消费支出的趋势外推分析结果（一）

模型汇总

R	R^2	调整 R^2	估计值的标准误
0.989	0.977	0.975	225.277

表 9-6（b）　城镇居民家庭人均食品消费支出的趋势外推分析结果（二）

ANOVA

	平方和	Df	均方	F	显著性
回归	3.729E7	2	1.864E7	367.381	0.000
残差	862 746.514	17	50 749.795		
总计	3.815E7	19			

表 9-6（c）　城镇居民家庭人均食品消费支出的趋势外推分析结果（三）

系数

	未标准化系数		标准化系数	t	显著性
	B	标准误	Beta		
个案顺序	−78.699	36.758	−0.329	−2.141	0.047
个案序列 ** 2	14.455	1.700	1.305	8.502	0.000
（常数）	1 656.441	167.602		9.883	0.000

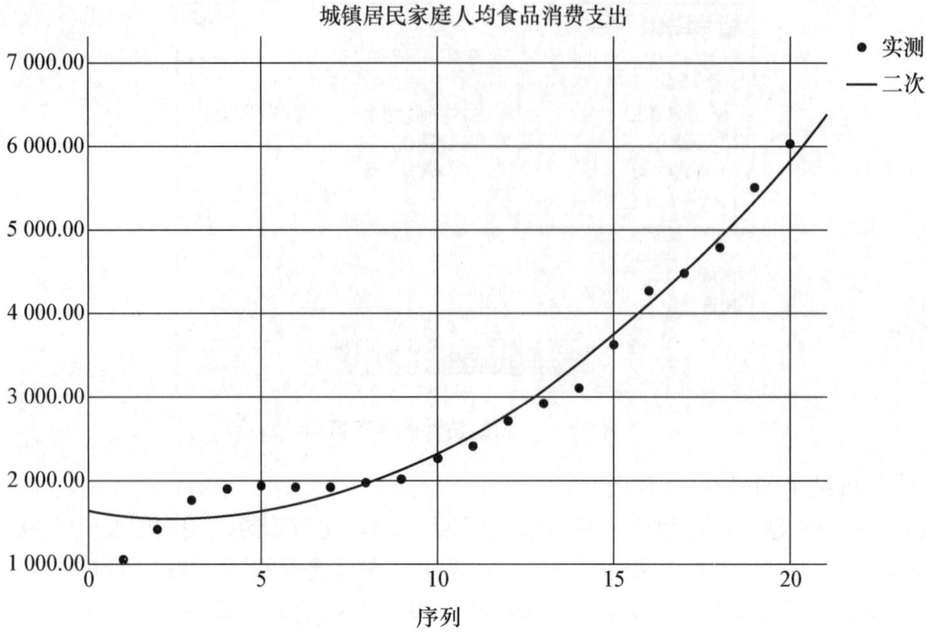

图 9－15　城镇居民家庭人均食品消费支出的趋势外推图

□ 练习题

1. 利用第 2 章第 9 题的数据，绘制全部样本以及不同性别任意两门课程成绩的散点图，并在图上绘制三条回归直线。其中，第一条针对全体样本，第二条、第三条分别针对男生样本和女生样本。

2. 说明线性回归分析与相关分析有怎样的联系。

3. 说明为什么需要对线性回归方程进行统计检验，一般需要对哪些方面进行检验。

4. 说明 SPSS 多元线性回归分析中提供了哪几种解释变量筛选策略。

5. 现收集到若干年粮食总产量以及播种面积、使用化肥量、农业劳动人数等数据，请利用多元线性回归分析来分析影响粮食总产量的主要因素。数据文件名为“粮食总产量. sav”。

6. 一家产品销售公司在 30 个地区设有销售分公司。为研究产品销售量（y）与该公司的销售价格（x_1）、各地区的年人均收入（x_2）、广告投放费用（x_3）之间的关系，收集到 30 个地区的有关数据。进行多元线性回归分析所得的部分分析结果如下：

模型	平方和	自由度	均方	F	显著性
回归			4 008 924. 7		8. 883 41E-13
残差					
总计	13 458 586. 7	29			

	非标准化系数		t	显著性
	B	标准误差		
（常量）	7 589.102 5	2 445.021 3	3.103 9	0.004 57
x1	−117.886 1	31.897 4	−3.695 8	0.001 03
x2	80.610 7	14.767 6	5.458 6	0.000 01
x3	0.501 2	0.125 9	3.981 4	0.000 49

（1）将第一张表中的空缺数值补齐。

（2）写出销售量与销售价格、年人均收入、广告费用的多元线性回归方程，并解释各回归系数的含义。

（3）检验回归方程的线性关系是否显著。

（4）检验各回归系数是否显著。

（5）计算判定系数，并解释它的实际意义。

（6）计算回归方程的估计标准误差，并解释它的实际意义。

7. 对参加 SAT 考试的学生的成绩进行随机调查，获得他们阅读考试和数学考试的成绩以及性别数据。通常阅读能力和数学能力具有一定的线性相关性，请在排除性别差异的条件下，分析阅读成绩对数学成绩的线性影响是否显著。数据文件名为“SAT 考试.sav”。

8. 根据“粮食总产量.sav”数据，利用 SPSS 曲线估计方法选择恰当的模型，对样本期外的粮食总产量进行外推预测，并对平均预测误差进行估计。

第 10 章 Chapter 10 SPSS 的聚类分析

学习目标

1. 掌握聚类分析的主要目标。

2. 理解层次聚类分析的基本原理，熟练掌握具体操作并能够对分析结果进行解释。

3. 理解 K-Means 聚类分析的基本原理，熟练掌握具体操作并能够对分析结果进行解释。

4. 能够灵活运用聚类分析方法进行实际数据分析。

10.1 聚类分析的一般问题

10.1.1 聚类分析的意义

聚类分析是统计学中研究“物以类聚”问题的多元统计分析方法。聚类分析在统计分析的各应用领域得到了广泛应用。

“物以类聚”问题在经济社会研究中十分常见。例如，市场营销中的市场细分和客户细分问题。大型商厦收集了顾客人口特征、消费行为和喜好方面的数据，并希望对这些顾客进行特征分析。可从顾客分类入手，根据顾客的年龄、职业、收入、消费金额、消费频率、喜好等方面进行单变量或多变量的顾客分组。这种分组是极为常见的顾客细分方式，不足是顾客群划分带有明显的主观色彩，需要有丰富的行业经验才能得到比较合理和理想的顾客细分，否则，得到的分组可能无法充分反映和展现顾客的特点。主要表现在：同一顾客细分段中的顾客在某些特征方面并不相似，而不同顾客细分段中的顾客在某些特征方面却又很相似。因此，这种顾客细分并没有真正起到划分顾客群的作用。为解决该问题，希望从数据自身出发，充分利用数据进行顾客的客观分组，使诸多特征有相似性的顾客能被分在同一组内，而不相似的顾客能被分到另一些组中，这时便可采用聚类分析方法。

再如，学校里有些学生会经常在一起，关系比较密切，而他们与另一些学生却很少来往，关系比较疏远。究其原因，可能会发现经常在一起的学生，他们在家庭情况、性格、学习成绩、课余爱好等方面有许多共同之处，而关系较疏远的学生在这些方面有较大的差异。为了研究家庭情况、性格、学习成绩、课余爱好等是否会成为划分学生小群体的主要决定因素，可以从有关这些方面的数据入手，对数据（学生）进行客观分组，然后比较所得的分组是否与实际分组吻合。对学生的客观分组可采用聚类分析方法。

> 聚类分析是一种建立分类的多元统计分析方法，它能够将一批个案（或变量）数据根据其诸多特征，按照在性质上的亲疏程度在没有先验知识的情况下进行自动分类，产生多个分类结果。类内部个体特征具有相似性，不同类间个体特征的差异性较大。

理解聚类分析的关键是理解何谓“没有先验知识”以及“亲疏程度”。

案例 10－1

表 10－1 是同一批客户对经常光顾的五座商厦在购物环境和服务质量两方面的平均评分。现希望根据这批数据将五座商厦分类。数据文件在可供下载的压缩包中，文件名为“商厦评分 .sav”。

表 10－1　商厦的客户评分数据

编号	购物环境	服务质量
A 商厦	73	68
B 商厦	66	64
C 商厦	84	82
D 商厦	91	88
E 商厦	94	90

一般意义上，根据表 10－1 中的数据，若将上述五座商厦分成两类，则 A 商厦和 B 商厦是一类，C 商厦、D 商厦、E 商厦是另一类；若将它们分成三类，则 A 商厦和 B 商厦是一类，D 商厦和 E 商厦为一类，C 商厦自成一类。得到如此分类结果的原因是：在两方面的评分中，A 商厦和 B 商厦分数较为接近，D 商厦和 E 商厦较为接近。A 商厦和 E 商厦之所以没被分在一起，是因为它们的分数相差较大。可见，这种分类结果是在没有指定任何分类标准下完全由数据出发而形成的分类。

聚类分析的分类思想与上述分类是一致的。所谓“没有先验知识”，是指没有事先指定分类标准；所谓“亲疏程度”，是指在各变量（特征）取值上的总体差异程度。聚类分析正是基于此实现数据的自动分类的。

10.1.2 聚类分析中“亲疏程度”的度量方法

聚类分析中，个体也即个案之间的“亲疏程度”是极为重要的，它将直接影响最终的聚类结果。

> 对“亲疏程度”的测度一般有两个角度：第一，个体间的相似程度；第二，个体间的差异程度。衡量个体间的相似程度通常可采用简单相关系数或等级相关系数等。个体间的差异程度通常通过某种距离来测度。

这里重点讨论个体间差异程度的测度方法。

为测度个体间的距离，应先将每个个案数据看成 p 维（p 个聚类变量）空间上的一个点。例如，可将案例 10-1 中的五个商厦看成 $p=2$ 的二维空间上的 5 个点，也就是看成由购物环境和服务质量两个变量构成的二维平面上的 5 个点，并以此定义某种距离，计算出 5 个点彼此间的“亲疏程度”。通常点与点之间的距离越小，意味着它们越“亲密”，越有可能聚成一类；点与点之间的距离越大，意味着它们越“疏远”，越有可能分别属于不同的类。

个体间距离的定义会受 p 个变量类型的影响。由于变量类型和含义不同，个体间距离的定义也不同。

10.1.2.1 数值型变量个体间距离的计算方式

如果所涉及的 p 个变量都是数值型变量，那么个体间距离的定义通常有以下几种。

1. 欧氏距离

两个体（$\boldsymbol{x}$，$\boldsymbol{y}$）间的欧氏距离（Euclidean Distance）是两个体 p 个变量值之差的平方和的平方根，数学定义为：

$$\mathrm{EUCLID}(\boldsymbol{x}, \boldsymbol{y})=\sqrt{\sum_{i=1}^{p}(x_i-y_i)^2} \tag{10.1}$$

式中，x_i 为个体 $\boldsymbol{x}$ 的第 i 个变量的变量值；y_i 为个体 $\boldsymbol{y}$ 的第 i 个变量的变量值。例如，案例 10-1 中，A 商厦和 B 商厦间的欧氏距离为 $\sqrt{(73-66)^2+(68-64)^2}$。

2. 平方欧氏距离

两个体（$\boldsymbol{x}$，$\boldsymbol{y}$）间的平方欧氏距离（Squared Euclidean Distance）是两个体 p 个变量值之差的平方和，数学定义为：

$$\mathrm{SEUCLID}(\boldsymbol{x}, \boldsymbol{y})=\sum_{i=1}^{p}(x_i-y_i)^2 \tag{10.2}$$

式中，x_i 为个体 $\boldsymbol{x}$ 的第 i 个变量的变量值；y_i 为个体 $\boldsymbol{y}$ 的第 i 个变量的变量值。例如，案例 10-1 中，A 商厦和 B 商厦间的平方欧氏距离为 $(73-66)^2+(68-64)^2$。

3. 切比雪夫距离

两个体（$\boldsymbol{x}$，$\boldsymbol{y}$）间的切比雪夫（Chebychev）距离是两个体 p 个变量值绝对差的最大值，数学定义为：

$$\mathrm{CHEBYCHEV}(\boldsymbol{x}, \boldsymbol{y})=\max|x_i-y_i| \tag{10.3}$$

式中，x_i 为个体 $\boldsymbol{x}$ 的第 i 个变量的变量值；y_i 为个体 $\boldsymbol{y}$ 的第 i 个变量的变量值。例如，案例 10－1 中，A 商厦和 B 商厦间的切比雪夫距离为 $\max(|73-66|, |68-64|)$。

4. 块距离

两个体（$\boldsymbol{x}$，$\boldsymbol{y}$）间的块（Block）距离是两个体 p 个变量值绝对差的总和，数学定义为：

$$\text{BLOCK}(x, y)=\sum_{i=1}^{p}|x_i-y_i| \tag{10.4}$$

式中，x_i 为个体 $\boldsymbol{x}$ 的第 i 个变量的变量值；y_i 为个体 $\boldsymbol{y}$ 的第 i 个变量的变量值。例如，案例 10－1 中，A 商厦和 B 商厦间的 Block 距离为 $|73-66|+|68-64|$。

5. 明考斯基距离

两个体（$\boldsymbol{x}$，$\boldsymbol{y}$）间的明考斯基（Minkowski）距离是两个体 p 个变量值绝对差 q 次方总和的 q 次方根（q 可以任意指定），数学定义为：

$$\text{MINKOWSKI}(x, y)=\sqrt[q]{\sum_{i=1}^{p}|x_i-y_i|^q} \tag{10.5}$$

式中，x_i 为个体 $\boldsymbol{x}$ 的第 i 个变量的变量值；y_i 为个体 $\boldsymbol{y}$ 的第 i 个变量的变量值。例如，案例 10－1 中，A 商厦和 B 商厦间的明考斯基距离为 $\sqrt[q]{|73-66|^q+|68-64|^q}$。

6. 夹角余弦

两个体（$\boldsymbol{x}$，$\boldsymbol{y}$）间的夹角余弦（Cosine）的数学定义为：

$$\text{COSINE}(\boldsymbol{x}, \boldsymbol{y})=\frac{\sum_{i=1}^{p}x_i y_i}{\sqrt{\left(\sum_{i=1}^{p}x_i^2\right)\left(\sum_{i=1}^{p}y_i^2\right)}} \tag{10.6}$$

式中，x_i 为个体 $\boldsymbol{x}$ 的第 i 个变量的变量值；y_i 为个体 $\boldsymbol{y}$ 的第 i 个变量的变量值。例如，案例 10－1 中，A 商厦和 B 商厦间的夹角余弦为 $\frac{(73\times 66)+(68\times 64)}{\sqrt{(73^2+68^2)\times(66^2+64^2)}}$。夹角余弦值越大，距离越近。

7. 用户自定义距离

两个体（$\boldsymbol{x}$，$\boldsymbol{y}$）间的用户自定义（Customized）距离是两个体 p 个变量值绝对差 q 次方总和的 m 次方根（q，m 任意指定），数学定义为：

$$\text{CUSTOMIZED}(\boldsymbol{x}, \boldsymbol{y})=\sqrt[m]{\sum_{i=1}^{p}|x_i-y_i|^q} \tag{10.7}$$

式中，x_i 为个体 $\boldsymbol{x}$ 的第 i 个变量的变量值；y_i 为个体 $\boldsymbol{y}$ 的第 i 个变量的变量值。例如，案例 10－1 中，A 商厦和 B 商厦间的用户自定义距离为 $\sqrt[m]{|73-66|^q+|68-64|^q}$。

10.1.2.2　计数变量个体间距离的计算方式

如果所涉及的 p 个变量都是计数的非连续变量，那么个体间距离的定义通常有以下几种。

1. 卡方距离

两个体（$\boldsymbol{x}$，$\boldsymbol{y}$）间的卡方（Chi-square）距离是一种加权的欧氏距离，数学定义为：

$$\text{CHISQ}(\boldsymbol{x},\ \boldsymbol{y})=\sqrt{\sum_{i=1}^{p}\frac{1}{c_i}(Px_i-Py_i)^2} \tag{10.8}$$

式中，Px_i 为个体 $\boldsymbol{x}$ 在第 i 个变量上的频数占所有变量频数之和的百分比；Py_i 为个体 $\boldsymbol{y}$ 在第 i 个变量上的频数占所有变量频数之和的百分比；c_i 为权重，定义为第 i 个变量频数百分比的平均值。

例如，表 10－2 是两名学生的课程学习基本情况和其他相关数据。

表 10－2　两名学生的课程学习情况数据

姓名	选修课门数 （期望频数） （行百分比）	专业课门数 （期望频数） （行百分比）	得优门数 （期望频数） （行百分比）	行合计
张三	9 (8.5) (9/19=0.47)	6 (6) (6/19=0.32)	4 (4.5) (4/19=0.21)	19
李四	8 (8.5) (8/19=0.42)	6 (6) (6/19=0.32)	5 (4.5) (5/19=0.26)	19
列合计	17	12	9	38
平均行百分比	0.445	0.32	0.235	1

根据表 10－2 中的数据，计算张三和李四的卡方距离：

$$\sqrt{\frac{(0.47-0.42)^2}{0.445}+\frac{(0.32-0.32)^2}{0.32}+\frac{(0.21-0.26)^2}{0.235}}=0.128$$

可见，卡方距离较大说明个体间变量取值差异较大。

2. Phi 方距离

两个体（$\boldsymbol{x}$，$\boldsymbol{y}$）间 Phi 方（Phi-Square Measure）距离的数学定义为：

$$\text{PHISQ}(\mathbf{x},\ \mathbf{y})=\sqrt{\frac{\displaystyle\sum_{i=1}^{p}\frac{[x_i-E(x_i)]^2}{E(x_i)}+\sum_{i=1}^{p}\frac{[y_i-E(y_i)]^2}{E(y_i)}}{n}} \tag{10.9}$$

式中，x_i 为个体 $\boldsymbol{x}$ 的第 i 个变量的变量值（频数）；y_i 为个体 $\boldsymbol{y}$ 的第 i 个变量的变量值（频数）；$E(x_i)$ 和 $E(y_i)$ 分别为期望频数；n 为总频数。

例如，用表 10－2 中的数据计算张三和李四的 Phi 方距离为：

$$\sqrt{\frac{\left[\frac{(9-8.5)^2}{8.5}+\frac{(6-6)^2}{6}+\frac{(4-4.5)^2}{4.5}\right]+\left[\frac{(8-8.5)^2}{8.5}+\frac{(6-6)^2}{6}+\frac{(5-4.5)^2}{4.5}\right]}{38}}=0.067$$

10.1.2.3　二值变量个体间距离的计算方式

如果所涉及的 p 个变量都是二值变量，那么个体间距离的定义通常有以下几种。

1. 简单匹配系数

简单匹配系数（Simple Matching）是建立在两个体 p 个变量值同时为 0（或 1）和不

同时为 0（或 1）的频数表基础之上的。该频数表如表 10-3 所示。

表 10-3　简单匹配系数的频数表

		个体 y	
		1	0
个体 x	1	a	b
	0	c	d

表 10-3 中，a 为两个体同时为 1 的频数，d 为两个体同时为 0 的频数，$a+d$ 反映了两个体的相似程度；b 为个体 $\boldsymbol{x}$ 为 1、个体 $\boldsymbol{y}$ 为 0 的频数，c 为个体 $\boldsymbol{x}$ 为 0、个体 $\boldsymbol{y}$ 为 1 的频数，$b+c$ 反映了两个体的差异程度。在表 10-3 的基础上，简单匹配系数重点考察两个体的差异性，其数学定义为：

$$S(\boldsymbol{x}, \boldsymbol{y})=\frac{b+c}{a+b+c+d} \tag{10.10}$$

由式（10.10）可知，简单匹配系数排除了同时拥有或同时不拥有某特征的频数，反映了两个体间的差异程度。

例如，表 10-4 中是三名病人的临床表现数据。其中，1 表示呈阳性，0 表示呈阴性。

表 10-4　三名病人的临床表现数据

姓名	发烧	咳嗽	检查 1	检查 2	检查 3	检查 4
张三	1	0	1	0	0	0
李四	1	0	1	0	1	0
王五	1	1	0	0	0	0

根据表 10-4 中的数据分析哪两位病人有可能得了相似的疾病，可以分别计算两两病人的简单匹配系数。张三和李四的简单匹配系数为：

$$\frac{0+1}{2+0+1+3}=\frac{1}{6}$$

张三和王五的简单匹配系数为：

$$\frac{1+1}{1+1+1+3}=\frac{2}{6}$$

李四和王五的简单匹配系数为：

$$\frac{2+1}{1+2+1+2}=\frac{3}{6}$$

可见，由于张三与李四的简单匹配系数最小，他们的差异性最小，有可能得的是类似的疾病。

另外，简单匹配系数不会因编码方案的变化而变化，也即 0 和 1 的地位是等价的。SPSS 中计算的是 $1-S(\boldsymbol{x},\boldsymbol{y})$，即 $\boldsymbol{x}$ 和 $\boldsymbol{y}$ 的相似性。

2. Jaccard 系数

Jaccard 系数与简单匹配系数有相似之处，也是在表 10-3 的基础上定义的，其数学定义为：

$$J(\boldsymbol{x},\boldsymbol{y})=\frac{b+c}{a+b+c} \tag{10.11}$$

由式（10.11）可知，Jaccard 系数也排除了同时拥有或同时不拥有某特征的频数，反映了两个体间的差异程度，但它忽略了两个体同时为 0 的频数。这种处理在医学研究上较为常见，因为通常阴性对研究的意义不大。

例如，用表 10－4 中的数据计算张三和李四的 Jaccard 系数为：

$$\frac{0+1}{2+0+1}=\frac{1}{3}$$

张三和王五的 Jaccard 系数为：

$$\frac{1+1}{1+1+1}=\frac{2}{3}$$

李四和王五的 Jaccard 系数为：

$$\frac{2+1}{1+2+1}=\frac{3}{4}$$

可见，张三与李四的 Jaccard 系数最小，有可能得的是类似的疾病。

另外，Jaccard 系数会因编码方案的变化而变化，也即 0 和 1 的地位是不等价的。SPSS 中计算的是 $1-J(\boldsymbol{x},\boldsymbol{y})$，即 $\boldsymbol{x}$ 和 $\boldsymbol{y}$ 的相似性。

10.1.3 聚类分析的几点说明

应用聚类分析方法进行分析时应注意以下几点。

10.1.3.1 所选择的变量应迎合聚类的分析目标

聚类分析是在所选变量的基础上对样本数据进行分类，因此分类结果是各个变量综合计量的结果。在选择参与聚类分析的变量时，应注意所选变量是否迎合聚类的分析目标。

例如，如果希望依照学校的科研情况对高校进行分类，那么可以选择参加科研的人数、年投入经费、立项课题数、支出经费、科研成果数、获奖数等变量，而不应选择诸如在校学生人数、校园面积、年用水量等变量，因为它们不能迎合聚类的分析目标，分类的结果也就无法真实地反映科研分类的情况。

10.1.3.2 各变量的变量值不应有数量级上的差异

聚类分析是以各种距离来度量个体间的“亲疏程度”的。从上述各种距离的定义来看，数量级将对距离产生较大的影响，从而影响最终的聚类结果。

例如，表 10－5 是高校科研方面的三个观测数据。

表 10－5 高校科研的三个样本数据

学校	参加科研人数（人）	投入经费（元）	立项课题数（项）
1	410	4 380 000	19
2	336	1 730 000	21
3	490	220 000	8

如果投入经费分别以“元”和“十万元”为计量单位，计算两两个体间的欧氏距离，结果如表 10－6 所示。

表 10－6 三个高校科研情况的距离矩阵

	样本的欧氏距离	
	元	十万元
（1，2）	265 000	74.07
（1，3）	416 000	80.86
（2，3）	151 000	154.56

由表 10－6 可知，以“元”为计量单位时，学校 2 和学校 3 的距离最近，关系最“密切”，其次是学校 1 和学校 2，学校 1 和学校 3 的距离最远，关系最“疏远”。这里，投入经费起了决定作用。当以“十万元”为计量单位时，学校 1 和学校 2 的距离最近，关系最“密切”，其次是学校 1 和学校 3，学校 2 和学校 3 的距离最远，关系最“疏远”。这里，参加科研人数起了决定作用。由此可见，变量的数量级对距离有较大影响，会影响最终的聚类结果。为解决上述问题，在聚类分析之前应首先消除数量级对聚类的影响。消除数量级影响的方法较多，其中标准化处理是最常用的方法之一。

10.1.3.3 各变量间不应有较强的线性相关关系

聚类分析是以各种距离来度量个体间的“亲疏程度”的。从各种距离的定义来看，所选择的每个变量都会在距离中做出“贡献”。如果所选变量之间存在较强的线性关系，具有“同类”性，能够相互替代，那么计算距离时“同类”变量将重复“贡献”，在距离中占有较高的权重，使最终的聚类结果偏向该类变量。

常见的聚类方法有层次聚类和 K-Means 聚类等。下面将分别讨论这两种方法。

10.2 层次聚类

10.2.1 层次聚类的两种类型和两种方式

> 层次聚类又称系统聚类，简单讲，是指聚类过程是按照一定层次进行的。层次聚类有两种类型，分别是 Q 型聚类和 R 型聚类；层次聚类的聚类方式又分两种，分别是凝聚方式聚类和分解方式聚类。

1. Q 型聚类

Q 型聚类是对个案进行聚类，它使具有相似特征的个案聚集在一起，使差异性大的个案分离开来。

2. R 型聚类

R 型聚类是对变量进行聚类，它使差异性大的变量分离开来，使具有相似性的变量聚集在一起。可在相似变量中选择少数具有代表性的变量参与其他分析，实现减少变量个数和变量降维的目的。

3. 凝聚方式聚类

凝聚方式聚类的过程是：首先，每个观测个体自成一类；然后，按照某种方法度量所有个体间的“亲疏程度”，并将其中最“亲密”的个体聚成一小类，形成 $n-1$ 个类；接下来，再次度量剩余观测个体和小类间的“亲疏程度”，并将当前最“亲密”的个体或小类再聚成一类；重复上述过程，不断将所有个体和小类聚集成越来越大的类，直至所有个体聚到一起，形成一个最大的类为止。可见，在凝聚方式聚类过程中，随着聚类的进行，类内的“亲密”程度在逐渐降低。对 n 个观测个体，通过 $n-1$ 步可凝聚成一大类。

4. 分解方式聚类

分解方式聚类的过程是：首先，将所有观测个体都看作一大类；然后，按照某种方法度量所有个体间的“亲疏程度”，将大类中彼此间最“疏远”的个体分离出去，形成两类(其中一类只有一个个体)；接下来，再次度量类中剩余个体间的“亲疏程度”，并将类中最“疏远”的个体再分离出去；重复上述过程，不断进行类分解，直到所有个体都自成一类为止。可见，在分解方式聚类过程中，随着聚类的进行，类内的“亲密”程度在逐渐增强。包含 n 个观测个体的大类通过 $n-1$ 步可分解成 n 个个体。

SPSS 中的层次聚类采用的是凝聚方式。

由此可见，层次聚类法中，度量数据之间的“亲疏程度”是极为关键的。那么，如何衡量数据间的“亲疏程度”呢？这涉及两个方面的问题：一是如何度量个体间的“亲疏程度”；二是如何度量个体与小类、小类与小类之间的“亲疏程度”。测度个体间“亲疏程度”的方法在前面讨论过，这里将重点讨论如何测度个体与小类、小类与小类间的“亲疏程度”。

10.2.2 个体与小类、小类与小类间“亲疏程度”的度量方法

SPSS 中提供了多种度量个体与小类、小类与小类间“亲疏程度”的方法。与个体间“亲疏程度”的测度方法类似，应首先定义个体与小类、小类与小类的距离。距离小的关系“亲密”，距离大的关系“疏远”。这里的距离是在个体间距离的基础上定义的，常见的距离有以下几种。

1. 最近邻距离

个体与小类间的最近邻（Nearest Neighbor）距离是该个体与小类中每个个体距离的最小值。

例如，表 10-7 是五座商厦两两个体间欧氏距离的矩阵。

表 10-7 五座商厦个体间欧氏距离的矩阵

近似矩阵

案例	欧氏距离				
	1：A 商厦	2：B 商厦	3：C 商厦	4：D 商厦	5：E 商厦
1：A 商厦	0.000	8.062	17.804	26.907	30.414
2：B 商厦	8.062	0.000	25.456	34.655	38.210
3：C 商厦	17.804	25.456	0.000	9.220	12.806
4：D 商厦	26.907	34.655	9.220	0.000	3.606
5：E 商厦	30.414	38.210	12.806	3.606	0.000

这是个不相似矩阵。

由表10－7可知，D商厦和E商厦的距离最小（为3.606），在层次聚类中将首先聚到一起形成一个小类。于是，A，B，C商厦与（D，E）小类的最近邻距离依次为26.907，34.655，9.22。

2. 最远邻距离

个体与小类间的最远邻（Farthest Neighbor）距离是该个体与小类中每个个体距离的最大值。

例如，由表10－7可知，A，B，C商厦与（D，E）小类的最远邻距离依次为30.414，38.210，12.806。

3. 组间平均链锁距离

个体与小类间的组间平均链锁（Between-groups Linkage）距离是该个体与小类中每个个体距离的平均值。

例如，由表10－7可知，A，B，C商厦与（D，E）小类的组间平均链锁距离分别为：(26.907＋30.414)÷2，(34.655＋38.210)÷2，(9.22＋12.806)÷2。

可见，组间平均链锁法利用了个体与小类的所有距离的信息，克服了最近邻距离或最远邻距离中距离易受极端值影响的弱点。

4. 组内平均链锁距离

个体与小类间的组内平均链锁（Within-groups Linkage）距离是该个体与小类中每个个体距离以及小类内各个体间距离的平均值。

例如，由表10－7可知，A，B，C商厦与（D，E）小类的组内平均链锁距离分别为：(26.907＋30.414＋3.606)÷3，(34.655＋38.210＋3.606)÷3，(9.22＋12.806＋3.606)÷3。

可见，组内平均链锁法中的距离是所有距离的平均值。与组间平均链锁法相比，它在聚类的每一步都考虑了小类内部差异性的变化。

5. 重心距离

个体与小类间的重心（Centroid Clustering）距离是该个体与小类的重心点的距离。小类的重心点通常是由小类中所有观测在各个变量上的均值确定的数据点。个体k与重心点的距离定义为：

$$D(k,r)=\frac{n_p}{n_r}D(k,p)+\frac{n_q}{n_r}D(k,q)-\frac{n_p}{n_r}\frac{n_q}{n_r}D(p,q) \tag{10.12}$$

式中，r为由p，q两个体或已有小类合并成的一个类；n_r，n_p，n_q为样本量。

例如，由表10－7可知，A商厦与（D，E）小类的重心距离为：

$$\begin{aligned}D(A,(D,E))&=\frac{1}{2}D(A,D)+\frac{1}{2}D(A,E)-\frac{1}{2}\times\frac{1}{2}D(D,E)\\&=\frac{1}{2}\times 26.907+\frac{1}{2}\times 30.414-\frac{1}{4}\times 3.606=27.759\end{aligned}$$

可见，重心距离较充分地利用了所涉及的距离信息，同时也考虑了小类内的样本量。

6. 离差平方和法

离差平方和法是由Ward提出的，因此也称Ward方法（Ward's Method）。离差平方和聚类的原则是：聚类过程中使小类内离差平方和增加最小的两小类应首先合并为一类。

例如，有 A，B，C 三个小类。如果（A，B）小类内的离差平方和小于（A，C）或（B，C）小类内的离差平方和，那么 A，B 应合并为一小类。

因此，离差平方和法聚类的基本步骤是：首先各个体自成一类，然后逐渐凝聚成小类。随着小类的不断凝聚，类内的离差平方和必然不断增大。应选择使类内离差平方和增加最小的两类凝聚，直到所有个体合并成一类为止。

10.2.3 层次聚类的基本操作

这里，以案例 10-1 为例，讨论 SPSS 层次聚类分析的操作和结果。

SPSS 层次聚类分析的基本操作步骤如下。

(1) 选择菜单：【分析(A)】→【分类(F)】→【系统聚类(H)】。出现如图 10-1 所示的窗口。

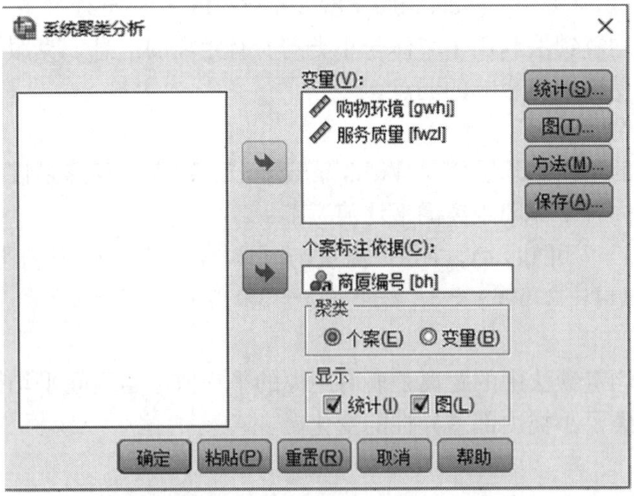

图 10-1 层次聚类分析窗口

(2) 选择参与层次聚类分析的变量到【变量(V)】框中。

(3) 选择一个字符串型变量作为标记变量到【个案标注依据(C)】框中，它将大大增强聚类分析结果的可读性。

(4) 在【聚类】框中选择聚类类型。其中，【个案 (E)】表示进行 Q 型聚类（默认类型），【变量 (B)】表示进行 R 型聚类。

(5) 在【显示】框中选择输出内容。其中，【统计(I)】表示输出聚类分析的相关统计量，【图(L)】表示输出聚类分析的相关图形。

(6) 在图 10-1 所示的窗口中点击 方法(M) 按钮指定距离的计算方法，窗口如图 10-2 所示。【测量】框中给出的是不同变量类型下观测个体距离的计算方式。其中，【区间(N)】框中的方法适用于数值型变量；【计数(T)】框中的方法适用于计数变量；【二元(B)】框中的方法适用于二值变量。【聚类方法(M)】框中给出的是计算个体与小类、小类与小类间距离的方法。最近邻元素和最远邻元素依次对应最近邻距离和最远邻距离，组间联接和组内联接对应组间平均链锁距离和组内平均链锁距离等。

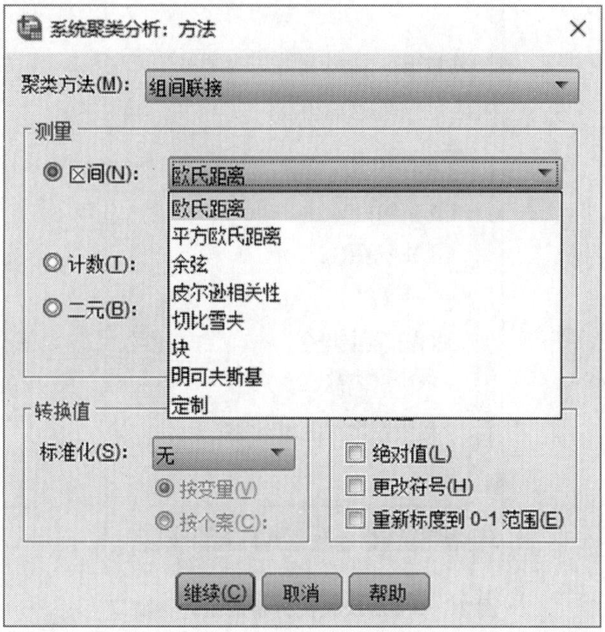

图 10-2 层次聚类分析的方法窗口

(7) 如果参与聚类分析的变量存在数量级上的差异，应在【转换值】框中的【标准化(S)】选项中选择消除数量级差的方法，并指定处理是针对变量的还是针对观测的。【按变量(V)】表示针对变量，适用于 Q 型聚类分析；【按个案 (C)】表示针对个案，适用于 R 型聚类分析。消除数量级差的方法包括：

- 无：表示不进行任何处理。
- Z 得分：表示计算 Z 分数。它将各变量值减去均值后除以标准差。标准化后的 Z 分数平均值为 0，标准差为 1。
- 范围从－1 到 1：表示将各变量值除以全距，处理以后的变量值的范围在－1～＋1 之间。该方法适用于变量值中有负值的变量。
- 范围从 0 到 1：表示将各变量值减去最小值后除以全距，处理以后的变量值的范围在 0～＋1 之间。
- 最大量级为 1：表示将各变量值除以最大值，处理以后的变量值的最大值为 1。
- 平均值为 1：表示将各变量值除以均值。
- 标准差为 1：表示将各变量值除以标准差。

(8) 在图 10-1 所示的窗口中点击 统计(S) 按钮指定输出哪些统计量，窗口如图 10-3 所示。【集中计划(A)】表示输出聚类分析的凝聚状态表（如表 10-8 所示）；【近似值矩阵(P)】表示输出个体间的距离矩阵（如表 10-7 所示）。【聚类成员】框中，【无(N)】表示不输出各个案的所属类（也称聚类解）；【单个解(S)】表示指定输出当分成 k 类时各个案的聚类解；【解的范围(R)】表示指定输出当分成 $m \sim n$ 类（$m \leqslant n$）时各个案的聚类解（如表 10-9 所示），是多个解。

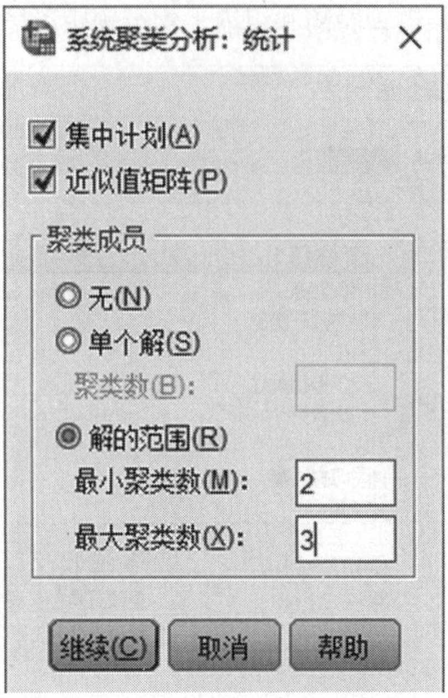

图 10-3　层次聚类分析的统计量窗口

表 10-8　层次聚类分析中的凝聚状态表

集中计划

阶段	组合		系数	首次出现阶群集		下一阶段
	聚类 1	聚类 2		聚类 1	聚类 2	
1	4	5	3.606	0	0	3
2	1	2	8.062	0	0	4
3	3	4	11.013	0	1	4
4	1	3	28.908	2	3	0

表 10-9　层次聚类分析中的类成员

聚类成员

个案	3 聚类	2 聚类
1：A 商厦	1	1
2：B 商厦	1	1
3：C 商厦	2	2
4：D 商厦	3	2
5：E 商厦	3	2

表 10-8 中，第一列表示聚类分析的第几步；第二列、第三列表示本步聚类中哪两个观测个体或小类聚成一类；第四列是个体距离或小类距离；第五列、第六列表示本步聚类中参与聚类的是个体还是小类，0 表示个体（样本），非 0 表示由第几步聚类生成的小类参与本步聚类；第七列表示本步聚类的结果将在以下第几步中用到。

表 10-8 显示了五座商厦聚类的情况。聚类分析的第 1 步中，4 号个案（D 商厦）与 5 号个案（E 商厦）聚成一小类，它们的个体距离（这里采用欧氏距离）是 3.606，

这个小类将在下面第 3 步用到；同理，聚类分析的第 3 步中，3 号个案（C 商厦）与第 1 步聚成的小类（以该小类中第 1 个个案编号 4 为标记）又聚成一小类，它们的距离（个体与小类的距离，这里采用组间平均链锁距离）是 11.013，形成的小类将在下面第 4 步用到。经过 4 步聚类过程，5 个样本最后聚成了一大类。n 个观测需 $n-1$ 步聚成一个大类，第 k 步完成时可形成 $n-k$ 个类。

由表 10－9 可知，当聚成 3 类时，A，B 两个商厦为一类，C 商厦自成一类，D，E 两个商厦为一类；当聚成两类时，A，B 两个商厦为一类，C，D，E 三个商厦为一类。可见，SPSS 的层次聚类能够产生任意类数的分类结果。

(9) 在图 10－1 所示的窗口中点击 图(T) 按钮指定输出哪种聚类分析图，窗口如图 10－4 所示。【谱系图(D)】选项表示输出聚类分析树形图（如图 10－5 所示)。在【冰柱图】框中指定输出冰柱图（如图 10－6 所示)，其中，【全部聚类(A)】表示输出聚类分析过程每步的冰柱图，【指定范围内的聚类(S)】表示只输出某些步的冰柱图，输入从第几步开始，到第几步结束，中间间隔几步。在【方向】框中指定如何显示冰柱图，其中，【垂直(V)】表示纵向显示，【水平(H)】表示横向水平显示。

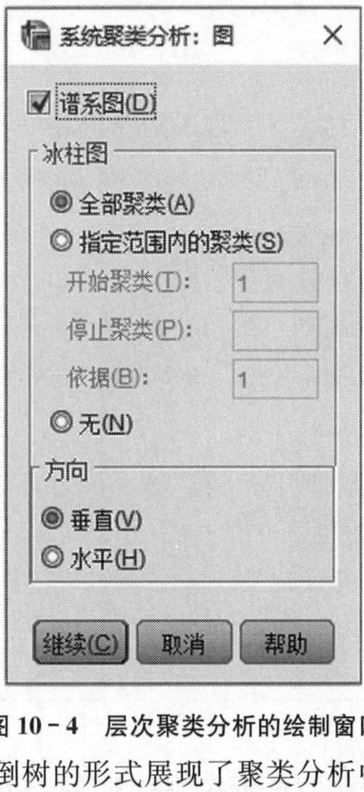

图 10－4　层次聚类分析的绘制窗口

图 10－5 中，树形图以躺倒树的形式展现了聚类分析中每一次类合并的情况。SPSS 自动将各类间的距离映射到 0～25 之间，并将凝聚过程近似地显示在图上。由图 10－5 可知，D 商厦与 E 商厦的距离最近，首先合并成一类；其次合并的是 A 商厦和 B 商厦，它们间的距离大于 D，E 商厦间的距离；再次是 C 商厦与（D 商厦，E 商厦）合并；最后所有个体聚成一类，此时类间的距离已经非常大了。树形图只是粗略地展现聚类分析的过程，如果样本量较大且个体或小类间的距离相差较小，那么在图形上就较难分辨凝聚的每步过程了，此时应借助凝聚状态表。

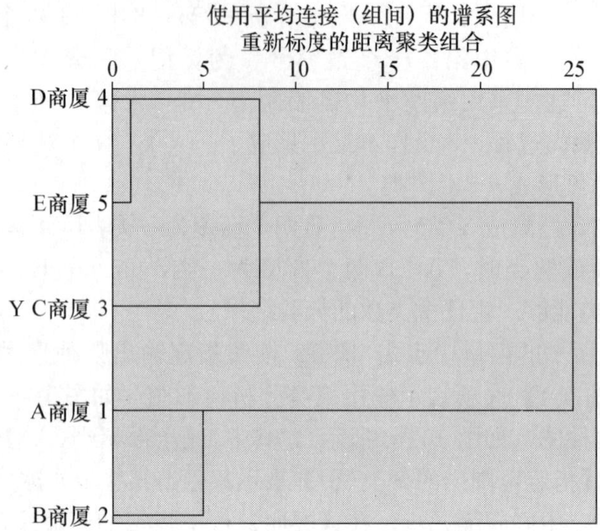

图 10-5　层次聚类分析的树形图

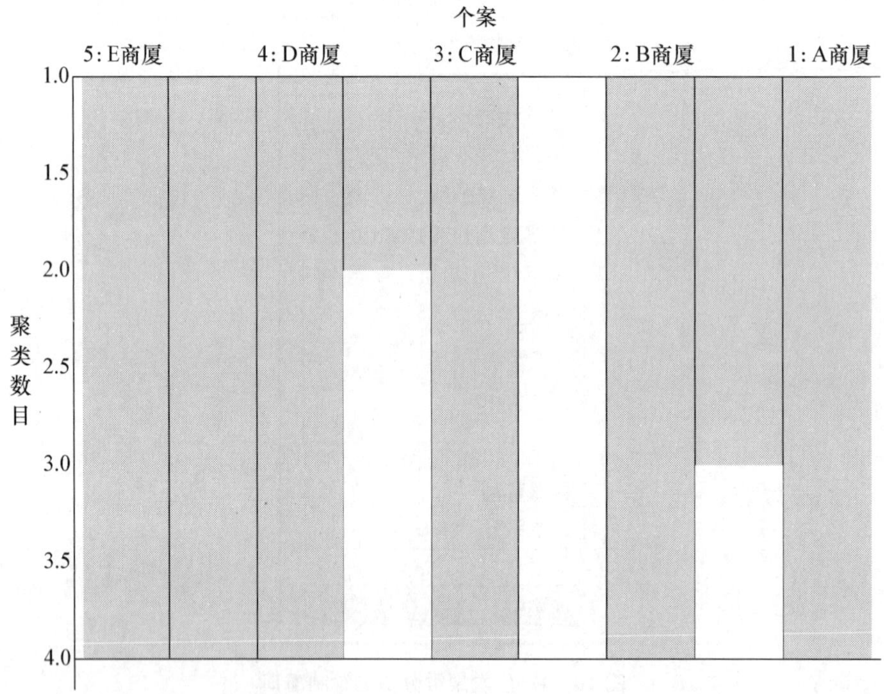

图 10-6　层次聚类分析的冰柱图

图 10-6 是一幅纵向显示的冰柱图。冰柱图因样子很像冬天房檐上垂下的冰柱而得名。观察冰柱图应从最后一行开始。由图 10-6 可知，当聚成 4 类时，D，E 商厦为一类，其他各商厦自成一类；当聚成 3 类时，A，B 商厦为一类，D，E 商厦为一类，C 商厦自成一类；当聚成 2 类时，A，B 商厦为一类，C，D，E 商厦为一类。

（10）在图 10-1 所示的窗口中点击 保存(A) 按钮，可以将聚类解以变量的形式保存到数据编辑器窗口中。生成的变量名为 clu$n$_m(如 clu2_1)，其中，n 表示类数（如 2），m 表示第 m 次分析（如 1）。由于不同的距离计算方法可能产生不同的聚类解，即使聚成 k 类，同一个案的类归属也会因计算方法的不同而不同。因此，实际分析中应反复尝试以最终得到符合实际的合理解，并保存于 SPSS 变量中。

至此，完成了层次聚类分析的操作过程，SPSS 将根据用户的选择自动完成聚类分析，并将结果输出到查看器窗口或保存到数据编辑器窗口中。

10.2.4　层次聚类的应用举例

10.2.4.1　31 个省市自治区小康和现代化指数的层次聚类分析

案例 10-2

利用 2001 年全国 31 个省市自治区各类小康和现代化指数的数据，对地区进行聚类分析。该份数据中包括六类指数，分别是综合指数、社会结构指数、经济与技术发展指数、人口素质指数、生活质量指数、法制与治安指数。其中，社会结构指数由第三产业从业人员比重等五项指标组成，反映了社会化、城市化、非农化、外向型经济和智力投资等方面；经济与科技是实现小康和现代化的经济基础和知识创新手段，经济与技术发展指数由人均 GDP 等七项指标组成，反映了综合经济的投入产出、就业率、知识创新投入和发明创造能力等方面；文化科技素质对实现目标起决定作用，人口素质指数由人口自然增长率、专业技术人员等六项指标组成；生活质量指数由恩格尔系数等六项指标组成，反映了生活现代化和电气化等方面；法制与治安是现代化建设的稳定机制，法制与治安指数由刑事案件、治安案件、律师数和交通事故死亡率四项指标组成，是个逆向指标。现希望对 31 个省市自治区进行分类。具体数据在可供下载的压缩包中，文件名为“小康指数.sav”。

资料来源：朱庆芳：《全国各省市区全面小康社会目标实现程度的综合评价》，www.china.org.cn。

这里，利用 SPSS 层次聚类的 Q 型聚类对 31 个省市自治区进行分类分析。其中，个体距离采用平方欧氏距离，类间距离采用组间平均链锁距离，由于数据不存在数量级上的差异，无须进行标准化处理。生成的聚类分析树形图如图 10-7 所示，其他结果略去。

由图 10-7 可知，甘肃、江西、贵州的相似性较高，较早聚成了一类；安徽、广西、河南、云南的相似性较高，较早聚成了一类；黑龙江、吉林的相似性较高，较早聚成了一类；湖南、四川的相似性较高，较早聚成了一类；湖北、陕西、内蒙古、山西、重庆的相似性较高，较早聚成了一类；北京、上海的相似性较高，较早聚成了一类；浙江、广东的相似性较高，较早聚成了一类。如果聚成 3 类，则北京、上海、天津为一类（第 1 类），江苏、山东、辽宁、浙江、广东、福建为一类（第 2 类），其余省市自治区为一类（第 3 类）。

确定聚类数目是聚类分析的关键。SPSS 层次聚类分析将所有可能的聚类解全部输出，应如何确定分类数目呢？对此并没有统一的唯一正确的标准，但可以考虑以下方面，如各

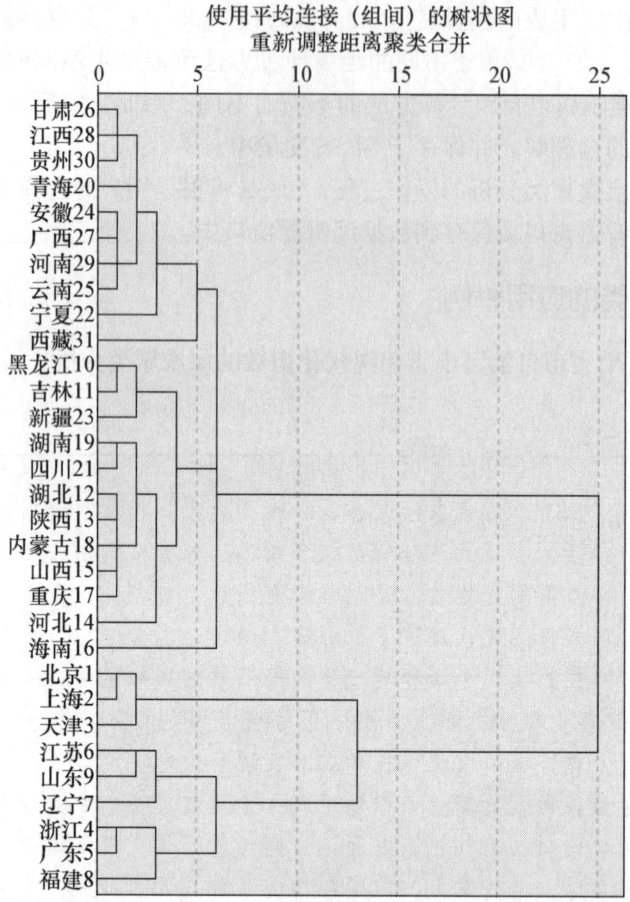

图 10－7　31 个省市自治区小康和现代化指数的层次聚类分析结果

类的重心间距离应较大，各类所包含的个体数目不应过多，分类数目应符合分析的目的等。另外，还可以利用碎石图这个辅助工具帮助确定最终的聚类数目。碎石图中的横轴为类间距离（从凝聚状态表中获得），纵轴为聚类数目，如图 10－8 所示。

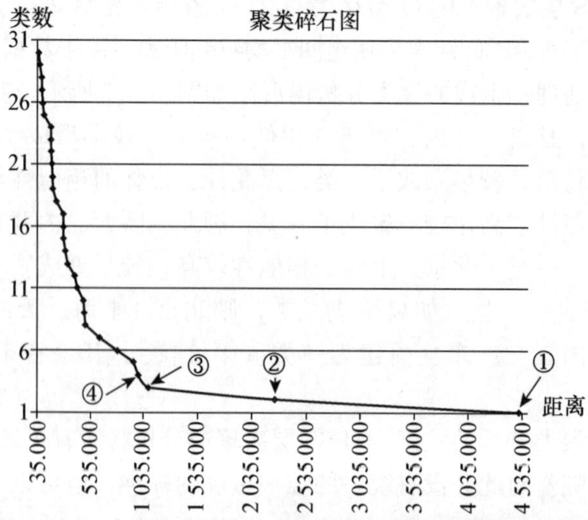

图 10－8　31 个省市自治区小康和现代化指数的聚类分析碎石图

观察图 10－8 的碎石图可知，随着类的不断凝聚、聚类数目的不断减少，类间距离在逐渐增大。在聚成 7 类之前，类间距离增大的幅度较小，形成极为“陡峭的山峰”，但到 3 类后，类间距离迅速增大，形成近似“平坦的碎石路”。根据类间距离小形成类的相似性大，类间距离大形成类的相似性小的原则，可以找到“山脚”下的“拐点”碎石，以它作为确定分类数目的参考。在本例中，可以考虑聚成 3 类或 4 类。

聚类分析并没有到此结束，还需分析各类的特征。可对各类的各个指标分别进行描述统计，结果如表 10－10 所示。

表 10－10　31 个省市自治区小康和现代化指数聚类分析的各类特征

描述统计量

Average Linkage (Between Groups)		N	极小值	极大值	均值	标准差
1	综合指数	3	87.90	93.20	91.133 3	2.836 08
	社会结构	3	93.40	100.00	96.166 7	3.426 85
	经济与技术发展	3	88.70	94.70	92.033 3	3.055 05
	人口素质	3	98.00	112.00	106.133 3	7.270 03
	生活质量	3	90.00	97.40	94.266 7	3.827 97
	法制与治安	3	55.50	62.70	58.566 7	3.716 63
	有效的 N（列表状态）	3				
2	综合指数	6	71.70	80.90	76.383 3	3.691 84
	社会结构	6	70.80	90.40	83.650 0	7.082 87
	经济与技术发展	6	65.70	86.90	75.200 0	8.997 78
	人口素质	6	65.90	93.10	77.016 7	9.904 43
	生活质量	6	68.10	86.60	77.216 7	7.871 32
	法制与治安	6	58.00	77.20	66.533 3	8.361 50
	有效的 N（列表状态）	6				
3	综合指数	22	50.90	70.10	60.477 3	5.387 10
	社会结构	22	51.60	81.10	67.368 2	7.382 95
	经济与技术发展	22	31.50	57.20	44.563 6	6.795 70
	人口素质	22	56.00	85.80	69.904 5	8.782 10
	生活质量	22	29.90	67.60	52.531 8	8.392 82
	法制与治安	22	61.60	100.00	75.913 6	9.172 80
	有效的 N（列表状态）	22				

由表 10－10 可知，共聚成了 3 类。第 1 类有 3 个省市，其综合指数、社会结构指数、经济与技术发展指数、人口素质指数、生活质量指数均名列三类之首，法制与治安指数最低，各项指数都是最优的；第 2 类有 6 个省市，其 6 个指数均位于第二，各项指数均处于中游水平；第 3 类有 22 个省市自治区，其法制与治安指数最高，其余各项指数均最低，各项指数均处于下游。在本例中，第 3 类的样本量偏多，不利于进一步区分该类内地区间的差异，可通过增加分类数目的方法解决该问题。

10.2.4.2 裁判打分的层次聚类分析

案例10-3

收集到某场比赛中意大利、韩国、罗马尼亚、法国、中国、美国、俄罗斯裁判员以及热心观众分别给300名运动员平均打分的数据，希望分析各国裁判员的打分标准是否有相似性。具体数据在可供下载的压缩包中，文件名为“裁判打分.sav”。

这里，采用SPSS层次聚类的变量聚类，即R型聚类分析。其中，变量个体距离采用平方欧氏距离，类间距离采用组间平均链锁距离，由于数据不存在数量级上的差异，无须进行标准化处理。生成的聚类分析冰柱图如图10-9所示，其他结果略去。

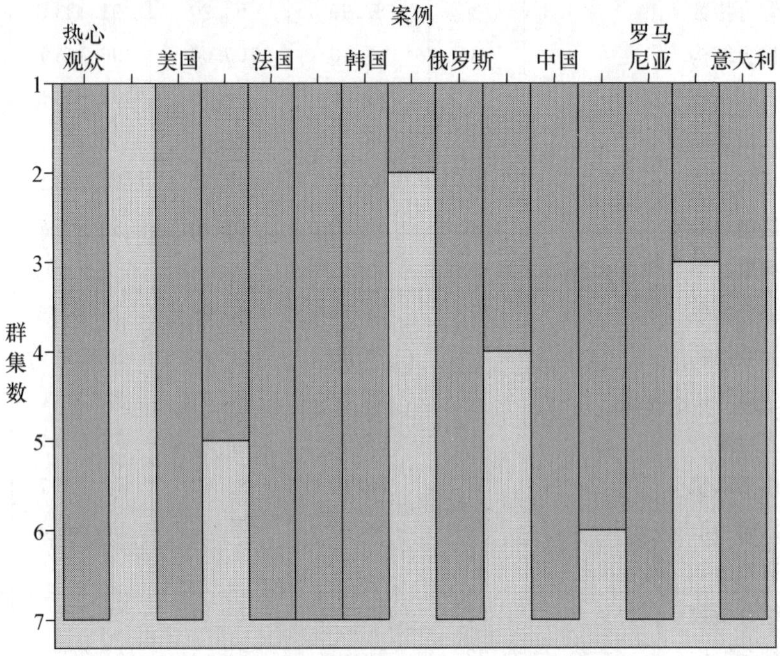

图10-9 各国裁判员打分的R型聚类分析冰柱图

由图10-9可知，法国裁判员和韩国裁判员的打分相似性最强，其次是中国和罗马尼亚。如果将裁判打分分成3类，则热心观众自成一类（第1类），美国、法国、韩国为一类（第2类），俄罗斯、中国、罗马尼亚、意大利成一类（第3类），对此可通过计算变量相关系数矩阵加以验证。进一步，如果要从上述裁判打分中选出3个具有代表性的裁判分数，则应选择热心观众，从美国、法国和韩国中选一名，从俄罗斯、中国、罗马尼亚、意大利中选一名。具体选择哪个国家的裁判打分可分别计算它们各自作为被解释变量与其他变量回归时的判定系数，并选择判定关系数最高的作为代表。第1类的各判定系数分别为：美国与（法国、韩国）：0.93，法国与（美国、韩国）：0.944，韩国与（美国、法国）：0.949，因此可选择韩国；第2类的各复相关系数分别为：俄罗斯与（中国、罗马尼亚、意大利）：0.951，中国与（俄罗斯、罗马尼亚、意大利）：0.945，罗马尼亚与（俄罗斯、中国、意大利）：0.948，意大利与（俄罗斯、中国、罗马尼亚）：0.929，因此可选择俄罗斯作为代表。

总之，层次聚类分析能够得到多个聚类解。从层次聚类分析的过程可以看出：层次聚类分析的每一步都要重新计算各个距离。在大样本情况下，层次聚类分析方法对计算机的性能要求比较高，需占用较多的 CPU 内存，可能会出现等待时间过长等问题。

10.3　K-Means 聚类

虽然层次聚类能够得到多个分类解，但其执行效率并不十分理想，K-Means 聚类则能有效地解决该问题。

10.3.1　K-Means 聚类分析的核心步骤

> K-Means 聚类也称快速聚类，它仍将数据看成 p 维空间上的点，以距离作为测度个体“亲疏程度”的指标，并以牺牲多个聚类解为代价换得高执行效率。

K-Means 聚类分析的核心步骤如下：

第一步，指定聚类数目 K。

在 K-Means 聚类中，首先要求用户自行给出需要聚成多少类，最终也只能输出关于 K 的唯一解。这点不同于层次聚类。

第二步，确定 K 个初始类中心点。

在指定了聚类数目 K 后，需要指定这 K 个类的初始类中心点。SPSS 中初始类中心点的指定方式有两种：

第一，用户指定方式。用户应事先准备好一个存有 K 个个案的 SPSS 数据文件，这 K 个个案将作为 K 个类的初始类中心点。

第二，系统指定方式。SPSS 系统会根据样本数据的具体情况选择 K 个有一定代表性的个案作为初始类中心点。它们往往是彼此间距离最远者。

在初始类中心点的选择上，虽然用户的可选择性比较大，但也应根据实际工作的需要和以往的经验，指定比较合理的初始类中心点，否则，就应增加迭代次数，以保证最终聚类结果的合理性和准确性。

第三步，根据距离最近原则进行分类。

依次计算每个数据点到 K 个类中心点的欧氏距离，并按照与 K 个类中心点距离最短的原则将所有观测个体分派到 K 个小类中。

第四步，重新确定 K 个类中心点。

重新确定 K 个类中心点的原则是：依次计算各小类中各个变量的均值，并以均值点作为 K 个小类的中心点，完成一次迭代。

第五步，判断是否已经满足终止聚类分析的条件。

聚类分析终止的条件有两个：

第一，迭代次数。当目前的迭代次数等于指定的迭代次数（SPSS 默认为 10）时终止聚类。

第二，类中心点偏移程度。新确定的小类中心点距上次迭代所形成的小类中心点的最大偏移量小于指定的量（SPSS 默认为 0.02）时终止聚类。

通过适当增加迭代次数或合理调整类中心点偏移量的判定标准，能够有效克服初始类中心点指定时有可能存在的偏差，提高聚类分析的准确性。上述两个条件中任意一个满足则结束聚类，如果均不满足，则回到第三步。

可见，与层次聚类不同，K-Means 快速聚类是一个反复迭代的分类过程。在聚类过程中，观测所属的类会不断调整，直至最终达到稳定为止。图 10－10 直观反映了 K-均值聚类的过程。

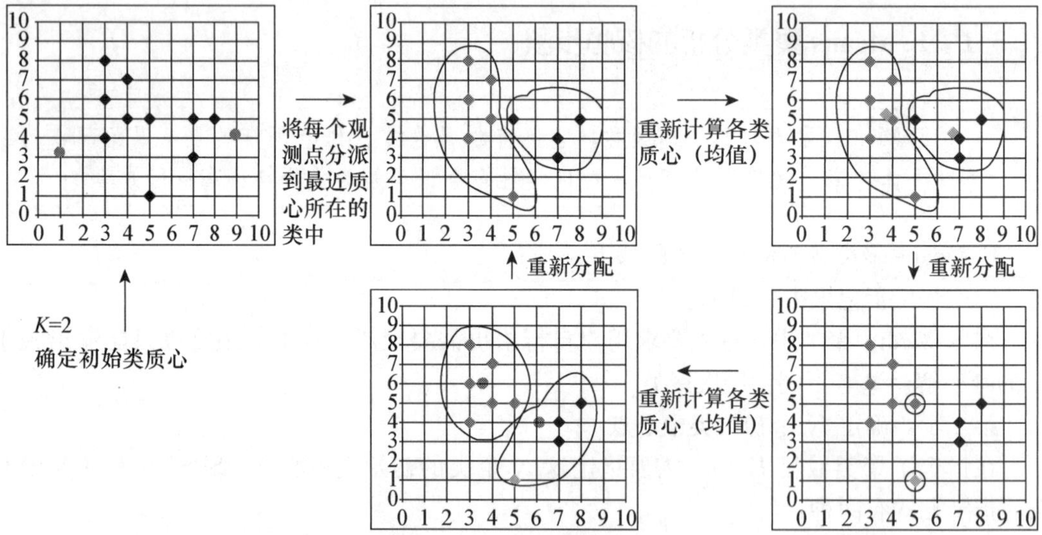

图 10－10　K-均值聚类过程

图 10－10 中，首先指定聚成 $K=2$ 类，第一幅图中的红色点为初始类质心。第一次迭代结束时，得到第二幅图中亮蓝点和深蓝点分属的两个小类。然后重新计算两个小类的中心，如第三幅图中的红色点所示，完成第一次迭代。对比发现第一次迭代后两个中心点的位置均发生了较大偏移，可见初始的类中心是不恰当的。

接下来进入第二次迭代，聚类解如第二行的右图所示。其中圆圈圈住的两个点的颜色发生了变化，意味着它们的聚类解发生了变化。再次计算两个小类的中心，为第二行左图中的红色点，完成第二次迭代。同样，与第一次迭代对比，当前两个中心点的位置也均发生了偏移，尽管偏移幅度小于第一迭代，但第二次迭代是必要的。按照这种思路，迭代会继续下去，中心的偏移幅度会越来越小，直到满足迭代终止条件为止。如果迭代是充分的，迭代结束时的聚类解将不再随迭代的继续而变化。

10.3.2　K-Means 聚类分析的应用举例

10.3.2.1　31 个省市自治区小康和现代化指数的 K-Means 聚类分析

仍利用案例 10－2 中关于 2001 年全国 31 个省市自治区各类小康和现代化指数的数

据，对地区进行 K-Means 聚类分析，要求分成 3 类，初始类中心点由 SPSS 自行确定。

SPSS 的 K-Means 聚类分析的基本操作步骤如下。

(1) 选择菜单：【分析(A)】→【分类(F)】→【K-均值聚类】。出现如图 10-11 所示的窗口。

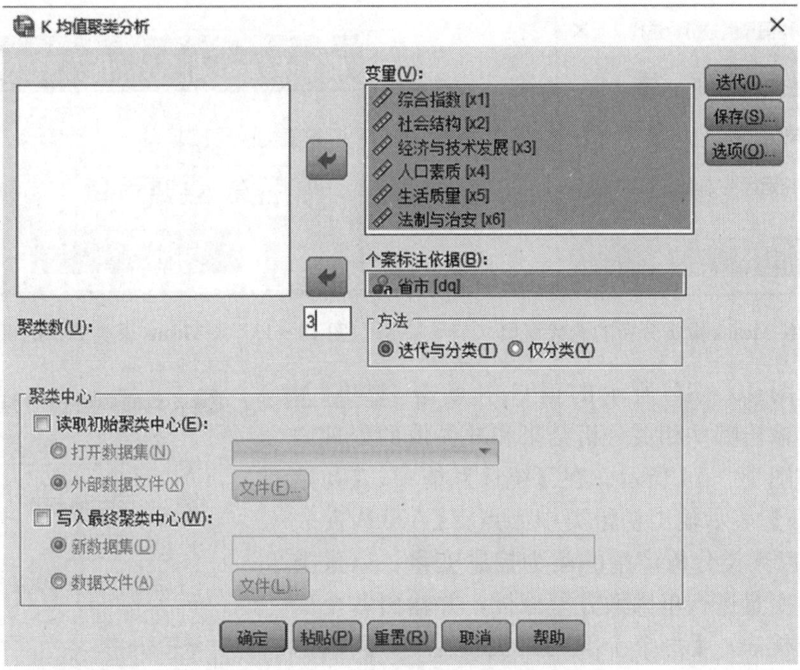

图 10-11　K-Means 聚类分析窗口

(2) 选定参与 K-Means 聚类的变量到【变量(V)】框中。

(3) 选择一个字符串型变量作为标记变量到【个案标注依据(B)】框中。标记变量将大大增强聚类分析结果的可读性。

(4) 在【聚类数(U)】框中输入聚类数目 K，该数应小于样本量。

(5) 如果用户自行指定初始类中心点，则选中【读取初始聚类中心(E)】选项，并给出初始类中心点的 SPSS 数据文件名或数据集名，该数据文件中的变量名应与当前数据编辑器窗口中的变量名一致，且应设一个名为 Cluster_ 的变量存放各小类编号，否则，本步可略。

(6) 在【方法】框中指定聚类过程是否调整类中心点。其中，【迭代与分类(T)】表示在聚类分析的每一步都重新确定类中心点（SPSS 默认）；【仅分类(Y)】表示聚类分析过程中类中心点始终为初始类中心点，此时仅进行一次迭代。

(7) 在图 10-11 所示的窗口中点击 迭代(I) 按钮确定终止聚类的条件，窗口如图 10-12 所示。在【最大迭代次数(M)】框后输入最大迭代次数；在【收敛准则(C)】框后输入类中心点的最大偏移量。另外，选中【使用运行平均值(U)】项表示每当一个观测个体被分派到一小类时，便立即重新计算新的小类中心点，此时小类中心点与观测分派的前后顺序有关；不选中该项表示只有当完成了所有观测个体的小类分派后才计算小类中心点，该方式可节省运算时间。通常不选该选项。

(8) 在图 10－11 所示的窗口中点击 保存(S) 按钮，将聚类分析的部分结果以 SPSS 变量的形式保存到数据编辑器窗口中，窗口如图 10－13 所示。其中，【聚类成员(C)】表示保存观测个体所属类的类号，也即聚类解，还可以保存观测个体距各自小类中心点的距离，可通过该距离评价聚类的效果。

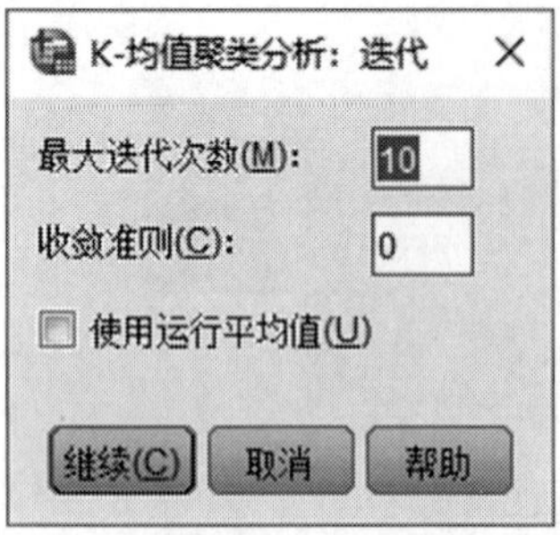

图 10－12　K-Means 聚类分析的迭代窗口

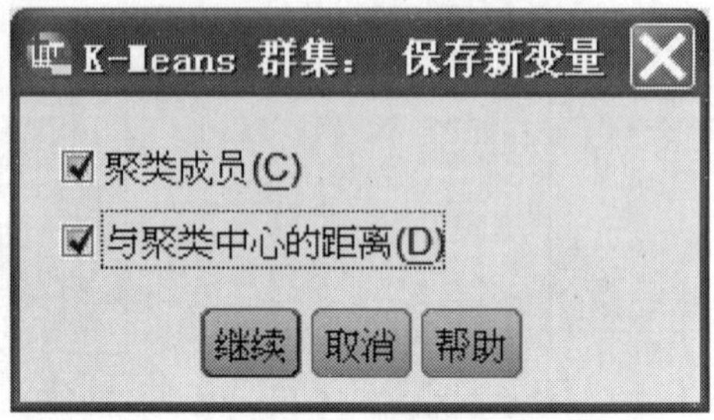

图 10－13　K-Means 聚类分析的保存窗口

(9) 在图 10－11 所示的窗口中点击 选项(O) 按钮，确定输出哪些相关分析结果和缺失值的处理方式，窗口如图 10－14 所示。在【统计】框中，【初始聚类中心(I)】表示输出初始类中心点；【ANOVA 表(A)】表示以聚类分析产生的类为控制变量，以聚类变量为观测变量进行单因素方差分析，并输出各个变量的方差分析表；【每个个案的聚类信息(C)】表示输出观测个体的分类信息及距所属小类中心点的距离。

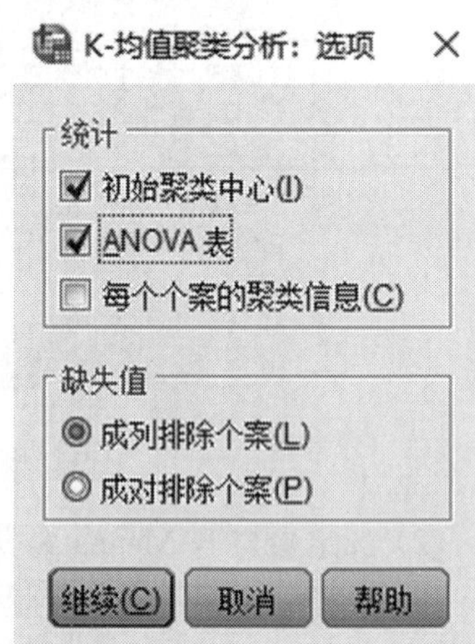

图 10－14　K-Means 聚类分析的选项窗口

至此完成了 K-Means 聚类分析的全部操作，SPSS 将根据用户指定要求自动进行聚类分析，并将结果输出到查看器窗口或保存到数据编辑器窗口中。案例分析结果如表 10－11 所示。

表 10－11（a）　31 个省市自治区小康和现代化指数的 K-Means 聚类分析结果（一）

初始类中心

	聚类		
	1	2	3
综合指数	79.20	92.30	51.10
社会结构	90.40	95.10	61.90
经济与技术发展	86.90	92.70	31.50
人口素质	65.90	112.00	56.00
生活质量	86.50	95.40	41.00
法制与治安	59.40	57.50	75.60

表 10－11（a）展示了 3 个小类的初始类中心点的情况。3 个初始类中心点的数据分别是（79.20，90.40，86.90，65.90，86.50，59.40），（92.30，95.10，92.70，112.00，95.40，57.50），（51.10，61.90，31.50，56.00，41.00，75.60）。可见，第 2 类各指数均是最优的，第 1 类次之，第 3 类各指数最不理想。

表 10－11（b） 31 个省市自治区小康和现代化指数的 K-Means 聚类分析结果（二）

迭代历史记录

迭代	聚类中心内的更改		
	1	2	3
1	24.387	6.307	23.579
2	0.000	0.000	0.000

表 10－11（b）展示了 3 个小类中心点每次迭代时的偏移情况。由表 10－11（b）可知，第 1 次迭代后，3 个类的中心点分别偏移了 24.387，6.307，23.579，第 1 类中心点偏移最大；第 2 次迭代后，3 个类的中心点的偏移均小于指定的判定标准（0.02），聚类分析结束。

表 10－11（c） 31 个省市自治区小康和现代化指数的 K-Means 聚类分析结果（三）

最终聚类中心

	聚类		
	1	2	3
综合指数	75.49	91.13	60.02
社会结构	82.86	96.17	66.86
经济与技术发展	72.41	92.03	44.03
人口素质	77.74	106.13	69.32
生活质量	75.84	94.27	51.81
法制与治安	67.17	58.57	76.15

表 10－11（c）展示了 3 个小类的最终类中心点的情况。3 个最终类中心点的数据分别是（75.49，82.86，72.41，77.74，75.84，67.17），（91.13，96.17，92.03，106.13，94.27，58.57），（60.02，66.86，44.03，69.32，51.81，76.15）。仍然可见，第 2 类各指数均是最优的，第 1 类次之，第 3 类各指数最不理想。

表 10－11（d） 31 个省市自治区小康和现代化指数的 K-Means 聚类分析结果（四）

每个聚类中的案例数

聚类	1	7.000
	2	3.000
	3	21.000
有效		31.000
缺失		0.000

表 10－11（d）展示了 3 个小类的类成员情况。第 1 类（中游水平）有 7 个省市自治区，第 2 类（上游水平）有 3 个省市自治区，第 3 类（下游水平）有 21 个省市自治区。这里，没有输出详细分类结果。

表 10-11 (e) 31 个省市自治区小康和现代化指数的 K-Means 聚类分析结果（五）

ANOVA

	聚类		误差		F	显著性
	均方	自由度	均方	自由度		
综合指数	1 633.823	2	22.518	28	72.556	0.000
社会结构	1 539.872	2	47.312	28	32.547	0.000
经济与技术发展	4 381.296	2	56.760	28	77.190	0.000
人口素质	1 817.856	2	74.363	28	24.446	0.000
生活质量	3 315.174	2	59.276	28	55.928	0.000
法制与治安	530.188	2	76.284	28	6.950	0.004

表 10-11 (e) 展示了各指数（聚类变量）在不同小类的均值比较情况，各数据项的含义依次为组间方差、组间自由度、组内方差、组内自由度、F 统计量的观测值以及对应的概率 P-值。该表显示各指数的总体均值在 3 类中有显著差异。应注意这里的单因素方差分析并非用于对各总体均值的对比而需关注 F 值。F 值大表明组间差大，组内差小，说明将数据聚成当前的 K 个类是合理的。

K-Means 聚类分析的结果与层次聚类分析相比略有差异，黑龙江省从下游省份中分离出来，被划入了中游省份。这是由两种聚类方法思路上的差异造成的。在 K-Means 聚类分析中，黑龙江省距中游类中心点的距离小于与下游类中心点的距离，因此被归入中游类。在层次聚类分析过程中，黑龙江省所在的小类与其他小类的距离小于与中游小类的距离，因此，没能被凝聚在中游类中。可见，层次聚类分析中观测个体所属类一旦确定就不会再改变，而 K-Means 聚类分析中观测个体的类归属会不断调整。

10.3.2.2 五座商厦总体评价的 K-Means 聚类分析

案例 10-4

根据案例 10-1 的五座商厦购物环境和服务质量的顾客评分数据，利用 K-Means 聚类分析方法按照优秀、良好、合格的总体水平将它们分类。

这里，仍然采用 K-Means 聚类分析方法，但由于要求按照优秀、良好、合格的总体水平分类，需要用户自行指定与之对应的 3 个类中心，而且不应在聚类过程中重新调整类中心点，即不应进行迭代。

用户指定的初始类中心应事先存储在 SPSS 数据文件中。本例的初始类中心数据如表 10-12 所示。

表 10-12 初始类中心

Cluster_	gwhj	fwzl
1	95	95
2	85	85
3	65	65

其中，第一行为 SPSS 的变量名，应与原始数据的变量名相吻合。第一列存储类编号，变量名必须设为 Cluster_。另外，分别以 95，85 和 65 作为优秀、良好与合格的标准。

具体操作窗口如图 10－15 所示。注意应选择【仅分类(Y)】选项。

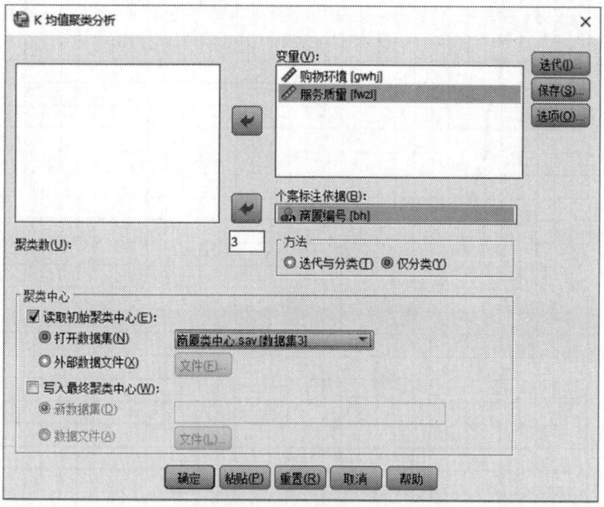

图 10－15　五座商厦的 K-Means 聚类分析窗口

分析结果发现：E 商厦属优秀类；C，D 商厦属良好类；A，B 商厦属合格类。虽然该结论与前面（D，E）为一类的结果不一致，但是符合研究要求，结论是可理解的。

□ 练习题

1. 根据“高校科研研究.sav”数据，利用层次聚类分析对各省市的高校科研情况进行层次聚类分析。

（1）根据凝聚状态表绘制碎石图，并对聚类类数进行研究。

（2）绘制聚类树形图，说明哪些省市聚在一起。

（3）绘制各类科研指标的均值对比图。

（4）利用方差分析方法分析各类在哪些科研指标上存在显著差异。

2. 试说明当变量存在数量级上的差异时，进行层次聚类分析为什么要对数据进行标准化处理。

3. 试说明变量之间的高度相关性是否会对层次聚类分析结果造成影响以及原因。

4. 试说明 K-Means 聚类分析的基本步骤，相对于层次聚类，它有怎样的特点。

5. 收集到我国 2007 年各地区城镇居民家庭平均每人全年消费性支出数据，数据文件名为“消费结构.sav”。变量包括：地区、消费性支出总额、食品、衣着、居住、家庭设备用品及服务、医疗保健、交通和通信、教育文化娱乐服务、医疗保健、杂项商品和服务支出。若采用层次聚类法（个体间距离定义为平方欧氏距离，类间距离定义为组间平均链锁距离），绘制的碎石图如下：

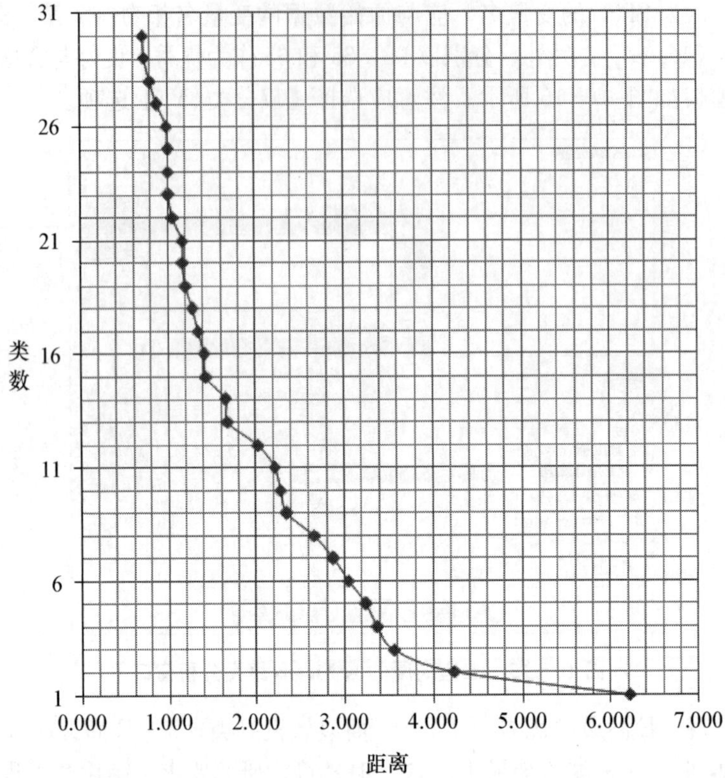

（1）依据上图，数据聚成几类较为恰当？

（2）试采用K-Means聚类方法，从类内相似性和类间差异性角度分析将数据聚成几类较为恰当。

第 11 章 SPSS 的因子分析

Chapter 11

学习目标

1. 掌握因子分析的主要目标以及因子分析的主要步骤。

2. 掌握因子分析的主要原理，了解主成分分析与因子分析之间的关系，以及评价因子分析的主要方面。

3. 熟练掌握因子分析的具体操作，能够读懂分析结果的含义，并依据分析结果对因子分析效果进行评价。

4. 能够灵活运用因子分析方法进行实际数据分析。

11.1 因子分析概述

11.1.1 因子分析的意义

1. 收集变量中容易出现的问题

在研究实际问题时往往希望尽可能多地收集相关变量，以期能对问题有比较全面、完整的把握和认识。例如，对高等学校科研状况的评价研究，可能会收集诸如投入科研活动的人年数、立项课题数、项目经费、经费支出、结项课题数、发表论文数、发表专著数、获得奖励数等多项指标；学生综合评价研究中，可能会收集诸如基础课成绩、学科基础课成绩、专业课成绩等各类课程的成绩以及获得奖学金的次数等。收集这些数据需要投入许多精力，虽然它们能够较为全面、精确地描述事物，但在实际数据建模时，这些变量未必能真正发挥预期的作用，投入和产出并非呈合理的正比，反而会给统计分析带来许多问题，可以表现在：

（1）计算量的问题。由于收集的变量较多，如果这些变量都参与数据建模，无疑会增加分析过程中的计算工作量。虽然现在的计算技术发展迅猛，但高维变量和海量数据的计算仍是不容忽视的问题。

（2）变量间的相关性问题。收集到的诸多变量之间通常会存在或多或少的相关性。例如，高校科研状况评价中的立项课题数与项目经费、经费支出等之间会存在较高的相关性；学生综合评价研究中的学科基础课成绩与专业课成绩、获得奖学金的次数等之间也会存在较高的相关性。

变量间信息的高度重叠和高度相关会给统计方法的应用设置许多障碍。例如，多元线性回归分析中，如果众多解释变量间存在较强的相关性，即存在高度的多重共线性，那么会给回归方程的参数估计带来许多麻烦，致使回归方程参数不准确甚至模型不可用等。类似的问题还有许多。

2. 因子分析

为解决上述问题，最简单和最直接的解决方案是削减变量个数，但这必然会导致信息丢失和信息不全面等问题产生。为此，人们希望探索一种更有效的解决方法，它既能大幅减少参与数据建模的变量个数，又不会造成信息的大量丢失。因子分析正是这样一种能够有效降低变量维数并得到广泛应用的分析方法。

因子分析的概念起源于20世纪初 Karl Pearson 和 Charles Spearmen 等关于智力测验的统计分析。目前，因子分析已成功应用于心理学、医学、气象学、地质学、经济学等领域，并促进了理论的不断丰富和完善。

因子分析以最少的信息丢失为前提，将众多的原有变量综合成较少的几个综合指标，名为因子。通常因子有以下几个特点：

- 因子个数远远少于原有变量的个数。
- 因子能够反映原有变量的绝大部分信息。
- 因子之间的线性关系不显著。
- 因子具有命名解释性。

（1）因子个数远远少于原有变量的个数。原有变量综合成少数几个因子后，因子将可以替代原有变量参与数据建模，这将大幅减少分析过程中的计算工作量。

（2）因子能够反映原有变量的绝大部分信息。因子并不是原有变量的简单取舍，而是原有变量重组后的结果，因此不会造成原有变量信息的大量丢失，能够代表原有变量的绝大部分信息。

（3）因子之间的线性关系不显著。由原有变量重组出来的因子之间的线性关系较弱，因子参与数据建模能够有效地解决诸如变量多重共线性等给分析方法应用带来的诸多问题。

（4）因子具有命名解释性。通常因子分析产生的因子能够通过各种方式最终获得命名解释性。因子的命名解释性有助于对因子分析结果的解释，对因子的进一步应用有重要意义。例如，对高校科研情况的因子分析中，如果能够得到两个因子，且其中一个因子是对投入科研活动的人年数、项目经费、立项课题数等变量的综合，另一个是对经费支出、结项课题数、发表论文数、获得奖励数等变量的综合，那么该因子分析就是较为理想的。这两个因子均有命名解释性，其中一个反映了科研投入方面的情况，可命名为科研投入因子，另一个反映了科研产出方面的情况，可命名为科研产出因子。

总之，因子分析是研究如何以最少的信息丢失将众多原有变量浓缩成少数几个因子，并使因子具有一定的命名解释性的多元统计分析方法。

11.1.2　因子分析的数学模型和相关概念

因子分析的核心是用较少的互相独立的因子反映原有变量的绝大部分信息。可以将这一思想用数学模型来表示。设有 p 个原有变量 x_1，x_2，x_3，…，x_p，且每个变量（经标准化处理后）的均值为 0，标准差为 1。现将每个原有变量用 k（$k<p$）个因子 f_1，f_2，f_3，…，f_k（标准化值）的线性组合来表示，则有

$$\begin{cases} x_1 = a_{11}f_1 + a_{12}f_2 + a_{13}f_3 + \cdots + a_{1k}f_k + \varepsilon_1 \\ x_2 = a_{21}f_1 + a_{22}f_2 + a_{23}f_3 + \cdots + a_{2k}f_k + \varepsilon_2 \\ x_3 = a_{31}f_1 + a_{32}f_2 + a_{33}f_3 + \cdots + a_{3k}f_k + \varepsilon_3 \\ \vdots \\ x_p = a_{p1}f_1 + a_{p2}f_2 + a_{p3}f_3 + \cdots + a_{pk}f_k + \varepsilon_p \end{cases} \tag{11.1}$$

式（11.1）便是因子分析的数学模型，也可用矩阵的形式表示为：

$$\boldsymbol{X} = \boldsymbol{AF} + \boldsymbol{\varepsilon}$$

式中，$\boldsymbol{F}$ 为因子，由于出现在每个原有变量的线性表达式中，因此又称为公共因子，$f_j(j=1, 2, \cdots, k)$ 彼此不相关；$\boldsymbol{A}$ 为因子载荷矩阵，$a_{ij}(i=1, 2, \cdots, p; j=1, 2, \cdots, k)$ 称为因子载荷，是第 i 个原有变量在第 j 个因子上的载荷；$\boldsymbol{\varepsilon}$ 为特殊因子，表示原有变量不能被因子解释的部分，其均值为 0，独立于 $f_j(j=1, 2, \cdots, k)$。

由因子分析的数学模型可引入以下几个相关概念。理解这些概念有助于理解因子分析的意义，更有利于把握因子与原有变量间的关系，明确因子的重要程度以及评价因子分析的效果。

> 因子分析中的重要概念有因子载荷、变量共同度、因子的方差贡献。

11.1.2.1　因子载荷

可以证明：在因子不相关的前提下，因子载荷 a_{ij} 是变量 x_i 与因子 f_j 的相关系数，反映了变量 x_i 与因子 f_j 的相关程度。因子载荷 a_{ij} 的绝对值小于等于 1，绝对值越接近 1，表明因子 f_j 与变量 x_i 的相关性越强。同时，因子载荷 a_{ij} 的平方也反映了因子 f_j 对解释变量 x_i 的重要作用和程度。

11.1.2.2　变量共同度

变量共同度（Communality）即变量方差，变量 x_i 的共同度 h_i^2 的数学定义为：

$$h_i^2 = \sum_{j=1}^{k} a_{ij}^2 \tag{11.2}$$

式（11.2）表明：变量 x_i 的共同度是因子载荷矩阵 **A** 中第 i 行元素的平方和。在变量 x_i 标准化时，由于变量 x_i 的方差 $\mathrm{var}(x_i)=1$ 且由式（11.1）和式（11.2）可知，可以表示成 $h_i^2+\varepsilon_i^2=1$，因此原有变量 x_i 的方差可由两个部分解释：第一部分为变量共同度 h_i^2，是全部因子对变量 x_i 方差解释说明的比例，体现了全部因子对变量 x_i 的解释贡献程度。变量共同度 h_i^2 接近 1，说明因子全体解释说明了变量 x_i 的较大部分方差，如果用因子全体刻画变量 x_i，则变量 x_i 的信息丢失较少。第二部分为特殊因子 ε_i 的平方，也即特殊因子方差，反映了变量 x_i 方差中不能由因子全体解释说明的部分，ε_i^2 越小，则说明变量 x_i 的信息丢失越少。

总之，变量 x_i 的共同度刻画了因子全体对变量 x_i 信息解释的程度，是评价变量 x_i 信息丢失程度的重要指标。如果大多数原有变量的变量共同度均较高（如高于 0.8），则说明提取的因子能够反映原有变量的大部分（如 80%以上）信息，仅有较少的信息丢失，因子分析的效果较好。因此，变量共同度是衡量因子分析效果的重要指标。

11.1.2.3 因子的方差贡献

因子 f_j 的方差贡献的数学定义为：

$$S_j^2=\sum_{i=1}^{p}a_{ij}^2 \tag{11.3}$$

式（11.3）表明：因子 f_j 的方差贡献是因子载荷矩阵 **A** 中第 j 列元素的平方和。因子 f_j 的方差贡献反映了因子 f_j 对原有变量总方差的解释能力。该值越大，说明相应因子越重要。因此，因子的方差贡献和方差贡献率 S_j^2/p 是衡量因子重要性的关键指标。

11.2 因子分析的基本内容

11.2.1 因子分析的基本步骤

围绕浓缩原有变量提取因子的核心目标，因子分析主要涉及以下四大基本步骤：

- 判断因子分析的前提条件是否满足。
- 因子提取。
- 使因子具有命名解释性。
- 计算各观测的因子得分。

1. 判断因子分析的前提条件是否满足

由于因子分析的主要任务之一是对原有变量进行浓缩，即将原有变量中的信息重叠部分提取和综合成因子，最终实现减少变量个数的目的，因此，它要求原有变量之间应存在较强的相关关系，否则，如果原有变量相互独立，不存在信息重叠，就无法将其综合和浓缩，也就无须进行因子分析。本步骤正是通过各种方法分析原有变量是否存在相关关系，是否适合进行因子分析。

2. 因子提取

将原有变量综合成少数几个因子是因子分析的核心内容。本步骤正是研究如何在样本数据的基础上提取和综合因子。

3. 使因子具有命名解释性

将原有变量综合为少数几个因子后，如果因子的实际含义不清，则不利于进一步的分析。本步骤正是希望通过各种方法使提取出的因子实际含义清晰，使因子具有命名解释性。

4. 计算各观测的因子得分

因子分析的最终目标是减少变量个数，以便在进一步的分析中用较少的因子代替原有变量参与数据建模。本步骤正是通过各种方法计算各观测个案在各因子上的得分，为进一步的分析奠定基础。

下面将依次对上述基本步骤进行详细讨论。

11.2.2　判断因子分析的前提条件是否满足

因子分析的目的是从众多的原有变量中综合出少数具有代表性的因子，这必定有一个潜在的前提要求，即原有变量之间应具有较强的相关关系。不难理解，如果原有变量之间不存在较强的相关关系，就无法从中综合出能够反映某些变量共同特性的几个较少的公共因子。因此，一般在因子分析时需要首先对因子分析的条件即原有变量是否相关进行研究。通常可采用以下几种方法。

1. 计算相关系数矩阵

计算原有变量的简单相关系数矩阵并进行统计检验。观察相关系数矩阵，不难理解：如果相关系数矩阵中的大部分相关系数值均小于 0.3，即各个变量间大多为弱相关，那么原则上这些变量是不适合进行因子分析的。

2. 计算反映像相关矩阵

反映像相关矩阵（Anti-image Correlation Matrix）是关于负的偏相关系数和抽样充分性测度（Measure of Sample Adequacy，MSA）的矩阵。不难理解，偏相关系数是在控制了其他变量对两变量影响的条件下计算出来的净相关系数。如果原有变量之间确实存在较强的相关以及传递影响，也就是说，如果原有变量中确实能够提取出公共因子，那么在控制了这些影响后偏相关系数必然很小。

反映像相关矩阵第 i 行对角线上的元素为变量 x_i 的抽样充分性测度统计量，其数学定义为：

$$\mathrm{MSA}_i=\frac{\sum\limits_{j\neq i} r_{ij}^2}{\sum\limits_{j\neq i} r_{ij}^2+\sum\limits_{j\neq i} p_{ij}^2} \tag{11.4}$$

式中，r_{ij} 为变量 x_i 和其他变量 $x_j(j\neq i)$ 间的简单相关系数；p_{ij} 为变量 x_i 和其他变量 x_j（$j\neq i$）在控制了剩余变量下的偏相关系数。由式（11.4）可知，变量 x_i 的 MSA_i 统计量的取值在 0～1 之间。当它与其他所有变量间的简单相关系数平方和远大于偏相关系数平方和时，MSA_i 的值接近 1。MSA_i 的值越接近 1，意味着变量 x_i 与其他变量间的相关性越强。当它与其他所有变量间的简单相关系数平方和接近 0 时，MSA_i 的值接近 0。MSA_i 的值越接近 0，意味着变量 x_i 与其他变量间的相关性越弱。

观察反映像相关矩阵，如果反映像相关矩阵中除主对角线元素外，其他大多数元素（负偏相关系数）的绝对值均较小，且对角线上元素的值较接近 1，则说明这些变量的相关性较强，适合进行因子分析。

3. 巴特利特球形度检验

巴特利特球形度检验（Bartlett Test of Sphericity）以原有变量的相关系数矩阵为出发点，其原假设 H_0 是：相关系数矩阵是单位阵，即相关系数矩阵为对角阵（对角元素不为 0，非对角元素均为 0）且主对角元素均为 1。

巴特利特球形度检验的检验统计量根据相关系数矩阵的行列式计算得到，且近似服从卡方分布。如果该统计量的观测值比较大，且对应的概率 P-值小于给定的显著性水平 α，则应拒绝原假设，认为相关系数矩阵不太可能是单位阵，原有变量适合做因子分析；反之，如果检验统计量的观测值比较小，且对应的概率 P-值大于给定的显著性水平 α，则不能拒绝原假设，可以认为相关系数矩阵与单位阵无显著差异，原有变量不适合做因子分析。

4. KMO 检验

KMO（Kaiser-Meyer-Olkin）检验统计量是用于比较变量间简单相关系数和偏相关系数的指标，数学定义为：

$$\mathrm{KMO}=\frac{\sum_{i}\sum_{j\neq i}r_{ij}^{2}}{\sum_{i}\sum_{j\neq i}r_{ij}^{2}+\sum_{i}\sum_{j\neq i}p_{ij}^{2}} \tag{11.5}$$

式中，r_{ij} 为变量 x_i 和变量 x_j 间的简单相关系数；p_{ij} 为变量 x_i 和变量 x_j 间在控制了剩余变量下的偏相关系数。KMO 将相关系数和偏相关系数矩阵中的所有元素都加入到平方和的计算中。由式（11.5）可知，KMO 统计量的取值在 0～1 之间。当所有变量间的简单相关系数平方和远大于偏相关系数平方和时，KMO 值接近 1。KMO 值越接近 1，意味着变量间的相关性越强，原有变量越适合做因子分析。当所有变量间的简单相关系数平方和接近 0 时，KMO 值接近 0。KMO 值越接近 0，意味着变量间的相关性越弱，原有变量越不适合做因子分析。Kaiser 给出了常用的 KMO 度量标准：0.9 以上表示非常适合；0.8 表示适合；0.7 表示一般；0.6 表示不太适合；0.5 以下表示极不适合。

11.2.3 因子提取和因子载荷矩阵的求解

通过上面的讨论可以知道，因子分析的关键是根据样本数据求解因子载荷矩阵。因子载荷矩阵的求解方法有基于主成分模型的主成分分析法、基于因子分析模型的主轴因子法、极大似然法、最小二乘法、α 因子提取法等。这里，仅对在因子分析中占有主要地位且使用最为广泛的主成分分析法作简单讨论。

主成分分析法能够为因子分析提供初始解，因子分析是对主成分分析结果的延伸和拓展。主成分分析法通过坐标变换，将原有的 p 个相关变量 x_i（标准化后）做线性组合，转换成另一组不相关的变量 y_i，于是有

$$\begin{cases} y_1 = \mu_{11}x_1 + \mu_{12}x_2 + \mu_{13}x_3 + \cdots + \mu_{1p}x_p \\ y_2 = \mu_{21}x_1 + \mu_{22}x_2 + \mu_{23}x_3 + \cdots + \mu_{2p}x_p \\ y_3 = \mu_{31}x_1 + \mu_{32}x_2 + \mu_{33}x_3 + \cdots + \mu_{3p}x_p \\ \vdots \\ y_p = \mu_{p1}x_1 + \mu_{p2}x_2 + \mu_{p3}x_3 + \cdots + \mu_{pp}x_p \end{cases} \tag{11.6}$$

式（11.6）是主成分分析的数学模型。其中，$\mu_{i1}^2 + \mu_{i2}^2 + \mu_{i3}^2 + \cdots + \mu_{ip}^2 = 1$（$i=1, 2, 3, \cdots, p$）。对式（11.6）中的系数应按照以下原则求解：

(1) y_i 与 $y_j(i \neq j;\ i, j=1, 2, 3, \cdots, p)$ 不相关。

(2) y_1 是 $x_1, x_2, x_3, \cdots, x_p$ 的一切线性组合（系数满足上述方程组）中方差最大的；y_2 是与 y_1 不相关的 $x_1, x_2, x_3, \cdots, x_p$ 的一切线性组合中方差次大的；y_p 是与 $y_1, y_2, y_3, \cdots, y_{p-1}$ 都不相关的 $x_1, x_2, x_3, \cdots, x_p$ 的一切线性组合中方差最小的。

根据上述原则确定的变量 $y_1, y_2, y_3, \cdots, y_p$ 依次称为原有变量 $x_1, x_2, x_3, \cdots, x_p$ 的第 1，2，3，…，p 个主成分。其中，y_1 在总方差中所占比例最大，它体现原有变量 $x_1, x_2, x_3, \cdots, x_p$ 方差的能力最强，其余主成分 $y_2, y_3, \cdots, y_p$ 在总方差中所占比例依次递减，体现原有变量 $x_1, x_2, x_3, \cdots, x_p$ 方差的能力依次减弱。在主成分分析的实际应用中，一般只选取前面几个方差较大的主成分。这样既减少了变量的数目，又能够用较少的主成分反映原有变量的绝大部分信息。

可见，主成分分析法的核心是通过原有变量的线性组合以及各个主成分的求解来实现变量降维。可从几何意义的角度理解这个核心原理。为易于理解，这里以二维空间来讨论。设有两个变量 x_1, x_2，n 个观测个案，可将这 n 个观测个案看成是由 x_1 和 x_2 构成的二维空间中的 n 个点，如图 11-1 所示。

图 11-1 中，n 个数据点呈带状分布，沿 x_1 和 x_2 轴方向都有较大的离散性。为区分这 n 个点应同时考虑 x_1 和 x_2，仅考虑 x_1 和 x_2 中的一个必然会导致原有变量信息的丢失，无法做到正确区分数据点。现将所有数据点投影到坐标轴 y_1 和 y_2 上，它们与原坐标之间的夹角为 θ，如图 11-2 所示。于是 n 个数据点在新坐标轴中的坐标为：

$$\begin{cases} y_1 = x_1\cos\theta + x_2\sin\theta \\ y_2 = -x_1\sin\theta + x_2\cos\theta \end{cases} \tag{11.7}$$

由式（11.7）可知，新变量 y_1 和 y_2 的值是原有变量 x_1 和 x_2 线性组合的结果，是对原有变量 x_1 和 x_2 的综合，即分别为第 1 主成分和第 2 主成分。其中的系数可用 $\mu_{ij}(i, j=1, 2)$ 表示（同式（11.6））且满足平方和等于 1 的约束条件。在新的坐标轴中，n 个数据点在 y_1 轴上的离散性较大，在 y_2 轴上的离散性较小，数据点在 y_1 上的方差远大于在 y_2 上的方差。于是，仅考虑第 1 主成分 y_1 就基本能够区分这 n 个数据点。虽然也存在原有变量信息丢失的现象，但整体上并无大碍，并获得了二维空间降为一维空间、两变量减为一变量的“实惠”。

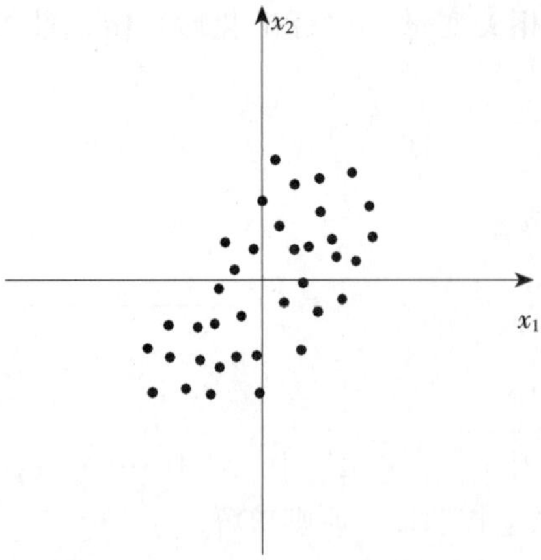

图 11-1　x_1 和 x_2 二维空间中的数据点

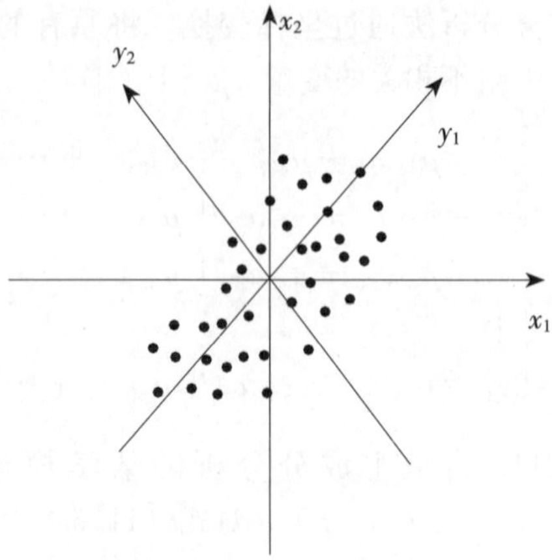

图 11-2　y_1 和 y_2 二维空间中的数据点

基于上述基本原理，主成分数学模型的系数求解步骤归纳如下：

(1) 将原有变量数据进行标准化处理。

(2) 计算变量的简单相关系数矩阵 $\boldsymbol{R}$。

(3) 求相关系数矩阵 $\boldsymbol{R}$ 的特征值 λ_1，λ_2，λ_3，…，λ_p（$\lambda_1 \geqslant \lambda_2 \geqslant \lambda_3 \geqslant \cdots \geqslant \lambda_p \geqslant 0$）及对应的单位特征向量 $\boldsymbol{\mu}_1$，$\boldsymbol{\mu}_2$，$\boldsymbol{\mu}_3$，…，$\boldsymbol{\mu}_p$。

通过上述步骤，计算 $\boldsymbol{y}_i = \boldsymbol{\mu}'_i \boldsymbol{x}$ 便得到各个主成分。其中的 p 个特征值和对应的特征向量便是因子分析的初始解。

现在回到因子分析。因子分析利用上述 p 个特征值和对应的特征向量，并在此基础之上计算因子载荷矩阵：

$$\mathbf{A} = \begin{pmatrix} a_{11} & a_{12} & \cdots & a_{1p} \\ a_{21} & a_{22} & \cdots & a_{2p} \\ \vdots & \vdots & & \vdots \\ a_{p1} & a_{p2} & \cdots & a_{pp} \end{pmatrix} = \begin{pmatrix} \mu_{11}\sqrt{\lambda_1} & \mu_{21}\sqrt{\lambda_2} & \cdots & \mu_{p1}\sqrt{\lambda_p} \\ \mu_{12}\sqrt{\lambda_1} & \mu_{22}\sqrt{\lambda_2} & \cdots & \mu_{p2}\sqrt{\lambda_p} \\ \vdots & \vdots & & \vdots \\ \mu_{1p}\sqrt{\lambda_1} & \mu_{2p}\sqrt{\lambda_2} & \cdots & \mu_{pp}\sqrt{\lambda_p} \end{pmatrix} \tag{11.8}$$

由于因子分析的目的是减少变量个数，在因子分析的数学模型中，因子数目 k 小于原有变量个数 p。因此，在计算因子载荷矩阵时，只选取前 k 个特征值和对应的特征向量，得到式（11.9）所示的包含 k 个因子的因子载荷矩阵：

$$\mathbf{A} = \begin{pmatrix} a_{11} & a_{12} & \cdots & a_{1k} \\ a_{21} & a_{22} & \cdots & a_{2k} \\ \vdots & \vdots & & \vdots \\ a_{p1} & a_{p2} & \cdots & a_{pk} \end{pmatrix} = \begin{pmatrix} \mu_{11}\sqrt{\lambda_1} & \mu_{21}\sqrt{\lambda_2} & \cdots & \mu_{k1}\sqrt{\lambda_k} \\ \mu_{12}\sqrt{\lambda_1} & \mu_{22}\sqrt{\lambda_2} & \cdots & \mu_{k2}\sqrt{\lambda_k} \\ \vdots & \vdots & & \vdots \\ \mu_{1p}\sqrt{\lambda_1} & \mu_{2p}\sqrt{\lambda_2} & \cdots & \mu_{kp}\sqrt{\lambda_k} \end{pmatrix} \tag{11.9}$$

这里的主要问题是如何确定因子数 k。通常有以下两个标准：

(1) 根据特征值 λ_j 确定因子数。

这里，特征值 λ_j 等于因子载荷矩阵第 j 列元素的平方和，即第 j 个因子的方差贡献。

一般选取特征值大于 1 的因子，即至少应解释 1 个方差。另外，还可绘制特征值的碎石图，如图 11－3 所示，并通过观察碎石图确定因子数。

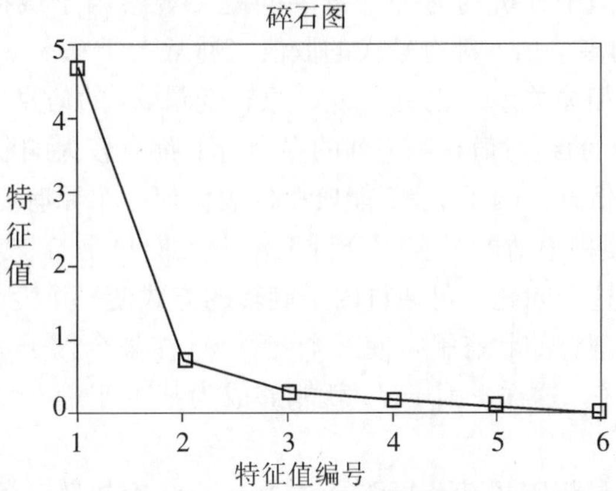

图 11－3　因子分析的碎石图

图 11－3 中，横坐标为特征值编号，纵坐标为各特征值。可以看到：第 1 个特征值较大，很像“陡峭的山坡”，第 2 个特征值次之，第 3 个以后的特征值都很小，图形很平缓，很像“高山脚下的碎石”。可以丢弃这些“碎石”，确定“山脚”下的特征值编号为因子个数 k。图 11－3 中可尝试选取前两个因子。

(2) 根据因子的累计方差贡献率确定因子数。

第一个因子的累计方差贡献率定义为：

$$a_1=\frac{S_1^2}{p}=\frac{\lambda_1}{\sum_{j=1}^{p}\lambda_j} \tag{11.10}$$

由式 (11.10) 可知，第一个因子的方差贡献率是它的方差贡献除以总方差贡献（总方差）。由于原有的 p 个变量已经进行了标准化处理（均值为 0，方差为 1），因此总方差为 p。

第二个因子的累计方差贡献率定义为：

$$a_2=\frac{(S_1^2+S_2^2)}{p}=\frac{(\lambda_1+\lambda_2)}{\sum_{j=1}^{p}\lambda_j} \tag{11.11}$$

于是，前 k 个因子的累计方差贡献率定义为：

$$a_k=\frac{\sum_{j=1}^{k}S_j^2}{p}=\frac{\sum_{j=1}^{k}\lambda_j}{\sum_{j=1}^{p}\lambda_j} \tag{11.12}$$

根据式 (11.12) 计算因子的累计方差贡献率。通常选取累计方差贡献率大于 0.85 时的特征值个数为因子个数 k。

11.2.4 因子的命名

因子的命名解释是因子分析的另一个重要问题。观察因子载荷矩阵，如果因子载荷 a_{ij} 的绝对值在第 i 行的多个列上都有较大的取值（通常大于 0.5），则表明原有变量 x_i 与多个因子同时有较强的相关关系。也就是说，原有变量 x_i 的信息需要由多个因子来共同解释。如果因子载荷 a_{ij} 的绝对值在第 j 列的多个行上都有较大的取值，则表明因子 f_j 能够同时解释许多变量的信息。因子 f_j 不能典型代表任何一个原有变量 x_i。在这种情况下，因子 f_j 的实际含义是模糊不清的。实际分析工作中人们总是希望对因子的实际含义有比较清楚的认识。为解决这个问题，可通过因子旋转的方式使一个变量只在尽可能少的因子上有比较高的载荷。最理想的状态下，使某个变量 x_i 在某个因子 f_j 上的载荷趋于 1，在其他因子上的载荷趋于 0。这样，因子 f_j 就能够成为某个变量 x_i 的典型代表，因子的实际含义也就清楚了。

所谓因子旋转，就是将因子载荷矩阵 $\boldsymbol{A}$ 右乘一个正交矩阵 $\boldsymbol{\tau}$ 后得到一个新的矩阵 $\boldsymbol{B}$。它并不影响变量 x_i 的共同度 h_i^2，却会改变因子 f_j 的方差贡献 S_j^2。因子旋转通过改变坐标轴，能够重新分配各个因子解释原始变量方差的比例，使因子更易于理解，如图 11－4 和图 11－5 所示。

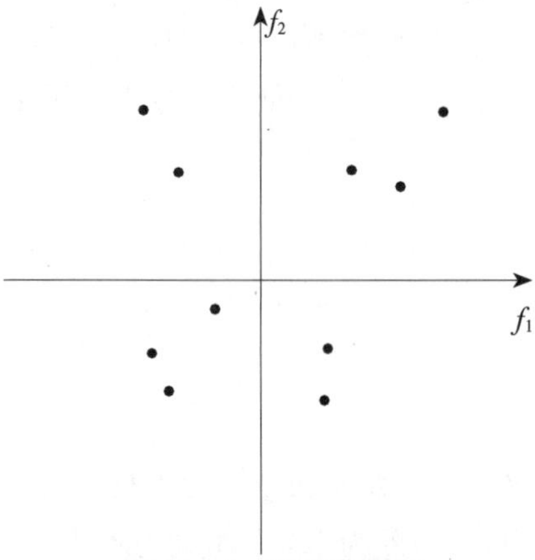

图 11－4 因子载荷图

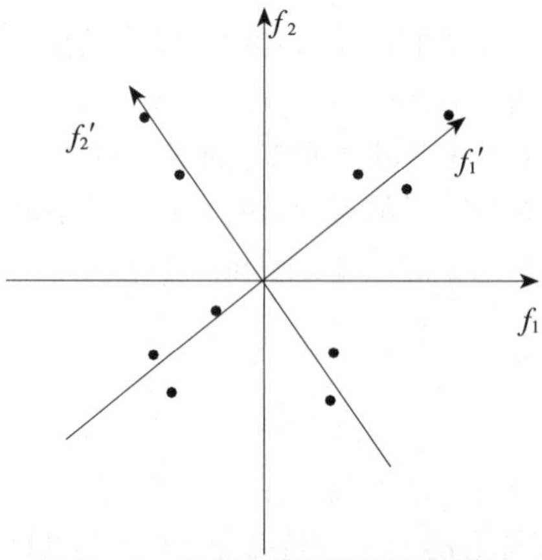

图 11－5 坐标旋转后的因子载荷图

图 11－4 是以两个因子 f_1，f_2 为坐标轴的因子载荷图（基于因子载荷矩阵绘制的散点图）。可以看到：图中的 10 个变量（10 个点）在因子 f_1，f_2 上均有一定的载荷，因此，因子 f_1，f_2 的含义不清。图 11－5 中，坐标旋转后，在新的坐标轴中，10 个变量中的 6 个变量在因子 f_1'上有较高的载荷，在因子 f_2'上的载荷几乎为 0；其余 4 个变量在因子 f_2' 上有较高的载荷，在因子 f_1'上的载荷几乎为 0。此时，因子 f_1'，f_2' 的含义就较为清楚，它们分别是对原有 6 个变量和剩余 4 个变量的综合浓缩。因此，坐标旋转后应尽可能使原有变量点出现在某个坐标轴的附近，同时远离其他坐标轴。在某个坐标轴附近的变量只在该因子上有较高载荷，而在其他因子上有很低的载荷。

因子旋转方式有两种：一种为正交旋转，另一种为斜交旋转。正交旋转是指坐标轴始终保持垂直 90 度角旋转，于是新生成的因子仍可保持不相关性；斜交旋转中坐标轴中的夹角可以是任意度数，新生成的因子之间不能保证不相关性。在使因子具有命名解释性方面，斜交旋转通常会优于正交旋转，但以不能保持因子的不相关性为代价，因此应用中一般会选用正交旋转方式。这里，仅对正交旋转进行简单论述。

正交旋转方式通常有四次方最大法（Quartimax）、方差极大法（Varimax）和等量最大法（Equamax）等。这些旋转方法的目标是一致的，只是策略不同，仅以方差极大法为例。

在方差极大法中，如果只考虑两个因子的正交旋转，因子载荷矩阵 $\boldsymbol{A}$ 右乘一正交矩阵 $\boldsymbol{\tau}$ 后的矩阵 $\boldsymbol{B}$ 为：

$$\boldsymbol{B}=\begin{bmatrix} b_{11} & b_{12} \\ b_{21} & b_{22} \\ \vdots & \vdots \\ b_{p1} & b_{p2} \end{bmatrix}$$

为实现因子旋转的目标（一部分变量仅与第 1 个因子相关，另一部分变量与第 2 个因子相关），这里应要求（b_{11}^2，b_{21}^2，…，b_{p1}^2）和（b_{12}^2，b_{22}^2，…，b_{p2}^2）两组数据的方差尽可能大，综合考虑应要求式（11.13）最大：

$$\begin{aligned} G&=V_1+V_2 \\ &=\frac{1}{p^2}\left[p\sum_{i=1}^{p}\left(\frac{b_{i1}^2}{h_i^2}\right)^2-\left(\sum_{i=1}^{p}\frac{b_{i1}^2}{h_i^2}\right)^2\right]+\frac{1}{p^2}\left[p\sum_{i=1}^{p}\left(\frac{b_{i2}^2}{h_i^2}\right)^2-\left(\sum_{i=1}^{p}\frac{b_{i2}^2}{h_i^2}\right)^2\right] \end{aligned} \tag{11.13}$$

于是，可以通过求导数的方法求解出参数。

当因子个数大于 2 时，应首先逐次对两两因子进行上述旋转，这样需要进行 C_k^2 次旋转；然后继续重复下一轮旋转，直至 G 基本不变或达到指定的迭代次数为止。

11.2.5　计算因子得分

因子得分是因子分析的最终体现。在因子分析的实际应用中，当因子确定以后，便可计算每个观测在各因子上的具体取值，这些取值称为因子得分，形成的变量称为因子得分变量。于是，在以后的分析中就可以因子得分变量代替原有变量进行数据建模，或利用因子得分变量对样本进行分类或评价等研究，进而实现降维和简化问题的目的。

计算因子得分的途径是用原有变量来描述因子得分变量，第 i 个观测在第 j 个因子上的取值可表示为：

$$F_{ji}=\tilde{\omega}_{j1}x_{1i}+\tilde{\omega}_{j2}x_{2i}+\tilde{\omega}_{j3}x_{3i}+\cdots+\tilde{\omega}_{jp}x_{pi},\quad j=1,2,3,\cdots,k \tag{11.14}$$

式中，x_{1i}，x_{2i}，x_{3i}，…，x_{pi} 分别是第 1，2，3，…，p 个原有变量在第 i 个观测上的取值；$\tilde{\omega}_{j1}$，$\tilde{\omega}_{j2}$，$\tilde{\omega}_{j3}$，…，$\tilde{\omega}_{jp}$ 分别称为第 j 个因子和第 1，2，3，…，p 个原有变量间的因子值系数。可见，因子得分是原有变量线性组合的结果，是各变量值的加权（$\tilde{\omega}_{j1}$，$\tilde{\omega}_{j2}$，$\tilde{\omega}_{j3}$，…，$\tilde{\omega}_{jp}$）平均，权数的大小表示变量对因子得分变量的重要程度。于是有

$$F_j=\tilde{\omega}_{j1}x_1+\tilde{\omega}_{j2}x_2+\tilde{\omega}_{j3}x_3+\cdots+\tilde{\omega}_{jp}x_p,\quad j=1,2,3,\cdots,k \tag{11.15}$$

式（11.15）称为因子得分函数。由于因子个数 k 小于原有变量个数 p，式（11.15）

中方程的个数少于变量的个数。对因子值系数通常采用最小二乘意义上的回归法进行估计。可将式（11.15）看做因子得分变量 F_j 对 p 个原有变量的线性回归方程（其中常数项为 0）。可以证明式（11.15）中回归系数的最小二乘估计满足

$$\boldsymbol{W}_j\boldsymbol{R}=\boldsymbol{S}_j \tag{11.16}$$

式中，$\boldsymbol{W}_j'=(\bar{\omega}_{j1},\bar{\omega}_{j2},\bar{\omega}_{j3},\cdots,\bar{\omega}_{jp})$；$\boldsymbol{R}$ 为原有变量的相关系数矩阵；$\boldsymbol{S}_j'=(s_{1j},s_{2j},s_{3j},\cdots,s_{pj})$，是第 1，2，3，…，$p$ 个变量与第 j 个因子的相关系数，是不可见的。虽然 $\boldsymbol{S}_j$ 不可见，但当各因子正交时，有 $\boldsymbol{S}_j'=\boldsymbol{A}_j'=(a_{1j},a_{2j},a_{3j},\cdots,a_{pj})$，$a_{1j},a_{2j},a_{3j},\cdots,a_{pj}$ 为第 1，2，3，…，p 个变量在第 j 个因子上的因子载荷，于是有

$$\boldsymbol{W}_j=\boldsymbol{A}_j'\boldsymbol{R}^{-1} \tag{11.17}$$

式中，$\boldsymbol{R}^{-1}$ 为相关系数矩阵的逆矩阵。

根据式（11.17）可计算出因子得分变量 F_j 的因子值系数，再利用式（11.15）可计算出各个观测在第 j 个因子上的因子得分。估计因子得分的方法还有 Bartlett 法、Anderson-Rubin 法等。

11.3 因子分析的基本操作及案例

11.3.1 因子分析的基本操作

SPSS 因子分析的基本操作步骤如下。

（1）选择菜单：【分析(A)】→【降维】→【因子(F)】。出现如图 11-6 所示的窗口。

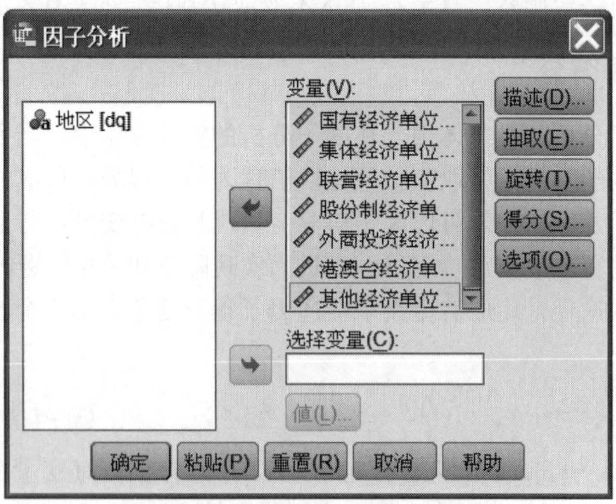

图 11-6　因子分析窗口

（2）选择参与因子分析的变量到【变量(V)】框中。

（3）选择参与因子分析的样本。指定作为条件变量的变量到【选择变量(C)】框中并点击 值(L) 按钮输入变量值，只有满足相应条件的数据才参与因子分析。

(4) 在图 11-6 所示的窗口中点击 描述(D) 按钮指定输出结果，如图 11-7 所示。【统计】框中指定输出哪些基本统计量，其中，【单变量描述(U)】表示输出各个变量的基本描述统计量；【初始解(I)】表示输出因子分析的初始解。【相关性矩阵】框中指定考察因子分析条件的方法及输出结果，其中，【系数(C)】表示输出相关系数矩阵；【显著性水平(S)】表示输出相关系数检验的概率 P-值；【决定因子(D)】表示输出变量相关系数矩阵的行列式值；【逆(N)】表示输出相关系数矩阵的逆矩阵（与相关系数矩阵的积为单位阵）；【反映像(A)】表示输出反映像相关矩阵；【KMO 和巴特利特球形度检验】表示进行巴特利特球度检验和 KMO 检验。

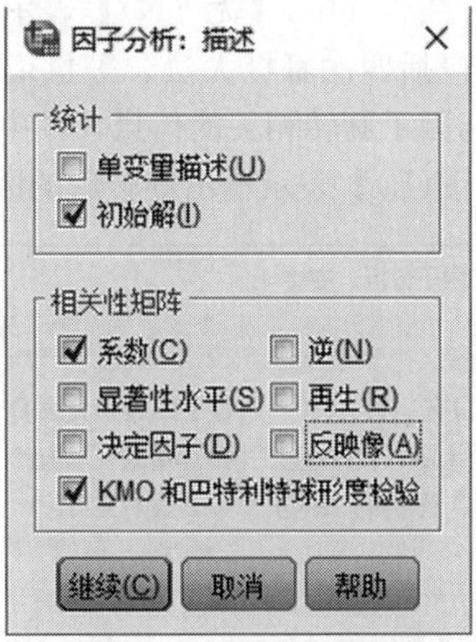

图 11-7　因子分析的描述窗口

(5) 在图 11-6 所示的窗口中点击 抽取(E) 按钮指定提取因子的方法，如图 11-8 所示。

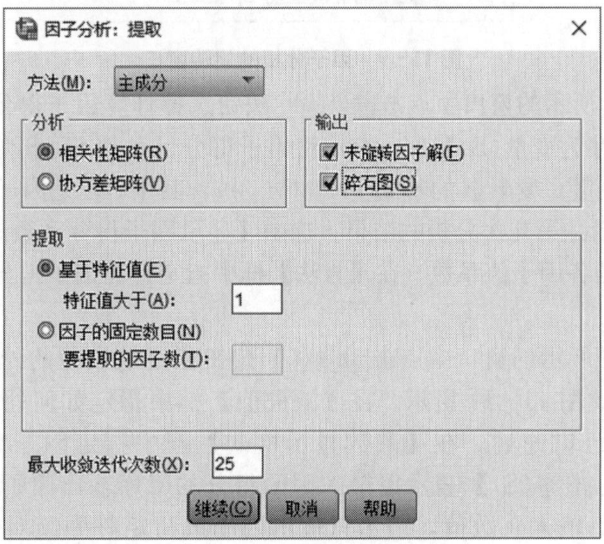

图 11-8　因子分析的抽取窗口

在【方法(M)】框中提供了多种提取因子的方法，其中，包括主成分分析法（SPSS 默认的方法）。在【分析】框中指定提取因子的依据，可以是相关系数矩阵，当原有变量存在数量级的差异时，通常选择该选项；也可以是协方差矩阵。在【提取】框中选择如何确定因子数目：在【特征值大于(A)】框后输入一个特征值（默认值为 1），SPSS 将提取大于该值的特征值；也可在【要提取的因子数(T)】框后输入提取因子的个数。在【输出】框中选择输出哪些与因子提取有关的信息，其中，【未旋转因子解(F)】表示输出未旋转的因子载荷矩阵；还可以指定输出因子的碎石图。

(6) 在图 11-6 所示的窗口中点击 旋转(T) 按钮选择因子旋转方法，如图 11-9 所示。在【方法】框中选择因子旋转方法，其中，【无（N)】表示不旋转（默认选项）；【最大方差法（V)】为方差极大法；还包括四次幂极大法、等量最大法、直接斜交法和最优斜交法。在【输出】框中指定输出与因子旋转相关的信息，其中，【旋转后的解(R)】表示输出旋转后的因子载荷矩阵；【载荷图(L)】表示输出旋转后的因子载荷图。

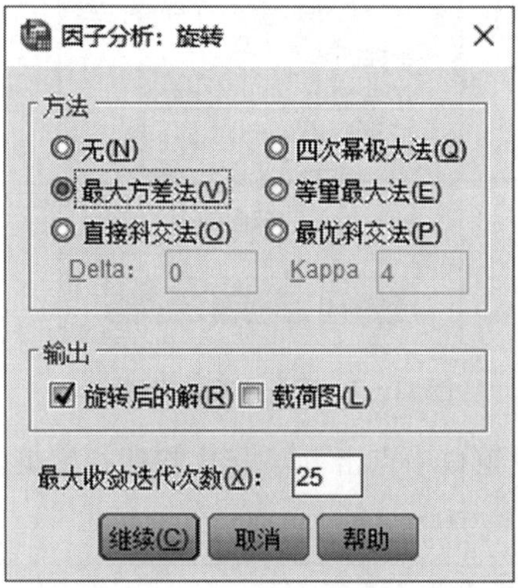

图 11-9　因子分析的旋转窗口

(7) 在图 11-6 所示的窗口中点击 得分(S) 按钮选择计算因子得分的方法，如图 11-10 所示。选中【保存为变量(S)】项，表示将因子得分保存到 SPSS 变量中，有几个因子便产生几个 SPSS 变量。变量名的形式为 FACn _ m，其中，n 是因子编号，以数字序号的形式表示；m 表示是第几次分析的结果。选中【显示因子得分系数矩阵(D)】项表示输出因子得分函数中的各因子值系数。在【方法】框中指定计算因子得分的方法，其中包括回归法等。

(8) 在图 11-6 所示的窗口中点击 选项(O) 按钮指定缺失值的处理方法和因子载荷矩阵的输出方法，如图 11-11 所示。在【缺失值】框中指定如何处理缺失值，相应方法在前面章节中均已讨论过。在【系数显示格式】框中指定因子载荷矩阵的输出方式，其中，【按大小排序(S)】表示以第一因子得分的降序输出因子载荷矩阵；在【绝对值如下(A)】框后输入一数值，表示只输出因子载荷矩阵中绝对值大于该值的因子载荷。

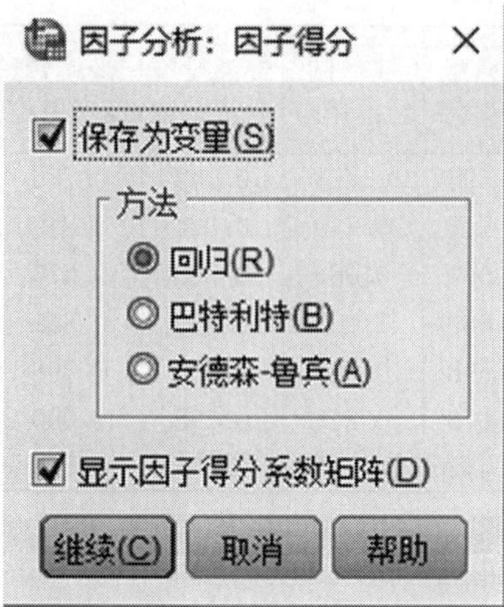

图 11－10　因子分析的得分窗口

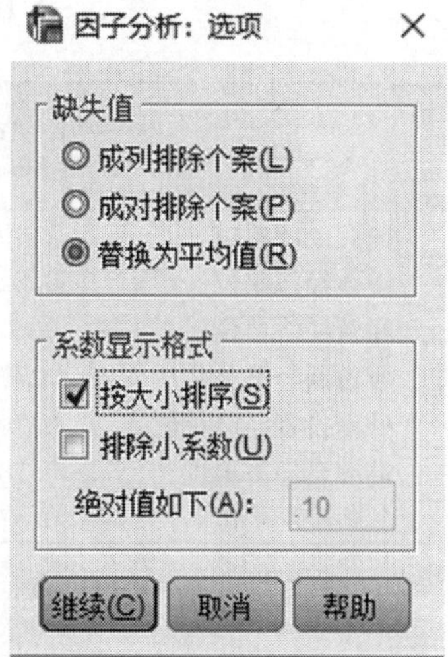

图 11－11　因子分析的选项窗口

至此完成了因子分析的全部操作，SPSS 将按照用户的指定要求自动进行因子分析，并将结果输出到查看器窗口或将因子得分保存到数据编辑器窗口中。

11.3.2　因子分析的应用举例

案例 11－1

> 收集到某年全国 31 个省市自治区各类经济单位包括国有经济单位、集体经济单位、联营经济单位、股份制经济单位、外商投资经济单位、港澳台经济单位和其他经济单位的人均年收入数据（数据来源：中国统计网），现希望对全国各地区间人均年收入的差异性和相似性进行研究。具体数据在可供下载的压缩包中，文件名为“各地区年平均收入.sav”。数据中的缺失值采用均值替代法处理。

本例中，由于涉及的变量较多，直接进行地区间的比较分析较为烦琐，因此首先考虑采用因子分析方法减少变量个数，再进行比较和综合评价。

11.3.2.1　考察原有变量是否适合进行因子分析

首先考察收集到的原有变量之间是否存在一定的线性关系，是否适合采用因子分析提取因子。这里，借助变量的相关系数矩阵、反映像相关矩阵、巴特利特球形度检验和 KMO 检验方法进行分析。具体操作如图 11－6 和图 11－7 所示。分析结果如表 11－1 所示。

表 11－1（a）是原有变量的相关系数矩阵。可以看到：大部分的相关系数都较高，各变量呈较强的线性关系，能够从中提取公共因子，适合进行因子分析。

由表 11－1（b）可知，巴特利特球形度检验统计量的观测值为 182.913，相应的概率 P-值接近 0。如果显著性水平 α 为 0.05，由于概率 P-值小于显著性水平 α，则应拒绝原假设，认为相关系数矩阵与单位阵有显著差异。同时，KMO 值为 0.882，根据 Kaiser 给出的 KMO 度量标准可知原有变量适合进行因子分析。

表 11-1（a） 原有变量的相关系数矩阵

相关矩阵

		国有经济单位	集体经济单位	联营经济单位	股份制经济单位	外商投资经济单位	港澳台经济单位	其他经济单位
相关	国有经济单位	1.000	0.825	0.595	0.773	0.742	0.786	0.574
	集体经济单位	0.825	1.000	0.716	0.740	0.824	0.849	0.654
	联营经济单位	0.595	0.716	1.000	0.689	0.598	0.676	0.482
	股份制经济单位	0.773	0.740	0.689	1.000	0.765	0.849	0.571
	外商投资经济单位	0.742	0.824	0.598	0.765	1.000	0.898	0.698
	港澳台经济单位	0.786	0.849	0.676	0.849	0.898	1.000	0.747
	其他经济单位	0.574	0.654	0.482	0.571	0.698	0.747	1.000

表 11-1（b） 巴特利特球形度检验和 KMO 检验

KMO 和巴特利特的检验

KMO 取样适切性量数		0.882
巴特利特球形度检验	近似卡方	182.913
	自由度	21
	显著性	0.000

11.3.2.2 提取因子

这里首先进行尝试性分析：根据原有变量的相关系数矩阵，采用主成分分析法提取因子并选取大于1的特征值。具体操作如图 11-8 所示，并在图 11-7 所示的窗口中指定输出因子分析的初始解，分析结果如表 11-2（a）所示。

表 11-2（a） 因子分析中的变量共同度（一）

公因子方差

	初始	提取
国有经济单位	1.000	0.760
集体经济单位	1.000	0.851
联营经济单位	1.000	0.599
股份制经济单位	1.000	0.785
外商投资经济单位	1.000	0.830
港澳台经济单位	1.000	0.913
其他经济单位	1.000	0.592

提取方法：主成分分析。

表 11-2（a）显示了所有的变量共同度。第一列数据是因子分析初始解下的变量共同度，它表明：如果对原有7个变量采用主成分分析方法提取7个因子，那么原有变量的所有方差都可被解释，变量的共同度均为1。事实上，因子个数少于原有变量的个数才是因子分析的目标，所以不可全部提取。第二列数据是在按指定提取条件（这里为特征值大于1）提取因子时的变量共同度。可以看到：港澳台经济单位、集体经济单位、外商投资经济单位以及国有经济单位的绝大部分信息（大于76%）可被因子解释，这些变量的信息丢失较少。但联营经济单位、其他经济单位两个变量的信息丢失较为严重（近40%）。因此，

本次因子提取的总体效果并不理想。

重新指定提取标准，指定提取 2 个因子。分析结果如表 11－2（b）、表 11－2（c）、表 11－2（d）所示。

表 11－2（b） 因子分析中的变量共同度（二）

公因子方差

	初始	提取
国有经济单位	1.000	0.767
集体经济单位	1.000	0.854
联营经济单位	1.000	0.813
股份制经济单位	1.000	0.816
外商投资经济单位	1.000	0.855
港澳台经济单位	1.000	0.922
其他经济单位	1.000	0.871

提取方法：主成分分析。

表 11－2（b）是指定提取 2 个因子时的变量共同度。由第二列数据可知，此时所有变量的共同度均较高，各个变量的信息丢失都较少。因此，本次因子提取的总体效果比较理想。

表 11－2（c） 因子解释原有变量总方差的情况

总方差解释

成分	初始特征值			抽取载荷平方和			旋转载荷平方和		
	总计	方差百分比	累计百分比	总计	方差百分比	累计百分比	总计	方差百分比	累计百分比
1	5.331	76.151	76.151	5.331	76.151	76.151	3.168	45.261	45.261
2	0.568	8.108	84.259	0.568	8.108	84.259	2.730	38.997	84.259
3	0.410	5.859	90.117						
4	0.278	3.976	94.094						
5	0.233	3.327	97.421						
6	0.107	1.531	98.951						
7	0.073	1.049	100.000						

提取方法：主成分分析。

表 11－2（c）中，第一列是因子编号，以后三列组成一组，每组中数据项的含义依次是特征值（方差贡献）、方差贡献率和累计方差贡献率。

第一组数据项（第二列至第四列）描述了因子分析初始解的情况。可以看到：第 1 个因子的方差贡献为 5.33，解释原有 7 个变量总方差的 76.2%（5.331÷7×100%），累计方差贡献率为 76.2%；第 2 个因子的方差贡献为 0.57，解释原有 7 个变量总方差的 8.1%（0.57÷7×100%），累计方差贡献率为 84.3%（(5.33+0.57)÷7×100%）。其余数据含义类似。在初始解中由于提取了 7 个因子，原有变量的总方差均被解释，累计方差贡献率为 100%。表 11－2（b）的第二列也说明了这点。

第二组数据项（第五列至第七列）描述了因子解的情况。可以看到：由于指定提取 2

个因子，2 个因子共解释了原有变量总方差的 84.3%。总体上，原有变量的信息丢失较少，因子分析效果较理想。

第三组数据项（第八列至第十列）描述了最终因子解的情况。可见，因子旋转后，总的累计方差贡献率没有改变，也就是没有影响原有变量的共同度，但重新分配了各个因子解释原有变量的方差，改变了各因子的方差贡献，使因子更易于解释。

在图 11-12 中，横坐标为因子编号，纵坐标为特征值。可以看到：第 1 个因子的特征值（方差贡献）很高，对解释原有变量的贡献最大；第 3 个以后的因子特征值都较小，对解释原有变量的贡献很小，已经成为可忽略的"高山脚下的碎石"，因此提取 2 个因子是合适的。

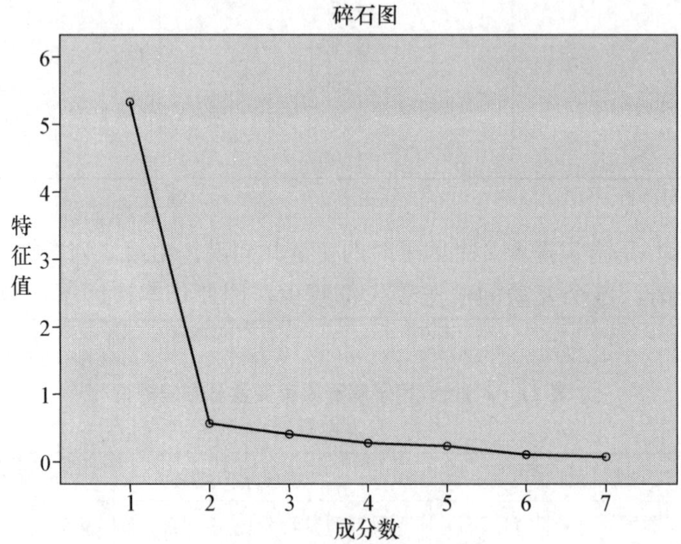

图 11-12　因子分析的碎石图

表 11-2（d）　因子载荷矩阵

成分矩阵[a]

	成分	
	1	2
港澳台经济单位	0.955	−0.095
集体经济单位	0.923	0.057
外商投资经济单位	0.911	−0.159
股份制经济单位	0.886	0.176
国有经济单位	0.872	0.086
联营经济单位	0.774	0.462
其他经济单位	0.770	−0.527

提取方法：主成分。

a. 已提取了 2 个成分。

表 11-2（d）显示了因子载荷矩阵，是因子分析的核心计算结果。根据该表可以写出本应用案例的因子分析模型：

$$港澳台经济单位=0.955f_1-0.095f_2$$

集体经济单位$=0.923f_1+0.057f_2$

外商投资经济单位$=0.911f_1-0.159f_2$

股份制经济单位$=0.886f_1+0.176f_2$

国有经济单位$=0.872f_1+0.086f_2$

联营经济单位$=0.774f_1+0.462f_2$

其他经济单位$=0.770f_1-0.527f_2$

由表 11-2（d）可知，7 个变量在第 1 个因子上的载荷都很高，意味着它们与第 1 个因子的相关程度高，第 1 个因子很重要；第 2 个因子与原有变量的相关性均较小，它对原有变量的解释作用不显著。另外还可以看到：这两个因子的实际含义比较模糊。

11.3.2.3　因子的命名解释

这里，采用方差极大法对因子载荷矩阵实行正交旋转以使因子具有命名解释性。指定按第 1 个因子载荷降序的顺序输出旋转后的因子载荷，并绘制旋转后的因子载荷图，具体操作如图 11-9 和图 11-11 所示，分析结果如表 11-3 所示。

表 11-3（a）　旋转后的因子载荷矩阵

旋转后的成分矩阵[a]

	成分	
	1	2
联营经济单位	0.883	0.180
股份制经济单位	0.773	0.467
集体经济单位	0.720	0.579
国有经济单位	0.702	0.524
其他经济单位	0.213	0.908
外商投资经济单位	0.566	0.731
港澳台经济单位	0.642	0.714

提取方法：主成分。
旋转法：具有 Kaiser 标准化的正交旋转法。
a. 旋转在 3 次迭代后收敛。

由表 11-3（a）可知，联营经济单位、股份制经济单位、集体经济单位、国有经济单位在第 1 个因子上有较高的载荷，第 1 个因子主要解释了这几个变量，可解释为内部投资经济单位；其他经济单位、外商投资经济单位、港澳台经济单位在第 2 个因子上有较高的载荷，第 2 个因子主要解释了这几个变量，可解释为外来投资经济单位。与旋转前相比，因子含义较清晰。

表 11-3（b）　因子协方差矩阵

成分得分协方差矩阵

成分	1	2
1	1.000	0.000
2	0.000	1.000

提取方法：主成分。
旋转法：具有 Kaiser 标准化的正交旋转法。
构成得分。

表 11－3（b）显示了两因子的协方差矩阵。可以看出：两因子没有线性相关性，实现了因子分析的设计目标。由图 11－13 可直观看出：联营经济单位、其他经济单位比较靠近两个因子坐标轴，这表明如果分别用第 1 个因子刻画联营经济单位，用第 2 个因子刻画其他经济单位，信息丢失较少，效果较好，但如果只用一个因子分别刻画其他变量，则效果不太理想。

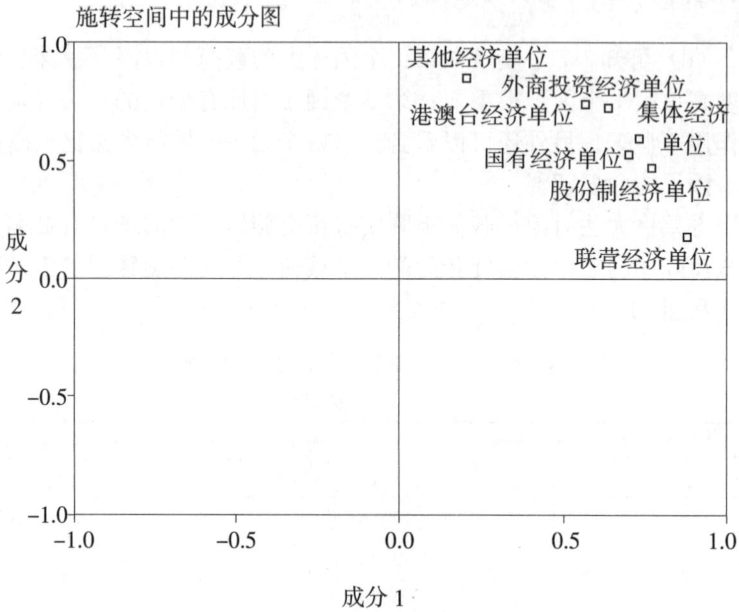

图 11－13 旋转后的因子载荷图

11.3.2.4 计算因子得分

这里，采用回归法估计因子得分系数，并输出因子得分系数。具体操作如图 11－10 所示，具体结果如表 11－4 所示。

表 11－4 因子得分系数矩阵

成分得分系数矩阵

	成分	
	1	2
国有经济单位	0.223	−0.002
集体经济单位	0.196	0.042
联营经济单位	0.656	−0.504
股份制经济单位	0.331	−0.117
外商投资经济单位	−0.062	0.322
港澳台经济单位	0.020	0.244
其他经济单位	−0.519	0.784

根据表 11－4 可写出以下因子得分函数：

$$F_1 = 0.223\text{国有} + 0.196\text{集体} + 0.656\text{联营} + 0.331\text{股份} - 0.062\text{外商} + 0.020\text{港澳台} - 0.519\text{其他}$$

$$F_2 = -0.002\,国有 + 0.042\,集体 - 0.504\,联营 - 0.117\,股份 + 0.322\,外商 + 0.244\,港澳台 + 0.784\,其他$$

由此可见，计算两个因子得分变量时，联营经济单位和其他经济单位的权重较高，但方向相反，这与因子的实际含义是相吻合的。另外，因子得分的均值为 0。正值表示高于平均水平，负值表示低于平均水平。

11.3.2.5　各省市自治区的综合评价

可利用因子得分变量对地区进行对比研究。

首先，绘制两因子得分变量的散点图，如图 11-14 所示。

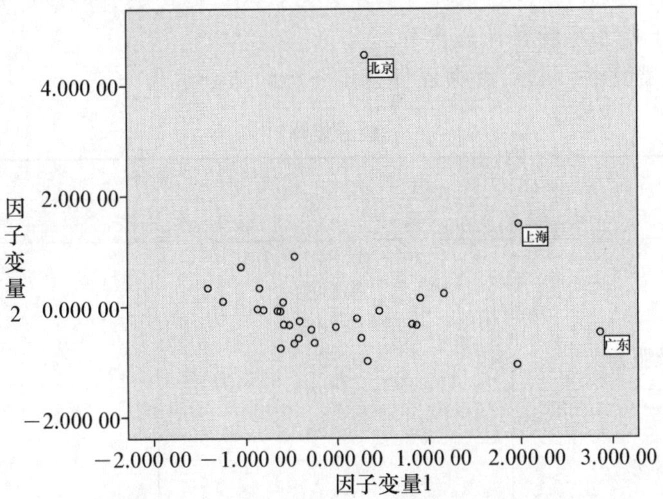

图 11-14　各地区两因子得分变量的散点图

观察图 11-14 可见，北京、上海以及广东是较为特殊的点（省市），其他地区较相似。北京的第 2 因子得分最高，表明外来投资经济单位的人均年收入远远高于其他省份；第 1 因子得分在平均值附近，表明内部投资经济单位的人均年收入与其他地区差异不大，处在平均水平上。上海的两个因子得分均比较高，都高于平均水平，因此总体上上海的人均年收入是较高的。广东的第 1 因子得分最高，表明内部投资经济单位的人均年收入远高于其他省市；第 2 因子得分略低于平均值，表明外来投资经济单位的人均年收入与其他地区差异不明显。

其次，对各地区人均年收入进行综合评价。这里采用计算因子加权总分的方法，其中权重的确定是关键。通常的做法是根据实际问题由专家组研究确定。这里，仅从单纯的数量上考虑，以两个因子的方差贡献率（旋转后的）为权数。于是，计算公式为：

$$F = 0.45/(0.45 + 0.39)F_1 + 0.39/(0.45 + 0.39)F_2$$

人均年收入较高的省区有北京、上海、广东、浙江、天津、福建和江苏等，多属经济文化中心或东南沿海地区。人均年收入较低的省区有内蒙古、山西、青海、黑龙江等，多为内陆或西北边远地区。

□ 练习题

1. 简述因子分析的主要步骤。

2. 对“基本建设投资分析.sav”数据进行因子分析。

(1) 利用主成分方法，以特征值大于1为原则提取因子变量，并从变量共同度角度评价因子分析的效果。如果因子分析效果不理想，再重新指定因子个数并进行分析，对两次分析结果进行对比。

(2) 对比未旋转的因子载荷矩阵和利用方差极大法进行旋转的因子载荷矩阵，直观理解因子旋转对因子命名可解释性的作用。

3. 利用“消费结构.sav”数据进行因子分析的部分结果如下：

成分矩阵[a]

	成分	
	1	2
食品	0.843	−0.435
衣着	0.596	0.687
居住	0.886	−0.057
家庭设备用品及服务	0.893	−0.090
医疗保健	0.720	0.478
交通和通信	0.898	−0.329
教育文化娱乐服务	0.965	−0.070
杂项商品和服务	0.894	0.120

提取方法：主成分。
a. 已提取了2个成分。

旋转成分矩阵[a]

	成分	
	1	2
食品	0.945	0.087
衣着	0.132	0.899
居住	0.777	0.429
家庭设备用品及服务	0.801	0.405
医疗保健	0.349	0.791
交通和通信	0.934	0.206
教育文化娱乐服务	0.851	0.460
杂项商品和服务	0.689	0.583

提取方法：主成分。
旋转法：具有Kaiser标准化的正交旋转法。
a. 旋转在3次迭代后收敛。

(1) 根据成分矩阵计算各变量的变量共同度以及各因子变量的方差贡献，并以此评价本次因子分析的总体效果是否理想。

(2) 根据旋转成分矩阵说明两个因子变量的含义。

第 12 章 Chapter 12 SPSS 的判别分析

本章要点

1. 明确判别分析的目标和要解决的问题。
2. 掌握判别分析的基本原理以及不同判别分析方法的主要特点。
3. 熟练掌握 SPSS 判别分析的软件操作，并能正确解读软件分析结果。

12.1 判别分析概述

判别分析是一种经典的多元统计分析方法，用于对分类型变量取值的分析和预测。

例如，收集到网上众多店铺经营的商品种类、品牌、型号、价格、是否有定期促销、交易量、访问量、卖家信息以及星级等数据，分析判别店铺的星级等。

判别分析能够在已有样本数据的基础上，分析类别变量与判别变量之间的数量关系，建立判别函数，最终实现对新数据类别变量取值的预测。这里，用于判别的变量称为判别变量，例如，价格、交易量、访问量等。被预测的变量称为类别变量，例如，店铺星级等。

> 根据类别变量的类别个数，可将判别分析分为两组（类别个数等于 2）判别分析和多组（类别个数大于 2）判别分析；根据所采用的数学模型，可将判别分析分为线性判别分析和非线性判别分析；根据判别准则，可将判别分析分为距离判别法、Fisher 判别法和贝叶斯判别法。

可见，判别分析与 Logistic 回归等方法有类似的分析目标，但判别分析注重类别的预测，不用于对影响因素的分析。

以下将分别介绍距离判别法、Fisher 判别法和贝叶斯判别法，并通过案例分析讨论 SPSS 判别分析的步骤和结果。

12.2 距离判别法

距离判别法，顾名思义，就是以距离为依据实现判别的方法。

12.2.1 距离判别的基本思路

设类别变量有 k 个类别，且有分别来自 k（$k \geqslant 2$）个类别总体的 k 个样本，每个样本都有若干判别变量为 x_1，x_2，…，x_p（$p>k$）的观测值，且判别变量均为数值型，并服从正态分布。

> 距离判别法的基本思路是：首先，将样本数据看成 p（p 个判别变量）维空间中的点；然后，分别计算出 k 个样本各判别变量的均值，作为 k 个类别的中心；最后，计算新数据点到各类别中心的马氏（Mahalanobis）距离，并根据距离最近的原则，新数据点距离哪个类别中心近则属于哪个类别。

首先，以两个类别总体为例直观说明距离判别的基本原理和计算方法。设有两个类别总体 G_1 和 G_2，从第一个总体中抽取 n 个样本观测，从第二个总体中抽取 m 个样本观测，每个样本均有 p 个判别变量。数据和计算得到的均值如表 12－1 所示。

表 12－1 计算示例

第一个样本	$x_{11}^{(1)}$ $x_{21}^{(1)}$ ⋮ $x_{n1}^{(1)}$	$x_{12}^{(1)}$ $x_{22}^{(1)}$ ⋮ $x_{n2}^{(1)}$	… … …	$x_{1p}^{(1)}$ $x_{2p}^{(1)}$ ⋮ $x_{np}^{(1)}$	第二个样本	$x_{11}^{(2)}$ $x_{21}^{(2)}$ ⋮ $x_{m1}^{(2)}$	$x_{12}^{(2)}$ $x_{22}^{(2)}$ ⋮ $x_{m2}^{(2)}$	… … …	$x_{1p}^{(2)}$ $x_{2p}^{(2)}$ ⋮ $x_{mp}^{(2)}$
均值（$\overline{\boldsymbol{X}}^{(1)}$）	$\bar{x}_1^{(1)}$	$\bar{x}_2^{(1)}$	…	$\bar{x}_p^{(1)}$	均值（$\overline{\boldsymbol{X}}^{(2)}$）	$\bar{x}_1^{(2)}$	$\bar{x}_2^{(2)}$	…	$\bar{x}_p^{(2)}$

设 $\boldsymbol{\mu}^{(1)}$ 和 $\boldsymbol{\Sigma}^{(1)}$ 为总体 G_1 的均值向量和协差阵，$\boldsymbol{\mu}^{(2)}$ 和 $\boldsymbol{\Sigma}^{(2)}$ 为总体 G_2 的均值向量和协差阵。当总体均值未知时，用各样本均值 $\overline{\boldsymbol{X}}^{(1)}$，$\overline{\boldsymbol{X}}^{(2)}$ 作为估计值。数据点 $\boldsymbol{X}$ 到总体 G_i 的平方马氏距离定义为：

$$D^2(\boldsymbol{X},G_i)=(\boldsymbol{X}-\boldsymbol{\mu}^{(i)})'(\boldsymbol{\Sigma}^{(i)})^{-1}(\boldsymbol{X}-\boldsymbol{\mu}^{(i)}),\quad i=1,2 \tag{12.1}$$

显然，平方马氏距离是点 $\boldsymbol{X}$ 到各类别中心的平方欧氏距离，用判别变量的协差阵做调整后得到的距离。协差阵调整后的距离相对欧氏距离能够更好地反映样本的似然。虽然数据点到类别中心的欧氏距离不同，但它们的概率密度值有可能相同。例如，在多元正态分布中，概率密度相同的观测点分布在同一椭圆上，虽然它们到中心的欧氏距离不同，但马氏距离视这些点与中心有相等的距离。

于是，可根据 $D^2(\boldsymbol{X}, G_1)$ 和 $D^2(\boldsymbol{X}, G_2)$ 进行判断：

- 如果 $D^2(\boldsymbol{X}, G_1)<D^2(\boldsymbol{X}, G_2)$，则 $\boldsymbol{X}\in G_1$，点 $\boldsymbol{X}$ 判属于第一类总体。
- 如果 $D^2(\boldsymbol{X}, G_2)<D^2(\boldsymbol{X}, G_1)$，则 $\boldsymbol{X}\in G_2$，点 $\boldsymbol{X}$ 判属于第二类总体。
- 如果 $D^2(\boldsymbol{X}, G_1)=D^2(\boldsymbol{X}, G_2)$，则无法判断。

进一步，设 $W(\boldsymbol{X})=D^2(\boldsymbol{X}, G_2)-D^2(\boldsymbol{X}, G_1)$ 为判别函数，则有

- 如果 $W(\boldsymbol{X})>0$，则 $\boldsymbol{X}\in G_1$，点 $\boldsymbol{X}$ 判属于第一类总体。
- 如果 $W(\boldsymbol{X})<0$，则 $\boldsymbol{X}\in G_2$，点 $\boldsymbol{X}$ 判属于第二类总体。
- 如果 $W(\boldsymbol{X})=0$，则无法判断。

12.2.2　判别函数的计算

计算判别函数时，应分以下两种情况考虑。

(1) 如果各总体的协差阵相等，平方马氏距离计算时采用合并的组内协差阵（Pooled Within-groups Covariance），记为 $\boldsymbol{\Sigma}$，定义为：

$$\boldsymbol{\Sigma}=\frac{1}{n_1+n_2-2}(\boldsymbol{S}_1+\boldsymbol{S}_2)$$

$$\boldsymbol{S}_i=\sum_{j=1}^{n_i}(\boldsymbol{X}_j^{(i)}-\bar{\boldsymbol{X}}^{(i)})(\boldsymbol{X}_j^{(i)}-\bar{\boldsymbol{X}}^{(i)})',\quad i=1,2 \tag{12.2}$$

式中，n_i 为第 i 类的样本量；$\boldsymbol{S}_i$ 为 SSCP（Sum of Square and Cross-Product）矩阵。整理后得到判别函数 $W(\boldsymbol{X})$ 为：

$$W(\boldsymbol{X})=(\boldsymbol{X}-\bar{\boldsymbol{X}})'\boldsymbol{\Sigma}^{-1}(\bar{\boldsymbol{X}}^{(1)}-\bar{\boldsymbol{X}}^{(2)}) \tag{12.3}$$

式中，$\bar{\boldsymbol{X}}=\frac{1}{2}(\bar{\boldsymbol{X}}^{(1)}+\bar{\boldsymbol{X}}^{(2)})$。

可见，该判别函数为线性判别函数，$W(\boldsymbol{X})=0$ 代表的是能够分隔两类总体的一条线或平面或超平面，落在其上的数据点，判别函数值为 0，形成的点轨迹为图 12-1 中的虚线。

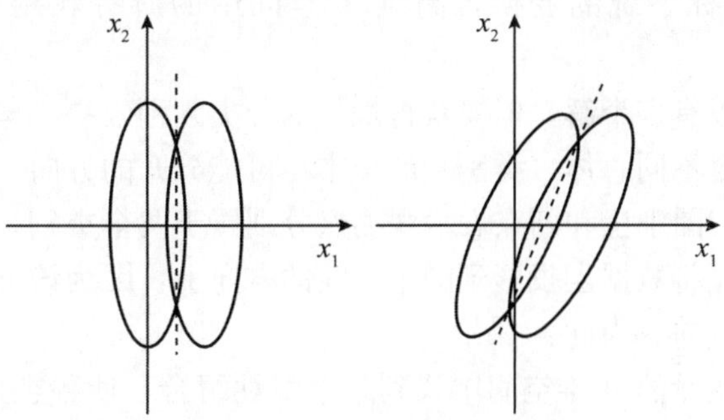

图 12-1　距离判别原理示意图

图 12-1 中，左图为判别变量 x_1 和 x_2 不相关的情况，右图为线性相关的情况。可见，判别函数等于 0 时所对应的分隔线与两类的中心连线垂直且垂足为连线的中点。

(2) 如果各总体的协差阵不相等，平方马氏距离计算时采用各类别自身的协差阵

(Separated-groups Covariance)。整理后的判别函数 $W(\boldsymbol{X})$ 为：

$$W(\boldsymbol{X})=(\boldsymbol{X}-\overline{\boldsymbol{X}}^{(2)})'(\boldsymbol{\Sigma}^{(2)})^{-1}(\boldsymbol{X}-\overline{\boldsymbol{X}}^{(2)})-(\boldsymbol{X}-\overline{\boldsymbol{X}}^{(1)})'(\boldsymbol{\Sigma}^{(1)})^{-1}(\boldsymbol{X}-\overline{\boldsymbol{X}}^{(1)}) \quad (12.4)$$

该判别函数是一个二次判别函数，它是一条分隔曲线或一个分隔曲面。

距离判别的目的是最终确定这条分隔线或平面或超平面，即求 $D^2(\boldsymbol{X}, G_2)=D^2(\boldsymbol{X}, G_1)$ 时 $\boldsymbol{X}$ 的解。因此，距离判别法直观易懂。

值得注意的是，当两个总体的均值差异不显著时，判别分析的错判概率是很大的，也就是说，只有当两个总体的均值存在显著差异时，判别分析才有意义。

12.3 Fisher 判别法

12.3.1 Fisher 判别的基本思路

Fisher 判别也称典型判别，其基本思想是先投影再判别，其中投影是 *Fisher* 判别的核心。

所谓投影，是将原来 p 维 $\boldsymbol{X}$ 空间的观测点投影到 m（$m \leqslant p$）维 $\boldsymbol{Y}$ 空间中。将这里的 $\boldsymbol{Y}$ 空间称为 Fisher 判别空间。Fisher 判别的判别函数是判别变量的线性函数形式，即

$$y=a_1x_1+a_2x_2+\cdots+a_px_p \quad (12.5)$$

式中，系数 a_i 为判别系数，表示各输入变量对判别函数的影响；y 为低维 $\boldsymbol{Y}$ 空间中的某个维度。

判别函数通常为多个，于是得到低维 $\boldsymbol{Y}$ 空间中的多个维度 y_1，y_2，…，y_m。这样，通过对原数据坐标系统的变换，高维 $\boldsymbol{X}$ 空间中的所有观测点都将变换到低维 $\boldsymbol{Y}$ 空间中。

以上线性组合可以有多个解，但要获得理想的分类判别效果，坐标系统变换的原则是应尽量找到能够将来自不同总体（类别）的样本尽可能分开的方向。

以图 12-2 为例，图中星和圆点表示观测点分别属于两个类别。为了有效地将两个类别的样本点分开，可先将数据点投影到图中斜线的方向上，因为该方向是将来自不同总体的样本尽可能分开的方向。为此：

首先，应在判别变量的 p 维空间中找到某个线性组合，使各类别的平均值差异最大，作为第一维度，代表判别变量组间（类别变量不同类别间）方差中的最大部分，得到第一判别函数。

然后，按照同样规则依次找到第二判别函数、第三判别函数等，且判别函数之间独立。

由于得到的每个判别函数都可以反映判别变量组间方差的一部分，各判别函数所代表

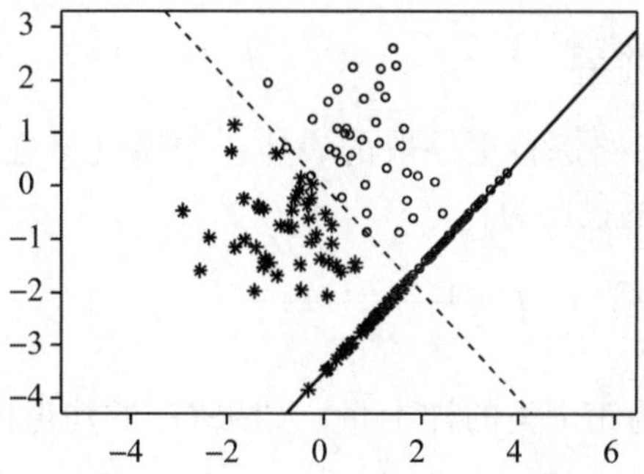

图 12－2　Fisher 判别的投影示意图

的组间方差比例之和为 100%。显然，前面的判别函数对于分类来说相对重要，后面的判别函数由于只代表很少一部分方差而可以忽略。

仍以表 12－1 为例。假设所建立的判别函数为 $y=a_1x_1+a_2x_2+\cdots+a_px_p$。将属于两个不同类别的样本数据代入判别函数中，则有

$$y_j^{(1)}=a_1x_{j1}^{(1)}+a_2x_{j2}^{(1)}+\cdots+a_px_{jp}^{(1)},\quad j=1,2,\cdots,n$$

$$y_j^{(2)}=a_1x_{j1}^{(2)}+a_2x_{j2}^{(2)}+\cdots+a_px_{jp}^{(2)},\quad j=1,2,\cdots,m$$

$$\bar{y}^{(1)}=\sum_{i=1}^{p}a_i\bar{x}_i^{(1)}$$

$$\bar{y}^{(2)}=\sum_{i=1}^{p}a_i\bar{x}_i^{(2)}$$

为使判别函数很好地区分两类样本，希望 $\bar{y}^{(1)}$ 和 $\bar{y}^{(2)}$ 相差越大越好，且各组内的离差平方和越小越好，即式（12.6）越大越好。

$$I=\frac{(\bar{y}^{(1)}-\bar{y}^{(2)})^2}{\sum_{j=1}^{n}(y_j^{(1)}-\bar{y}^{(1)})^2+\sum_{j=1}^{m}(y_j^{(2)}-\bar{y}^{(2)})^2}\tag{12.6}$$

式中，分子为组间离差；分母为组内离差平方和。应找到使 I 达到最大的系数向量 $\boldsymbol{a}$。

以图 12－1 为例，Fisher 判别函数对应的方向如图 12－3 中的粗箭头所示。

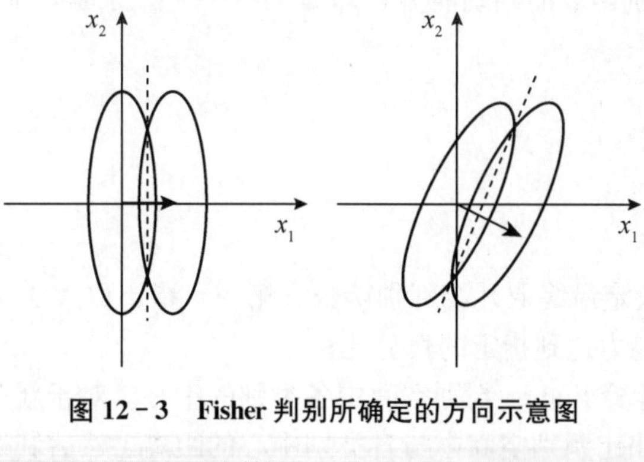

图 12－3　Fisher 判别所确定的方向示意图

显然，Fisher 判别函数和距离判别函数等于 0 对应的直线或平面之间是相互垂直的。

12.3.2 Fisher 判别的计算

利用矩阵形式对上述思路进行更一般的表述：如果点 $\boldsymbol{x}$ 在以 $\boldsymbol{a}$ 为法方向上的投影为 $\boldsymbol{a}'\boldsymbol{x}$，则第 i 类样本观测点的投影为：

$$G_i: \boldsymbol{a}'\boldsymbol{x}_1^{(i)},\cdots,\boldsymbol{a}'\boldsymbol{x}_{n_i}^{(i)},\quad i=1,2,\cdots,k$$

式中，k 为类别个数；n_i 为第 i 类的样本量。如果 G_i 的均值向量为 $\boldsymbol{a}'\boldsymbol{x}^{(i)}=\dfrac{1}{n_i}\sum_{j=1}^{n_i}\boldsymbol{a}'\boldsymbol{x}_j^{(i)}$ （$i=1$，2，…，k），则 k 类投影的总均值向量为 $\boldsymbol{a}'\boldsymbol{x}=\dfrac{1}{n}\sum_{i=1}^{k}\sum_{j=1}^{n_i}\boldsymbol{a}'\boldsymbol{x}_j^{(i)}$。$n$ 为总样本量。

于是，组间离差平方和为：

$$\begin{aligned}\text{SSG}&=\sum_{i=1}^{k}n_i(\boldsymbol{a}'\boldsymbol{x}^{(i)}-\boldsymbol{a}'\boldsymbol{x})^2\\&=\boldsymbol{a}'\left[\sum_{i=1}^{k}n_i(\boldsymbol{x}^{(i)}-\boldsymbol{x})(\boldsymbol{x}^{(i)}-\boldsymbol{x})'\right]\boldsymbol{a}=\boldsymbol{a}'\boldsymbol{B}\boldsymbol{a}\end{aligned}\tag{12.7}$$

式中，$\boldsymbol{B}$ 为组间 SSCP 矩阵。组内离差平方和为：

$$\begin{aligned}\text{SSE}&=\sum_{i=1}^{k}\sum_{j=1}^{n_i}(\boldsymbol{a}'\boldsymbol{x}_j^{(i)}-\boldsymbol{a}'\boldsymbol{x}^{(i)})^2\\&=\boldsymbol{a}'\left[\sum_{i=1}^{k}\sum_{j=1}^{n_i}(\boldsymbol{x}_j^{(i)}-\boldsymbol{x}^{(i)})(\boldsymbol{x}_j^{(i)}-\boldsymbol{x}^{(i)})'\right]\boldsymbol{a}=\boldsymbol{a}'\boldsymbol{E}\boldsymbol{a}\end{aligned}\tag{12.8}$$

式中，$\boldsymbol{E}$ 为组内 SSCP 矩阵。

于是，希望寻找 $\boldsymbol{a}$ 使得 SSG 尽可能大而 SSE 尽可能小，即 $\Delta(\boldsymbol{a})=\dfrac{\boldsymbol{a}'\boldsymbol{B}\boldsymbol{a}}{\boldsymbol{a}'\boldsymbol{E}\boldsymbol{a}}\to\max$。可以证明使 $\Delta(\boldsymbol{a})$ 最大的值为方程 $|\boldsymbol{B}-\lambda\boldsymbol{E}|=0$ 的最大特征值 λ_1。

记方程 $|\boldsymbol{B}-\lambda\boldsymbol{E}|=0$ 的全部特征值为 λ_1，λ_2，…，λ_p（$\lambda_1\geqslant\lambda_2\geqslant\cdots\geqslant\lambda_p>0$），相应的特征向量为 $\boldsymbol{v}_1$，$\boldsymbol{v}_2$，…，$\boldsymbol{v}_p$，则第 i 个判别函数为 $y_i(\boldsymbol{x})=\boldsymbol{v}_i'\boldsymbol{x}=\boldsymbol{a}_i'\boldsymbol{x}$。

记 S_i 为第 i 个判别函数的判别能力，即 $S_i=\dfrac{\lambda_i}{\sum_{i=1}^{p}\lambda_i}$。于是，前 m 个判别函数的判别能力为：$\sum_{i=1}^{m}S_i=\dfrac{\sum_{i=1}^{m}\lambda_i}{\sum_{i=1}^{p}\lambda_i}$。

可依据两个标准决定最终取几个判别函数：第一，指定取大于 1 的特征值；第二，前 m 个判别函数的判别能力达到指定的百分比。

判别时，应首先计算 Fisher 判别空间中各类别的中心。对于新观测 $\boldsymbol{X}$，计算其 Fisher 判别函数值，以及 Fisher 判别空间中与各类别中心的距离，然后利用距离判别法，判别其属于的类别。

12.4　贝叶斯判别法

12.4.1　贝叶斯判别的基本思路

当类别变量有 k 个分类时，按照上述 Fisher 判别法，需要建立 C_k^2 个距离判别函数，进行两两类别间的逐对判别。当 k 较大时，判别函数会较多，计算量会增加，判别效率也会降低。于是，通常的解决思路是采用贝叶斯（Bayes）判别法。

贝叶斯判别属于贝叶斯方法范畴。贝叶斯方法是一种研究不确定性的推理方法，其不确定性用贝叶斯概率来表示，且这种概率是一种主观概率。

通常经典概率反映的是事件的客观特征，如抛硬币可能出现正反面两种情况，经典概率代表硬币某面朝上的概率，这个概率不会随人们主观意识的变化而变化。贝叶斯概率则不同，它是人们对事物发生概率的主观估计。抛硬币问题反映的是人们对某面朝上的置信程度。

贝叶斯概率的估计取决于先验知识的正确性和后验知识的丰富性，必然会随人们掌握信息的不同程度而发生变化，随人们主观意识的改变而改变。例如，某部新影片上映后获得理想票房收入的概率，在电影未上映之前，主要取决于电影发行商多年的经验和对电影内容的基本把握，是一种个人信念。在电影上映过程中，这个概率必然得到调整，它取决于当时的电影市场状况等因素。再如，新产品开发人员认为某新产品在市场上受到欢迎的概率是某个值，其依据的是对市场一般信息的掌握程度。一旦市场环境发生变化，这个主观概率必然会随之增大或减小。因此，先验知识和后期信息是贝叶斯概率估计的关键。

贝叶斯判别的主要思路是，在先验概率的基础上，利用判别函数所提供的信息对先验概率进行调整，最后得到某个样本观测属于各个类别的概率估计。具体为：

首先，计算样本观测 $\boldsymbol{X}$ 属于总体 $G_i(i=1, 2, \cdots, k)$ 的概率，记为 $p(G_i \mid \boldsymbol{X})$。

然后，根据 k 个概率值的大小做决策，样本观测 $\boldsymbol{X}$ 应属于概率最大的类别（总体）。

当然，这种决策方案是基于错判损失相等的前提，即实际为 i 类但错误地判为 j 类的损失与实际为 j 类而错误地判为 i 类的损失相等，否则，决策会倾向于选择错判损失较小的类。

12.4.2　贝叶斯判别的计算

这里，重点讨论如何计算概率 $p(G_i \mid \boldsymbol{X})$。贝叶斯判别中，为计算 $p(G_i \mid \boldsymbol{X})$，应考虑以下方面：

（1）计算先验概率。这里，先验概率是指随机抽取一个样本观测属于总体 $G_i(i=1, 2, \cdots, k)$ 的概率，记为 $p(G_i)$，可将其视为先验知识。设 k 个总体 $G_1, G_2, \cdots, G_k$ 的先验概率分别为 $q_1, q_2, \cdots, q_k$。先验概率可以根据样本直接获得，也可以依据熵最大原则，令 $q_1=q_2=\cdots=q_k$。

（2）计算样本似然。这里，样本似然是指在总体 $G_i(i=1, 2, \cdots, k)$ 中抽到样本观

测 $\boldsymbol{X}$ 的概率或概率密度，记为 $p(\boldsymbol{X} \mid G_i)$。

以两个总体为例。如果判别变量服从多元正态分布，且各总体（类别）的协差阵相等，则在总体 G_1 中抽到样本观测 $\boldsymbol{X}$ 的概率密度为：

$$p(\boldsymbol{X}|G_1)=\frac{1}{|\boldsymbol{\Sigma}|\sqrt{2\pi}}\exp\left[-\frac{1}{2}(\boldsymbol{X}-\boldsymbol{\mu}^{(1)})'(\boldsymbol{\Sigma})^{-1}(\boldsymbol{X}-\boldsymbol{\mu}^{(1)})\right] \tag{12.9}$$

即为多元正态分布的密度函数。其中，$|\boldsymbol{\Sigma}|$ 是协差阵的行列式值，称为广义方差；中括号部分为平方马氏距离的 $-1/2$，于是有

$$p(\boldsymbol{X}|G_1)=\frac{1}{|\boldsymbol{\Sigma}|\sqrt{2\pi}}\exp\left(-\frac{1}{2}D_1^2\right) \tag{12.10}$$

同理，在总体 G_2 中抽到样本观测 $\boldsymbol{X}$ 的概率密度为：

$$p(\boldsymbol{X}|G_2)=\frac{1}{|\boldsymbol{\Sigma}|\sqrt{2\pi}}\exp\left(-\frac{1}{2}D_2^2\right) \tag{12.11}$$

（3）计算样本观测属于总体 $G_i(i=1, 2, \cdots, k)$ 的概率 $p(G_i \mid \boldsymbol{X})$。根据贝叶斯公式，用样本似然调整先验概率，有

$$p(G_i|\boldsymbol{X})=\frac{q_i p(\boldsymbol{X}|G_i)}{\sum_{j=1}^{k} q_j p(\boldsymbol{X}|G_j)},\quad i=1,2,\cdots,k \tag{12.12}$$

由于 $p(\boldsymbol{X} \mid G_i)$ 与 $\exp\left(-\frac{1}{2}D_i^2\right)$ 成比例，因此，贝叶斯概率为：

$$p(G_i|\boldsymbol{X})=\frac{q_i \exp(-D_i^2/2)}{\sum_{j=1}^{k} q_j \exp(-D_j^2/2)},\quad i=1,2,\cdots,k \tag{12.13}$$

样本观测 $\boldsymbol{X}$ 应属于 $p(G_i|\boldsymbol{X})$ 最大的类。

贝叶斯判别将以贝叶斯判别函数的形式以及判别得分给出各类别归属的可能性。

12.5 判别分析的应用

案例 12-1

现有某商学院招收 MBA 学生的模拟数据，变量包括：大学平均成绩（$x1$）、管理才能评分（$x2$）以及录取结果（y，1 表示录取，2 表示不录取，3 表示待定）。针对该数据，建立该学院 MBA 学生录取的判别分析模型，预测新学生的录取结果。具体数据在可供下载的压缩包中，文件名为“MBA 录取情况 .sav”。

12.5.1 判别分析的基本操作

判别分析的基本操作步骤如下。

（1）选择菜单：【分析(A)】→【分类(F)】→【判别(D)】。出现如图 12－4 所示的窗口。

（2）选择类别变量到【分组变量(G)】框中，点击 定义范围(D) 按钮给出类别变量的类别值范围。这里，选择“录取结果”y，类别取值范围是 1～3。

（3）选择判别变量到【自变量(I)】框中。这里，选择“大学平均成绩”和“管理才能评分”。

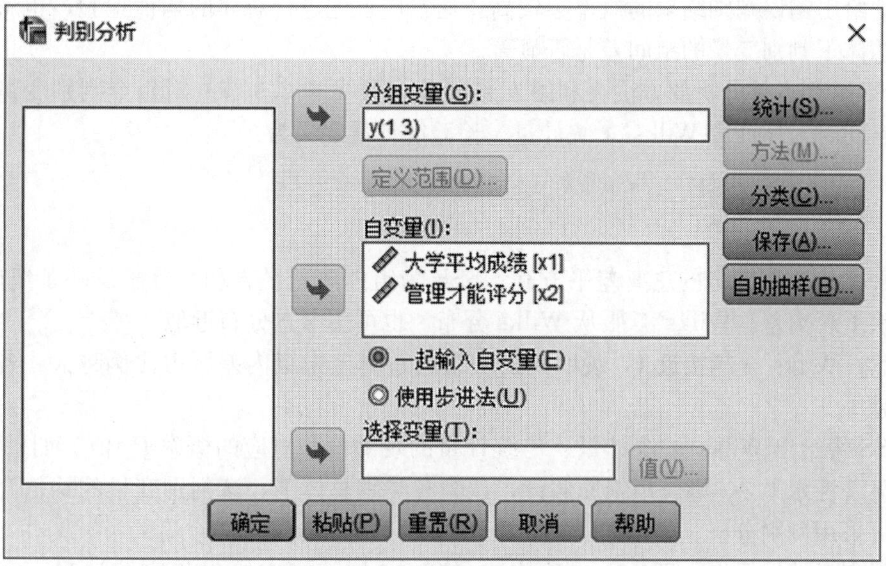

图 12－4　判别分析窗口

（4）指定判别变量进入判别函数的策略。【一起输入自变量(E)】选项表示所有判别变量同时进入，为默认策略；【使用步进法(U)】为逐步筛选策略。

如果采用默认策略，虽然所有判别变量都出现在判别函数中，但它们的判别能力往往是不同的，有的作用大，有的作用小。如果判别能力很低的输入变量仍保留在判别函数中，不仅会增加计算量，而且会影响整体的判别效果，因此可采用逐步筛选策略，只挑选具有高判别能力的输入变量进入判别函数。

逐步筛选法与回归分析中的逐步回归策略思想类似，采用的是“有进有出”的策略，即逐步引入“最重要”的判别变量进入判别函数。同时，每引入一个判别变量，都要考察已经进入判别函数的判别变量，判断它们是否因为后续判别变量的引入而变得不再“重要”，也许它们的作用已被后续引进的判别变量的组合替代。如果作用不再显著，则应从判别函数中剔除“最不重要”的，直到没有判别变量进入判别函数，且没有判别变量可以被剔除出判别函数为止。最终，判别函数中仅保留那些判别能力显著的判别变量。

显然，变量进入和被剔除出判别函数都需要进行统计检验，选择【使用步进法(U)】选项后可点击 方法(M) 按钮选择统计检验方法。通常选择 Wilks 检验，依次选择当前使 Wilks' λ 统计量减少最多且显著的判别变量进入判别函数，详见 12.5.2 节。

（5）如果只对符合一定条件的观测进行分析，则可选择一个条件判断变量到【选择变量(T)】框中，并点击 值(V) 按钮，给出判断值。

12.5.2 判别分析的准备工作：均值检验和协差阵齐性检验

12.5.2.1 均值检验

要使判别分析的效果较为理想，多个类别总体下的各判别变量的均值应存在显著差异，否则给出错误判别结果的概率会较高。通常应首先进行总体的均值检验，也就是判断各类别总体下判别变量的组间差是否显著。

SPSS 采用方差分析的方法，利用 F 统计量（详见 6.2.3 节）对每个判别变量逐个进行检验。同时，还计算 Wilks' λ 统计量。检验统计量定义为：

$$\text{Wilks' } \lambda = \frac{\text{SSE}}{\text{SST}} \tag{12.14}$$

式中，SST 为判别变量的总离差平方和；SSE 为组内离差平方和。分子反映了组内离差，分母反映了总离差。Wilks' λ 服从 Wilks 分布，也可用卡方分布近似。

显然，Wilks' λ 越接近 1，说明判别变量的总离差中组内差所占比例越大，各组间均值差异越小。

SPSS 将给出 Wilks' λ 统计量、F 统计量的观测值和对应的概率 P-值。如果概率 P-值小于显著性水平 α，则应拒绝原假设，认为各类别总体下，该判别变量的均值存在显著差异，可采用判别分析。

为得到上述结果，在图 12-4 中点击 统计(S) 按钮指定输出相应统计量，窗口如图 12-5 所示。

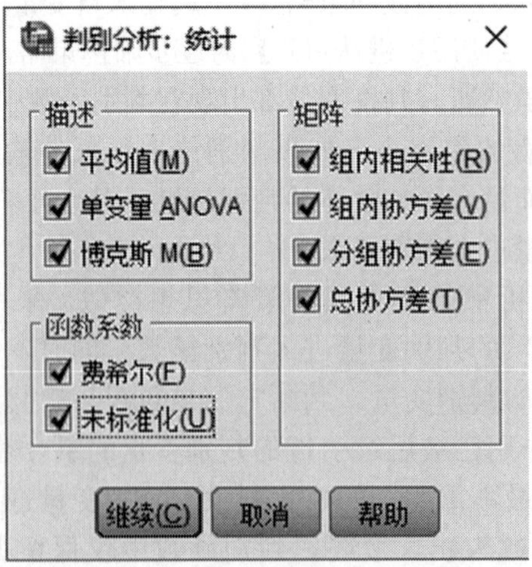

图 12-5 判别分析的统计量窗口

其中：

（1）【平均值(M)】选项：表示输出各类别组判别变量的基本描述统计量，如表 12-2（a）所示。

表 12-2 (a) 案例分析结果(一)

组统计量

录取结果		均值	标准差	有效的 N(列表状态)	
				未加权的	已加权的
录取	大学平均成绩	3.418 7	0.288 21	31	31.000
	管理才能评分	5.602 6E2	67.777 07	31	31.000
不录取	大学平均成绩	2.457 1	0.166 20	28	28.000
	管理才能评分	4.421 1E2	67.147 34	28	28.000
待定	大学平均成绩	2.985 8	0.185 56	26	26.000
	管理才能评分	4.431 2E2	50.894 66	26	26.000
合计	大学平均成绩	2.969 5	0.459 18	85	85.000
	管理才能评分	4.855 1E2	84.302 97	85	85.000

表 12-2 (a) 给出了录取、不录取以及待定三组(类)中大学平均成绩和管理才能评分的均值和标准差。可见,录取组的大学平均成绩和管理才能评分均值最高,待定组次之,不录取组的成绩最低。

(2) 【单变量 ANOVA(A)】选项:表示进行均值检验。分析结果如表 12-2 (b) 所示。

表 12-2 (b) 案例分析结果(二)

组均值的均等性的检验

	Wilks' Lambda	F	df1	df2	Sig.
大学平均成绩	0.231	136.174	2	82	0.000
管理才能评分	0.543	34.474	2	82	0.000

表 12-2 (b) 给出了两个判别变量的 Wilks' λ 值,方差分析的 F 统计量的观测值、自由度和概率 P-值。如果显著性水平 α 为 0.05,由于概率 P-值小于显著性水平 α,应拒绝原假设,说明各类别总体下判别变量的均值存在显著差异。这里,三组的大学平均成绩和管理才能评分的均值存在显著差异。

12.5.2.2 协差阵齐性检验

在距离判别中,各类别总体的协差阵相等和不相等将采用不同的判别函数,因此,应观察判断协差阵是否存在显著差异,或采用 Box's M 法进行检验。

在图 12-5 所示的统计量窗口中:

(1) 【分组协方差(E)】和【总协方差(T)】选项:表示输出各类别下各判别变量的协差阵和总的协差阵,如表 12-2 (c) 所示。

(2) 【组内协方差(V)】和【组内相关性(R)】选项:表示输出各判别变量合并的类内协差阵和相关系数矩阵,如表 12-2 (d) 所示。

表 12-2（c） 案例分析结果（三）

协方差矩阵

录取结果		大学平均成绩	管理才能评分
录取	大学平均成绩	0.083	3.419
	管理才能评分	3.419	4 593.731
不录取	大学平均成绩	0.028	−0.035
	管理才能评分	−0.035	4 508.766
待定	大学平均成绩	0.034	−6.061
	管理才能评分	−6.061	2 590.266
合计	大学平均成绩	0.211	18.997
	管理才能评分	18.997	7 106.991

表 12-2（d） 案例分析结果（四）

汇聚的组内矩阵

		大学平均成绩	管理才能评分
协方差	大学平均成绩	0.050	−0.609
	管理才能评分	−0.609	3 954.942
相关性	大学平均成绩	1.000	−0.043
	管理才能评分	−0.043	1.000

表 12-2（c）给出了录取、不录取、待定三组（类）的大学平均成绩和管理才能评分的协差阵和总协差阵。可以看到，各组的协差阵有比较大的差异。比如，录取组大学平均成绩和管理才能评分的协方差为正，是正相关，而其他两组为负，是负相关。可考虑采用二次判别函数。

表 12-2（d）的第一行为合并的类内协差阵，是依据表 12-2（c）前三个矩阵计算 SSCP 后求和并除以自由度得到的结果。第二行为相关系数矩阵。

(3)【Box's M(B)】选项：表示采用 Box's M 法进行方差齐性检验。

通过直接观察判断协差阵是否齐性是较为粗略的，可采用 Box's M 法进行检验。该检验的原假设 H_0 是各类别的协差阵无显著差异，即 $\boldsymbol{\Sigma}_1=\boldsymbol{\Sigma}_2=\cdots=\boldsymbol{\Sigma}_k=\boldsymbol{\Sigma}$，检验统计量定义为：

$$M=\prod_g\left(\frac{|\boldsymbol{C}_{W(g)}|}{|\boldsymbol{C}_W|}\right)^{(n_g-1)/2} \tag{12.15}$$

式中，g 表示第 g 类，取值范围是 $1\sim k$；$\boldsymbol{C}_{W(g)}$ 为第 g 类的协差阵；$\boldsymbol{C}_W$ 为合并的类内协差阵；n_g 为第 g 类的样本量。为方便计算，通常对式（12.15）取对数并变换：

$$B=(1-C)\left\{\sum_g[(n_g-1)\ln|\boldsymbol{C}_W|]-\sum_g[(n_g-1)\ln|\boldsymbol{C}_{W(g)}|]\right\} \tag{12.16}$$

式中

$$C=\left[\sum_g\frac{1}{(n_g-1)}-\frac{1}{\sum_g(n_g-1)}\right]\left[\frac{2p^2+3p-1}{6(p+1)(G-1)}\right] \tag{12.17}$$

式中，p 为判别变量的个数；G 为类别个数。该统计量近似服从 $\frac{1}{2}p(p+1)(G-1)$ 个自由度的卡方分布。

容易理解，B 统计量反映了各组协差阵对数行列式值与合并的类内协差阵对数行列式值的差异。如果原假设成立，则不应有显著差异。SPSS 将给出统计量的观测值和概率 P-值，如表 12－2（e）和表 12－2（f）所示。

表 12－2（e） 案例分析结果（五）

对数行列式

录取结果	秩	对数行列式
录取	2	5.913
不录取	2	4.825
待定	2	3.960
汇聚的组内	2	5.285

表 12－2（e）给出了各类的协差阵以及合并的类内协差阵的对数行列式值。

表 12－2（f） 案例分析结果（六）

检验结果

箱的 M		26.694
F	近似	4.291
	df1	6
	df2	1.467E5
	Sig.	0.000

表 12－2（f）给出了 M，B 统计量的观测值，以及对应的概率 P-值，为 0.00。如果显著性水平 α 为 0.05，由于概率 P-值小于显著性水平 α，应拒绝原假设，认为各类别总体下的判别变量协差阵存在显著差异。

12.5.3 解读判别结果

基于前面的分析，在图 12－4 所示的判别分析窗口中，点击 分类(C) 按钮进行参数设置，窗口如图 12－6 所示。

在【先验概率】框中指定贝叶斯判别中的先验概率。【所有组相等(A)】表示采用最大熵原则，各类别的先验概率相等；【根据组大小计算(C)】表示将样本中各类别的比例作为先验概率。这里，采用第一个选项。

在【使用协方差矩阵】框中指定距离计算时采用哪种协差阵。【组内(W)】表示采用合并的类内协差阵；【分组(P)】表示采用各类的协差阵。由协差阵齐性检验可知，应选择第二个选项。

12.5.3.1 Fisher 判别函数

在图 12－5 中选择【函数系数】框中的【未标准化(U)】选项，表示输出非标准化的 Fisher 判别函数，如表 12－3（a）所示，否则仅输出标准化的判别函数。

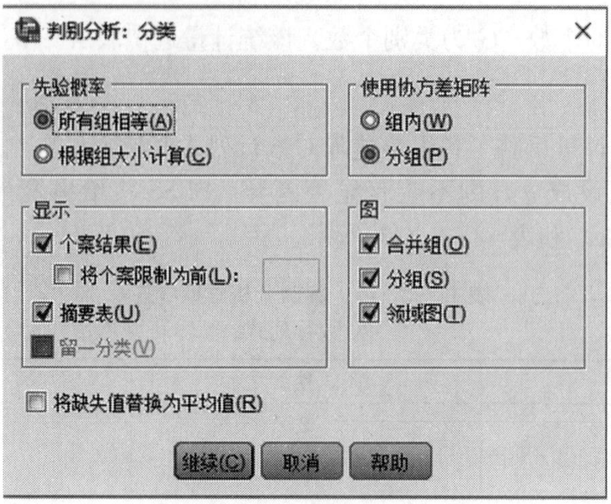

图 12-6　判别分析的分类窗口

表 12-3（a）　案例分析结果（七）

典型判别式函数系数

	函数	
	1	2
大学平均成绩	4.086	−1.831
管理才能评分	0.007	0.014
（常量）	−15.595	−1.470

非标准化系数。

表 12-3（a）是 Fisher 判别函数的非标准化的系数矩阵。两个判别函数如下：

$$y_1 = -15.595 + 4.086x_1 + 0.007x_2$$
$$y_2 = -1.470 - 1.831x_1 + 0.014x_2$$

将所有观测原始变量 x_1（大学平均成绩）和 x_2（管理才能评分）的值代入上式，可计算出各样本观测点投影到 Fisher 判别空间（$\boldsymbol{Y}$）中的坐标。需要注意的是，SPSS 将 Fisher 判别空间的坐标原点移动到观测全体的总中心（−15.595，−1.470）位置上。因此，这里的 y_1 和 y_2 分别为观测点与总中心在 Fisher 判别空间的 y_1 和 y_2 轴上的距离（坐标值之差）。判别函数有常数项。

在该空间中，三类样本（录取、不录取、待定）的类中心位置如表 12-3（b）所示。

表 12-3（b）　案例分析结果（八）

组质心处的函数

录取结果	函数	
	1	2
录取	2.368	0.241
不录取	−2.403	0.321
待定	−0.236	−0.633

进一步，为探究原始变量对 Fisher 判别空间中样本观测点位置确定的贡献程度，通常采用标准化判别系数。标准化判别系数克服了由原始变量量纲差异造成的影响，如表 12-3（c）所示。

表 12-3（c） 案例分析结果（九）

标准化的典型判别式函数系数

	函数	
	1	2
大学平均成绩	0.913	−0.409
管理才能评分	0.449	0.895

新空间中，第一坐标位置主要取决于大学平均成绩（系数为 0.913，大于 0.449），第二坐标位置主要由管理才能评分决定（系数为 0.895，大于−0.409 的绝对值）。

12.5.3.2 判别能力检验

Fisher 判别函数的投影是否很好地实现了将各类样本分开的目的，哪个判别函数更重要，结果如表 12-4（a）和表 12-4（b）所示。

表 12-4（a） 案例分析结果（十）

特征值

函数	特征值	方差的%	累计%	正则相关性
1	4.110[a]	95.7	95.7	0.897
2	0.184[a]	4.3	100.0	0.394

a. 分析中使用了前 2 个典型判别式函数。

表 12-4（b） 案例分析结果（十一）

Wilks 的 Lambda

函数检验	Wilks 的 Lambda	卡方	df	Sig.
1 到 2	0.165	146.710	4	0.000
2	0.845	13.773	1	0.000

表 12-4（a）显示了两个特征值（Eigenvalue）、所解释方差的百分比、所解释方差的累计百分比以及典型相关系数。可以看到，第一判别函数的特征值为 4.11，可解释判别变量各类之间方差总和（4.11+0.184）的 95.7%，第一判别函数很重要；第二判别函数解释方差的能力较低，仅有 4.3%，可以略去，即 Fisher 判别空间仅为一维空间。如果略去第二个判别函数，结合前表则知，判别的主要依据是大学平均成绩。

第 5 列为典型相关系数。典型相关系数依特征值计算，计算公式为：

$$\text{Can. corr}_i=\sqrt{\frac{\text{Eigenvalue}_i}{1+\text{Eigenvalue}_i}} \tag{12.18}$$

显然，典型相关系数越大，说明该判别函数轴上的类别差异越明显。第一个判别函数明显优于第二个。

表 12-4（b）是 Wilks 检验结果，即从统计检验角度分析哪些判别函数的判别能力是显著的，哪些是不显著的。它从各判别函数联合判别能力的检验入手，采用 Wilks' λ 统计量反向测度。

$$\text{Wilks' }\lambda_i = \prod_{i}^{I} \frac{1}{1+\text{Eigenvalue}_i} \tag{12.19}$$

式中，i 为第 i 个判别函数；I 为最后一个判别函数。该统计量以特征值倒数积的形式反映了判别函数的整体判别能力，其值越小说明整体判别能力越强。

表 12-4（b）第一行的 0.165 是式（12.19）中 i 取 1～2 时的计算结果，即根据第一个特征值和第二个特征值计算得到，反映的是前两个判别函数的整体判别能力。进一步，可进行显著性检验，原假设 H_0 为组间差为 0，意味着当前判别函数的整体判别能力弱。检验统计量是在 Wilks' λ 基础上构建的：

$$\chi_i^2 = -\left(n - \frac{p+G}{2} - 1\right)\ln(\text{Wilks' }\lambda_i) \tag{12.20}$$

式中，n 为总的样本量；p 为判别变量个数；G 为类别数；ln(Wilks' λ_i) 小于 0。该统计量近似服从卡方分布。可见，Wilks' λ 越小，卡方值越大，对应的概率 P-值越小。当概率小于显著性水平 α 时，应拒绝原假设，认为当前判别函数整体的判别能力较强。

本例中，对于第一和第二判别函数，检验统计量的观测值为 146.710，对应的概率 P-值为 0.00。如果显著性水平 α 为 0.05，由于概率 P-值小于显著性水平 α，应拒绝原假设，认为第一和第二判别函数的整体判别能力统计显著；第二行的 0.845 是式（12.19）中 i 取 2 时的计算结果，是对第二个判别函数判别能力的反映，也呈统计显著。结合第一行结果可知，第一判别函数和第二判别函数各自的判别能力均显著，但由于第二判别函数的方差贡献仅为 4.3%，仍可考虑略去第二判别函数。

12.5.3.3 贝叶斯判别函数

在图 12-5 中选择【函数系数】框中的【费希尔(F)】选项，结果如表 12-5 所示。

表 12-5 案例分析结果（十二）

分类函数系数

	录取结果		
	录取	不录取	待定
大学平均成绩	70.255	50.616	61.215
管理才能评分	0.152	0.120	0.121
（常量）	−163.901	−89.717	−119.397

Fisher 的线性判别式函数。

表 12-5 给出了录取、不录取和待定三个类别的贝叶斯判别函数：

$$\text{录取} = -163.90 + 70.26x_1 + 0.15x_2$$

$$\text{不录取} = -89.72 + 50.62x_1 + 0.12x_2$$

$$\text{待定} = -119.40 + 61.22x_1 + 0.12x_2$$

将各观测的变量值直接代入判别式，哪个取值大观测便属于哪个类别。

12.5.3.4 各样本观测的详细判别结果

在图 12-6 中选择【显示】框中的【个案结果(E)】项，表示显示前若干样本观测的判别详细结果，可在【将个案限制在前(L)】框中指定想查看的观测个数，默认为前 10 个观测，结果如表 12－6 所示。

表 12－6　案例分析结果（十三）

按照案例顺序的统计量

案例数目	实际组	最高组					第二最高组			判别式得分	
		预测组	P(D>d ｜ G=g)		P(G=g ｜ D=d)	到质心的平方 Mahalanobis 距离	组	P(G=g ｜ D=d)	到质心的平方 Mahalanobis 距离	函数 1	函数 2
			p	df							
初始　1	1	1	0.202	2	0.985	3.203	3	0.009	14.467	0.749	1.590
2	1	3**	0.243	2	0.663	2.826	1	0.337	2.225	0.607	−0.490
3	1	1	0.454	2	0.757	1.578	3	0.243	5.807	0.998	−0.509
4	1	1	0.829	2	0.998	0.375	3	0.002	15.089	1.605	0.004
5	1	1	0.391	2	1.000	1.877	3	0.000	37.080	3.083	−1.042
6	1	1	0.001	2	1.000	14.868	2	0.000	159.478	7.569	0.223
7	1	1	0.190	2	0.999	3.320	2	0.001	19.441	1.249	1.888
8	1	1	0.178	2	1.000	3.455	2	0.000	30.358	2.167	2.122
9	1	1	0.144	2	1.000	3.878	3	0.000	21.085	2.424	−1.757
	1	1	0.830	2	1.000	0.373	3	0.000	42.740	3.052	−0.105

** 错误分类的案例。

表 12－6 中，第 1 列为样本观测编号，第 2 列为样本观测实际所属类别。其余各列均为预测结果，分为三个部分，其中：

- 最高组部分为贝叶斯判别给出的最有可能的预测类别，显示在第 3 列中，** 表示预测类别与实际不一致；$P(D>d \mid G=g)$ 为样本似然值；$P(G=g \mid D=d)$ 为样本观测属于 g 类（总体）的概率（贝叶斯后验概率）；到质心的平方 Mahalanobis 距离为样本观测与所属类中心的平方马氏距离。
- 第二最高组部分为贝叶斯判别给出的次有可能的预测类别。组为次可能的类别编号；$P(G=g \mid D=d)$ 为相应的贝叶斯后验概率；最后一列仍为平方马氏距离。
- 判别式得分部分为各样本观测的 Fisher 判别函数得分，是判别空间（以总中心为坐标原点）中观测点的坐标。

为了保存判别结果，在图 12－4 中点击 保存(A) 按钮，窗口如图 12－7 所示。

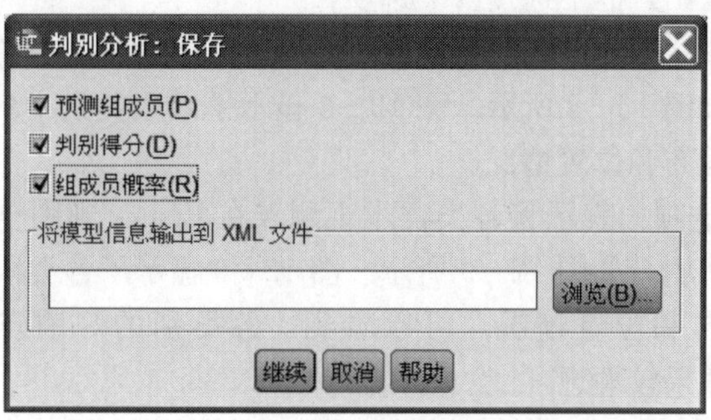

图 12－7　判别分析的保存窗口

其中：

- 【预测组成员(P)】选项：表示将各样本观测的预测类别值保存到数据编辑器窗口中。
- 【判别得分(D)】选项：表示将各样本观测的 Fisher 判别函数值保存到数据编辑器窗口中。
- 【组成员概率(R)】选项：表示将各样本观测的贝叶斯概率值保存到数据编辑器窗口中。

12.5.3.5 判别结果的评价

在图 12－6 中的【显示】框中选择【摘要表(U)】选项，表示输出判别结果的混淆矩阵，结果如表 12－7 所示。

表 12－7 案例分析结果（十四）

分类结果[a]

录取结果			预测组成员			合计
			录取	不录取	待定	
初始	计数	录取	30	0	1	31
		不录取	0	27	1	28
		待定	1	1	24	26
	%	录取	96.8	0.0	3.2	100.0
		不录取	0.0	96.4	3.6	100.0
		待定	3.8	3.8	92.3	100.0

a. 已对初始分组案例中的 95.3%个进行了正确分类。

表 12－7 列出了混淆矩阵的频数和百分比。实际录取且判别结果也是录取的有 30 人，有 1 人误判为待定，对录取类别的判别正确率为 96.8%；同理，对于不录取和待定的判别正确率分别为 96.4%和 92.3%。依混淆矩阵可计算模型判别的总正确率为 95.3%，比较理想。

另外，为使预测更有稳健性，可在图 12－6 的【显示】框中选择【留一分类(V)】选项，表示在 $n-1$（n 为样本量）个观测上建立判别模型，并用该模型预测剩余 1 个观测的类别变量取值。将建立 n 个模型，以误差百分比作为模型的总体误差估计。

12.5.3.6 判别结果的图形表示

在图 12－6 中的【图】框中选择以下选项：

- 【分组(S)】选项：表示将各类别点在 Fisher 判别空间中的分布和位置情况分别绘制在多张图中，如图 12－8 所示。图 12－8 显示了录取类别中各样本观测点在 Fisher 判别空间中的分布和位置情况。
- 【合并组(O)】选项：表示将各类样本观测点在 Fisher 判别空间中的分布和位置情况绘制在一张图中，如图 12－9 所示。图 12－9 显示了各类样本观测点在 Fisher 判别空间中的分布和位置情况。可以看到，各类别的观测点分布相对比较集中，Fisher 判别的效果较理想。
- 【领域图(T)】选项：表示输出判别结果的领域图，它用数字符号标出了在 Fisher 判别空间中各类别的“领域”，较为直观，因篇幅所限略去。

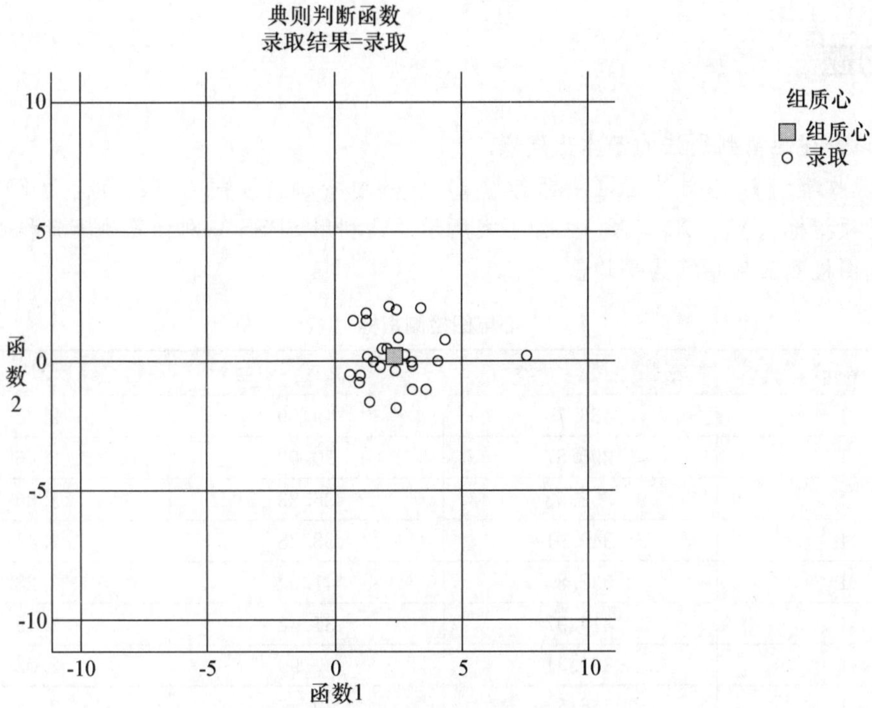

图 12-8　案例分析的图形结果（一）

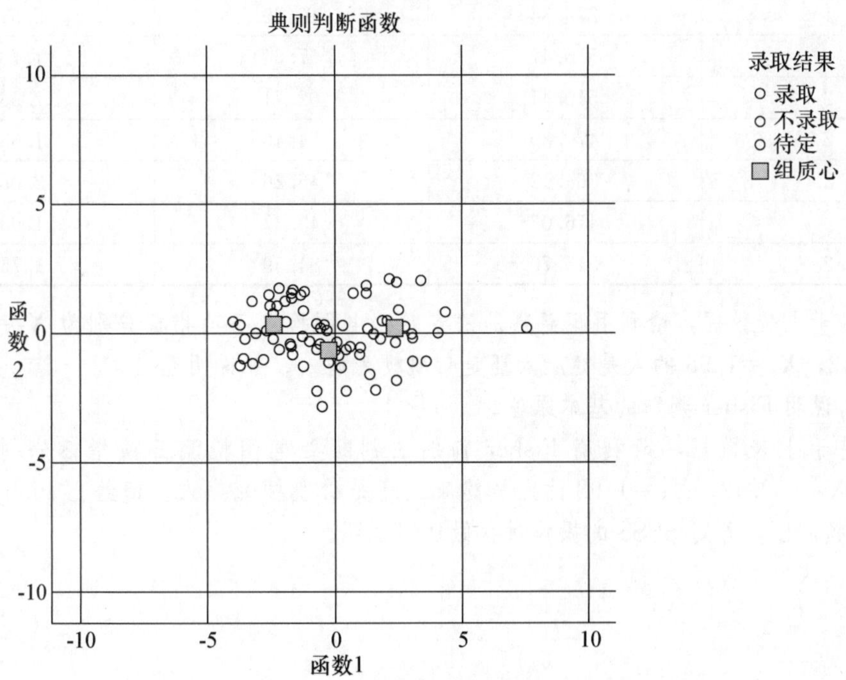

图 12-9　案例分析的图形结果（二）

□ 练习题

1. 请论述距离判别法的基本出发点。

2. 现收集到10名健康者（组标志为1）和6名心肌梗死病人（组标志为2）心电图检测的三项指标（X_1，X_2，X_3），如下表所示。请利用SPSS分别计算健康者和心肌梗死病人心电图检测三项指标的平均值。

心电图检测指标

group	X_1	X_2	X_3
1	436.70	49.59	2.32
1	290.67	30.02	2.46
1	352.53	36.23	2.36
1	340.91	38.28	2.44
1	332.83	41.92	2.28
1	319.97	31.42	2.49
1	361.31	37.99	2.02
1	366.5	39.87	2.42
1	292.56	26.07	2.16
1	276.84	16.60	2.91
2	510.47	67.64	1.73
2	510.41	62.71	1.58
2	470.30	54.40	1.68
2	364.12	46.26	2.09
2	416.07	45.37	1.90
2	515.70	84.59	1.75

3. 基于上表数据，请利用距离判别法判断心电图检测三项指标分别为 $X_1=420.50$，$X_2=32.42$，$X_3=1.98$ 的人是健康人还是心肌梗死病人，并说明理由。

4. 请说明Fisher判别的基本原理。

5. 基于上表数据，请利用Fisher判别法判断心电图检测三项指标分别为 $X_1=420.50$，$X_2=32.42$，$X_3=1.98$ 的人是健康人还是心肌梗死病人。请给出Fisher判别函数，绘制领域图，并对SPSS的操作过程做适当说明。

图书在版编目（CIP）数据

统计分析与SPSS的应用/薛薇编著. --6版. --北京：中国人民大学出版社，2021.1
21世纪统计学系列教材
ISBN 978-7-300-28852-9

Ⅰ.①统… Ⅱ.①薛… Ⅲ.①统计分析-软件包-高等学校-教材 Ⅳ.①C819

中国版本图书馆CIP数据核字（2020）第253356号

"十二五"普通高等教育本科国家级规划教材
21世纪统计学系列教材
统计分析与SPSS的应用（第6版）
薛　薇　编著
Tongji Fenxi yu SPSS de Yingyong

出版发行　中国人民大学出版社
社　　址　北京中关村大街31号　　**邮政编码**　100080
电　　话　010－62511242（总编室）　　010－62511770（质管部）
010－82501766（邮购部）　　010－62514148（门市部）
010－62515195（发行公司）　　010－62515275（盗版举报）
网　　址　http://www.crup.com.cn
经　　销　新华书店
印　　刷　北京昌联印刷有限公司
规　　格　185 mm×260 mm　16开本
印　　张　21.5插页1
字　　数　498 000
版　　次　2001年11月第1版
2021年1月第6版
印　　次　2023年4月第7次印刷
定　　价　49.00元

教师教学服务说明

中国人民大学出版社管理分社以出版经典、高品质的工商管理、统计、市场营销、人力资源管理、运营管理、物流管理、旅游管理等领域的各层次教材为宗旨。

为了更好地为一线教师服务，近年来管理分社着力建设了一批数字化、立体化的网络教学资源。教师可以通过以下方式获得免费下载教学资源的权限：

在中国人民大学出版社网站 www. crup. com. cn 进行注册，注册后进入“会员中心”，在左侧点击“我的教师认证”，填写相关信息，提交后等待审核。我们将在一个工作日内为您开通相关资源的下载权限。

如您急需教学资源或需要其他帮助，请在工作时间与我们联络：

中国人民大学出版社　管理分社

联系电话：010－82501048，62515782，62515735

电子邮箱：glcbfs@crup. com. cn

通讯地址：北京市海淀区中关村大街甲 59 号文化大厦 1501 室（100872）